Najszczęśliwszy śpioch w okolicy

HARVEY KARP

Najszczęśliwszy śpioch w okolicy

mamania

Warszawa

Harvey Karp
The Happiest Baby Guide to Sleep

Tłumaczenie: Anna Rosiak

Redakcja i korekta: Kamila Wrzesińska

Projekt okładki i skład: Ewelina Malinowska

Zdjęcie na okładce: Lerche&Johnson (iStockphoto)

ISBN: 978-83-939019-2-0

Drukarnia W.L. Anczyca S.A., Kraków

Grupa Wydawnicza Relacja
ul. Słowicza 27a
02-170 Warszawa
www.mamania.pl

Spis treści

CZĘŚĆ III

CZĘŚĆ IV

Podziękowania

Jedyna rzecz na świecie, którą warto skraść,
to buziak śpiącemu dziecku.

— JOE HOULDSWORTH

Spanie jest niewątpliwie wysiłkiem, który podejmujemy sami – pisanie książki natomiast wymaga ogromnego wsparcia ze strony rodziny, przyjaciół i znajomych, które tak bardzo inspiruje i zachęca do działania.

Dlatego chciałem tutaj wyrazić wdzięczność Ninie, mojej drugiej połówce, mojej żonie, która jest jednocześnie moją najlepszą przyjaciółką. Dziękuję ci, kochanie! Twoja nieustająca miłość, niegasnące wsparcie, mądre rady i niezwykła cierpliwość podczas tych nocy i tygodni mojej nieobecności znaczą dla mnie więcej, niż jestem w stanie wyrazić słowami. Tak naprawdę to właśnie *ty*, będąca moją nagrodą na koniec każdego dnia, sprawiłaś, że ta książka powstała. (A tobie Lexi dziękuję za miłość i entuzjazm).

Podziękowania należą się również moim rodzicom, Sophie i Joe'mu: nigdy tak naprawdę nie zdołam wystarczająco wyrazić wdzięczności za udzielenie mi lekcji życia, dzięki której płynę niczym statek nie tylko po spokojnym morzu, ale też przez wszystkie sztormy i zawirowania.

Dziękuję moim drogim przyjaciołom, Laurie David i Bartowi Thorpe'owi – za waszą przyjaźń i niewyczerpane pokłady entuzjazmu, które wkładacie w to, żeby uczynić świat lepszym miejscem do życia (działając krok po kroku i na jednej planecie naraz), oraz Maji i Dimitriemu Vukcevicom, również za przyjaźń.

Wielkie ukłony również dla kawiarni Starbucks i Coffee Beans w całej wschodniej części Los Angeles, które służyły mi za wypełnione białym szumem, przenośne biura.

Ogromne podziękowania także dla mojego zespołu *Najszczęśliwszego śpiocha*!

Dla Kristin Moss za jej kreatywny umysł i niezmiennie pozytywne nastawienie; dla Neala Tabachnicka za nieustępliwość i dobre rady; oraz dla Mariji Sipki, Emily Weese, Shaeny Cushman, Louise Teeter i Evy Glettner za ciężką pracę i czuwanie nad naszą ważną misją nawet podczas moich wielogodzinnych nieobecności.

Należą się one również tysiącom edukatorów propagującym metodę *Najszczęśliwszego śpiocha* w całej Ameryce i w innych krajach na całym świecie: za ich wiarę w moją pracę i za oddanie i pomoc tak wielu rodzinom borykającym się z problemami.

Chciałbym też z głębi serca wyrazić wdzięczność niezwykle mądrej i utalentowanej Lisie Sharkey z HarperCollins. Dziękuję ci za twoją przyjaźń, empatię i wiarę w moją pracę. Głęboki ukłon również dla twojej wyjątkowej siostry, Tiny Sharkey i jej synka Charliego Goldsteina! Charlie – twoje płacze wywołane kolkami niczym syreni śpiew sprawiły, że szczęśliwie mogłem spędzić trochę czasu w towarzystwie twojej niezwykłej mamy i cioci.

Mam też dług wdzięczności wobec pozostałych osób tworzących mój zespół w HarperCollins, a przede wszystkim wobec Amy Bendell (mojej wprawnej i cierpliwej redaktorki) i Shelby Meizlik. Bardzo ciężko pracowałyście nad przygotowaniem wszystkich etapów tego projektu, łącznie z końcowym „wielkim uderzeniem".

Dziękuję również mojemu utalentowanemu mentorowi, Arthurowi Parmelee, oraz wszystkim pozostałym pediatrom, od których miałem zaszczyt się uczyć, a także moim kolegom i koleżankom od cotygodniowych burzy mózgów: Namhee Lee, Hansowi Millerowi, Johnowi Schumannowi i Leonowi Sonesowi za waszą miłość do wiedzy i za nieustające inspiracje.

Chciałem też wielce podziękować moim przyjaciołom oraz kolegom i koleżankom po fachu, którzy tak chętnie poświęcili swój czas na przeczytanie tej książki i podzielenie się ze mną uwagami na jej temat: Ariannie Huffington, Agapi Stassinopolous, Jane Honikman, Ann Pleshette Murphy, Jetcie Bernier, Mattowi Goldmanowi oraz dr. Gary'emu Freedowi, Johnowi Harringtonowi, Fran Kaufman, Haroldowi Koplewiczowi, Roni Leiderman, Ianowi Paulowi, Kyle'owi Pruettowi, Lucy Puryear, Harleyowi Rotbartowi, Jennifer Shu, Bartowi Schmittowi, Janet Serwint oraz Setve'owi Shelovowi.

Moją najgłębszą wdzięczność kieruję także oczywiście do tych tysięcy dzieci i rodziców, którymi miałem okazję opiekować się w trakcie swojej trzydziestoletniej praktyki lekarskiej. Do rodzin, które pozwalały mi obserwować i filmować swoje dzieci i dzieliły się uwagami przez telefon, w mailach i w listach. Dziękuję za to, że otworzyliście przede mną swoje serca i wpuściliście mnie do swoich domów. Możliwość bycia powiernikiem waszych radości i zmagań to jeden z największych przywilejów, jakich doświadczyłem w życiu. Na myśl o tym, że udało mi się pomóc komuś zaznać nieco więcej snu, podnieść kwalifikacje rodzicielskie i w rezultacie wychować zdrowsze i szczęśliwsze dzieci, czuję satysfakcję jako lekarz. Wasza wiara we mnie i w moją pracą jest po prostu tym, co pcha mnie do przodu!

Wstęp

Małe dzieci – mało snu.
Duże dzieci – niedużo czasu.

—Przysłowie ludowe

Zalewa cię fala ciepła i błogiego spokoju, gdy usypiasz swoje maleństwo na rękach... a chwilę później zalewa cię złość, gdy maleństwo się budzi i rozrabia przez resztę nocy? Twoje dziecko co noc broni się rękami i nogami przed pójściem spać, krzyczy „Nie, nie, nie!", a twój dom zamienia się w pole bitwy?

Rodzicielstwo jest najwspanialszym doświadczeniem, jakie cię w życiu spotyka. Ale jeśli twoje dziecko ma problemy ze snem, dostarcza ci podwójnej dawki zmartwień:

Czujesz się jak po otrzymaniu wielkiej, tłustej jedynki z rodzicielstwa.

A ponadto doznajesz skrajnego wyczerpania.

Ach... sen!

Czy dla ciebie, jak dla większości świeżo upieczonych mam, spokojny sen jest jak odległe wspomnienie, równie niewyraźne, jak fatamorgana na pustyni? Nie dziwi mnie, że tym, na co rodzice narzekają najczęściej, są problemy związane ze spaniem.

Ta sytuacja dotyczy nie tylko niemowlaków. Co trzecie starsze dziecko uporczywie walczy z zaśnięciem, a połowa z nich budzi się w nocy co najmniej raz (jedno na dziesięć budzi się dwa lub więcej razy w ciągu jednej nocy...). Nie jestem zaskoczony wynikiem badania przeprowadzonego przez *National Sleep Foundation* w 2004 roku, które dowiodło, że miliony rodziców śpią przez mniej niż sześć godzin na dobę (co piąty rodzic zajmuje się niemowlęciem, co ósmy – dzieckiem w wieku przedszkolnym).

Wyczerpani bezsennością rodzice często doświadczają następujących problemów: obżarstwa, kłótni, wypadków, chorób, rozdrażnienia, a nawet depresji. Wyczerpanie, jak kamień rzucony w wodę, może wywołać kolejne fale zmartwień:

- **Czy utrwalam złe nawyki?**
- **Czy moje dziecko będzie miało problemy emocjonalne wywołane „wypłakiwaniem się”?**
- **Czy moje dziecko powinno funkcjonować według szczegółowego planu dnia i nocy?**
- **Czy to się kiedykolwiek skończy?**

Dzisiejsi młodzi rodzice mają niewielkie doświadczenie z dziećmi – to niesamowite, ale wielu z nich nigdy wcześniej nawet nie trzymało noworodka! Szukają więc w stosach poradników i książek odpowiedzi na dręczące ich pytania związane ze snem. (W ciągu ostatnich dwudziestu lat ukazało się więcej poradników dotyczących spania niż jakichkolwiek innych książek dla rodziców).

Poradniki często jednak *wprowadzają* rodziców *w błąd* i jeszcze bardziej ich dezorientują:

- **„Trzymaj dziecko na rękach... ale go nie rozpieszczaj!”**
- **„Spowijaj swoje dziecko... ale nie uzależniaj go od siebie!”**
- **„Kochaj swoje dziecko... ale zamknij drzwi do jego pokoju i pozwól mu się wypłakać!”**

Nic więc dziwnego, że niedoświadczeni rodzice przeskakują między tymi wskazówkami (w dobre dni) i potykają się o nie (w pozostałe). Ponadto większość dzisiejszych rodziców nie posiada potężnego systemu wsparcia, z którego korzystali nasi pradziadkowie: licznej rodziny, której członkowie wspierają się nawzajem, bliskich sąsiadów oraz mieszkających przy tej samej ulicy nastolatek, chętnych do pomocy przy dziecku.

Ale może poczujesz się lepiej, gdy ci powiem, że miliardom rodziców – od początku istnienia świata do dziś – udało się poradzić sobie z problemami, z którymi się teraz borykasz, a więc ty też dasz sobie z nimi radę.

A teraz cudowna wiadomość: dam ci kilka prostych rad stanowiących połączenie pradawnej wiedzy i przełomowej nauki, które pomogą ci w rozwiązaniu większości problemów dziecka ze snem – w mniej niż siedem dni. (A co najlepsze, pozwolą ci w zapobieganiu problemom, zanim się one pojawią).

Brzmi zbyt pięknie, by było prawdziwe? Słyszałem to wiele razy...

Gdy 10 lat temu zaprezentowałem swoją książkę *Najszczęśliwsze niemowlę w okolicy*, spotkałem się ze sceptycznym przyjęciem ze strony rodziców, a nawet wielu lekarzy. Ale od tamtej pory moje proste rady pomogły milionom rodziców na całym świecie w uspokojeniu ich marudnych niemowląt – nawet tych najbardziej rozbrykanych – w zaledwie kilka minut!

Podobna sytuacja miała miejsce w przypadku mojej drugiej książki, *Najszczęśliwsze dziecko w okolicy*, która (ku zaskoczeniu wielu ludzi) udzieliła innowacyjnej odpowiedzi na pytanie trapiące rodziców od setek lat: dlaczego dzieci są tak nierozsądne? Z dnia na dzień dałem rodzicom nowe metody ekspresowego radzenia sobie z napadami złości ich dzieci oraz rady, jak sprawić, by ich dzieci stały się bardziej cierpliwe i chętne do współpracy – w zaledwie kilka dni!

W ciągu trzydziestu lat praktyki miałem do czynienia z tysiącami niemowlaków i udało mi się odkryć kilka prostych rozwiązań dla kilku codziennych problemów... które działają niezwykle szybko i skutecznie. Jestem szczęśliwy, że mogę wam zaproponować kilka prostych – ale niezwykle skutecznych – rad, których zastosowanie pomoże waszemu niemowlakowi lub małemu dziecku spokojnie spać przez całą noc.

Czasy się zmieniają: cel i obietnica

Trudno w to uwierzyć, ale sześćdziesiąt lat temu w Ameryce zaledwie niewielka garstka mam karmiła swoje dzieci piersią. Minęły dziesiątki lat, odkąd wszystkie mamy karmiły naturalnie, i kobiety w moim kraju niemalże zatraciły tę życiodajną umiejętność.

Obalenie mitu głoszącego, że fabrycznie wytworzone mleko jest lepsze od mleka matki, wymagało milionów dolarów, międzynarodowej kampanii edukacyjnej i zajęło dziesiątki lat. Ale ten wysiłek się opłacił. Dzisiaj w całym kraju pewne siebie kobiety karmią swoje maleństwa piersią. Dzięki temu ich dzieci są zdrowsze... i one same również.

Gdy już udało się obalić mit *wytwór-fabryczny-jest-lepszy-od-mleka-matki*, przechodzę do walki z kolejnym zestawem mitów związanych ze spaniem, które od wielu lat wprowadzają wycieńczonych rodziców w błąd i zwyczajnie im szkodzą. Oto kilka przykładów:

- **Dzieci potrzebują kompletnej ciszy do snu... Bzdura!**
- **Kaszki wspomagają sen u niemowląt... Bzdura!**
- **Wszystkie niemowlęta zaczynają dłużej spać po ukończeniu trzeciego miesiąca życia... Bzdura!**
- **Gazy i bóle brzucha sprawiają, że niemowlaki się często budzą i są marudne... Bzdura!**
- **Najlepszą nauką zasypiania jest pozostawienie dziecka samego, by się wypłakało... Bzdura!**

Postawiłem sobie za zadanie zastąpienie tych fałszywych mitów poglądami zgodnymi z prawdą, aby w krótkim czasie poprawić sen twojego dziecka... w zgodzie z zasadami, które przedstawiłem w *Najszczęśliwszym śpiochu*. W tej książce dowiesz się:

- **Dlaczego rozpieszczenie dziecka jest niemożliwe?**
- **Jak przedłużyć sen twojego maleństwa o godzinę lub dłużej?**
- **Dlaczego, budząc śpiące maleństwo, de facto pomagamy mu w spaniu?**
- **Dlaczego szum ma magiczny wpływ na sen wszystkich dzieci?**
- **Dlaczego przygotowania do snu zaczynają się... z samego rana?**
- **Które rytuały zasypiania działają najlepiej?**
- **Poznasz nową metodę nauki zasypiania bez płaczu, którą nazwałem metodą przerwanej piosenki?**

Obiecuję wam, że problemom ze spaniem da się zapobiec, a jeśli wasze dziecko już ich doświadcza, da się je z miłością rozwiązać w krótkim czasie i przy znikomej dawce płaczu lub nawet bez niego.

Już tysiące rodziców zastosowało się do rad, które zaraz wam przedstawię, i dzięki temu lepiej śpią. Jestem pewien, że tak będzie też w waszym przypadku.

Niektórzy rodzice żartują, że dziecko powinno przychodzić na świat wraz z instrukcją obsługi. No cóż, teraz przychodzi! Chciałbym, by dzięki tej „instrukcji" nie było już dzieci z problemami ze snem i wycieńczonych rodziców, by opowieści o nich odeszły do lamusa. Głęboko wierzę, że moje proste rady sprawią, że będziecie mieli najszczęśliwszego śpiocha w okolicy!

Jak mieć *Najszczęśliwszego śpiocha*, czyli jak korzystać z tej książki

Jeżeli znacie moje filmy i książki, natychmiast rozpoznacie moje sprawdzone, ulubione techniki... ale tym razem pokażę wam, jak zastosować je w przypadku problemów ze spaniem. W części podsumowującej, zwieńczającej każdy rozdział, wskażę metody i pomysły zaczerpnięte z *Najszczęśliwszego niemowlęcia* i *Najszczęśliwszego dziecka*, a w specjalnych sekcjach wypunktuję nowe rady związane ze spaniem, by łatwo ci było je odnaleźć.

Chciałbym też zwrócić uwagę na to, że niektóre informacje pojawiają się w tej książce kilkukrotnie. Jest tak, ponieważ najprawdopodobniej po przeczytaniu pierwszego rozdziału o podstawach snu przeskoczysz do tej części książki, która najlepiej odpowiada obecnemu wiekowi twojego dziecka — postanowiłem więc powtórzyć kilka podstawowych informacji, aby nie trzeba było wertować książki w ich poszukiwaniu.

ROZDZIAŁ PIERWSZY

Nauka o śnie: próba zrozumienia pięknego, głębokiego oceanu snu

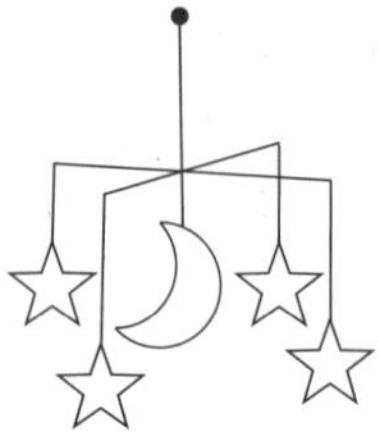

NAJWAŻNIEJSZE KWESTIE:

- Sen pomaga nam w odzyskaniu energii, wspomaga procesy myślowe, organizuje wspomnienia, wzmacnia odporność, pomaga nam schudnąć itp.
- Niedobór snu sprawia, że mamy gorszy nastrój i trudności z oceną sytuacji, może także skłaniać nas do podejmowania złych decyzji, może prowadzić do wypadków samochodowych, chorób serca... a nawet raka.
- Każda doba przebiega w zgodzie z Naturą, która podpowiada nam, byśmy wstawali wraz ze słońcem i kładli się spać wraz z zapadnięciem zmroku. Tym dobowym rytmem steruje proces wydzielania przez mózg specjalnego hormonu snu (melatoniny).
- Sen składa się z cykli, które z kolei składają się z fazy szybkich ruchów gałek ocznych zwanej REM (to czas marzeń sennych i porządkowania wspomnień) i fazy NREM, czyli snu spokojnego, które to fazy następują naprzemiennie przez całą noc.

- Dzieci częściej się budzą, ponieważ mają krótsze cykle snu od osób dorosłych (sześćdziesiąt minut wobec dziewięćdziesięciu).
- Niemowlęta doświadczają nawet pięć razy więcej snu w fazie REM od osób dorosłych, ponieważ potrzebują czasu na przeprowadzenie selekcji i zaprowadzenie porządku wśród nowo powstałych wspomnień i rzeczy, których się właśnie nauczyły!

Co noc przekraczam granicę
i udaję się daleko do krainy snów...

—Robert Louis Stevenson

Ciemna strona księżyca: co się dzieje, gdy śpimy?

Większość zmęczonych rodziców, których spotykam na co dzień, nie miałaby w tej chwili ochoty na naukowy wykład – zgaduję, że z tobą jest podobnie. Masz raczej ochotę powiedzieć: „Proszę cię, po prostu powiedz mi, co mam robić!".

Jeśli tak jest, nie miej oporów i pomiń ten rozdział. Jestem jednak pewien, że zapoznanie się z kilkoma faktami związanymi z tym niezwykłym stanem, jakim jest sen, pozwoli ci spojrzeć racjonalnie i z dystansu na porady zawarte w następnych rozdziałach niniejszej książki.

Proponuję więc, byśmy szybko rzucili okiem na zjawisko snu.

Fakty i mity dotyczące snu

Sen jest pełen sprzeczności! Z jednej strony przesypiamy jedną trzecią naszego życia, a z drugiej sen jest nam tak obcy, jak przestwór oceanu.

Przez ostatnie trzydzieści lat wielu naukowców starannie badało sen. Wiedza, którą zyskaliśmy dzięki tym badaniom, pozwoliła na rewizję królujących od setek lat błędnych założeń na temat snu. Oto kilka przykładów:

MIT 1: ***Sen jest tożsamy z brakiem przytomności.***

FAKT: Sen to nie śpiączka. Pozwala usłyszeć dzwonek telefonu czy terkoczący budzik. Są ludzie, którzy nawet mówią i chodzą przez sen. I nawet gdy śpimy na samym skraju łóżka, rzadko zdarza się, byśmy z niego spadli.

Fale mózgowe człowieka znajdującego się w śpiączce lub w stanie narkozy są bardzo wolne i słabe, tymczasem w czasie snu fale naszego mózgu potrafią być tak aktywne, jak w stanie pełnej świadomości!

Dzięki temu nasz śpiący mózg może śnić, organizować i porządkować wspomnienia, a nawet co jakiś czas skanować sypialnię w poszukiwaniu czegoś odbiegającego od normy. Dlatego mamy szansę przebudzić się na odgłos kroków włamywacza lub gdy poczujemy zapach dymu. *Z tego samego powodu* panująca w domu cisza jest dla wielu niemowlaków czynnikiem rozbudzającym (cisza i spokój są dziwnie niepokojące po nieustannym hałasie i potrząsaniu, jakich doświadczały w łonie matki).

MIT 2: ***Nasze ciała odpoczywają w czasie snu.***

FAKT: W czasie snu mogą odpoczywać twoje mięśnie, ale twoje serce, płuca i wątroba (a także większość pozostałych organów wewnętrznych) zasuwają dwadzieścia cztery godziny na dobę. Nawet mózg pozostaje aktywny i pracuje na wolnych obrotach w fazie snu zwanej REM (faza szybkich ruchów gałek ocznych - ang. *Rapid Eye Movement*).

Czasem, chociaż bardzo rzadko, w czasie snu aktywizują się nawet nasze mięśnie! Dzieci, którym śnią się koszmary, dygocą i krzyczą... mimo że głęboko śpią.

MIT 3: ***Jesteś albo obudzony, albo śpisz.***

FAKT: Czy wiesz, że gdy delfin znajduje się w stanie snu, śpi jedynie połowa jego mózgu? (Cóż za przydatna umiejętność dla świeżo upieczonych rodziców!). Na dobrą sprawę, my robimy podobnie.

Naukowcy z Uniwersytetu w Wisconsin badali sen na skraju wyczerpania i odkryli, że część komórek mózgowych obiektów ich badań idzie spać, podczas gdy reszta pozostaje na posterunku. 10 procent komórek mózgowych szczurów, którym odmawiano snu, weszło w fazę głębokiego snu, podczas gdy gryzoń *był przytomny.*

Taki „mikrosen" pojawia się na ogół w sytuacji zbyt długiej przerwy w spaniu. Dlatego, gdy nagle zdasz sobie sprawę z tego, że wyciskasz krem na odparzenia na swoją szczoteczkę do zębów, lub że wrzucasz ubrania do śmietnika zamiast do pralki, po prostu zrzuć winę na zmęczone komórki mózgowe, które postanowiły udać się na odpoczynek, podczas gdy reszta twojego mózgu wciąż wykonuje swoją pracę.

MIT 4: ***Wiara w to, że sen przywraca piękno, to niemądry przesąd.***

FAKT: Jeśli chcesz dobrze wyglądać, śpij więcej! Taki jest wniosek z badania przeprowadzonego niedawno w Europie. Przypadkowi ludzie przeglądali stos fotografii osób (przedstawiających zarówno ludzi zmęczonych, jak i wypoczętych) i decydowali, które z nich są najbardziej atrakcyjne. Wytypowali najbardziej wypoczętych mężczyzn i kobiety.

MIT 5: ***Nasz naturalny cykl dnia/nocy trwa dwadzieścia cztery godziny.***

FAKT: Zabrzmi to niesamowicie, ale naszym mózgom nie pasuje dwudziestoczterogodzinna doba. Wolą one dobę dwudziestopięcio- lub dwudziestosześciogodzinną!

W 1962 roku grupa naukowców z Europy umieściła grupę ochotników w podziemnym bunkrze, całkowicie odizolowanym od reszty świata. Pozbawieni naturalnego światła i zegarków, które podpowiedziałyby im porę dnia, szybko zaczęli funkcjonować według cykli dzień-noc trwających niecałe dwadzieścia sześć godzin.

Co to jest sen?

Nikogo nie trzeba uczyć spania... nawet niemowlęcia. (Chociaż może ono wymagać lekcji dotyczącej tego, *kiedy spać*!).

W ciągu ostatnich pięćdziesięciu lat z naszym snem stało się coś dziwnego: skurczył się! Przeciętna długość snu osoby dorosłej zmniejszyła się z ośmiu do siedmiu godzin. Amerykańskie Centra Zapobiegania Chorobom doniosły, że 21 procent dorosłych śpi zaledwie sześć godzin na dobę (a 8 procent dorosłych śpi pięć godzin na dobę lub nawet mniej!). Czy może nam to zaszkodzić? Prawda jest taka, że nie znamy odpowiedzi na to pytanie. Mimo że przesypiamy jedną trzecią naszego życia, wciąż nie potrafimy odpowiedzieć na wiele pytań związanych ze snem.

Ale dzięki prężnie rozwijającej się nowej dziedzinie, zwanej medycyną snu, zaczynamy dowiadywać się, co nam daje sen – i czego nas pozbawia jego brak.

Wszyscy to robią – sen jest hojny

Wszystkie stworzenia – od muchy po wieloryba – układają się do snu i zasypiają. Słonie śpią zaledwie przez cztery godziny, lwy drzemią przez dwadzieścia godzin, a owce zasypiają na jakieś osiem godzin na dobę! (Ciekawe, co liczą owce, gdy chcą zapaść w sen?). Dlaczego sen jest tak ważny dla wszystkich?

Po pierwsze, sen ma regenerującą moc. W czasie snu odzyskujemy umysłową sprawność i siły witalne.

Po drugie, sen poprawia nasze zdrowie. Jest jak tajemnicza witamina S, która wzmacnia komórki odpowiadające za walkę z infekcjami (dlatego nastolatki chorują, gdy nie kładą się spać przez całą noc), zapobiega depresji, ogranicza o połowę choroby serca, zmniejsza otyłość, a nawet zapobiega nowotworom. (Badacze z Ohio odkryli, że ludzie, którzy śpią mniej niż sześć godzin na dobę, mają 50 procent więcej komórek rakowych okrężnicy w porównaniu z ludźmi, którzy śpią więcej niż siedem godzin na dobę).

Po trzecie, podczas snu mózg i ciało robią porządki i przygotowują się na następny dzień. W czasie snu nasze mózgi dosłownie odtwarzają wydarzenia z minionego dnia; porównują nowe doświadczenia z wcześniejszymi wspomnieniami, a następnie przeglądają wszystkie wspomnienia i porządkują je tak, by łatwo było z nich skorzystać w przyszłości.

Umiejętność tworzenia nowych koncepcji opiera się na tej reorganizacji wspomnień. Mówimy przecież: „Prześpię się z tym" i „Wszystko wyjaśni się rano". Ale to nie światło dnia sprawia, że wszystko staje się jasne, to dzięki intensywnej pracy naszych mózgów w czasie snu trywialne wspomnienia odchodzą w niepamięć, a nowe myśli wypływają na powierzchnię i zakorzeniają się w naszej świadomości.

Pomocnicy snu: zapadanie w sen

Większość zwierząt ma własne przyzwyczajenia dotyczące tego, gdzie i w jakich warunkach śpią.

Goryle uwielbiają drzemać w siedliskach z miękkich gałęzi i liści, nietoperze lubią spać w jaskiniach (wisząc głową w dół, zahaczone za palce u stóp), a większość ludzi wymaga dość szczególnych warunków snu. Niektórzy muszą mieć miękkie łóżko, inni konkretną poduszkę, a jeszcze inni solidną pierzynę. Być może ty potrzebujesz absolutnej ciszy, podczas gdy twój przyjaciel potrafi zasnąć jedynie przy włączonym telewizorze.

Wszystkie te wspomagające sen okoliczności nazywam „pomocnikami snu". W kolejnych rozdziałach przekonasz się, że zapewnienie niektórych warunków może działać cuda w przypadku maleńkich dzieci, podczas gdy inne mogą mieć katastrofalne skutki!

Poważne konsekwencje niedoboru snu

Jeśli masz małe dziecko, to już pewnie wiesz, jak szybko narasta twoje zmęczenie, gdy jesteś zmuszona wstawać kilka razy w trakcie nocy. Częste pobudki sprawiają, że w czasie płytkiego snu często się wiercimy, a także skracają liczbę godzin spędzonych w głębokim, regenerującym śnie, niezbędnym do przygotowania naszych ciał i mózgów na wyzwania dnia następnego.

Chroniczny niedobór snu powoduje:

Spadek nastroju. Narzekamy, czujemy się nieszczęśliwi i jesteśmy pełni pretensji.

Pogorszenie koordynacji ruchowej. Stajemy się niezdarni, tracimy równowagę i jesteśmy podatni na wypadki.

Trudności intelektualne. Stajemy się zapominalscy i zdezorientowani.

Spadek odporności. Przybieramy na wadze i cierpimy na problemy zdrowotne, od kiepskiej cery aż po nowotwory.

Wyczerpanie jest tak stresującym doświadczeniem, że członków elitarnych oddziałów Marynarki Wojennej Stanów Zjednoczonych (*Navy Seals*) długotrwale pozbawia się snu w ramach treningu wytrzymałości na tortury!

Mimo że przez szereg nocy źle śpimy, dajemy sobie jakoś radę, ale taka sytuacja prowadzi do nawarstwiania się „niedoboru snu" w ciele i w mózgu, który prędzej czy później będziemy musieli uzupełnić i porządnie się wyspać... bo jeśli nie nadrobimy braku snu, zapłacimy za niego problemami ze zdrowiem.

Maminy mózg: twoja głowa udała się na niespodziewane wakacje

Widziałaś kiedyś t-shirt z napisem: „O MÓJ BOŻE, ZOSTAWIŁAM DZIECKO W AUTOBUSIE!"?

Większość świeżo upieczonych mam zauważa, że tuż po porodzie (a nawet kilka miesięcy przed nim) ich pamięć zamienia się w papkę. Wiele kobiet żartuje, że urodziła część swojego mózgu wraz z łożyskiem, a karmiące mamy wspominają nawet o „laktolobotomii". (Naukowcy podejrzewają, że kobiety dostają problemy z pamięcią w prezencie od Natury i dzięki temu zapominają o trudach porodu). Wycieńczenie dodatkowo pogarsza to „zamglenie mózgu"!

Na szczęście, maminy mózg jest stanem przejściowym... zanika z czasem. Holenderskie badanie udowodniło, że w wiele miesięcy po porodzie kobiecy mózg wciąż funkcjonuje mniej sprawnie niż zazwyczaj. Ale australijscy badacze odkryli, że w kilka lat po urodzeniu dziecka mózg matki pracuje równie dobrze, co przed ciążą (poza tym, że trudno jej sobie przypomnieć, czemu kiedyś bawiły ją dowcipy jej męża).

Pijana – czy pozbawiona snu?

Moja znajoma dziennikarka wyznała mi, że po urodzeniu dziecka była tak zmęczona, że któregoś dnia, gdy pojechała odebrać swoje dziecko ze żłobka, minęła wolne miejsce parkingowe i jechała dalej, aż wjechała samochodem do budynku!

David Dinges, ceniony badacz snu z Uniwersytetu w Pensylwanii, odpowiada za ograbienie olbrzymiej liczby ludzi ze snu. Jeden z eksperymentów przeprowadzony przez Dingesa i jego zespół polegał na obserwacji grupy ochotników, którym pozwolono spać jedyne sześć godzin na dobę, podczas gdy druga grupa spała osiem godzin.

Za dnia naukowcy testowali wszystkich uczestników eksperymentu, sprawdzając co dwie godziny ich zdolność koncentracji. Wypoczęta grupa zachowała wysoki poziom koncentracji, podczas gdy grupa śpiąca sześć godzin na dobę stopniowo stawała się coraz bardziej zagubiona i rozkojarzona. Po dwóch tygodniach badań zdolność koncentracji członków grupy śpiącej krócej odpowiadała zdolności koncentracji ludzi uznawanych w świetle prawa za pijanych!

Niedobór snu, podobnie jak upojenie alkoholowe, prowadzi do problemów z oceną sytuacji, wolniejszego czasu reakcji i zubożonej pamięci. Gdy jesteśmy wyczerpani, słaniamy się na nogach, jąkamy się i bełkoczemy. W ekstremalnych sytuacjach niedobór snu może nawet prowadzić do halucynacji.

Alarmujące jest to, że badania snu przeprowadzone w 2004 roku przez *National Sleep Foundation* pokazały, że 48 procent rodziców w Ameryce przyznało się do prowadzenia samochodu, gdy chciało im się spać, a 10 procent rodziców wyznało, że zasnęli za kierownicą.

Strzeż się kofeinowej terapii

Być może pamiętasz z lekcji biologii, że komórki korzystają ze specjalnego paliwa zwanego ATP (adenozyno-5'-trifosforan). Używane przez komórki mózgowe ATP pozostawia w nich znaczne ilości czystej adenozyny. Każda komórka gromadzi tak dużo adenozyny, że pod koniec dnia rozpoczyna się reakcja łańcuchowa tworząca „pajęczą sieć" w naszych mózgach i zmuszająca nas do utraty koncentracji, a nasze oczy do zamknięcia.

W takiej sytuacji pomocna jest kawa!

Kofeina sprawia, że mózg nie rozpoznaje wysokiego poziomu adenozyny i nie wysyła informacji „jestem śpiący", więc jesteśmy całkowicie przytomni. Kofeina powoduje też uwolnienie się adrenaliny, która dostarcza nam niewielkiego zastrzyku energii i wyzwala dopaminę – jeden z naturalnych związków chemicznych w mózgu, odpowiadający za nasze dobre samopoczucie.

Może ci się wydawać, że kofeina stanowi atrakcyjne i natychmiastowe rozwiązanie, gdy cierpisz na niedobór snu... ale zachowaj ostrożność! Kofeina przedostaje się do mleka i może sprawić, że twoje dziecko jeszcze bardziej się rozbudzi i stanie się rozdrażnione.

Ponadto kofeina pozostaje w organizmie przez ponad dwanaście godzin (jedna czwarta kofeiny pochodzącej z kawy wypitej w południe wciąż krąży w twoim ciele o północy). Może więc sprawić, że nie będziesz w stanie zapaść w głęboki sen. A zmęczenie spowodowane niedoborem snu może doprowadzić do tego, że poczujesz się jeszcze bardziej zmęczona, rozdrażniona i przygnębiona, i że następnego dnia będziesz chciała wypić *jeszcze więcej kawy*!

Chcesz znać moją radę? Ogranicz spożycie kawy do jednej, porannej filiżanki. Jeśli jesteś wyczerpana, utnij sobie drzemkę, ale nie maskuj swojego zmęczenia kofeiną (i innymi podobnymi stymulantami, które znajdują się w herbacie, coli, napojach energetyzujących, suplementach, czy czekoladzie).

Fascynujący cykl — twój okołodobowy rytm dzień/noc

Jak widzicie, niezmiernie ważne jest, by spać odpowiednią liczbę godzin. Ale to bywa trudne, gdy masz mało czasu i gdy próbujesz ukoić płaczące niemowlę lub przekonać starsze dziecko, by wróciło do łóżka, chociaż ma szeroko otwarte oczy. Sfrustrowana i zmęczona zastanawiasz się pewnie, czy twoje dziecko nie postępuje złośliwie i czy się przeciwko tobie nie buntuje, ale nie zapominaj o biologicznym czynniku odpowiadającym za to, że twoje dziecko nie może zasnąć: o jego tykającym zegarze wewnętrznym.

Nasz wewnętrzny zegar zarządza tym, w jaki sposób nasze ciała tanecznym krokiem poruszają się między czuwaniem a spaniem. Nawet niewielka dawka naukowej wiedzy dotyczącej sterowania tym procesem dostarczy ci podstawowych informacji, dzięki którym pomożesz swojemu dziecku swobodnie poruszać się w tym codziennym tańcu. Przyjrzyjmy się więc z bliska biologii snu.

Wszystkie rośliny i zwierzęta tańczą w swoim rytmie. Płatki kwiatów otwierają się rano i zamykają na noc. Drzewa jesienią zrzucają liście i tworzą pączki, które zakwitają na wiosnę, a niedźwiedzie zapadają w zimowy sen i otrząsają się z niego, gdy robi się cieplej.

Podstawowym rytmem biologicznym, według którego funkcjonują ludzie (i większość zwierząt lądowych), jest dwudziestoczterogodzinny cykl dnia i nocy. Nasze ciała i mózgi codziennie uważnie monitorują naprzemiennie powracające fale światła i ciemności, wznoszenia i opadania. Naukowcy nazwali te pulsacje *rytmem okołodobowym* (lub *circadialnym*, czyli „trwającym około dnia").

Wydaje nam się, że nasz rytm okołodobowy jest niezmienny i stały. Wyobraźmy sobie nasze życie bez tego wewnętrznego zegara utrzymującego nas w synchronizacji ze słońcem. Jednego dnia zasypialibyśmy w ciemnościach o dwudziestej drugiej. Innego dnia zdrzemnęlibyśmy się w ostrym słońcu o trzynastej. W poniedziałek spalibyśmy przez pięć godzin, we wtorek przez piętnaście. Taka sytuacja wprowadziłaby chaos!

Nasz okołodobowy rytm pozwala nam podążać za cyklami słońca. Jak cicho tykający wewnętrzny zegar biologiczny sprawia, że budzimy się rano wraz ze słońcem i zasypiamy wraz z nastaniem nocy. (Możemy zmieniać godzinę, o której „ułożymy się do snu" i o której „zerwiemy się z łóżka", ale rytm okołodobowy wymusi na nas to, by w każdej dobie suma godzin przespanych i godzin poświęconych na czuwanie wynosiła dwadzieścia cztery).

Niech nie nastanie światłość

Nasz zegar okołodobowy kontroluje cykl dzień/noc poprzez uwalnianie hormonu melatoniny, który jest silnym bodźcem wywołującym senność.

Oto jak on działa. Docierające do siatkówki światło stanowi bezpośredni sygnał dla maleńkich skupisk neuronów umiejscowionych za oczami. Te skupiska – epicentrum naszego odwiecznego zegara biologicznego – noszą nazwę jąder nadskrzyżowaniowych lub SCN.

Następnie jądra nadskrzyżowaniowe wysyłają sygnał „jest dzień" do maleńkiej szyszynki, gruczołu umiejscowionego głęboko w mózgu, który natychmiast przerywa produkcję melatoniny. Taka sytuacja ma miejsce, dopóki świeci słońce. Wraz z nastaniem ciemności, SCN przestają otrzymywać sygnał świetlny i same wysyłają sygnał „jest noc" do szyszynki, która niezwłocznie zaczyna uwalniać melatoninę, która z kolei, jak naturalny środek nasenny, wkrótce wywołuje senność.

Już pewnie się zorientowałaś, że najważniejszą funkcję w rytmie okołodobowym pełni światło.

Nawet niewielka ilość światła (na przykład blask latarni ulicznej stojącej pod oknem twojej sypialni) może przeniknąć przez zamknięte powieki, wysłać twoim jądrom nadskrzyżowaniowym sygnał do pobudki i zatrzymać produkcję melatoniny, co sprawi, że ponowne zapadnięcie w sen stanie się nie lada wyzwaniem.

Właśnie dlatego mieszkańcy Alaski (borykający się z dwudziestodwugodzinnymi dniami w lecie i dwudziestodwugodzinnymi nocami zimą) mają trudność z wdrożeniem zdrowego planu dnia i nocy. Z tego samego powodu obecność ostrego światła w domu po zmroku (lampy, telewizor, czy ekran komputera... nawet twój telefon komórkowy) może zaburzyć twój sen.

A gdy już zaśniesz, cykl okołodobowy zostaje zastąpiony innym cyklem, który organizuje twój sen i nim zarządza – cyklem faz snu REM i NREM, następujących po sobie naprzemiennie, jak w czasie jazdy na rollercoasterze w parku rozrywki.

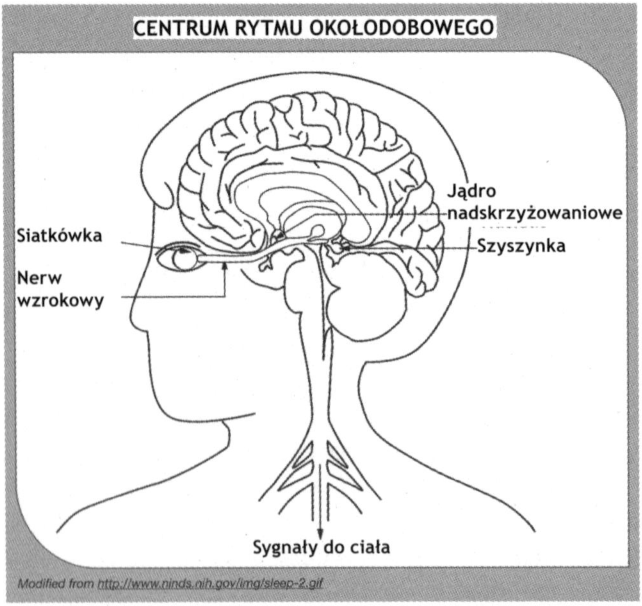

Starożytni Grecy a sen

W greckiej mitologii Hypnos był bogiem snu. Był synem Nyks (Nocy) i mieszkał w krainie wiecznej ciemności, daleko poza bramami wschodzącego słońca. Każdej nocy przelatywał po ciemnym niebie i rozdawał sny (nawet innym bogom).

Według starożytnych Greków braćmi Hypnosa byli Momos (Wina), Nemesis (Zazdrość), Geras (Podeszły Wiek) i Tanatos (Spokojna Śmierć).

Jak się pewnie domyślacie, Hypnos był ojcem Morfeusza, boga snów. (Matką Morfeusza była Pasithea, bogini halucynacji).

Morfeusz potrafił przybierać w ludzkich snach każdą postać. Władał krainą znajdującą się tuż obok Rzeki Zapomnienia, chronioną przez dwa przerażające potwory, które odstraszały intruzów, przemieniając się w to, czego bali się oni najbardziej. (Współczesna medycyna podarowała Morfeuszowi życie wieczne, nazywając od jego imienia jeden z najpotężniejszych środków nasennych – morfinę).

Ta mityczna rodzina zarządzała snem i wszystkimi doświadczeniami z nim związanymi... od A do Zzz.

Dwie fazy snu – REM i NREM

Lepiej zrozumiesz, jak śpi twoje dziecko, jeśli poznasz zasady, którymi rządzi się sen. Przedstawię teraz z bliska dwie odrębne fazy snu, pojawiające się naprzemiennie i kontrolujące mózg w czasie snu.

Niegdyś ludzie wyobrażali sobie, że sen przypomina jedną, długą, bezkształtną krówkę-ciągutkę. Ale jakieś sześćdziesiąt lat temu przez przypadek odkryliśmy, że sen jest czymś znacznie ciekawszym.

W 1953 roku naukowcy obserwujący śpiące niemowlęta zauważyli, że ich oczy co jakiś czas poruszały się pod zamkniętymi powiekami. (Poobserwuj swoje śpiące niemowlę – to takie śmieszne! Zauważysz, że zabawny ruch oczu pojawia się i znika, wraz z nieznacznym uśmiechem i przyspieszonym oddechem).

To badanie stanowi pierwszy dowód na to, że sen zmienia się wiele razy między zmrokiem a świtem. Dokładniej mówiąc, sen składa się z wielu powtarzających się cykli tworzonych przez dwie odmienne fazy snu: fazę REM, w której nasze oczy tańczą tak, jakby oglądały film wyświetlany na wewnętrznej stronie powieki, i fazy nie-REM (NREM), w której nasze oczy pozostają w absolutnym bezruchu.

Wkrótce po zaśnięciu mózg wkracza w fazę snu NREM, w której otrzymuje zasłużony odpoczynek. Każdy cykl trwa około dziewięćdziesięciu minut, zaczyna się od płytkiego snu, następnie przechodzi do głębokiego snu, a na końcu powraca znów do snu płytkiego, a nawet do krótkiej pobudki. Następnie mózg wkracza w okres fazy REM, trwający od pięciu do dwudziestu minut i wieńczący cały cykl. Każdy sen trwający całą noc składa się z czterech lub pięciu takich cykli wykreowanych przez mózg.

Spójrzmy na wzór przedstawiony poniżej. Zamieszczony na nim diagram nosi nazwę hipnogramu. Jak widzicie, mamy tu powtarzające się występowanie snu głębokiego i snu płytkiego w fazie NREM. Pierwsze cykle składają się z niewielkiej ilości REM, ale im bliżej końca nocy, tym więcej REM i mniej głębokiego snu. Tuż przed obudzeniem nasz sen składa się na ogół z samej fazy REM występującej naprzemiennie z płytkim snem (to dlatego tak dobrze pamiętamy nasze sny, gdy obudzimy się nieco wcześniej, niż powinniśmy).

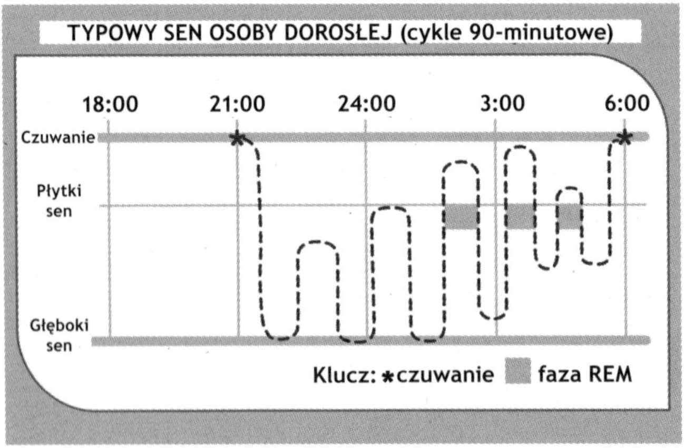

NREM – spojrzenie z bliska na regenerującą fazę snu

Co noc osoba dorosła spędza około 85 procent snu w fazie NREM. Jak wcześniej pisałem, w tej fazie dochodzi do regeneracji i odnowy ciała i umysłu. Sen typu NREM dzieli się na trzy fazy – płytką, średnią i głęboką. Oto co dzieje się w każdej z nich.

Faza 1 — jestem senna lub tylko „głowa opadła mi na piersi"

Ach, twój mózg zaczyna się relaksować. Przegapiłaś fragment programu telewizyjnego, który właśnie oglądasz... i nagle czujesz lekkie szarpnięcie, podnosisz głowę i wracasz do rzeczywistości. Jeśli cię zapytają, czy spałaś, pewnie odpowiesz, że tylko się zamyśliłaś.

Faza 1 trwa zazwyczaj od dziesięciu do dwudziestu minut.

Faza 2 — lekki sen

Śpisz, ale zbudzisz się natychmiast, jeśli ktoś wymówi twoje imię lub cię dotknie. Po przebudzeniu będziesz wiedziała, że spałaś.

Faza 2 trwa zazwyczaj od dwudziestu do trzydziestu minut.

Faza 3 — sen głęboki lub sen „wolnofalowy"

Faza 3. snu NREM jest najbardziej regenerująca: to najcudowniejszy moment snu! Śpisz jak kłoda. Twój oddech jest powolny i regularny, a twoja twarz i ciało są zrelaksowane, ale nie bezwładne. Unieś rękę swojego dziecka, gdy znajduje się w trzeciej fazie NREM, a ona powoli powróci na materac. (W głębokiej fazie snu NREM głowy niektórych dzieci i dorosłych znacznie się pocą).

Faza 3. snu NREM nosi nazwę snu „wolnofalowego", ponieważ w tej fazie fale mózgowe stają się powolne i falujące – podczas gdy w czasie czuwania nerwowo podskakują. Fale omywają mózg 1000 razy w ciągu jednej nocy, wymazując nowo powstałe wspomnienia i przygotowując mózg na następny dzień nauki. W tej najgłębszej fazie snu trudno cię obudzić – a po przebudzeniu na ogół potrzebujesz minuty lub dwóch na dojście do siebie.

To bardzo głęboka faza snu, dlatego właśnie w niej zdarza się, że zmęczeni rodzice potrafią położyć się na swoim maleństwie i je zadusić, jeśli dzielą z nim łóżko. Z drugiej strony, obudzimy się na ważne sygnały, takie jak alarm przeciwpożarowy czy płacz dziecka.

Możemy doświadczyć ciekawego zjawiska, gdy zaczynamy budzić się z głębokiego snu. Rozluźnia się kontrola mięśni, podczas gdy reszta mózgu pozostaje pogrążona w głębokim śnie. Wtedy może zdarzyć się, że mówimy przez sen lub mamy koszmary. Podsumowując: część mózgu już czuwa, podczas gdy reszta mózgu wciąż głęboko śpi.

Faza 3. trwa zazwyczaj od dwudziestu do czterdziestu minut.

Uwaga: Jeśli budzisz się co dwie godziny, bo twoje dziecko płacze, po siedmiu godzinach snu możesz czuć się tak zmęczona, jak gdybyś spała przez jedyne cztery godziny. Dzieje się tak dlatego, że twój mózg nie ma szansy wydostać się z fazy *płytkiego* snu. On po prostu nie ma kiedy wkroczyć w głęboką, regenerującą 3. fazę snu NREM.

Gdy kończy się faza 3., twój mózg powoli wraca do stanu sennej przytomności. Na tym etapie snu jesteś wrażliwa na wszelkie odstępstwa od normy mające miejsce w twoim otoczeniu, takie jak przejeżdżający motor. Ale gdy wszystko wraca do normalności, na ogół znów zapadasz w sen i nawet nie pamiętasz, że się przebudziłaś.

Pobudka o 2. w nocy. Czy to mądry pomysł? Tak!

Nagrania wideo ujawniają, że doświadczamy wielu „minipobudek" w ciągu nocy. Zmieniamy pozycję, przekładamy poduszki lub chwytamy naszego misia, a następnie znów pogrążamy się we śnie. To dobry sposób na zapobieganie bólom lub zdrętwiałym stawom.

Te krótkotrwałe przebudzenia są dla nas korzystne również jako element... naturalnego systemu alarmowego.

Wyobraź to sobie z punktu widzenia naszych starożytnych praprzodków. Mieszkali oni w jaskiniach i w niewielkich obozach, przez co byli stale narażeni na nocne napady intruzów. Spanie „z jednym okiem otwartym" to przydatna umiejętność, ale niestety jej nie posiadamy. Realne rozwiązanie podnoszące szanse na przetrwanie polegało na tym, że każdy z członków rodziny wkraczał w fazę snu bliską przebudzeniu, na zmianę, co każde dziewięćdziesiąt minut — pod koniec każdego cyklu.

Każdy członek rodziny kładł się spać o nieco innej godzinie, więc w dużych rodzinach przynajmniej jeden jej członek znajdował się w płytkim śnie w każdej minucie nocy i był wyczulony na potencjalną obecność intruzów. Przebywanie w płytkim śnie „na zmianę" mogło ocalić im życie.

REM – spojrzenie z bliska na fazę marzeń sennych/ wspomnień

Co noc osoba dorosła spędza około 15 procent snu w fazie REM. Sen REM to kraina marzeń sennych i wspomnień. Podczas fazy REM oddech staje się nieregularny, nieznacznie się uśmiechamy, na twarzy pojawiają się grymasy, a mięśnie stają się rozluźnione i zwiotczałe. Niesamowite jest to, że aktywność elektryczna mózgu jest prawie tak wysoka, jak podczas pełnego czuwania! Z drugiej strony, mózg w fazie REM ignoruje znaczną część swoich zadań (słuchanie, patrzenie, wysyłanie komend ruchowych do mięśni poniżej szyi).

Dzięki tym zmianom możemy skoncentrować się na tym, co widzimy i słyszymy *w naszych snach*. Możemy śnić o lataniu, ale jesteśmy bezpieczni – nie otworzymy okna i nie zaczniemy machać rękami, ponieważ komendy wydawane mięśniom przez mózg są w fazie REM zablokowane.

Gdy kończy się faza REM i kończą się sny, mózg wkracza w fazę NREM i zdejmuje blokadę między mózgiem a ciałem. (Dlatego lunatykujemy tylko w fazie NREM, nie może być mowy o lunatykowaniu w fazie REM w trakcie śnienia o chodzeniu.)

Faza REM jest dla mózgu jak obżarstwo w tłusty czwartek: mózg skanuje wydarzenia minionego dnia, porównuje je ze wspomnieniami z dni wcześniejszych, porządkuje wszystkie wspomnienia na nowo.

Faza REM jest niezwykła – tworzy marzenia senne, które wyparowują z naszej świadomości kilka sekund po przebudzeniu, a z drugiej strony: przechowuje nasze wspomnienia i dba o nie przez całe nasze życie!

W czasie pierwszych cykli, na początku nocy, faza REM trwa od pięciu do dziesięciu minut, a w ostatnich godzinach snu może trwać aż do pół godziny.

Sen dziecka: podobieństwa i różnice

Zastanawiasz się pewnie, jak powyższa lekcja biologii ma się do *twojego* życia? Porównaj to, czego się przed chwilą nauczyłaś, ze swoją wiedzą o tym, jak śpią niemowlęta i dzieci, a zrozumiesz, dlaczego miewają problemy z położeniem się do łóżka (i z pozostaniem w nim).

Sen dzieci i sen dorosłych są do siebie podobne. Oto kilka przykładów: zarówno dzieci, jak i rodzice:

- **ziewają ze zmęczenia,**
- **miewają wypadki, gdy są zmęczeni,**
- **wolą spać w nocy (no dobrze... minie trochę czasu, zanim stanie się to prawdą),**
- **uwielbiają swoich „pomocników snu" (np. kołysanie, szum, pluszowe misie, ulubione poduszki i przytulną flanelową pościel).**

Sen dorosłych i sen dzieci dzielą jednak istotne różnice.

Zacznę od tego, że dzieci śpią znacznie więcej. Noworodki śpią przez czternaście do osiemnastu godzin na dobę – dzieląc dzień i noc na wiele etapów. Między drugim a szóstym miesiącem życia dziecka sen za dnia przyjmuje formę godzinnych lub dwugodzinnych drzemek, a w nocy formuje bloki trwające od sześciu do dziesięciu godzin.

Po ukończeniu roku dziecko śpi przez jedenaście – dwanaście godzin na dobę (drzemki trwają godzinę – dwie) i ta całkowita liczba przespanych godzin wciąż stopniowo maleje. W wieku pięciu lat wynosi dziesięć – jedenaście godzin (nie ma drzemek).

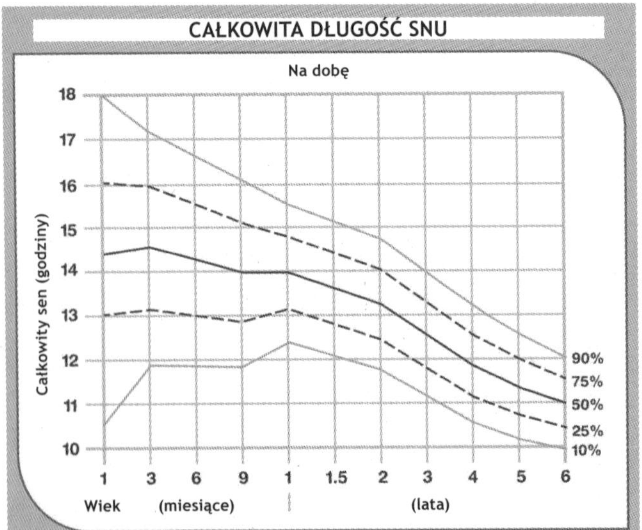

Modified from Iglowstein, I et al. Pediatrics 2003;111:302-307.

Dzieci zasypiają wcześniej niż dorośli. Noworodki zasypiają między 21. a 22. wieczorem, a dzieci w wieku od sześciu miesięcy do sześciu lat zapadają w sen między 20. a 21. wieczorem. (Najwcześniej kładą się spać dzieci w wieku od osiemnastu do dwudziestu trzech miesięcy – około godziny 20).

Następna ważna różnica polega na tym, że cykl snu osoby dorosłej trwa dziewięćdziesiąt minut, podczas gdy małe dzieci gnają przez swój cykl w ciągu sześćdziesięciu minut (od snu płytkiego do głębokiego i z powrotem do snu płytkiego plus krótka faza REM) – jak demonstrują poniższe wykresy.

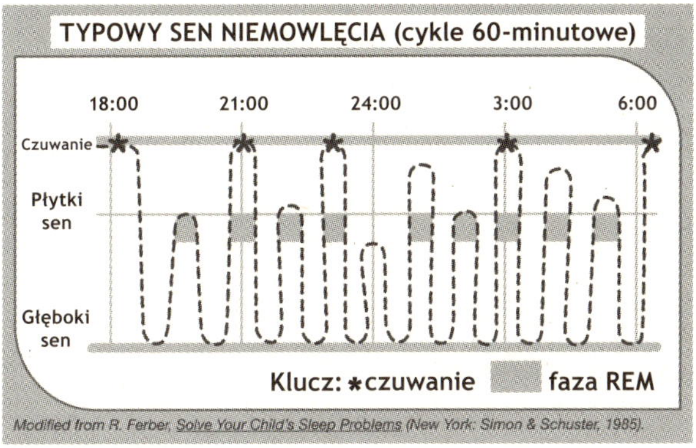

Modified from R. Ferber, Solve Your Child's Sleep Problems (New York: Simon & Schuster, 1985).

To, że cykle snu twojego dziecka są krótsze, ma olbrzymi wpływ na twoje życie. Dlaczego? Krótsze cykle oznaczają, że twoje dziecko co godzinę znajduje się w bardzo płytkim śnie, który łatwo przerwać. Dlatego właśnie małe dzieci tak łatwo budzą się, gdy są nieco głodne lub gdy ząbkują.

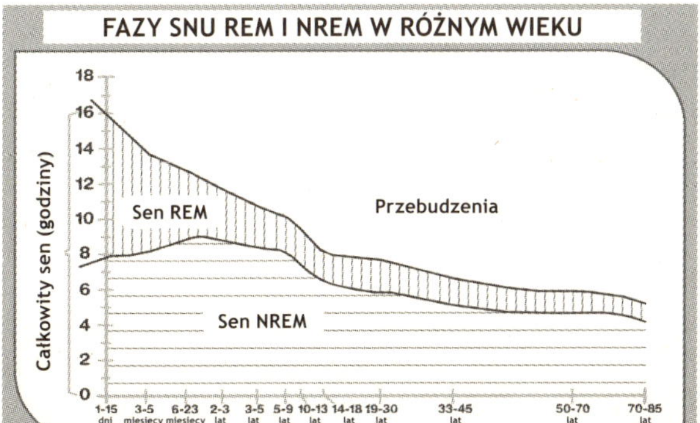

Modified from Roffwarg, HP, et al. Science, 1966; 152:604-619.

Kolejna różnica polega na tym, że – jak demonstruje wykres na poprzedniej stronie – równowaga między fazami NREM i REM, a także ich następowanie po sobie różnią się w przypadku osoby dorosłej i dziecka. Około 85 procent naszego snu przypada na regenerujący NREM, podczas gdy niemowlęta spędzają w tej fazie jedynie 50 procent snu (to wtedy dzieci potrafią zdrzemnąć się nawet podczas bardzo głośnego meczu koszykówki). Z drugiej strony, aż 40-50 procent snu niemowląt przypada na REM – fazę poświęconą marzeniom sennym/pamięci (w przypadku dorosłych to jedynie 15 procent snu).

Innymi słowy, niemowlęta spędzają pięć razy więcej czasu w fazie snu REM niż dorośli (8 godzin wobec 90 minut). Dzięki temu otrzymują wystarczająco dużo czasu na przejrzenie wszystkich chaotycznych zdarzeń minionego dnia i ustalenie, które z nich warto zachować w formie wspomnień, a o których można zapomnieć.

Dorośli potrzebują znacznie mniej fazy snu REM najprawdopodobniej dlatego, że nasze życie jest w dużej mierze rutynowe. Większość zdarzeń, z którymi mamy do czynienia na co dzień, jak odkrycie, w której alejce w supermarkecie znajduje się jedzenie dla psów, albo już nam się przytrafiła, albo jest zbyt trywialna i nie warto jej zapamiętywać. A niemowlaki uważają, że wszystko jest nowe i fascynujące. („Wow... kapelusz! Nigdy czegoś takiego nie widziałem. Ha, ha! Głowa mamy wygląda jak wielki balon!").

Mózgi naszych maluchów w okamgnieniu wypełniają się po brzegi mnóstwem ciekawych zdarzeń i informacji, które chcą one zapamiętać (np. dzwoneczek na szyi kota, pierwsze bujanie na huśtawce, wentylator na suficie, zapach świeżo upieczonych ciastek). Dlatego właśnie niemowlęta potrzebują drzemki co kilka godzin. Małe dzieci wkraczają w fazę REM natychmiast po zaśnięciu, by odczytać wiadomości ze swojej skrzynki odbiorczej wspomnień – w przeciwieństwie do dorosłych, którzy najpierw pogrążają się w regenerującym śnie, a do fazy REM przechodzą w drugiej kolejności.

No dobrze, ale jaka część REM jest wypełniona marzeniami sennymi w przypadku małego dziecka?

Czy małe dzieci śnią?

Małe dzieci otrzymują znaczne ilości snu w fazie REM. Dlatego możemy założyć, że doświadczają wielu rodzajów ekscytujących dziecięcych snów wypełnionych olbrzymimi śmiejącymi się twarzami, psami z megajęzykami liżącymi im paluszki u stóp i dużymi piersiami dającymi słodkie, ciepłe mleko.

Oczywiście niemowlęta nie potrafią mówić, więc nie wiemy, co im się śni (a nawet czy w ogóle śnią). A co ze starszymi dziećmi?

Psycholog David Foulkes pracował z dziećmi (w wieku od dwóch-trzech lat po nastolatków) w laboratorium, bo pragnął dowiedzieć się, co im się śni. Pozwalał dzieciom zasypiać, a następnie budził je trzy razy w ciągu nocy – czasem w fazie REM, a czasem w NREM – i prosił je o opisanie obrazów, które miały w głowach po przebudzeniu.

Odkrycia Foulkesa są zaskakujące... bo są tak niezaskakujące.

Można po prostu powiedzieć, że dzieci mają dziecinne sny. Sny dzieci poniżej piątego roku życia składają się ze statycznych obrazów zwierząt lub ludzi wykonujących codzienne rutynowe czynności, takie jak jedzenie.

Dlaczego ziewamy, gdy widzimy ziewające niemowlę?

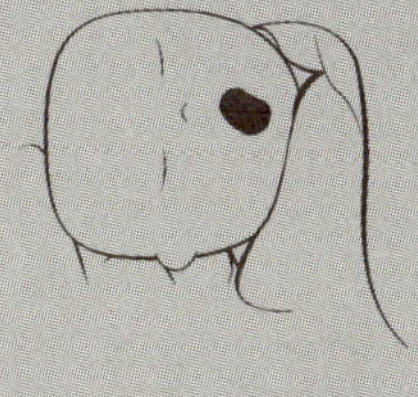

Psy ziewają... i koty, i małpy... i nawet trzymiesięczny płód (ale nie kurczaki).

Przeciętne ziewnięcie trwa od czterech do sześciu sekund. Ziewamy częściej, gdy jesteśmy zmęczeni lub znudzeni. A gdy próbujemy przestać, na ogół natychmiast wyzwalamy następne ziewnięcie. Niesamowite jest to, że nie wiemy, dlaczego ziewamy. To wielka zagadka medycyny.

Nie wiemy też, dlaczego ziewanie jest zaraźliwe. Około czwartego roku życia wykształca się w nas niepohamowana potrzeba przyłączenia się do ziewającego. Wyjątek stanowią dzieci autystyczne. Im bardziej zaawansowany autyzm, tym mniej prawdopodobne, że dziecko autystyczne zarazi się ziewaniem.

Ciekawe jest to, że dzieci w wieku przedszkolnym często wierzą, że sny zostały umieszczone w ich głowach w magiczny sposób przez drugiego człowieka lub przez Boga.

Większość z nas pamięta fragmenty zdarzeń, które miały miejsce w czasie czuwania, począwszy od wieku trzech-czterech lat, ale nasze najwcześniejsze wspomnienia snów sięgają zazwyczaj dopiero wieku sześciu-siedmiu lat (mimo że już wcześniej spędzamy mnóstwo czasu w fazie REM). 25 procent dzieci w wieku poniżej dziewiątego roku życia nie pamięta nic ze swojego snu, kiedy budzi się je w trakcie fazy REM.

Ostatnia różnica polega na tym, że marzenia senne dzieci są bardziej radosne od marzeń sennych osób dorosłych! Foulkes odkrył, że w przeciwieństwie do snów dorosłych (które zawierają zazwyczaj agresję i nieszczęście), sny dzieci są przepełnione szczęśliwymi emocjami.

Powrót do rzeczywistości – i epidemia bezsenności

Mam nadzieję, że ta krótka wycieczka do krainy snu była dla ciebie pouczająca. Będziesz mogła wykorzystać wiedzę o cyklach snu i o biologii snu, jeśli twoje dziecko będzie miało problemy ze spaniem. Niestety, jest spora szansa, że tak będzie.

National Sleep Foundation przeprowadziła w 2004 roku badanie w Ameryce, z którego wynika, że 60-80 procent rodziców przyznaje, że ich małe dzieci cierpią na kłopoty ze spaniem przynajmniej kilka razy w tygodniu. Najczęstszymi problemami są: opór wobec pójścia do łóżka i kłopoty z zaśnięciem.

Jeśli przypomina to twoją sytuację, jeśli jesteś zmęczona, rozdrażniona i brakuje ci pewności siebie, to nie załamuj się – dobry sen jest blisko! I nie będzie wymagał „trudnej miłości", czyli wielu godzin płaczu (ani twojego maleństwa, ani twojego).

W następnych rozdziałach omówię problemy ze snem na trzech różnych etapach życia dziecka: w pierwszych trzech miesiącach życia, w późniejszym niemowlęctwie i w przypadku 2-3–latków/przedszkolaków. Zorientujesz się, czy twój szkrab ma problemy ze snem czy nie... a jeśli twoja odpowiedź będzie brzmiała „tak", to zrobię wszystko, by cię przekonać, że rozwiązanie twoich problemów jest bardzo proste.

CZĘŚĆ I

Słodki sen twojego maluszka: od urodzenia do trzech miesięcy

Rozdział 2. jest poświęcony omówieniu warunków koniecznych do zapewnienia bezpiecznego i spokojnego snu. Pokażę ci, jakim przemianom podlega niesamowity mózg twojego dziecka w czasie pierwszych trzech miesięcy życia, i omówię wpływ tych przemian na jego sen. Następnie przedstawię dziesięć najpopularniejszych mitów dotyczących snu niemowlaków, omówię to, ilu godzin snu możesz oczekiwać w pierwszych miesiącach po porodzie, i zmierzę się z jedną z największych kontrowersji związanych z rodzicielstwem, jaką jest współdzielenie łóżka z dzieckiem. Na koniec wymienię najskuteczniejsze metody minimalizujące ryzyko wystąpienia nagłej śmierci łóżeczkowej i ryzyko uduszenia.

Rozdział 3. przedstawia garść rad zaczerpniętych z *Najszczęśliwszego niemowlęcia*, dzięki którym pomożesz swojemu maleństwu przejść od krzyku do ciszy... w zaledwie kilka minut (lub nawet szybciej). Pokażę ci, jak wzmocnić sen twojego dziecka, używając metody 5 „S” włączającej u niemowlęcia odruch uspokajania. A następnie dowiesz się, dlaczego budzenie dziecka ze snu jest mądre, a nie szalone. Podpowiem ci też, jak ułożyć codzienny plan dnia dla niemowlęcia, a na koniec omówię sposoby na poprawienie snu wcześniaków i bliźniąt.

Rozdział 4. radzi, jak karmić dziecko, by spało nieco dłużej. Powiem, jak przeciwdziałać chorobom, które mogą zaburzać sen dziecka, i jak nauczyć twojego maluszka radzenia sobie z atakiem kaszlu lub kataru. Na koniec dowiesz się o najważniejszych objawach depresji poporodowej (i krokach, które możesz podjąć, by spróbować jej zapobiec).

Rozdział 5. odpowiada na pytania związane ze snem, zadawane przez wielu zamartwiających się świeżo upieczonych rodziców.

ROZDZIAŁ DRUGI

Pierwsze dni: przygotowanie warunków zapewniających bezpieczny i dobry sen

NAJWAŻNIEJSZE KWESTIE:

- Osobowość twojego dziecka ma wpływ na jego zachowanie, gdy ono czuwa... a także na to, jak dobrze śpi.
- Dobry sen zaczyna się od *dobrej kontroli stanów emocjonalnych* – umiejętności, dzięki której niemowlę potrafi samo zapanować nad płaczem i dzięki której nie budzi się pomimo światła i hałasu.
- Noworodki posiadają niezwykłą zdolność nabywania nowych umiejętności, dzięki której możemy je szybko nauczyć, jak spać lepiej i dłużej.
- Zdobycie wiedzy o najpopularniejszych mitach dotyczących snu niemowląt sprawi, że nie popełnisz błędów w czasie nauki lepszego spania.
- Twoje główne zadanie polega na zapewnieniu bezpieczeństwa dziecku, m.in. na podjęciu odpowiednich kroków w celu zapobieżenia nagłej śmierci łóżeczkowej oraz uduszeniu. Spanie

z dzieckiem w jednym łóżku może być ryzykowne, dlatego radzę z niego zrezygnować w pierwszych miesiącach po porodzie.

Podróż mająca tysiąc kilometrów zaczyna się wraz z pierwszym krokiem (niemowlęcia).

—Zaadaptowane z Lao-Tsu, chińskiego filozofa

Sprawy dzieci: co się dzieje w głowie twojego maluszka?

Dlaczego dziecko twojej przyjaciółki szybko zasypia, podczas gdy twoje krzyczy przez całą noc? Czy robisz coś nie tak? Czy twoja przyjaciółka jest dobrą matką? Czy ty jesteś złą matką?

Nie!

W tym rozdziale pokażę ci, że każde dziecko jest inne. Niektórzy rodzice mają szczęście – ich dzieci smacznie śpią, niezależnie od warunków. Jeśli u ciebie sytuacja jest nieco inna – witaj w klubie! Właśnie w tej chwili miliony pozbawionych snu mam i tatusiów nerwowo drepczą po swoich sypialniach.

To jednak nie znaczy, że przed tobą wiele miesięcy niewyspania i zmęczenia. Ta część książki odkryje przed tobą metody zaczerpnięte z *Najszczęśliwszego niemowlęcia,* które pomogą twojemu małemu susełkowi spać jak... suseł. Jeśli nie znasz tego podejścia, przygotuj się na zaskoczenie – łatwo znajdziesz przycisk wyłączający płacz twojego dziecka i nauczysz się przełączać je na dobry, spokojny sen. A jeśli znasz *Najszczęśliwsze niemowlę*, poznasz kilka nowych sztuczek i rad składających się na pozbawioną płaczu metodę, dzięki której nauczysz swoje maleństwo, jak lepiej spać, zaczynając już w siódmym dniu życia. (Naprawdę!).

Zacznijmy jednak od tego, że aby niemowlę nie miało problemów ze snem, powinniśmy wiedzieć, co się dzieje w jego mózgu. By się tego dowiedzieć, powinniśmy z kolei zapoznać się z najważniejszymi czynnikami mającymi wpływ na sen: temperamentem, kontrolą stanów emocjonalnych i umiejętnością uczenia się.

Temperament – morze, po którym żegluje twoje dziecko

Spotkałem niedawno w kawiarni Tię, matkę trojga dzieci. Była z Sofią, swoją piękną i utalentowaną osiemnastoletnią córką. Z szerokim uśmiechem na twarzy Tia przypomniała mi, że gdy

Sofia miała dziesięć dni, wziąłem ją na kolana i stwierdziłem, że to dziecko wymaga do uspokojenia się większej dawki podskoków i energii niż inne dzieci. Tia powiedziała, że pamięta, jaką wtedy zrobiłem uwagę, powiedziałem: „O rany! Nie zdziwię się, jeśli ta dziewczynka będzie kochała sport i diabelski młyn, gdy dorośnie". Następnie Tia się roześmiała i oznajmiła, że oba moje przewidywania się sprawdziły.

Większość naszych zachowań dziedziczymy w genach od naszych rodziców. Tak jak niebieskie oczy i kręcone włosy, temperament dziecka jest sumą przypadków oraz charyzmy lub przezorności odziedziczonych po rodzicach (w niewielkiej lub całkiem znacznej dawce). Dlatego nieśmiali rodzice często mają nieśmiałe dzieci, a temperamentnym rodzicom na ogół trafiają się żywe sreberka.

Szczerze mówiąc, przewidzenie temperamentu dziecka – tak jak to zrobiłem z Sofią – nie podlega zasadom nauki. Ale po trzydziestu latach zajmowania się niemowlętami zaobserwowałem, że część cech osobowości lub temperamentu często da się zauważyć w pierwszych tygodniach życia dziecka.

Gładkie morze (spokojny temperament) pomaga niemowlętom przetrwać czas niemowlęctwa w spokoju. Te niemowlaki są wesołe, szczęśliwe i łatwo je uspokoić. Są łagodne, zrównoważone, nie krzyczą, tylko raczej cierpliwie piszczą, jakby mówiły: „Mamusiu, proszę, jestem troszkę głodny".

Lekko wzburzone morze (temperament ostrożny lub pełen werwy) rekompensuje trudne okresy (kolkę, częste przebudzenia, trudności z uspokajaniem się), gdy dziecko jest już tak duże, że potrafi zapanować nad swoimi emocjami i przejawami nadwrażliwości.

Ostrożne niemowlęta płaczą, gdy ktoś się głośno śmieje, i uciekają od babci, gdy jej perfumy pachną zbyt intensywnie. Idą przez życie z szeroko otwartymi oczami, a z ich twarzy można wszystko natychmiast wyczytać. Ale są też nadwrażliwe i kruche – jak przejrzysty kryształ, który przypominają. Kiedy są starsze, stanowią cudowne towarzystwo, są kreatywne i niezwykle spostrzegawcze. Ale jako niemowlęta powoli się oswajają, łatwo je przestymulować wrażeniami i przez długi czas popłakują, gdy się czegoś przestraszą.

Z drugiej strony, dzieci pełne werwy są bardzo uczuciowe, emocjonalne i łatwo wytrącić je z równowagi. Potrafią nagle zacząć krzyczeć tak, że szyby pękają, i często miewają humory. A gdy ich wybuchowy jak dynamit temperament połączy się z codziennymi frustracjami – BUM! W wieku niemowlęcym mają trudności z zachowaniem spokoju i równowagi. Ale gdy stają się nieco starsze, miewają napady fantastycznego chichotu, mają olbrzymią ciekawość świata i niewyczerpany entuzjazm.

Temperament wpływa na zachowanie twojego dziecka za dnia i może odpowiadać za problemy rodzące się w nocy.

Wrażliwe dzieci często się budzą, ponieważ przeszkadza im to, co dzieje się wokół nich (światła, dźwięki itp.) lub w nich (ząbkowanie, głód itp.). Bywają bardzo wybredne przy wyborze rodzaju szumu, który ma im towarzyszyć w czasie snu – zignorują go, jeśli będzie za delikatny (przypominający fale oceanu), lub się zirytują, jeśli będzie za ostry i świszczący (jak szum wentylatora i nawilżacza powietrza).

Dzieci, które mają dużo energii, nie radzą sobie z dużym zmęczeniem. Takie dzieci krzyczą, że chcą mleka... a gdy już mają w ustach pierś lub pełną butelkę, nadal płaczą!

Poznanie temperamentu twojego maluszka jest kluczem do zrozumienia tego, dlaczego zachowuje się tak, jak się zachowuje, i dlaczego ma problemy ze snem. („Och, ona zawsze źle śpi u babci. Pokój jest za jasny". „Moje dziecko jest tak emocjonalne, że gdy zacznie płakać, będzie płakać przez całą godzinę, a na koniec zwymiotuje!"). Nie martw się: już niebawem dostaniesz kilka wyjątkowych rad, dzięki którym nawet najbardziej nieśmiałe i najbardziej temperamentne niemowlę zacznie dobrze sypiać.

Kontrola stanów emocjonalnych — dostrojenie świata do siebie... lub wyciszenie go

„Lubię obserwować moje miesięczne dziecko" - mówi Britta. „Małe ustka Bobby´ego drżą, gdy jest zdenerwowany. Najwyraźniej stara się powstrzymać potok łez i przez dłuższy czas zabawnie popłakuje, przypominając miauczącego kota, zanim się podda i rozpłacze na dobre".

Jeżeli temperament jest morzem, po którym żegluje twoje dziecko, kontrola stanów emocjonalnych powie nam, jak stabilna (lub chybotliwa) jest jego łódka.

Czy twój maluszek nie wybudza się ze snu, nawet jeśli jest trochę głodny i nawet jeśli otaczają go drażniące hałasy? Czy marudzenie zawsze przeradza się u niego w rosnące rozdrażnienie, czy na ogół potrafi samodzielnie opanować płacz?

To oznaki kontroli stanów emocjonalnych twojego dziecka.

W tym kontekście słowo *stan* odnosi się do poziomu czujności twojego maleństwa (nie do tego, czy mieszka ono w stanie Main czy w Alabamie). Dzień twojego dziecka mija mu na przechodzeniu od pierwszego do ostatniego – szóstego – stanu emocjonalnego, w których jest ono stopniowo coraz bardziej czujne i przybywa mu energii: głęboki sen, płytki sen, senność, spokojne czuwanie, marudzenie i krzyk. Sprawowanie kontroli emocjonalnej nad tymi stanami (zamiast przeskakiwania między nimi) to jedno z pierwszych ważnych zadań mózgu.

(Zauważ, że w samym środku tych sześciu faz znajduje się spokojne czuwanie. W tym magicznym stanie oczy twojego dziecka są bystre i otwarte, jego twarz zrelaksowana, a ono samo z zainteresowaniem przygląda się wszystkiemu wokół).

Dzieci, które łatwo się same uspokajają, sprawnie i samodzielnie przechodzą od snu do czuwania i od marudzenia do spokoju i ciszy. Gdy otaczający je świat staje się dla nich zbyt przytłaczający, potrafią się same przed nim ochronić: patrzą w przestrzeń, odwracają wzrok (tak jak dorośli oglądający horror w telewizji) lub po prostu wycofują się w sen.

Kontrola stanów emocjonalnych niektórych niemowląt (w tym wielu wcześniaków i dzieci narkomanów) jest niestabilna i niedojrzała. Te maluszki są strachliwe i doświadczają trudności z wyłączeniem się ze standardowych, codziennych hałasów. Często piszczą, błagając w ten sposób o pomoc: „Proszę... podnieś mnie... świat jest za duży!".

Przez dziesiątki lat mądre położne wiedziały, że te niemowlęta wymagają spowijania, wyciszszszania i skokołysania. Niemowlęta ze słabą kontrolą stanów emocjonalnych polegają na nas, byśmy aktywowali ich odruch uspokajania, aż do czasu, gdy będą na tyle duże, że same będą potrafiły ukoić swój płacz.

Kontrola stanów emocjonalnych wyjaśnia jeszcze jedną tajemnicę: dlaczego wiele niemowlaków często płacze w porze kolacji (w tzw. godzinie duchów). Pod koniec dnia dzieci ze słabą kontrolą stanów emocjonalnych po prostu „mają już dość" – po całym dniu wypełnionym ekscytującymi sprawami (i ze zdecydowanym niedoborem uspokajającego przytulania, kołysania i ssania). Ich zdolność do spokojnego prowadzenia łodzi po morzu temperamentu zostaje podważona i zamieniają się w zapłakane, wymachujące rękami wściekłe stworzonka.

Nie martw się, jeśli twoje maleństwo ma słabą kontrolę stanów emocjonalnych – wyrośnie z tego. Ale to oznacza, że będziesz musiała włożyć więcej wysiłku w uspokajanie i usypianie go. Na szczęście znam kilka sztuczek, dzięki którym nawet najbardziej nerwowe dziecko uczy się dobrze spać. (W następnych dwóch rozdziałach dowiesz się, jak je tego nauczyć).

Jak kontrola stanów emocjonalnych pomaga twojemu niemowlęciu spokojnie dalej spać

Ten mały eksperyment pokazuje, że kontrola stanów emocjonalnych twojego niemowlęcia stanowi sekret niezwykłej umiejętności, jaką jest „spanie gdziekolwiek, kiedykolwiek".

Weź latarkę i podejdź na paluszkach do swojego śpiącego dziecka. Poświeć wprost na jego zamknięte powieki przez jedną-dwie sekundy. Pewnie mocniej zaciśnie zamknięte powieki, powierci się przez chwilę, a jego oddech przyspieszy (a może maluch się nawet przestraszy).

Poczekaj kilka sekund, by znów zapadło w sen. Następnie znów poświeć mu po oczach. Pewnie zareaguje tak jak poprzednio lub łagodniej.

Powtórz swoje postępowanie kilka razy, a zaobserwujesz coś bardzo ciekawego: po trzech lub czterech razach maluszek zareaguje znacznie łagodniej, a po kolejnych kilku może nawet przestać zupełnie reagować. To oznaka, że kontrola stanów emocjonalnych go ochrania – jego mózg przestaje zwracać uwagę na światło!

Najwyraźniej mózg niemowlęcia nie „wyłącza się" podczas snu. Nie przerywa pracy i stara się jak najlepiej ignorować wszystkie czynniki, które mogłyby zakłócić jego sen. Wiele sztuczek, których cię ta książka nauczy, zostało wymyślonych po to, by poprawić kontrolę stanów emocjonalnych twojego dziecka, pomóc mu w zignorowaniu wszelkich intruzów snu i w dalszym spokojnym spaniu.

Umiejętność uczenia się i zapamiętywania – niezwykły talent niemowląt

Pewnie już zauważyłaś, że są chwile, w których twoje maleństwo zezuje i trzęsie mu się broda. Noworodki przypominają koordynacją ruchów pijanego marynarza. Podczas gdy jedynie *niektóre* niemowlaki mają niedojrzałą kontrolę stanów emocjonalnych, *wszystkie* mają niedojrzałą kontrolę mięśni. Nie wszystkie zwierzęta mają tak niedoskonałe potomstwo. Źrebaki, na przykład, biegają już w dniu narodzin. Dlaczego nasze dzieci są takie niedojrzałe?

Odpowiedź jest prosta: ludzie mają wąską miednicę. Taka budowa ciała umożliwia nam chodzenie i sprawne bieganie (znacznie łatwiej nam to robić z nogami znajdującymi się blisko siebie niż z szeroko rozstawionymi). Ale to sprawia, że urodzenie dużej głowy dziecka związane jest z bolesnym przeciskaniem. Wszyscy chcemy mieć mądre dzieci, ale chcemy też, by ich mózgi nie stały się duże, zanim się one urodzą!

Wyobraź sobie, że jedziesz w daleką podróż, w którą możesz wziąć tylko jedną walizkę. To dylemat, przed którym staje noworodek. Jego maleńka głowa musi się zmieścić w kanale rodnym, więc może do niej spakować tylko to, co jest absolutnie niezbędne do przetrwania w świecie zewnętrznym... taki zestaw podstawowy.

Matka Natura przez wieki wyselekcjonowała dla swoich dzieci cztery umiejętności, bez których nie mamy żadnej szansy przeżycia. Zajęły one zdecydowaną większość maleńkiego mózgu noworodka:

- **Systemy podtrzymujące życie – bicie serca, ciśnienie krwi, oddychanie itp.**
- **Kontrola stanów emocjonalnych – włączanie i wyłączanie czuwania (by wejść w interakcję ze światem i by odpocząć lub zasnąć).**
- **Odruchy – wbudowane „oprogramowanie", które pomaga niemowlakom w robieniu skomplikowanych rzeczy, takich jak kichanie, ssanie, połykanie i płacz.**
- **Kontrola mięśni/zmysłów (szczątkowa) – umiejętność dotykania, smakowania, patrzenia i wchodzenia w interakcję ze światem.**

Przez kilka pierwszych tygodni te umiejętności ograniczają się w dużej mierze do codziennych zajęć niemowlęcia, takich jak jedzenie, patrzenie, spanie, siusianie i wypróżnianie się.

Pomimo tego, że mózg twojego maleństwa jest ograniczony, ma jeszcze jedną niezwykle zaskakującą umiejętność – potrafi się uczyć!

Maluszki uczą się rozpoznawać głosy i muzykę jeszcze w łonie matki. Po urodzeniu noworodki szybko uczą się odróżniać zapach mleka ich matki od zapachu mleka innej kobiety. Potrafią także gaworzyć i wierzgać nóżkami, gdy tylko zobaczą uśmiechniętą twarz swojego taty, zanim jeszcze zacznie on je łaskotać.

Jak już wspomniałem, ta nauka – polegająca na codziennym przesiewaniu informacji i zdobywaniu mnóstwa nowych doświadczeń – prawdopodobnie stanowi powód, dla którego niemowlaki doświadczają pięć razy więcej snu w fazie REM niż osoby dorosłe.

Dzieci uczą się niezwykle szybko, więc pewnie oczekujesz, że będą się szybko uczyły lepiej spać. Rzeczywiście, to możliwe! Kluczem do łatwiejszego zasypiania jest nauczenie niemowlęcia, jakich ma „pomocników snu" (a także nienauczenie go niechcący metod utrudniających nam życie, takich jak kołysanie na rękach przez całą noc).

Całe pokolenia specjalistów do spraw snu uważają, że niemowlęta nie nadają się do szkolenia w zasypianiu przed osiągnięciem trzeciego--czwartego miesiąca życia. No cóż, to po prostu nieprawda! To pierwszy z wielu mitów, które chciałbym obalić.

Nie daj się zmylić! Popularne mity dotyczące snu niemowląt

Pewnie myślisz, że jako że od zawsze mamy dzieci, to wiemy o nich wszystko! Nie daj się zmylić: im więcej przeczytasz książek i im więcej przeprowadzisz rozmów, tym więcej napotkasz nieporozumień dotyczących snu i mylnych teorii na jego temat.

Oto pierwszy wielki mit: „Świeżo upieczeni rodzice powinni sami wychowywać swoje dzieci".

To absurd! W przeszłości młodzi rodzice dostawali dużo wsparcia. W większości kultur na całym świecie rodzina i przyjaciele zawsze „matkowali matce" – aż do niedawna, gdy powstał niedorzeczny mit głoszący: „Jesteś *mięczakiem*, jeśli potrzebujesz niani; jesteś niekompetentna, jeśli potrzebujesz pomocy swojej rodziny".

Fakt: Do wychowania dziecka *potrzebne* jest całe miasteczko! To najlepszy czas na proszenie o przysługę. Oczywiście powinnaś być gotowa oddać tę przysługę, gdy twoi przyjaciele i rodzina zwrócą się do ciebie o pomoc.

A gdy już mówimy o mitach, oto dziesięć najpopularniejszych wypowiedzi na temat snu twojego maluszka, które masz dużą szansę usłyszeć od napotkanych w parku mam.

MIT 1: ***Dzieci z natury dobrze śpią.***

FAKT: Nie daj się zmylić powiedzeniu „spać jak dziecko". Niemowlęta śpią dużo, ale ich sen jest rozbity na wiele fragmentów w ciągu całej doby. I czasem, tak jak dorośli, maluszki za *ostro imprezują*. Codzienne sprawy twojego domu mogą je tak rozentuzjazmować, że pójdą późno spać... przez co będą nakręcone i nie w humorze, a to sprawi, że *wyjście z imprezy* i poddanie się senności będzie jeszcze trudniejsze.

MIT 2: ***Nigdy nie budź śpiącego dziecka.***

FAKT: Czasem trzeba obudzić swoje śpiące dziecko! Na przykład, jeśli wypróżni się przez sen, trzeba je obudzić i zmienić mu pieluchę, by ochronić skórę. A obudzenie go o 23. na *karmienie we śnie* (trochę dodatkowych mililitrów) może być ważnym sposobem na poprawienie jego snu.

Co więcej, intencjonalne budzenie niemowlęcia stanowi niezwykle ważny etap w nauce umiejętności samouspokajania, powracania do snu na własną rękę po tym, jak zostanie wyrwane ze snu przez dzwonek telefonu lub przejeżdżającą ciężarówkę.

Ale nie martw się. Będziesz potrafiła pomóc swojemu dziecku ponownie zapaść w sen, zanim jeszcze opanuje ono umiejętność samouspokajania, jak tylko nauczysz się, jak włączać jego *odruch uspokajania*.

MIT 3: ***Wokół śpiącego niemowlęcia trzeba chodzić na paluszkach.***

FAKT: Być może ty lubisz spać w ciszy i spokoju, ale twoje maleństwo uważa takie warunki za bardzo dziwne! To dlatego, że w łonie matki było otoczone symfonią wrażeń dwadzieścia cztery godziny na dobę – przytulanie, delikatny dotyk, głośne świsty i mnóstwo potrząsania.

Dlatego spanie w bezruchu jest właściwie dla dziecka rodzajem upośledzenia sensorycznego, tak jak dla nas zamknięcie w ciemnej szafie!

Oczywiście, gwałtowne zakłócenia ciszy, takie jak stukanie garnkami, przeszkodzi twojemu dziecku w spaniu. Ale rytmiczne podskakiwanie i odpowiedni biały szum (dźwięk o niskim natężeniu przypominający mruczenie czy burczenie) to twoje dwa główne narzędzia zachęcające do drzemek w dzień i spania w nocy.

MIT 4: *Kołysanie dziecka do snu co noc sprawi, że się od tego uzależni.*

FAKT: To nieco zawiłe.

Prawdą jest, że conocne usypianie niemowlęcia poprzez kołysanie i karmienie piersią opóźni jego naukę samodzielnego zasypiania. Z drugiej jednak strony, kołysanie i karmienie piersią do snu jest cudownym przeżyciem, które ma szansę stać się jednym z twoich najlepszych wspomnień z tego okresu. (Dziecko w łonie matki jest bez przerwy przytulane i kołysane, więc twoje maleństwo przyzwyczaiło się do tych „pomocników snu" jeszcze przed przyjściem na świat).

Na szczęście możesz cieszyć się nieograniczonym przytulaniem, karmieniem piersią i kołysaniem, nie tworząc problemów ze snem. Musisz tylko dodać drugi wyciszający czynnik do usypiania (np. biały szum lub spowijanie) i nauczyć się szybkiej metody „obudź i pozwól zasnąć" (którą ci wkrótce przedstawię), by twoje maleństwo doskonale nauczyło się samodzielnie wyciszać.

MIT 5: *Płacz kolkowy to płacz powodowany tajemniczymi bólami brzucha.*

FAKT: Przez wiele tysięcy lat kolka — nagłe ataki płaczu trwające przez co najmniej trzy godziny dziennie — stanowiła tajemnicę lekarską. Taki płacz zaczyna się, gdy noworodek ma dwa-trzy tygodnie, osiąga szczyt w wieku sześciu-ośmiu tygodni i następnie stopniowo zanika w wieku mniej więcej trzech miesięcy. Fakt, że większość krzyczących maluszków szybko uspokaja się po zastosowaniu metody 5 „S", pokazuje, że ten rodzaj płaczu nie jest spowodowany bólem.

W przeszłości lekarze i babcie uważali, że kolkowe dzieci cierpią na ból brzucha spowodowany przekarmieniem, niestrawnością lub refluksem żołądkowo-przełykowym. Niektórym dzieciom się ulewa, a niektóre marudzą tuż po jedzeniu – od 5 do 10 procent z nich odczuwa poprawę po tym, jak ich mama zmienia dietę – ale dzisiaj wiemy, że codzienne płacze *nie* są spowodowane bólami brzucha.

Skąd mamy tę pewność? Z wielu powodów:

- **Dziewięćdziesiąt procent marudnych niemowlaków nie odczuwa poprawy po tym, jak ich mama zmienia dietę.**
- **Płacz często słabnie lub całkowicie przechodzi przy szumie włączonego odkurzacza lub podczas jazdy samochodem po wybojach. Z drugiej strony, głośne hałasy i jazda autostradą w żaden sposób nie pomagają ulżyć w bólu. (Na pewno nie pomogłyby też naszym żołądkom!).**
- **Większość kolkowych dzieci uspokaja się w zaledwie kilka minut – lub mniej – gdy ich rodzice umiejętnie imitują wrażenia przypominające łono matki. (W następnym rozdziale rozwinę tę myśl i pokażę, jak włączyć *odruch uspakajania* za pomocą metody 5 „S").**

MIT 6: ***Pozwalanie swojemu dziecku na wypłakiwanie jest zdrowe.***

FAKT: Psycholog Lee Salk ujął to niezwykle trafnie: „Płacz jest tak dobry dla płuc, jak krwawienie dla żył!". Zgadzam się z tym w pełni. To, że twoje maleństwo potrafi krzyczeć, nie znaczy, że służy mu płakanie w nieskończoność.

Teoria głosząca, że dzieci potrzebują krzyku, by ćwiczyć płuca i by odreagować codzienny chaos, nie ma sensu pod względem biologicznym i emocjonalnym. Po pierwsze, płacz nie ćwiczy płuc (płuca spokojnych dzieci są równie silne, jak płuca dzieci kolkowych). Po drugie, pozwalanie niemowlęciu „wypłakać się" to takie samo szaleństwo, jak ignorowanie wyjącego alarmu samochodowego i czekanie, aż wyczerpie się akumulator.

Malutkie niemowlęta płaczą tylko z jednego powodu: potrzebują pomocy! Odpowiedzią na ich płacz jest wymyślenie, jak można zaspokoić ich potrzeby.

MIT 7: ***Niektóre niemowlaki nienawidzą spowijania.***

FAKT: Prawdą jest, że niektóre maluszki zachowują się tak, jakby nienawidziły spowijania! Walczą i krzyczą, gdy tylko zawinie się je w kocyk. Ale pamiętaj, że w łonie matki były w pełni szczęśliwe, chociaż nie miały swobody ruchu.

Twoje maleństwo może źle się czuć, gdy jego ramiona będą unieruchomione, wyprostowane i wtulone w kocyk (rozwinę tę kwestię w części poświęconej spowijaniu). Ale jeśli połączysz spowijanie z innymi czynnikami aktywującymi niesamowity *odruch uspokajania*, ono się na pewno szybko wyciszy, na długo uspokoi i będzie lepiej spało.

MIT 8: ***Powinniśmy uczyć dzieci spania we własnym pokoju.***

FAKT: Wszyscy chcemy, by nasze niemowlaki wyrosły na niezależnych ludzi. Ale każdy rodzic posiadający piętnastoletnie dziecko powie ci, że osiągnięcie tego celu zajmie ci dużo czasu!

Prawda jest taka, że w pierwszych miesiącach po porodzie zmuszanie maluszka do spania w innym pokoju jest niewygodne i może nawet być niebezpieczne. To niewygodne, bo musisz opuścić swoje ciepłe łóżko i przejść przez zimny korytarz za każdym razem, gdy twoje niemowlę zapłacze z głodu. Niebezpieczne – dlatego że spanie w tym samym pokoju zmniejsza ryzyko wystąpienia nagłej śmierci łóżeczkowej.

MIT 9: ***Twoje maleństwo musi się przystosować do rodziny, a nie rodzina do niego.***

FAKT: To totalna bzdura.

Gdy twoje maleństwo zacznie się zbliżać do swoich pierwszych urodzin, wyznaczanie granic będzie jednym z twoich najważniejszych zadań, ale na razie twoim głównym celem jest budowanie dziecięcej pewności siebie i zaufania wobec rodziców. W przypadku małych niemowlaków poczucie bezpieczeństwa jest *znacznie* ważniejsze niż niezależność.

Pamiętaj, że w ciąży kołysałaś, nosiłaś swoje maleństwo bez przerwy. Dlatego, nawet jeśli będziesz je trzymać na rękach przez dwanaście godzin na dobę w pierwszych miesiącach po porodzie, to z jego punktu widzenia wciąż o połowę mniej.

Chciałbym, by każde dziecko miało dobre maniery i wiedziało, jak zachować się przy stole, ale wpajanie tych zasad sześciomiesięcznemu niemowlęciu byłoby szaleństwem. Jak mówi Biblia: „Wszystko ma swój czas i jest wyznaczona godzina na wszystkie sprawy pod niebem". Teraz jest pora na tulenie słodkiego, cudownego maleństwa, dawanie mu poczucia bezpieczeństwa i miłości. W nadchodzących miesiącach będzie jeszcze mnóstwo czasu na naukę dyscypliny.

MIT 10: ***Nauka dobrego snu zajmuje niemowlakom wiele miesięcy.***

FAKT: Ten mit został uwieczniony w wielu książkach dla rodziców. Mówią one o tym, że mózg niemowlęcia, które ma mniej niż trzy-cztery miesiące, jest zbyt niedojrzały, by nauczyć się przesypiać sześć godzin z rzędu. Nie zgadzam się z tym.

Jak już wiecie, niemowlęta uczą się nawet w łonie matki! Za pomocą kilku prostych sztuczek możesz nauczyć swoje maleństwo, jak spać przez wiele godzin z rzędu w wieku kilku tygodni, nie miesięcy.

A teraz, gdy już poznałaś mity, porozmawiajmy o faktach związanych ze snem niemowlaków.

Przygotowanie gruntu

Pewnie twój dom jest pełen prezentów dla twojego maluszka – kocyków, smoczków, zabawek i pluszowych misiów – ale jednym z najlepszych prezentów, jakie możesz mu dać, są doskonałe warunki do snu.

Gdy poznasz potrzeby swojego szkraba związane ze snem i dowiesz się, jak stworzyć przytulne i bezpieczne warunki do snu, będziesz mogła dać mu doskonały wstęp do dobrego, spokojnego snu przez całe życie. Jesteś gotowa na odrobinę zabawy? To zaczynamy!

Jaki jest normalny sen noworodka?

Niemowlęta może i są za małe, by uczestniczyć w igrzyskach olimpijskich, ale są absolutnymi rekordzistami w spaniu. Ich średnia wynosi szesnaście godzin na dobę (a czasem, choć rzadko, dochodzi i do dwudziestu!), co sprawia, że w okresie niemowlęctwa śpimy tak dużo, jak w żadnym innym okresie życia.

Takie dane mogą być mylące! Teraz pewnie myślisz, że jeśli twój maluszek będzie codziennie przesypiał szesnaście godzin na dobę, to będziesz miała mnóstwo wolnego czasu. Problem w tym, że sen noworodka jest podzielony na malutkie części rozrzucone jak confetti po całej dobie. Sytuacja przypomina wygraną na loterii – gdy wypłatę dostałaś w bilonie.

A jeśli twoje dziecko potrzebuje jedynie dwunastu czy trzynastu godzin snu na dobę, sytuacja jest jeszcze gorsza. Pomiędzy karmieniem, kąpaniem, przewijaniem i uspokajaniem płaczu – niech Bóg ma cię w swojej opiece – możesz ulec wrażeniu, że nie masz ani chwili dla siebie.

Wielu młodych rodziców jest zaskoczonych tym, w jakim trybie śpią ich maluszki. W pierwszym dniu swojego życia większość noworodków czuwa przez mniej więcej godzinę, a następnie zapada w głęboki sen na dwanaście do osiemnastu godzin. (Są wyczerpane całą tą przeprawą, jak większość z nas).

Oczywiście powinnaś w tym czasie przytulać swoje maleństwo (szczególnie dobry jest kontakt skóra do skóry) i proponować mu karmienie – ale nawet jeśli ono ssie, tego pierwszego dnia w twoich piersiach jest bardzo mało mleka. Nie martw się! Twoje wczesne mleko (siara) jest bogate w białko, przeciwciała i składniki odżywcze, które zagwarantują twojemu dziecku doskonały początek. Ponadto twoje maleństwo, jak mały wielbłąd, ma w swoim ciele skumulowane dodatkowe pół kilograma pożywienia i wody.

W ciągu następnego dnia lub dwóch noworodek zacznie się stopniowo rozbudzać, nabierać apetytu i wreszcie wejdzie w klasyczny rytm: jedno-, dwugodzinne czuwanie i dwu-, czterogodzinny sen, który zdominuje jego życie w pierwszym miesiącu po urodzeniu.

Oczywiście ze względu na to, że twoje maleństwo będzie się często budziło w pierwszych dwóch miesiącach życia, ty także będziesz się często budzić. To stanowi problem, ponieważ gdy ty się często budzisz, dostajesz dwa razy za dużo płytkiego snu i dwa razy za mało głębokiego, regenerującego snu. Dlatego rano wciąż możesz być zmęczona. (Taka sytuacja będzie dla ciebie szczególnie trudna, jeśli źle sypiałaś w ostatnich miesiącach ciąży lub jeśli dochodzisz do siebie po cesarskim cięciu).

Na szczęście nawet w tych trudnych pierwszych tygodniach po porodzie rady zaczerpnięte z *Najszczęśliwszego niemowlęcia* pomogą ci uzyskać dodatkową godzinę lub nawet dwie, które możesz przeznaczyć na odpoczynek. Jeśli więc czujesz się jak żywy trup, trzymaj się... nadchodzi pomoc!

Poprawisz sobie humor (i ocalisz swoje zdrowie psychiczne), jeśli będziesz dobrze o siebie dbała: co rano wychodź na słońce i gimnastykuj się, unikaj śmieciowego jedzenia; ucinaj sobie drzemkę od trzydziestu do sześćdziesięciu minut dziennie. (Wiele mam twierdzi, że najlepiej im się śpi między 3. a 5. rano, a najgorzej między 17. a 19.).

Każde dziecko jest inne. Istnieją jednak typowe plany dnia składające się ze snu/czuwania/karmienia, których możesz doświadczyć ze swoim trzytygodniowym i dwumiesięcznym dzieckiem. (Listę przykładowych planów dnia i snu dla dzieci od urodzenia do czterech lat znajdziesz na końcu tej książki).

PRZYKŁADOWY PLAN DNIA: 3-tyg. niemowlę (karmione piersią)

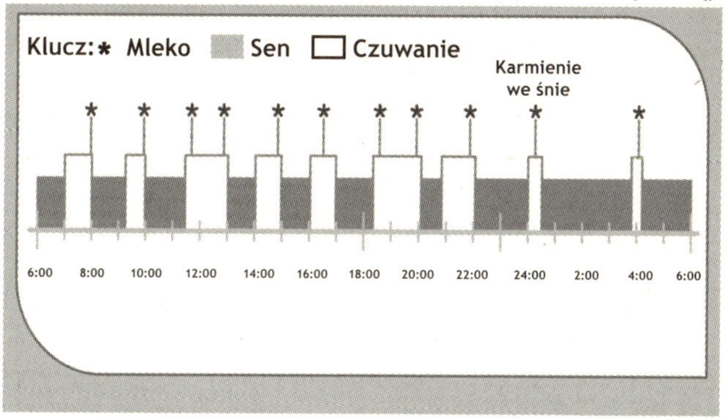

Początek dnia: 7:00

Początek snu nocnego: 22:00

Liczba karmień na dobę: 9-12

Liczba drzemek na dobę: 3-6

Długość snu dziennego: 5-8 godzin

Najdłuższy sen nocny: 3-5 godzin

Długość snu nocnego (suma): 7-8 godzin

Sen na dobę (suma): 12-16 godzin

PRZYKŁADOWY PLAN DNIA: 3-tyg. niemowlę (karmione butelką)

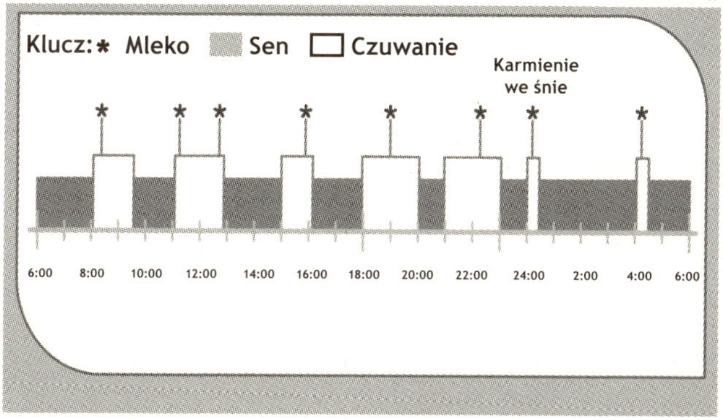

Początek dnia: 7:00

Początek snu nocnego: 22:00

Liczba karmień na dobę: 7-10

Liczba drzemek na dobę: 4-6

Długość snu dziennego: 5-8 godzin

Najdłuższy sen nocny: 4-5 godzin

Długość snu nocnego (suma): 7-8 godzin

Sen na dobę (suma): 12-16 godzin

Miejsce, miejsce, miejsce: gdzie powinno spać twoje maleństwo?

Jedno z pierwszych pytań, na które musisz odpowiedzieć po urodzeniu dziecka, brzmi: *Gdzie będzie spało moje maleństwo?*

W koszu Mojżesza? W łóżeczku dziecięcym? W dostawce (typu co-sleeper) do twojego łóżka? W twoim łóżku?

To decyzja wymagająca poważnego namysłu, ponieważ będzie miała wpływ na twój sen, na sen twojego dziecka i na jego bezpieczeństwo.

Jedno jest pewne: niemowlę powinno spać w waszej sypialni! Jest tam przytulniej i znacznie wygodniej. Dzięki temu usłyszysz, gdy mu się uleje, gdy będzie miało problemy z oddychaniem, lub gdy będzie mu niewygodnie. Ważnym bonusem jest też to, że twoja bliskość zmniejszy ryzyko wystąpienia nagłej śmierci łóżeczkowej. Trzymaj więc swoje spowite niemowlę tuż przy swoim łóżku, w koszu Mojżesza, łóżeczku dziecięcym lub w dostawce typu co-sleeper. Nie wnoś go do swojego łóżka co najmniej przez pierwsze sześć miesięcy.

Upewnij się, że łóżko, w którym śpi twoje maleństwo, ma szeroką podstawę (jest stabilne). Dziecko powinno spać na twardym i dopasowanym materacu, a wysokość ramy łóżka powinna mieć co najmniej 40 centymetrów (mierzone od podstawy materaca).

Jeśli zdecydujesz się na łóżeczko dziecięce, upewnij się że jest bezpieczne i poprawnie złożone.

Dostawka do dużego łóżka typu co-sleeper łączy przytulność i wygodę dzielenia łóżka z niemowlęciem z bezpieczeństwem dziecięcego łóżeczka. Można ją postawić obok swojego łóżka i opuścić boczną ściankę, byś miała łatwy dostęp do swojego maluszka i mogła go nakarmić piersią lub szybko przytulić. (Upewnij się tylko, że twoje maleństwo jest prawidłowo spowite, a dostawka pewnie przymocowana do twojego łóżka, więc dziecko nie spadnie).

(Niezależnie od tego, którą opcję wybierzesz, upewnij się, że przestrzegasz zasad bezpieczeństwa wyłuszczonych na stronie 54).

Gdy niemowlę osiągnie wiek pięciu-sześciu miesięcy, wiele par przenosi je do własnego łóżeczka i wynosi ze swojej sypialni. Maluszki w tym wieku dość dobrze tolerują tę zmianę, ale radzę się jeszcze z nią wstrzymać. (Więcej o przenoszeniu niemowlęcia z sypialni rodziców napiszę na stronie 146).

Niebezpieczne lokalizacje: miejsca do spania, których trzeba unikać

Niektóre miejsca do spania stwarzają zagrożenie życia dziecka. Należy do nich spanie na sofach i kanapach, spanie w pozycji siedzącej (np. w foteliku samochodowym lub w nosidełku) i spanie w źle zaprojektowanych chustach.

Na całym świecie przeprowadzano badania, których wyniki są takie same: spanie na meblach salonowych wiąże się z *olbrzymim* ryzykiem! Szkoccy badacze odkryli, że niemowlęta, którym pozwolono spać na kanapie, mają 67 razy wyższe ryzyko wystąpienia nagłej śmierci łóżeczkowej. To ryzyko jest wysokie także dla maluchów śpiących w fotelach bujanych, na fotelach, poduszkach, pufach i dmuchanych materacach.

Fotelik samochodowy też *nie jest* bezpiecznym miejscem do snu dla twojego maluszka, nie licząc krótkich drzemek, podczas których wybierasz się na małą przejażdżkę. W czasie pierwszych sześciu miesięcy życia dziecka, jego ciężka główka może w pozycji siedzącej opaść do przodu, powodując trudności z oddychaniem i uduszenie.

A co z chustami? Chusty są cudowne. Oferują wspaniały kontakt cielesny, ruch i dźwięk, a także twój ciągły zapach, który daje maleństwu poczucie bezpieczeństwa. Ponadto masz w nich wolne ręce do wykonywania innych czynności. Ten prosty kawałek materiału jest niezwykle pomocny dla świeżo upieczonych mam. Podejrzewam nawet, że chusta mogła być pierwszym wynalezionym ubraniem. Z drugiej jednak strony, niemowlęta często zasypiają w przytulnych chustach, co może stworzyć poważne niebezpieczeństwo.

Dlatego upewnij się, że twoja chusta:

- **Nie jest zbyt obszerna – jeśli niemowlę może zagłębić się w chuście i przyjąć pozycję małego „u", istnieje ryzyko, że zabraknie mu powietrza i się udusi. (Twoje maleństwo powinno znajdować się tak wysoko, byś widziała jego twarz).**
- **Podtrzymuje plecy niemowlęcia tak, że jego broda nie opada i nie zostaje wciśnięta w klatkę piersiową, co mogłoby utrudnić oddychanie i uniemożliwić zapłakanie o pomoc.**
- **Wystarczająco ściśle opatula twoje maleństwo, uniemożliwiając mu wypadnięcie.**
- **Nie ma zakładek materiału, które mogłyby przylegać do nosa lub ust niemowlęcia.**

I jeszcze jedna zasada dotycząca chusty: nigdy nie noś swojego dziecka w chuście, gdy masz do czynienia z bardzo gorącym jedzeniem lub piciem.

A co ze spaniem w leżaczku lub odchylanej huśtawce? Leżaczki są bezpieczniejsze do spania od fotelików samochodowych, ponieważ można je odchylić tak, by głowa maleństwa nie mogła w niekontrolowany sposób opaść do przodu. Na wszelki wypadek używaj ich tylko w przypadku dzieci, które nie potrafią spać w bezruchu. Rozwinę temat spania w tych urządzeniach w następnym rozdziale.

Jak widzisz, niemowlęta nie marudzą, jeśli chodzi o miejsce do snu. Zasypiają tak samo dobrze w zwyczajnym łóżeczku dziecięcym, jak w wymyślnym pokoju. Możesz więc, jeśli masz ochotę, malować puchate chmury na suficie sypialni swojego maleństwa, ale pamiętaj, że twoim głównym zadaniem jest zapewnienie mu *bezpieczeństwa* podczas snu. Ten wniosek prowadzi do kontrowersyjnego tematu.

Współspanie – świetny pomysł czy ryzykowna sprawa?

Wiem, że to, co zaraz powiem, może sprawić, że część z was przestanie mnie lubić. Mam jednak nadzieję, że wysłuchacie mnie do końca, bo to, czy spać czy nie spać razem, to niezwykle ważna decyzja.

Współspanie jest stare jak świat. Od zawsze rodzice i ich maleństwa spali razem ze względu na bliskość i wygodę. Ten zwyczaj zyskuje na popularności: liczba współśpiących rodzin wzrosła ponad dwukrotnie między 1993 a 2000 rokiem. Doktor Fern Hauck z Uniwersytetu w Wirginii ogłosił, że 42 procent rodzin w Stanach Zjednoczonych śpi w jednym łóżku ze swoimi pociechami, gdy niemowlęta mają dwa tygodnie, a 34 procent, gdy mają one trzy miesiące. (Do najważniejszych powodów należą: ukojenie płaczu, poprawa spania i ułatwienie karmienia piersią).

Jednakże dzielenie łóżka z niemowlęciem doprowadziło do wielu tragicznych wypadków śmiertelnych. Dlatego w ciągu ostatnich dwudziestu lat naukowcy poświęcili wiele czasu i starań, by ocenić, czy niemowlęta mogą bezpiecznie dzielić łóżko z rodzicami. Otrzymali zastanawiające wyniki.

Brytyjscy badacze donieśli, że większość niemowląt współśpiących z rodzicami miała przez jakiś czas usta i nosy zasłonięte pościelą. Dodatkowo, jedna trzecia śpiących mam niechcący oparła na swoim maleństwie rękę lub nogę.

Nowozelandzcy badacze snu u niemowląt, dowodzeni przez Sally Baddock, potwierdzili istnienie ryzyka zakrycia twarzy. W badaniu monitorującym osiemdziesiąt niemowląt – czterdzieści w łóżeczkach i czterdzieści współśpiących – twarze współśpiących niemowląt były przykryte co noc przez prawie godzinę!

Kamera naukowców ponad sto razy pokazała niemowlę z twarzą zakrytą pościelą (na ogół ponad oczami). W większości przypadków mama lub dziecko odkrywali kołdrę. Ale w przypadku jednej czwartej z dwudziestu dwóch współśpiacych rodzin, w których doszło do zakrycia głowy, niemowlęta wciąż miały przykryte głowy, gdy obudziły się rano. Taki wynik wytrąca z równowagi.

Baddock odkryła także, że współśpiące niemowlęta jadły 3,7 raza częściej w nocy i że jedna czwarta tatusiów ostatecznie wyprowadziła się z „rodzinnego łóżka". I co najbardziej niepokojące, niemowlęta dzielące łóżko z dorosłymi spędzają 66 procent snu (5,7 godziny w nocy), *leżąc na boku* (nie na plecach, co jest bezpieczniejszą pozycją). Jedno ze współśpiących niemowląt nawet przekręciło się na brzuch.

Niemieckie, holenderskie i szkockie badania wykryły, że współspanie jest związane ze wzmożonym ryzykiem wystąpienia nagłej śmierci łóżeczkowej w przypadku dzieci poniżej trzech-czterech miesięcy (a nawet starszych, jeśli ich rodzice są palaczami).

Z drugiej strony okazało się, że w Japonii dzieci śpiące z rodzicami nie są bardziej zagrożone wystąpieniem nagłej śmierci łóżeczkowej (być może dlatego, że śpią na twardych futonach). A w badaniach przeprowadzonych w Anglii, Kanadzie i w Stanach Zjednoczonych odkryto, że zagrożenie nie jest większe przy współspaniu, jeśli rodzice są trzeźwi, uważni i nie palą papierosów.

Po dokładnym przyjrzeniu się aktualnym badaniom większość grup medycznych, takich jak Amerykańska Akademia Pediatrii i Kanadyjskie Towarzystwo Pediatryczne wydała zalecenia przeciwko współspaniu z małymi niemowlętami. I ja się z nimi zgadzam.

Podczas gdy uwielbiam współspanie ze *starszymi* dziećmi, wydaje mi się ono zbyt ryzykowne podczas pierwszych czterech do sześciu miesięcy po urodzeniu (a nawet podczas pierwszego roku życia, jeśli istnieją jakieś czynniki ryzyka, które wymieniam niżej).

Uważam, że najlepsze rozwiązanie jest takie, gdy twój maluszek śpi tuż obok twojego łóżka w koszyku, łóżeczku czy w dostawce co-sleeper... ale nie w twoim łóżku. Dzięki temu będziesz mogła je łatwo nakarmić i pocieszyć, ale będziesz też lepiej spała, wiedząc, że zrobiłaś wszystko, co mogłaś, by zapewnić mu maksymalne bezpieczeństwo.

JAK SPRAWIĆ, BY WSPÓŁSPANIE BYŁO BEZPIECZNIEJSZE

Jeśli pomimo tych wątpliwości zdecydujesz się na współspanie, zrób wszystko, co w twojej mocy, by wyeliminować zagrożenie. Poniższe rady pomogą ci *ustawić* grę na korzyść twojego maleństwa i znacznie obniżyć ryzyko.

BEZPIECZNE ŁÓŻKO

Nie śpij na łóżku wodnym, dmuchanym materacu ani na meblach salonowych. Upewnij się, że między materacem i ramą łóżka lub materacem i zagłówkiem nie ma wolnej przestrzeni, w które mogłaby wpaść główka niemowlęcia.

BEZPIECZNA POŚCIEL

Używaj tylko prześcieradła - zrezygnuj z poduszki, kołdry, pluszaków i wałków.

Jeśli jest zimno, ubierz niemowlę w coś wygodnego, ale uważaj, by go nie przegrzać. (Dotknij jego uszu i nosa - powinny być raczej chłodne).

BEZPIECZNI WSPÓŁŚPIĄCY

Nie pozwól, by twoje maleństwo dzieliło łóżko z palaczem, zwierzakiem domowym, rodzeństwem, kimś otyłym lub niezwykle zmęczonym.

Niech twoje dziecko śpi obok jednego z was, nie pomiędzy wami.

Nigdy nie pij alkoholu, nie zażywaj narkotyków ani leków (w tym leków antyhistaminowych), które mogłyby obniżyć twoją zdolność czuwania nad dzieckiem i reagowania na jego potrzeby.

BEZPIECZNE DZIECKO

Zawsze kładź niemowlę na plecach.

Karm piersią, jeśli masz taką możliwość.

Daj dziecku smoczek.

Nie dziel łóżka z wcześniakiem lub dzieckiem o niskiej wadze urodzeniowej.

BEZPIECZNY POKÓJ

Pilnuj, by temperatura oscylowała między 19°C a 22°C.

Porządnie wietrz sypialnię.

Nie używaj świec, kadzidełek ani kominka.

BEZPIECZNE SPOWIJANIE

Delikatnie zawiń niemowlę w duży, cienki kocyk, by się nie sturlało ani nie wypełzło z łóżka podczas snu.

Wreszcie, uświadom wszystkim członkom rodziny, opiekunkom i innym pomocnikom w zajmowaniu się dzieckiem, jak ważne jest kładzenie niemowlęcia do snu na plecach i zapoznaj ich ze wszystkimi innymi zasadami bezpieczeństwa.

Lepiej jest zapobiegać: jeszcze pięć rad

Oto jeszcze pięć rad na to, jak zapewnić bezpieczeństwo śpiącemu niemowlęciu:

- Nigdy nie zostawiaj maluszka samego na łóżku. Nawet dwutygodniowy noworodek może się sturlać lub zsunąć.
- Zainstaluj alarm przeciwpożarowy. Jeśli już go masz, upewnij się, że działa prawidłowo.
- Zainstaluj czujnik tlenku węgla w przedpokoju, blisko sypialni.

- Trzymaj łatwą w użyciu gaśnicę na każdym piętrze.
- Sporządź plan ucieczki na wypadek sytuacji awaryjnej (np. pożaru). Jeśli mieszkasz wysoko, kup sznurową drabinę oraz maskę tlenową, i trzymaj je pod ręką.

Po zainstalowaniu czujników i zakupie gaśnicy zadzwoń do swojego ubezpieczyciela. Powinnaś dostać znaczny rabat ze względu na te zabezpieczenia.

Chronienie maleństwa przed nagłą śmiercią łóżeczkową i uduszeniem

Nagła śmierć łóżeczkowa jest głównym powodem śmierci niemowląt w pierwszym roku życia. Najczęściej występuje między pierwszym a czwartym miesiącem życia, a 90 procent przypadków ma miejsce, zanim niemowlę skończy sześć miesięcy (jak pokazuje poniższy wykres). Śmierć łóżeczkowa nie jest tematem, o którym ktokolwiek ma ochotę myśleć, ale na szczęście istnieje wiele sposobów na obniżenie ryzyka jej wystąpienia.

Najważniejszy krok polega na tym, by zawsze *kłaść niemowlę na plecach*! (Co ciekawe, lekarze niegdyś podkreślali, że niemowlęta powinny spać na brzuchu. W przeszłości martwiliśmy się tym, że dzieci śpiące na plecach mogą się zadławić, jeśli im się uleje. Dziś wiemy, że dziecko śpiące na plecach nie dławi się ulanym pokarmem, tylko odwraca głowę na bok).

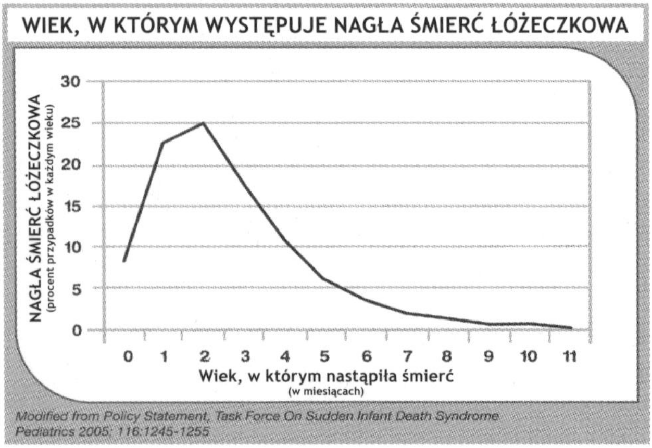

Modified from Policy Statement, Task Force On Sudden Infant Death Syndrome Pediatrics 2005; 116:1245-1255

Spanie na plecach znacznie zmniejsza ryzyko. Dlatego w 1994 roku lekarze rozpoczęli szeroko zakrojoną kampanię społeczną skierowaną przeciw śmierci łóżeczkowej „Śpij dalej". Odniosła ona niesamowity sukces. W przeciągu dziesięciu lat na całym świecie liczba przypadków śmierci łóżeczkowej zmniejszyła się o 50-80 procent!

Niektórzy rodzice protestują przeciwko pozycji na plecach, ponieważ ich maluchy wolą spać na brzuchu. Na szczęście, niemowlaki spowite w kocyk śpią równie dobrze na plecach, jak niespowite niemowlaki w ryzykownej pozycji na brzuchu.

Oto kolejne ważne kroki, które powinnaś podjąć, by ochronić swoje dziecko przed nagłą śmiercią łóżeczkową i uduszeniem:

- **Jeśli masz taką możliwość, karm dziecko piersią przynajmniej przez pierwsze sześć miesięcy. (Zmniejszysz w ten sposób ryzyko wystąpienia śmierci łóżeczkowej o połowę).**
- **Spowijaj niemowlę na wszystkie drzemki i noce.**
- **Używaj smoczka na noc. Dzieci karmione mlekiem modyfikowanym mogą zacząć używać smoczka już pierwszego dnia po urodzeniu, ale jeśli karmisz piersią, poczekaj, aż ustabilizuje ci się laktacja (na ogół w jeden do czterech tygodni po porodzie).**
- **Przez pierwsze sześć miesięcy od porodu śpij w tym samym pokoju, co twoje dziecko.**
- **Nie dziel łóżka ze swoim maluszkiem przez co najmniej pierwsze cztery miesiące (a jeśli zaczniesz po tym czasie, upewnij się, że robisz to w bezpieczny sposób).**
- **Wzmocnij szyję i plecy maleństwa poprzez ćwiczenia brzucha. (Rozwinę ten temat w dalszej części tego rozdziału).**
- **Unikaj przegrzania i wychłodzenia (nie ubieraj dziecka za ciepło ani nie przykrywaj mu głowy; używaj cienkich kocyków do spowijania; pilnuj, by temperatura w sypialni mieściła się w przedziale 19°C–22°C).**
- **Unikaj miękkiej, obszernej pościeli (w tym kołder, poduszek, wałków, pluszaków i pledów).**
- **Unikaj miękkich materaców do łóżeczka (np. wypełnionych pierzem) oraz łóżek wodnych.**
- **Nie kładź swojego maleństwa spać na niebezpiecznych podłożach (np. bujanych fotelach, kanapie, fotelu czy pufie).**

- Nie pal papierosów w domu. (Nie pal ani nie pozwalaj innym palić. Unikaj piecyków, kadzideł, zapachowych świec i kominków, jeśli to tylko możliwe.)
- Nie pozwalaj swojemu dziecku na spanie w pozycji siedzącej w foteliku samochodowym, nosidle lub w podniesionym leżaczku–bujaczku, szczególnie jeśli jest wcześniakiem lub jest opóźnione w rozwoju. (Zawsze zasięgaj porady swojego lekarza. Używaj tylko w pełni rozłożonego siedzenia leżaczka lub huśtawki, tak jak opisałem to na stronie 87).
- Unikaj łóżeczek z wybrakowanymi szczebelkami, obitych siatką lub posiadających wolną przestrzeń między materacem a boczną ścianką, w której mogłaby utknąć głowa twojego maleństwa.
- Nie zostawiaj dziecka na noc w domu przyjaciela, jeśli nie jesteś pewna, że jest tam bezpieczne.
- Upewnij się, że niemowlę ma wszystkie obowiązkowe szczepienia.

Niestety, nawet jeśli przestrzegasz wszystkich tych zaleceń *co do joty*, nie ma gwarancji, że unikniecie nagłej śmierci łóżeczkowej. Ale może pocieszyć cię fakt, że większość ofiar śmierci łóżeczkowej spełnia dwa lub więcej czynników ryzyka. Dlatego jeśli zrobisz wszystko, co w twojej mocy, *zdecydowanie* podniesiesz poziom bezpieczeństwa twojego dziecka.

Ćwiczenia dla maluszka — najlepsze ćwiczenia brzucha

Rutynowe kładzenie niemowlaka spać na brzuchu czterokrotnie zwiększa ryzyko wystąpienia nagłej śmierci łóżeczkowej. Ale ryzyko to podskakuje nawet wyżej (od ośmiu do trzydziestu siedem razy), jeżeli młodsze niemowlęta (poniżej czwartego miesiąca życia) są kładzione na plecach... i *niekontrolowanie przekręcają się na brzuch.*

Oczywiście prędzej czy później twoje maleństwo będzie się przekręcało na brzuszek w czasie snu. Co więc powinnaś zrobić, żeby je ochronić? Oto kilka rad:

Przynajmniej przez pierwsze cztery miesiące od narodzin zawsze kładź swoje dziecko ciasno spowite i włączaj mu biały szum (zajrzyj na stronę 74). Dźwięk szumu je uspokoi (i zmniejszy prawdopodobieństwo wiercenia się i przekręcenia na brzuch), a spowicie utrudni przekręcenie się.

Jeśli twoje maleństwo ma mniej niż cztery miesiące i potrafi przekręcić się pomimo spowicia i białego szumu, zapytaj swojego lekarza, czy możesz je położyć spać w *całkowicie rozłożonym* bujaczku (bujające się, spowite i bezpiecznie zapięte) z białym szumem w tle. (Gdy skończy cztery miesiące i przestanie wymagać spowijania, nie będziesz się już musiała martwić, że przekręci się na brzuch. Na tym etapie będzie już potrafiło odepchnąć się, podeprzeć, przekręcić głowę i znów przekręcić się na plecy).

Gdy twój maluszek będzie miał miesiąc, zacznij codzienne ćwiczenia wzmacniające jego szyję i plecy. Dzięki nim nauczy się, jak wysunąć twarz z prześcieradła lub materaca, jeśli się niezamierzenie przekręci na brzuch.

Raz lub dwa razy dziennie trzymaj swoje maleństwo w pozycji pionowej, z jego głową spoczywającą na twoim ramieniu, a brzuchem opierającym się o górną część twojej klatki piersiowej. Pozwól, by ćwiczyło podnoszenie głowy, podczas gdy ty będziesz delikatnie podtrzymywać jego szyję i głowę swoją dłonią.

Umieść niemowlę brzuszkiem i *twarzą w dół* na prześcieradle, by mogło poćwiczyć poruszanie głową oraz uwalnianie nosa i ust. (Uważnie je obserwuj i nigdy nie zostawiaj go samego na brzuchu). Na początku będziesz pewnie musiała mu pomóc, podtrzymać mu nieco głowę i pokazać, jak przekręcić twarz na bok.

Gdy twoje maleństwo będzie miało dwa-trzy miesiące, umieść dłoń pod jego klatką piersiową w czasie ćwiczeń brzuszka, by je nieco unieść i pomóc mu w rozpoczęciu nauki tego, jak używać rąk do odpychania się.

Te ćwiczenia nauczą twoje dziecko, jak uwolnić twarz poprzez wygięcie pleców i odchylenie głowy, jeśli niezamierzenie przekręci się we śnie.

Czy spowijanie zmniejsza ryzyko śmierci łóżeczkowej i uduszenia?

To dobre pytanie, na które odpowiedź nie jest jeszcze pewna – ale na razie wydaje się, że brzmi ona „tak".

Dwa duże badania udowodniły, że spowite w kocyk i śpiące na plecach niemowlęta były narażone na około 30 procent *mniejsze* ryzyko wystąpienia śmierci łóżeczkowej.

Niektórzy specjaliści martwią się, że spowijanie może wprowadzić dziecko w tak głęboki sen, że zapomni ono o oddychaniu, lub że doprowadzi do przegrzania, które może podnieść ryzyko wystąpienia śmierci łóżeczkowej. Na szczęście badania tego nie potwierdzają.

Po pierwsze, pomimo że spowite w koc niemowlęta śpią dłużej, nie śpią one głębiej. Badania pokazują, że wybudzają się ze snu równie łatwo jak nieowinięte dzieci... a nawet łatwiej.

Niektóre badania pokazały, że prawidłowe spowijanie pomaga niemowlętom w utrzymaniu odpowiedniej temperatury ciała. Nie przegrzewają się, póki ich głowy pozostają odkryte, nie są zbyt ciepło ubrane i temperatura w pokoju jest odpowiednia.

Dokładne przejrzenie wszystkich badań dotyczących spowijania pokazuje, że prawidłowe spowijanie najprawdopodobniej *zapobiega* śmierci we śnie (to jeden z powodów, dla których Amerykańska Akademia Pediatrii zaleca spowijanie w swoich książkach i artykułach zamieszczonych w internecie).

Jednakże kluczowym słowem jest tu... *prawidłowe.*

Pomyśl o spowijaniu jak o bezpieczeństwie fotelika samochodowego. Foteliki samochodowe ratują życie, ale mogą także stworzyć problemy, jeśli nie zostaną prawidłowo zamontowane. Rodzice także potrzebują instrukcji bezpiecznego spowijania (omówię tę kwestię w następnym rozdziale).

Prawidłowe spowijanie może na wiele sposobów zmniejszyć ryzyko wystąpienia śmierci łóżeczkowej i uduszenia:

- **Poprawia sen (zmniejszając ochotę rodzica na współspanie lub na położenie niemowlęcia na brzuchu).**
- **Zmniejsza ryzyko niezamierzonego przekręcenia się maluszka na brzuch.**
- **Przedłuża okres karmienia piersią (wiele mam rezygnuje z karmienia, ponieważ są wykończone).**
- **Zmniejsza ryzyko sytuacji, w której zmęczony rodzic niezamierzenie zaśnie z maleństwem na kanapie.**

Zagrożenie uduszeniem staje się coraz większym zmartwieniem. Amerykańskie Centrum Zwalczania i Zapobiegania Chorobom szacuje, że od 1994 liczba zgonów z powodu uduszenia wzrosła o 400 procent.

Dlaczego ta liczba rośnie? Jeden z głównych powodów jest taki, że wykończeni rodzice coraz częściej zasypiają ze swoimi dziećmi w łóżku lub na kanapie, fotelu, itp. Taka sytuacja stwarza dwa ważne zagrożenia:

- **Niemowlę może niezamierzenie przekręcić się na brzuszek i udusić poduszką lub grubym kocem.**
- **Rodzic może spać tak głęboko i być tak zmęczony, że nie zauważy, iż jego ręka spadła na dziecko i że dziecko sobie w tej sytuacji nie radzi.**

Prawidłowo spowite niemowlę śpiące głęboko na plecach w sypialni jest bezpieczne i szczęśliwe. Spowijanie sprawia, że wszyscy śpią lepiej i może ocalić wiele istnień.

A teraz wreszcie – zabawa!

Wiem, że w tym rozdziale omawialiśmy różne przerażające sprawy. Ale jeśli zachowasz wszystkie środki ostrożności, które opisałem, ryzyko, że coś z tego cię spotka, jest naprawdę znikome.

A teraz, gdy wszystkie poważne sprawy są już za nami, czas na część rozrywkową! W następnym rozdziale dowiesz się, jak używać *odruchu uspokajania* i metody 5 „S”, by szybko uspokoić nawet najbardziej marudne niemowlę, i jak nauczyć swoje maleństwo spania jedną-dwie godziny dłużej co noc.

Czy możliwość nauczenia noworodka zasypiania brzmi zbyt dobrze, by była prawdziwa? No cóż, pokażę ci, jak sprawić, by stał się cud.

Ściągawka: podsumowanie zasad *Najszczęśliwszego śpiocha*

- Naucz swoje maleństwo dobrych, łatwych do wykonania „pomocników snu" i nie przyzwyczajaj go do „pomocników" wymagających wiele wysiłku (np. tego, by było zawsze kołysane do snu).
- W przeciwieństwie do tego, co uważa większość ekspertów, noworodki można przyuczyć do lepszego spania... w pierwszym tygodniu życia.
- Możesz zrobić wiele, by zdecydowanie zmniejszyć ryzyko wystąpienia nagłej śmierci łóżeczkowej i uduszenia, np. prawidłowo spowijać.

ROZDZIAŁ TRZECI

Jak pomóc swojemu dziecku zasnąć: od narodzin do ukończenia 3 miesięcy

NAJWAŻNIEJSZE KWESTIE:

- Chcesz trochę więcej pospać? Odpowiednie wskazówki dotyczące snu twojego maluszka to także twój *klucz* do sukcesu.
- Starsze dzieci mogą stać się nieznośne, jeśli pozwolisz im na zbyt wiele, ale pamiętaj, że nie da się rozpieścić niemowlaka.
- Droga do dobrego snu (dla wszystkich!) zaczyna się od zrozumienia, dlaczego niemowlęta potrzebują *czwartego trymestru* pełnego tulenia i bliskiej opieki.
- Wywołanie *odruchu uspokajania* u maluszka staje się łatwe, kiedy poznasz zasadę 5 „S" (Spowijanie, Stabilna pozycja na boku lub brzuszku, wyciSzszszanie, Skokołysanie i Ssanie) i będziesz ją stosować prawidłowo, w różnych kombinacjach.
- Czy ustalanie określonego planu dnia dla twojego maluszka ma sens? Tylko jeśli jesteśmy przy tym elastyczni!

- **Przy dzieciach z ciąż mnogich i wcześniakach problemy ze snem mogą być większe... ale jest kilka trików, dzięki którym i one nauczą się spać spokojniej.**

„Ludzie, którzy twierdzą, że śpią jak dzieci, zazwyczaj żadnego nie mają."

—Leo J. Burke

Niech zadziała Piaskun*

Dla świeżo upieczonych i mocno niewyspanych rodziców dobrze przespana noc może być niczym skarb na końcu tęczy: niby nie bardzo odległy, ale z drugiej strony praktycznie nie do zdobycia.

Nasze maleństwa zazwyczaj przysypiają tylko na krótkie momenty, co sprawia, że bardzo trudno o porządny, długi sen. A nawet jeśli twoje dziecko śpi po trzy godziny, zanim naprawdę zaśniesz, twój czas prawdziwego snu skróci się do zaledwie dwóch.

Taka sytuacja może być do zniesienia przez kilka nocy, ale jeśli powtarza się przez wiele tygodni, może prowadzić do serii naprawdę poważnych problemów – od kłótni małżeńskich, przez stany depresyjne, aż po wypadki samochodowe czy otyłość.

Co można z tym fantem zrobić?

Wielu ekspertów radzi rodzicom przeczekanie tego okresu. Moje doświadczenie pokazuje natomiast, że większość małych dzieci – nawet noworodków – można nauczyć dłużej spać i to w momentach, gdy najbardziej odpowiada to trybowi życia reszty rodziny.

Choć może się to wydawać nieprawdopodobne, już maluszki przywiezione prosto ze szpitala można nauczyć lepiej spać. Powiem więcej: jeśli posłużymy się przy tym odpowiednimi *pomocnikami snu*, zadanie to wcale nie będzie trudne.

Jeśli mieliście okazję już wcześniej zetknąć się z moimi warsztatami lub książkami, wiecie już mniej więcej, co mam na myśli, mówiąc o „pomocnikach snu". Natomiast w tym i następnych rozdziałach pokażę dokładnie, jak korzystać ze znanych już – oraz kilku nowych – technik stworzonych specjalnie z myślą o zapobieganiu problemom ze snem oraz poprawieniu jego jakości.

---

*Piaskun a. Piaskowy Dziadek – według niemieckich wierzeń ludowych usypia dzieci, sypiąc im w oczy piasek [przyp. red.].

Wszystko zaczyna się od pomocników snu

Jak już wspominałem, każdy z nas ma swoje przyzwyczajenia związane ze snem. Ja na przykład nie znoszę tych puchowych poduszek, które znaleźć można w większości hoteli, ale dajcie mi wygodną poduszkę wypchaną pierzem i może jeszcze w tle odgłos *kropel deszczu* uderzających o okno czy dach, a odpłynę dosłownie w sekundę... Krótko mówiąc, wszyscy jesteśmy w pewien sposób niewolnikami swoich przyzwyczajeń.

Niektórzy rodzice obawiają się, że tuląc płaczące dziecko lub puszczając mu płyty CD z przyjemnym białym szumem, narażają je na ryzyko *uzależnienia* od tych czynników lub innych „złych" przyzwyczajeń. Jak więc rozróżnić pomiędzy *dobrymi* czynnikami wspomagającymi sen a *złymi* pseudopomocnikami?

To całkiem proste: dobre to te, które pomagają twojemu dziecku szybko zasnąć (i dłużej spać), a jednocześnie są łatwe do zastosowania, nie wymagają od ciebie dużego wysiłku i nietrudno jest się ich trzymać przez dłuższy czas.

Złe są ich przeciwieństwem – mogą również pomóc twojemu dziecku zasnąć, ale są niewygodne do stosowania, wymagają dużego zaangażowania i są problematyczne w długofalowej perspektywie.

Jeśli na przykład twój maluszek za każdym razem, gdy tylko się przebudzi, potrzebuje półgodzinnego klepania po pupci albo żąda bycia noszonym na rękach wyłącznie przez mamę (i zaczyna wrzaski, gdy tylko tata próbuje go „przechwycić"), mamy oczywiście do czynienia ze złym pomocnikiem snu.

Przez pierwsze miesiące po narodzinach najlepszymi pomocnikami snu są te najbardziej zbliżone do bodźców odczuwanych przez dziecko jeszcze w łonie matki. O jakich bodźcach mowa? Aby to odkryć, zaproszę was teraz w podróż do przeszłości... a dokładnie do momentu na tydzień przed narodzinami waszego maluszka.

Czy ciąża nie jest zbyt krótka? Brakujący czwarty trymestr

Wiem, co pomyślała sobie teraz większość z was: „*Czy to jakiś żart?? Za krótka??*". Dla wielu przyszłych mam ostatni miesiąc ciąży wydaje się nie mieć końca. Rozmaite dolegliwości, takie jak zgaga, spuchnięte kostki, rozstępy oraz potrzeba chodzenia do toalety co dwie godziny naprawdę mogą obedrzeć stan błogosławiony z całego blasku.

Jednak pomimo tego, że na pewno nie mogłaś już doczekać się, aby utulić swoje maleństwo w ramionach, ono zdecydowanie poparłoby pomysł pozostania u ciebie w brzuchu przez kolejny miesiąc lub dwa, gdyby tylko miało taki wybór.

Pamiętaj, że musiałaś „wypchnąć" swoje dziecko z brzucha po dziewięciu miesiącach z powodu jego dużego i ukształtowanego już mózgu, choć cała reszta była jeszcze mięciutka, bardzo gibka i niedojrzała. W rezultacie w momencie narodzin twoje maleństwo nie jest wcale gotowe na zmierzenie się z tym złym i pełnym niebezpieczeństw światem zewnętrznym, w którym się znalazło.

Po zaledwie trzech miesiącach twoje dziecko będzie już umiało robić kilka rzeczy, będzie się uśmiechać, gaworzyć i ucinać sobie miłe pogawędki zarówno z tobą, jak i z ptaszkami świergolącymi za oknem. Ale do tego momentu powinnaś postrzegać swojego maluszka raczej jak, nazwijmy to, płód znajdujący się *poza łonem matki.*

Prawdę powiedziawszy, wszystkie babcie, pielęgniarki i nianie, o których mówi się, że „mają rękę do uspokajania dzieci", posiadają w zadzie jedną wspólną cechę: potrafią świetnie odwzorować warunki, w jakich dziecko żyje w brzuchu.

Aby stać się dobrym *odzwierciedleniem łona*, musisz przede wszystkim uzmysłowić sobie, jak tam naprawdę jest. Ciepło? Oczywiście. Ciemno? Nie do końca, ponieważ płód w łonie matki dostrzega delikatne czerwone światło, które niczym promienie słońca przenika przez skórę i mięśnie. Spokojnie i cicho? Absolutnie nie!

Przed przyjściem na świat dzieci w brzuchu obcują z wieloma doznaniami dźwiękowymi: odczuwają pieszczotę jedwabiście gładkich wewnętrznych ścian macicy, dużo wstrząsów oraz słyszą głośny dźwięk krwi pulsującej w tętnicach macicznych (a skoro już jesteśmy przy tym temacie – wbrew temu, co się mówi, dziecko nie słyszy bicia twojego serca).

Już od wieków sprytne mamy wiedzą, że bujanie i lulanie działa na dzieci uspokajająco. Lecz dopiero niedawno odkryto, dlaczego imitowanie środowiska prenatalnego działa na maluszki tak dobrze: to po prostu powoduje włączenie się u niemowlęcia *odruchu uspokajania.*

Jak mieć *Najszczęśliwsze niemowlę*

WIELKI AMERYKAŃSKI MIT: NIEMOWLĘ MOŻNA ZBYTNIO ROZPIEŚCIĆ

Za kilka miesięcy twój maluch zapewne zacznie używać płaczu do wpływania na ciebie. Lecz uwierz mi, że teraz powinno ci zależeć na tym, żeby *wiedział*, że pojawisz się obok, kiedy tylko zapłacze.

Twoje przewidywalne zachowanie w trakcie pierwszych miesięcy po narodzinach dziecka buduje w nim zaufanie i poczucie bezpieczeństwa. A tak powstałe zaufanie stanie się potem solidnym fundamentem *wszystkich* jego relacji uczuciowych w trakcie całego życia.

To oczywiście nie oznacza, że powinnaś się przejmować, kiedy nagle zacznie płakać, a ty będziesz właśnie załatwiać coś ważnego przez telefon. Płacz trwający minutę lub dwie nie spowoduje u niego długotrwałej traumy. Z drugiej jednak strony, przeprowadzane badania pokazują, że wielokrotne ignorowanie płaczu dziecka *naprawdę* powoduje u niego stres i może negatywnie wpłynąć na podstawowe poczucie pewności. Ten ostatni czynnik, przez ekspertów zajmujących się tematyką dziecięcą nazywany *przywiązaniem*, jest spoiwem, które w przyszłości trzyma razem wszystkie dobrze funkcjonujące rodziny.

Wyobraźmy to sobie na innym przykładzie: gdy dzwonimy do przyjaciela, a ten nie odbiera naszych telefonów, na początku będziemy próbowali dodzwonić się jeszcze raz. Ale jeśli i to pozostanie bez odpowiedzi, w którymś momencie najprawdopodobniej zrezygnujemy z ponownej próby kontaktu. Podobnie wygląda to w przypadku niemowlęcia: gdy jego gaworzenie i uśmiechy pozostają bez reakcji, na początku będzie próbowało zwrócić na siebie uwagę innymi sposobami. Lecz jeśli jego wysiłki nadal nie przyniosą rezultatu, wkrótce zrezygnuje z nich i zamknie się w sobie, czując się samotne i odrzucone we własnym domu.

Z drugiej strony, gdy będziesz reagować na potrzeby dziecka — nawet kilkanaście razy dziennie — tuląc je w ramionach lub dając ciepłe, smaczne mleko, będzie sobie myślało: „Cóż to za fantastyczne miejsce! Kiedy tylko czegoś potrzebuję, dostaję to od razu... To jak magia! Czuję, że naprawdę mogę zaufać otaczającym mnie ludziom".

Między 9. a 12. miesiącem życia malca bardzo ważne będzie, aby zacząć wyznaczać mu granice i uczyć go pewnych zasad *(Możesz płakać nawet przez godzinę, ale i tak nie dam ci pobawić się nożyczkami!)*. Teraz jednak twoje niemowlę nie potrzebuje dyscypliny. Potrzebuje natomiast dogłębnego poczucia, że jest kochane, chronione i szanowane. Jest to tak samo niezbędne dla jego tworzącej się osobowości, jak mleko dla rozwijającego się organizmu.

Dlatego — cierpliwości! Przygotuj się na to, żeby w trakcie nadchodzących tygodni i miesięcy dać swojemu maleństwu poczucie tego, że jest kochane. Możesz zacząć od zaraz, wykorzystując do tego najlepsze sposoby, które pomogą ukołysać je do snu i nauczą drzemać spokojnie oraz łagodnie powtórnie zasypiać, gdy się nagle rozbudzi. Musisz jednak robić to krok po kroku, tak by jego zaufanie do ciebie rosło z każdym dniem.

Odruch uspokajania – naturalny „wyłącznik" płaczu i „włącznik" spokojnego zasypiania

Mądrzy rodzice wymyślili już wiele sposobów na imitowanie środowiska prenatalnego, od włączania odkurzacza po jeżdżenie samochodem opustoszałymi ulicami o 3. nad ranem i wjeżdżanie przy okazji w każdą dziurę na drodze. Ale dopiero niedawno naukowcom udało się odpowiedzieć na pytanie, dlaczego tak naprawdę imitowanie środowiska dziecka znajdującego się w brzuchu matki działa na nie uspokajająco. Otóż okazuje się, że takie działanie uruchamia w maluszku silny odruch neurologiczny, zwany *odruchem uspokajania*.

Teraz może wyjaśnijmy sobie, czym dokładnie jest odruch. Otóż jest to automatyczne zachowanie, którego nigdy nie musieliśmy się uczyć, bo jest ono wbudowane w nasz mózg. Spójrzmy na przykład: bez względu na to, czy jesteś noworodkiem czy 90-letnim staruszkiem, kiedy lekarz uderzy cię młoteczkiem w kolano, twoja stopa wyskoczy do przodu. A co dziwniejsze, nawet jeśli lekarz powtórzy to działanie (prawidłowo) sto razy, twoja reakcja będzie za każdym razem taka sama!

Może wygląda to na czary, ale w rzeczywistości jest to czysta psychologia.

Jeśli jednak ten sam lekarz stuknie cię w kolano o centymetr za nisko lub po prostu za lekko, *nie wydarzy się absolutnie nic*! A to dlatego, że odruchy uruchamiają się tylko i wyłącznie wtedy, gdy są wywołane w odpowiedni sposób.

Zasada 5 „*S*" – pięć sposobów na wywołanie odruchu uspokajania

Tak jak w przypadku wspomnianego wyżej odruchu z kolanem, *odruch uspokajania* włączy się tylko w przypadku, gdy w prawidłowy sposób odtworzymy odczucia towarzyszące dziecku w łonie matki. Ci z was, którzy znają książkę *Najszczęśliwsze niemowlę w okolicy*, wiedzą już, że pięć kroków niezbędnych do „uruchomienia" *odruchu uspokajania* – inaczej mówiąc 5 etapów prowadzących do odwzorowania warunków prenatalnych – nazywa się w skrócie 5 „S".

Poniżej znajdziesz krótki opis każdego z nich. Po tym, jak już dowiesz się, jak prawidłowo je wykonywać, powiem ci wszystko o tym, jak połączyć te cudowne narzędzia w jeden rytuał prowadzący do idealnego zasypiania.

5 „*S*" to:

1. **SPOWIJANIE – szczelne owijanie niemowlęcia z rączkami przy ciele.**
2. **STABILNA POZYCJA NA BOKU LUB BRZUSZKU – układanie dziecka na brzuszku lub na boku (Uwaga! Nigdy nie zostawiaj dziecka samego w żadnej z tych pozycji; są one bezpieczne *tylko i wyłącznie* wtedy, kiedy trzymasz dziecko na rękach!).**
3. **WYCISZSZSZANIE – donośny szum w tle.**
4. **SKOKOŁYSANIE – rytmiczne ruchy, od powolnego kołysania do szybkiego, energicznego potrząsania.**
5. **SSANIE – ssanie twojego sutka lub czystego palca, butelki czy smoczka.**

Zasada 5 „S" to prezent urodzinowy, który twój maluszek bardzo chce od ciebie dostać. Niemowlęta nie tyle cieszą się, gdy poddawane są temu rytuałowi – on dosłownie przenosi je na ocean spokoju i pogody ducha. Dlatego możesz stosować go za każdym razem, gdy twój maluszek robi się nieco za bardzo najeżony lub gdy chcesz, żeby zasnął.

Pamiętaj jednak, że aby 5 „S" zadziałały, należy prawidłowo je stosować. Jeśli owiniesz swoje dziecko zbyt luźno, sprawisz tylko, że jeszcze bardziej się zezłości. Jeśli będziesz starać się wyciszszszyć je zbyt łagodnie, jego płacz stanie się tylko donośniejszy, bo nie będzie cię słyszało. Natomiast kiedy uda ci się już uspokoić swoje maleństwo, pamiętaj o zastosowaniu zredukowanej wersji całego rytuału – spowijania połączonego z nieco łagodniejszym wyciszszszaniem i wolniejszym skokołysaniem – tak, by odruch uspokajania u dziecka pozostawał cały czas włączony.

Co zadziwiające, zasada 5 „S" działa kojąco nawet na dorosłych (wyobraź sobie szum oceanu, bujanie się w hamaku czy też odprężającą ciepłą kąpiel). Z drugiej strony trzeba pamiętać, że ten rytuał nie jest rozwiązaniem w każdej sytuacji: jeśli twoje maleństwo jest głodne albo boli je ucho, 5 „S", owszem, pomoże szybko uspokoić płacz, ale na krótko. Po chwili maluszek znowu zacznie kwilić, sygnalizując swoje problemy.

Dowiodło tego badanie przeprowadzone w Boulder, w stanie Colorado. Tamtejsze pielęgniarki zatrudnione w publicznych placówkach rozdały 42 rodzinom borykającym się z niespokojnymi noworodkami zestawy zawierające DVD z serii *Najszczęśliwsze niemowlę*, płytę CD z kojącym białym szumem oraz kocyk do spowijania. Już po paru dniach okazało się, że zasada 5 „S" pomogła 41 dzieciom uspokoić się i lepiej spać (nawet jeśli były to dzieci tuż po chorobie, odstawiające leki). Co ciekawe, wkrótce okazało się również, że jedyny maluszek, na którego zasada ta zdawała się nie działać, ma infekcję ucha. Gdy ta została wyleczona, 5 „S" pomogło także i jemu.

Kluczem do wyzwolenia u maluszka odruchu uspokajania jest znalezienie jego ulubionej mieszanki elementów 5 „S". Dlatego teraz przyjrzymy się im dokładnie po kolei.

Pierwsze „S": Spowijanie – poczucie owinięcia jak w kokonie

Po kilku tygodniach ciągłego płaczu dziecka i braku wyspania, Ann i Marty byli bliscy szaleństwa. Wydawało się, że nic nie jest w stanie pomóc ich siedmiotygodniowej Madison.

„O zasadzie 5 „S" słyszeliśmy już wcześniej, ale wiedzieliśmy też, że Maddy nie znosi bycia zawiniętą w cokolwiek" – mówi Marty. „Na tym etapie byliśmy już jednak tak zdesperowani, że mimo wszystko postanowiliśmy spróbować".

Tego wieczoru Ann i Marty owinęli szczelnie Madison i puścili jej w tle przyjemny biały szum. „Na początku Maddy jak zwykle wiła się jak piskorz, gdy próbowaliśmy ją owinąć. Ale potem, przy głośnych odgłosach podobnych do tych, które słyszała w łonie mamy, naprawdę szybko zasnęła w ramionach Ann" – wspomina Marty. „Ann żartowała, że Maddy wygląda teraz jak burrito w trakcie wichury. Ale poważnie mówiąc, ta noc była niezwykła: Maddy przespała 6 godzin bez przerwy! W środku nocy nakarmiliśmy ją i zmieniliśmy jej pieluszkę, po czym ona zasnęła na kolejne 3 godziny".

„Nagle Maddy stała się wzorowym śpiochem. Słowo daję, to wyglądało tak, jakby ona czekała, aż to my wreszcie nauczymy się tego, co trzeba robić".

Dla twojego maleństwa być szczelnie zawiniętym w kocyk to najnormalniejsza rzecz pod słońcem! W macicy było przecież „owinięte" przez kilka dobrych miesięcy. A teraz, po przyjściu na świat, nagłe zniknięcie tych ścian macicy sprawia, że malec może machać rękami na wszystkie strony, uderzać się po buzi i… tym samym budzić wszystkich pozostałych domowników.

Spowijanie to podstawa uspokojenia i uśpienia dziecka, ponieważ pomaga mu nie budzić się przy okazji każdego machnięcia czy odruchowej reakcji na bodziec. W wielu przypadkach owinięcie malucha nie od razu powoduje jego uspokojenie, ale na pewno sprawia, że przestaje się on wiercić. A gdy po pierwszym kroku dodasz jeszcze jedno, dwa albo trzy kolejne „S", odruch uspokojenia nagle sam się włączy i pomoże twojemu dziecku łagodnie przenieść się w objęcia Morfeusza (oraz pozostać w nich dłużej i bezpieczniej niż zazwyczaj – i to też dzięki spowijaniu).

Prawdą jest, że na samym początku wiele dzieci nie znosi bycia spowijanym. Kiedy próbuje się to zrobić, wiją się, krzyczą i sprawiają wrażenie, jakby naprawdę tego nienawidziły. (My raczej też nie chcielibyśmy być tak skrępowani). Ale zastanówmy się przez chwilę: czy nie jest tak, że my nie chcielibyśmy też żyć przez 9 miesięcy w czyimś łonie albo dostawać mleko na śniadanie, obiad i kolację? A mimo wszystko założę się, że twoje dziecko nie ma nic przeciwko temu. Mogę się również założyć, że spowijanie też mu się spodoba, jeśli tylko będziesz się tej metody trzymać… i połączysz ją z jeszcze kilkoma innymi prawidłowo wykonanymi „S".

Dziś na rynku można znaleźć wiele modeli specjalnych otulaczy, ale najlepszą metodą, którą radziłbym tutaj zastosować, będzie zwykły kocyk i owinięcie dziecka zgodnie z zasadą DUGUDUGU (dół-góra-dół-góra).

Na początku:

- **Rozłóż kocyk na łóżku, tak by jeden jego róg skierowany był do góry (tak jak kształt diamentu).**
- **Zagnij nieco górny róg kocyka.**
- **Dziecko ułóż tak, by jego szyja znajdowała się właśnie na górnym zgięciu kocyka.**

Teraz możesz przejść do owijania DUGUDUGU:

DÓŁ: Przytrzymując wyprostowaną prawą rękę swojego dziecka przy ciele, złóż w *dół* róg kocyka znajdujący się przy jego prawym ramieniu i upewnij się, że mocno przylega (po wykonaniu powinno to wyglądać jak połowa swetra z dekoltem w serek). Teraz złap górny róg znajdujący się przy jego *odkrytym* lewym ramieniu i zawiń go pod prawą rękę.

GÓRA: Wyprostuj lewą rękę maluszka i zawiń do *góry* tak, by kocyk przykrył rękę (jego róg umieść dokładnie za lewym ramieniem dziecka). *Dziecko powinno móc swobodnie machać nóżkami i zginać je*, ale jego ręce muszą ściśle przylegać do ciała.

DÓŁ: Złap kocyk mniej więcej 8-10 cm od lewego ramienia maluszka, naciągnij go i ściągnij odrobinę w *dół,* a następnie przełóż na drugą stronę, okrywając tym samym klatkę piersiową dziecka.

GÓRA: Trzymając nadal lewą ręką złożony kocyk na klatce piersiowej maluszka, drugą ręką złap ostatni wolny róg kocyka (po lewej stronie) i pociągnij go trochę do *góry,* a potem na skos dolnej części klatki piersiowej dziecka. Owiń go mocno wokół maluszka, tak jak ściśle przylegający pasek, i jednocześnie dopilnuj, aby ręce malca były wyciągnięte wzdłuż tułowia.

Poniżej znajdziesz jeszcze kilka porad, które pomogą ci idealnie – i w bezpieczny sposób – wykonać spowijanie:

- **Zawsze używaj dużego kocyka (o boku 100-110 cm) lub specjalnego otulacza.**

- **Pamiętaj, że dziecko owinięte w kokon może spać jedynie na plecach!**
- **Upewnij się, że maluszkowi nie jest za gorąco: jego uszy powinny być ciepłe, ale nie czerwone i gorące, a szyja nie powinna być spocona (nie przykrywaj też główki swojego dziecka podczas snu, chyba że lekarz zaleci ci inaczej).**
- **Stosuj spowijanie tylko na czas drzemek, w nocy, lub gdy dziecko jest naprawdę niespokojne (a nie przez 24 godziny na dobę!).**

Jeśli twój malec będzie bardzo wiercił się już po owinięciu w kocyk lub w jakiś sposób z niego wyplątywał, sprawdź ponownie, czy został owinięty wystarczająco ściśle i czy używasz wystarczająco dużego kocyka.

I jeszcze jedna dobra rada na koniec: zalecam stosowanie spowijania na czas drzemki i na noc przez co najmniej cztery pierwsze miesiące życia dziecka, choć niektóre maluchy będą pewnie potrzebowały tego dłużej (więcej o tym, kiedy i jak z niego zrezygnować, znajdziesz na stronie 187).

Dreszcze i drżenie

Mózg noworodka jest jeszcze tak niedojrzały, że czasem trudno jest mu kontrolować cały organizm. Dlatego czasem malutkie dzieci, które chcą possać kciuk, zamiast do buzi wkładają go sobie do oka, a czasem ich podbródki trzęsą się, nawet jeśli maluszki nie są zdenerwowane, ani nie jest im zimno.

Dlaczego tak się dzieje? Dlatego, że musi minąć kilka miesięcy, zanim w mózgu dziecka wytworzą się osłonki wokół każdej komórki mózgowej, izolujące nerwy. A do tego momentu między tymi komórkami może dochodzić do zwarć.

To jest też powód, dla którego owijanie dziecka i zostawianie mu rąk na zewnątrz nie jest dobrym pomysłem. Taki sposób nie eliminuje bowiem u noworodków dreszczy, drżenia i wstrząsów, które budzą je i powodują płacz.

OCZYSZCZANIE ATMOSFERY – OBALAMY MITY DOTYCZĄCE SPOWIJANIA

Spowijanie to podstawa bezpiecznego i udanego snu niemowląt. Niemniej jednak w internecie krąży parę nieprawdziwych informacji dotyczących tej techniki rodzicielskiej – swoją drogą, znanej już od czasów starożytnych. Dlatego pozwólcie, że wyprostuję parę takich mitów i odpowiem na pytania, które pojawiają się najczęściej w związku z tą kwestią.

„Czy spowijanie może uszkodzić biodra niemowlaka?"

Techniki owijania stosowane dawno temu (zakładające trzymanie wyprostowanych nóg i bioder lub też wiązanie ich za pomocą sznurków czy ubrań) rzeczywiście mogły powodować np. rozwój dysplazji stawu biodrowego. Ale nie ma żadnych badań wskazujących na takie ryzyko przy stosowaniu nowoczesnej techniki owijania. Kluczem jest tutaj upewnienie się, że wokół bioder zostawimy w „kokonie" tyle miejsca, żeby dziecko mogło nimi bez przeszkód ruszać.

International Hip Displasia Institute potwierdza, że spowijanie jest całkowicie bezpieczne, jeśli tylko zarówno kolana, jak i biodra mają pełną swobodę ruchu (zgięć).

„Czy powinnam przestać stosować spowijanie w momencie, gdy moje dziecko nauczy się przekręcać na brzuch?"

Po miesiącu lub dwóch od narodzin twój maluszek zacznie się pewnie przekręcać na brzuch. Spowijanie zazwyczaj to utrudnia, ale co zrobić w sytuacji, gdy dziecko umie się obrócić nawet wtedy, kiedy jest w kokonie?

Niektórzy lekarze zalecają w takim momencie zrezygnowanie z owijania ze względów bezpieczeństwa. Problem w tym, że wiele bardzo ruchliwych dzieci nadal będzie potrzebowało owinięcia, aby spokojnie zasnąć. Nie mówiąc już o tym, że dzieci nieowinięte mogą przekręcić się na brzuch (czyli do pozycji bardziej ryzykownej)... *jeszcze łatwiej*!

Na szczęście są dwie rzeczy, które możesz zrobić, aby zapobiec takiemu przekręcaniu się maluszka:

- **Biały szum zostaw włączony na całą noc – dziecko będzie dużo spokojniejsze, a przez to mniej skore do przekręcania się.**
- **Połóż go w *całkowicie odchylonym* leżaczku-bujaczku i przypnij szelkami lub paskiem wokół brzuszka i pomiędzy**

nogami (pamiętaj, że dziecko nie może leżeć w nim zbyt wyprostowane do góry, ponieważ opadająca ciężko głowa może zablokować jego zdolność oddychania). Zawsze skonsultuj się z lekarzem i zapytaj, czy twój malec jest gotowy na spanie w leżaczku-bujaczku.

„Czy spowijanie spowoduje, że moje dziecko nie będzie potem umiało samo się uspokoić, ssąc kciuk?"

Niemowlęta ssą swoje kciuki w łonie matki, ponieważ zwarte ściany macicy sprawiają, że ich rączki znajdują się tuż przy buzi. Jednak już po przyjściu na świat ręce twojego noworodka w momencie, gdy próbuje on ssać kciuk, mogą powędrować wszędzie – i czasem trafiają do buzi, czasem do nosa, a jeszcze innym razem do oka!

Możesz oczywiście zafundować swojemu maleństwu codziennie jakiś czas bez owinięcia, aby mogło ono poćwiczyć ssanie kciuka, ale nie chcesz przecież, żeby w czasie snu uderzało się po twarzy i w ten sposób wybudzało. Moja rada brzmi: w czasie drzemek i w nocy, jeśli będzie taka potrzeba, dawaj dziecku smoczek, a jednocześnie owijaj je w kokon przynajmniej do ukończenia przez nie 4. miesiąca.

„Czy spowijanie może wpływać negatywnie na karmienie piersią?"

Wykończona mama i płaczące dziecko – to najgorsze dla karmienia piersią, co tylko może być. To sprawia bowiem, że blokuje się wypływ mleka, obniża pewność siebie matki, ma negatywny wpływ na wsparcie ze strony jej najbliższej rodziny, może wpędzić ją w depresję poporodową i w palenie papierosów (obydwie te rzeczy obniżają z kolei szanse na udane karmienie), zwiększa ryzyko wystąpienia zapalenia gruczołu mlecznego i zmusza lekarzy do zalecenia trudnej dla kobiet diety eliminacyjnej albo w ogóle do odstawienia dziecka od piersi.

Dlatego opanowanie sztuki uspokajania noworodka i poprawienie jego snu może raczej wpłynąć *pozytywnie* na karmienie piersią, a nie na odwrót. Z tego powodu setki placówek zajmujących się nauką karmienia piersią pomagają mamom między innymi poprzez pokazywanie im spowijania i pozostałych zasad „S" w ramach warsztatów *Najszczęśliwszego niemowlęcia.*

Jednak może się też zdarzyć, że podczas pierwszych dwóch tygodni noworodek tak się rozsmakuje w byciu owiniętym, że będzie nawet spał za dużo. W takim przypadku co dwie godziny w ciągu dnia (i co cztery-pięć w nocy) należy obudzić go do karmienia, aby mieć pewność, że przyjmuje tyle pożywienia, ile powinien.

To, czy dziecko dostaje tyle mleka, ile powinno, można dość łatwo sprawdzić: wnętrze jego buzi powinno być mokre, powinien siusiać wiele razy na dobę, a kolor moczu za każdym razem powinien być jasny i transparentny, a nie ciemny i mocno żółty.

„Czy każde dziecko potrzebuje spowijania?"

Niektóre mamy przychodzą do mnie i mówią *„Mój maluszek smacznie śpi bez bycia w kokonie – czy w związku z tym mogę to pominąć?"*. Jeśli też jesteś w takiej sytuacji, to oczywiście, że *nie musisz* stosować spowijania. Niemniej jednak są dwa powody, dla których nadal zalecałbym to rozwiązanie:

- **Dzieci śpią lepiej na plecach, kiedy są owinięte (nawet jeśli doskonale radzą sobie ze spaniem bez spowijania).**
- **Dzięki nieodwracaniu się dziecka na brzuch spowijanie może zapobiec wystąpieniu śmierci łóżeczkowej lub uduszeniu.**

Drugie „S" – Stabilna pozycja na boku lub brzuszku, ale nigdy na czas snu!

Leżenie na plecach to najbezpieczniejsza pozycja dla śpiącego malucha, ale też najgorsza, jeśli chodzi o jego uspokajanie. Sprawia bowiem, że dzieci czują się bardzo niepewnie, jakby spadały. Dlatego w przypadku płaczących dzieci najlepiej sprawdza się położenie ich na brzuchu lub na boku, obróconych w kierunku leżenia na brzuchu. (Jeszcze jedną dobrą pozycją na uspokojenie maluszka jest przytulenie go przez ramię).

Pamiętaj jednak, aby absolutnie nigdy nie zostawiać niemowlęcia samego w pozycji na brzuchu, bo wzmaga to ryzyko wystąpienia zespołu nagłej śmierci niemowląt lub uduszenia. Dlatego do momentu, kiedy twój płaczący malec się nie uspokoi, trzymaj go na rękach, a potem postępuj zgodnie z zasadami ponownego usypiania.

Trzecie „S" – WyciSzszszanie, czyli dźwięk ciszy

Dla malutkiego dziecka szuszanie to dźwięk bezpieczeństwa i pewności.

Na pierwszy rzut oka może się to wydawać co najmniej dziwne, że nasze maleństwo miałoby lubić taki nieprzyjemny, głośny dźwięk, bo znowu – nam zdecydowanie by on przeszkadzał. Ale musimy pamiętać, że odgłosy, które otaczają niemowlę w brzuchu, są głośniejsze od włączonego odkurzacza!

Dlatego też ciche pomieszczenia, które *my dorośli* uznajemy za miłe, tak naprawdę doprowadzają nasze maluszki do szału. Po godzinach ciszy często zaczynają one głośno płakać i jest to tak, jakby wołały: *„Czy ktoś mógłby wreszcie wydać jakiś odgłos??"*. Na szczęście, jak przekonamy się już za chwilę, dość łatwo jest w tym przypadku dać im to, czego chcą.

Jak mieć *Najszczęśliwszego śpiocha*

TAJEMNICA UDANEGO SZUSZANIA

W dzisiejszych czasach większość rodziców owija swoje dzieci w kocyki, ale mnie nadal zadziwia, dlaczego tak niewielu z nich puszcza im potem biały szum. A jest to czynnik, który naprawdę potrafi zdziałać cuda przy płaczących dzieciach i jest niezwykłym „pomocnikiem" usypiania niemowląt. Ten wyjątkowy dźwięk jest w gruncie rzeczy tak samo ważny, jak spowijanie. Jest kluczowym (bardzo prostym do zastosowania!) narzędziem w podejściu do snu.

Dźwięk, który ma wywołać u płaczącego dziecka *odruch uspokajania*, musi być donośnym, szorstkim świstem, *tak samo głośnym*, jak płacz maluszka. Możesz sama stworzyć ten dźwięk, po prostu przykładając swoje usta do ucha dziecka i robiąc głośne „Szszszszszszzzzzzz".

POZIOM GŁOŚNOŚCI RÓŻNYCH DŹWIĘKÓW

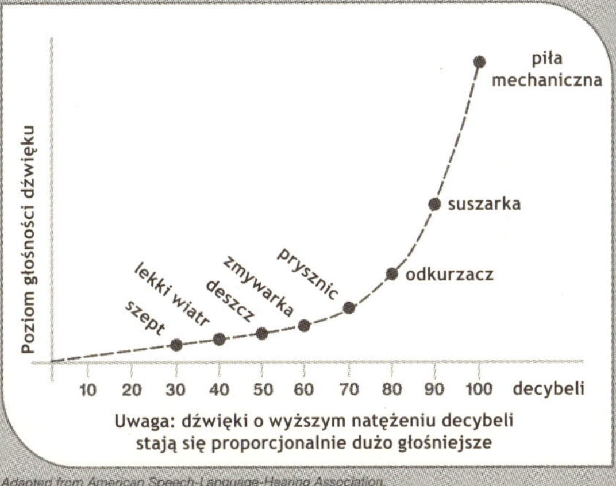

Adapted from American Speech-Language-Hearing Association.

Kiedy twój maluszek się uspokoi, obniż wysokość wydawanego przez siebie dźwięku mniej więcej do poziomu głośności prysznica (65-70 decybeli), aby utrzymać u dziecka *odruch uspokajania*.

Pamiętaj, że aby niemowlę łatwo zasnęło, a potem długo smacznie spało, biały szum jest *konieczny*. A najlepszy szum to taki, który imituje odgłosy obecne w środowisku prenatalnym dziecka.

Tak jak w przypadku spowijania, szuszanie nie może towarzyszyć dziecku przez całą dobę. Posługuj się nim w przypadku nagłych ataków płaczu dziecka i gdy chcesz ułożyć je do spania (na drzemkę i w nocy). Zawsze zacznij od cichego odgłosu dochodzącego gdzieś w tle podczas całego procesu kładzenia maluszka spać, aby przygotować go na oddalenie się w objęcia Morfeusza.

Po upływie 3-4 miesięcy *odruch uspokajania* zacznie stopniowo zanikać. Ale do tego czasu twój maluszek wytworzy już sobie skojarzenie między białym szumem a przyjemnością płynącą ze snu. Będzie sobie myślał: *„O, chyba rozpoznaję ten dźwięk... to znaczy, że teraz czeka mnie przyjemna drzemka”*. Wielu rodziców wykorzystuje technikę białego szumu nawet przez klika lat dorastania dziecka, ale można również bardzo łatwo z niej zrezygnować (więcej na ten temat opowiem nieco później).

Osobiście zalecam raczej używanie przy tej okazji płyt CD, aplikacji na telefony komórkowe i MP3 niż urządzeń wydających dźwięki. Płytę można łatwo wykorzystać w samochodzie (aby ukoić płaczka), a także w czasie wizyty u babci i dziadka, gdy maluszek chce spać, a zewsząd dochodzą go nieznane zapachy i zapalone światła. Płyty i inne nośniki cyfrowe pozwalają też na pełną dowolność, jeśli chodzi wybór pożądanego przez nas odgłosu i jego głośność.

Teraz dwie przestrogi dotyczące smartfonów: ponieważ wyzwalają one promieniowanie, gdy kładziesz telefon obok niemowlęcia, zawsze powinien on mieć włączony *tryb offline*. Poza tym telefony oraz komputery *nie wydają* wcale najlepszych dla dziecka dźwięków. Produkują raczej świszczący/brzęczący dźwięk, a nie donośny, szorstki odgłos imitujący środowisko prenatalne.

Nie wszystkie białe szumy są sobie równe

Sukces metody 5 „S" opiera się przede wszystkim na bardzo dokładnym odtworzeniu warunków panujących w łonie matki. W odniesieniu do dźwięków oznacza to puszczenie dziecku wysokich odgłosów, maksymalnie podobnych do tego, co słyszy ono przed swoimi narodzinami. I tutaj sprawy zaczynają przybierać bardzo ciekawy obrót.

Okazuje się bowiem, że nie każdy odbiera biały szum tak samo!

Nagrania odgłosów dochodzących z wnętrza macicy ujawniają świszczące i ciężkie dla ucha dźwięki, ale okazuje się, że niemowlęta wcale ich tak nie odbierają. Płyn owodniowy, grube bębenki w uszach i płyn w uchu środkowym wytłumiają nieco ten świszcząco-brzęczący odgłos. Zatem będąc jeszcze w łonie matki, dzieci słyszą raczej głębokie, grzmiące dudnienie.

Pomimo tego większość urządzeń wytwarzających biały szum czy też nagrań (od odgłosu oceanu do dźwięków włączonej suszarki) zawiera raczej wysokie dźwięki. To stwarza problem dla niektórych dzieci (i rodziców), ponieważ nasze mózgi automatycznie rozbudzają się i zwracają ku wysokim tonom (takim jak wycie karetki czy alarmu przeciwpożarowego). Z drugiej strony, głębsze dźwięki działają na nas zazwyczaj kojąco (wyobraź sobie odgłos lecącego samolotu).

Z tego właśnie powodu biały szum naszego *Najszczęśliwszego śpiocha* zaprojektowany jest tak, by nie było w nim słychać zbyt wysokich tonów, ale by uwydatnić niższe dźwięki, przypominające dudnienie.

Twój maluszek pokocha ten szum od pierwszego razu, ale jeśli okaże się on męczący dla ciebie, poniżej znajdziesz kilka wskazówek, jak zamienić go w swojego nowego najlepszego przyjaciela:

- Puszczaj go w tle codziennie wieczorem tydzień przed tym, jak planujesz zacząć włączać go na całą noc w swojej sypialni. To sprawi, że twój mózg będzie miał szansę przyzwyczaić się do niego.
- Aby jeszcze bardziej wytłumić wysokie dźwięki, owiń głośniki ręcznikiem lub koszulką.
- A jeśli wszystkie te sposoby zawiodą, możesz zawsze włożyć sobie do uszu zatyczki (pod warunkiem, że kto inny usłyszy, kiedy maluszek zacznie płakać).

Jak bardzo słychać dudnienie w łonie matki? Przekonaj się sam!

Aby dowiedzieć się, co tak naprawdę słyszało twoje dziecko przed urodzeniem, wykonaj ten mały eksperyment.

Puść wodę do wanny - kurki odkręć najbardziej, jak się da. Słyszysz, jak głośny i wysoki wydają dźwięk? Gdy wanna niemal całkowicie się napełni, wejdź do wody i zanurz w niej głowę. Czy słyszysz, jak dużo głębszy i dudniący stał się odgłos wydawany przez wodę?

To właśnie jest dźwięk bardzo zbliżony do tego, co słyszą dzieci jeszcze przed narodzinami. Dlatego też potem, już po przyjściu na świat, najlepiej czują się w otoczeniu odgłosów niskich, pozbawionych wysokich tonów. Do uzyskania takiego właśnie dźwięku powinnaś dążyć – pomoże on lepiej spać nie tylko twojemu maluszkowi, ale też tobie!

OCZYSZCZANIE ATMOSFERY: OBALAMY MITY DOTYCZĄCE SZUSZANIA

Niektórzy rodzice nie mają okazji poznać dobrych stron tej techniki, ponieważ – opierając się na mitach, które wokół niej narosły – obawiają się z niej korzystać. Poniżej znajdziecie te, z którymi ja stykam się najczęściej.

„Czy szuszanie otępia niemowlę?"

Absolutnie nie. Biały szum to nie narkotyk – to czynnik uruchamiający odruch uspokajania, na takiej samej zasadzie, jak przytulanie i bujanie.

„Jeśli mój maluszek świetnie śpi już po zastosowaniu spowijania, czy nadal potrzebuje wyciszających dźwięków?"

Jak najbardziej! Odpowiedni rodzaj białego szumu stosowany podczas wszystkich drzemek i nocy pomoże twojemu maluszkowi jeszcze spokojniej spać i *zapobiegnie* problemom w tej kwestii jeszcze... zanim się pojawią.

A oto dlaczego:

- **Biały szum sprawia, że *odruch uspokajania* jest „włączony" przez całą noc, przez co zmniejsza się u dziecka częstotliwość pobudek i ruchliwość malca, która może prowadzić do przekręcania się na brzuch.**

- **Po tym jak (w wieku 4-5 miesięcy) przestaniesz już otulać swojego niemowlaka w kokon, biały szum pomoże mu spać spokojnie, działając jak dźwiękowy ulubiony miś-przytulanka: będzie dawał maluszkowi poczucie bezpieczeństwa i pomagał dobrze spać, nawet gdy malec nie będzie on szczelnie otulony.**
- **Biały szum pomaga też niemowlętom nie wybudzać się z powodu czynników zewnętrznych, takich jak przejeżdżający obok pociąg, chłód czy migające światła (np. w czasie podróży) i wewnętrznych (pulsujące dziąsła, gazy, mały głód). W ten sposób zapobiega on niepożądanym przerwom we śnie dzieci przez pierwszy rok życia… a nawet dłużej.**

„Czy biały szum może uszkodzić słuch dziecka?"

To jest dobre pytanie!

Nie ma dowodów wskazujących na to, że hałas o intensywności odkręconego prysznica ma jakikolwiek wpływ na zmysł słuchu maluszków. Pamiętaj, że w łonie matki twoje dziecko słyszało dużo głośniejszy szum, i to przez cały czas, bez przerwy, przez kilka dobrych miesięcy.

Jedynym badaniem, które zajęło się kwestią długotrwałego obcowania z białym szumem, jest przeprowadzona na Uniwersytecie w San Francisco seria eksperymentów na nowo narodzonych szczurach. Wykazały one pewne zmiany słuchowe u dzieci tych gryzoni (uszkodzenie słuchu), ale te badania miały niewiele wspólnego z moimi zaleceniami. Choćby dlatego, że:

- **naukowcy puszczali małym szczurkom biały szum non stop (bez nawet minuty ciszy, czy w dzień, czy w nocy);**
- **biały szum otaczał zwierzęta przez *bardzo* długi czas (równoważny trzem pierwszym latom życia człowieka);**
- **zdolność słyszenia małych szczurków opiera się na superwysokich ultradźwiękach i skrzekach, dlatego ich uszy mogą być szczególnie wyczulone na ciągłe, nieprzerywane dźwięki.**

Kluczowa jest tutaj świadomość, że biały szum należy wykorzystywać tylko do spania i w momentach zwiększonej płaczliwości dziecka. Powinien być natomiast wyłączony przez zdecydowaną większość czasu, gdy maluszek jest obudzony – właśnie po to, aby jego uszy mogły przywyknąć do normalnych odgłosów waszego domu.

„Czy dzieci uzależniają się od białego szumu?"

Jeśli przez pojęcie „uzależnienia" rozumiesz to, że niemowlęta uwielbiają go i oczekują, że dźwięk ten będzie im towarzyszył przez całą noc, to, prawdę mówiąc, są już od niego uzależnione, jeszcze zanim przyjdą na świat!

Ale z twojego punktu widzenia to jest świetna sprawa, bo dzięki temu możesz wykorzystać to narzędzie, aby pomóc malcowi spać spokojniej. A co jeszcze lepsze, ten dźwięk to rzecz, nad którą masz całkowitą kontrolę i z której możesz w każdej chwili zrezygnować (więcej rad na ten temat znajdziesz na stronie 189).

Czwarte „S" – Skokołysanie, czyli lulanie dziecka do snu niczym kołysanka

Kiedy Shatika zadzwoniła do swojej mamy mieszkającej w Omaha, była cała we łzach: „Czuję się, jakbym była w więzieniu!".

Shatika, która sześć tygodni wcześniej została mamą Dreya, przechodziła aktualnie naprawdę ciężki okres: Drey zasypiał tylko w ramionach mamy, kiedy ta siedziała z nim na wielkiej nadmuchiwanej piłce i skakała na niej w górę i w dół. Gdy tylko przestawała, Drey zaczynał się wiercić, a potem znowu płakać.

Shatika czuła się naprawdę zniechęcona. Dostała w pracy 3 miesiące wolnego i już zdążyła kupić sobie cały stos książek, które zamierzała przeczytać w wolnych chwilach, kiedy dziecko śpi. Ale jak do tej pory, nie miała czasu otworzyć nawet jednej z nich.

Co wieczór całe zastępy rodziców przypominających już z wyglądu zombie wyruszają swoimi samochodami na przejażdżki po opustoszonych ulicach (wjeżdżając po drodze w każdą uliczkę pełną „śpiących policjantów"), z nadzieją, że to pomoże uśpić ich dzieci. Okazuje się bowiem, *że ruch to jedyna rzecz, która sprawia, że ich maluszki uspokajają się.*

Leżenie na idealnie nieruchomym łóżku może być dla ciebie spełnieniem marzeń, ale dla niemowląt jest rzeczą bardzo nienaturalną. A dla 10-20% dzieci, które wręcz *uwielbiają być w ruchu*, jego całkowity brak jest rzeczą absolutnie nie do zniesienia.

Te maluszki to *chłopcy i dziewczynki z niewyczerpaną potrzeby ruchu.* Przez *pierwszy miesiąc czy dwa* spowijanie i dudniące dźwięki zazwyczaj wystarczają do tego, aby ich okiełznać. Ale potem okazuje się, że jeśli nie są energicznie potrząsane lub nie tańczy się z nimi po całym pokoju, budzą się z płaczem co 2-3 godziny. Po prostu w ich przypadku małe, ale energiczne ruchy są kluczowym czynnikiem wyzwalającym *odruch uspokajania.*

Sama szybko się zorientujesz, czy twój malec to właśnie jeden z takich *miłośników podrzucania.* Jest tak, jeśli w wieku sześciu tygodni twoje dziecko uwielbia, kiedy bujasz nim na nogach przewieszonych przez krawędź łóżka lub kocha skakać z tobą po pokoju, kiedy tylko zaczyna robić się marudne. W przypadku *takich dzieci* niezbędnym wyposażeniem do ich uspokojenia będą bujane fotele, nosidełka, duże piłki do ćwiczeń i leżaczki-bujaczki.

Te ostatnie mają tę zaletę, że dają rodzicom trochę wolności, a dzieciom z kolei zapewniają to kojące uczucie spowodowane bujaniem podczas drzemek i w nocy. Cały trik polega tylko na tym, żeby umiejętnie ich używać.

BEZPIECZNE UKOJENIE DO SNU TWOJEGO MAŁEGO MIŁOŚNIKA LEŻACZKÓW-BUJACZKÓW

Jeśli twój maluszek jest jednym z tych bardziej lubiących wszelkiego rodzaju ruch i kołysanie, rytmiczne poruszanie nim rzeczywiście może pomóc przy drzemkach lub spaniu w nocy.

Tak jak już wspominałem w rozdziale 2., spanie w leżaczku-bujaczku lub huśtawce jest dla dzieci bezpieczniejsze niż spanie w foteliku samochodowym, bo oparcie leżaczków można *całkowicie opuścić.*

Niemowlę nie powinno bowiem siedzieć zbyt wyprostowane, bo jego ciężka główka może opaść i tym samym utrudnić mu oddychanie. Poza tym zdarzały się niestety przypadki tragicznych śmierci dzieci śpiących właśnie w pozycji wyprostowanej w foteliku, ale na szczęście po dziś dzień nie odnotowano przypadku zakrztuszenia się dziecka śpiącego na leżaczku-bujaczku z całkowicie opuszczonym oparciem.

Leżaczki z poruszającym nimi mechanizmem są też lepsze od fotelików z innego powodu: ich stały, rytmiczny ruch stymuluje oddychanie u niemowląt.

Jednak jeśli pozwalasz swojemu maluszkowi na spanie w leżaczku, *musisz zadbać o jego bezpieczeństwo.* Poniżej znajdziesz kilka porad co robić, a czego absolutnie nie, tak by twój bujający się malec był zarówno szczęśliwy, jak i bezpieczny:

- Używaj tylko leżaczka-bujaczka, którego oparcie można odchylić bardzo mocno do tyłu. Malutkie dzieci nie są bowiem na tyle silne, by samodzielnie siedzieć. W tej pozycji ich szyja może za bardzo się zgiąć i tym samym bardzo utrudnić oddychanie. Oparcie powinno być tak regulowane, żeby dało się je opuścić prawie całkowicie (opuszczenie jedynie o 45 stopni, czyli „w połowie drogi", nie wystarczy).
- Przed użyciem leżaczka do spania zapytaj o opinię swojego pediatrę. Jest to szczególnie istotne w przypadku dzieci ze słabszymi szyjami (czyli w wieku poniżej miesiąca, wcześniaków i tych z problemami neurologicznymi, powodującymi opadanie główki jak u lalek — dolegliwość nazywana przez lekarzy *hipotonią*).
- Upewnij się, że leżące dziecko jest odpowiednio owinięte i przypięte (także szelkami między nogami).
- Kiedy maluszek będzie już ułożony w leżaczku, puść mu biały szum - to przyspiesza zaśnięcie *oraz* stymuluje oddychanie.
- Włącz leżaczek na tryb szybkiego bujania. Choć może ci się to wydawać zbyt szybkie, jest całkowicie bezpieczne. Wolniejszy tryb jest po prostu *za wolny*, aby spowodować włączenie się *odruchu uspokajania* u tak energicznego niemowlęcia. (Po tym, jak już ulokujesz swoje niezadowolone i płaczące dziecko w leżaczku, złap go i poruszaj nim szybko i energicznie przez 10-20 sekund, żeby wywołać *odruch uspokajania* i „wyłączyć" krzyki u malca).
- Chroń swoje dziecko przed nieproszonymi intruzami. Skaczące psy albo niesforne starsze dzieci mogą niechcący przewrócić leżaczek, więc nigdy nie zostawiaj swojego maluszka bez nadzoru w ich towarzystwie. (Ponadto, jeśli masz psa, najpierw pokaż mu włączony leżaczek z lalką przypiętą w środku. To sprawi, że pies przyzwyczai się do tego widoku, a tobie da szansę nauczenia go, by nie podchodził za blisko).

OCZYSZCZANIE ATMOSFERY: OBALAMY MITY DOTYCZĄCE LEŻACZKÓW-BUJACZKÓW I HUŚTAWEK

Podobnie jak ze spowijaniem i szuszaniem, tak i tutaj powstało kilka nieprawdziwych pomysłów związanych z używaniem leżaczków. Te fałszywe przekonania mogą czasem stanąć na drodze twojego malca do spokojnego snu. Dlatego teraz przyjrzymy się paru faktom.

„Czy leżaczki-bujaczki mogą uszkodzić biodra lub plecy niemowlęcia?"

W łonie matki niemowlęta są powykręcane jak chińskie ósemki, a nowo narodzone dzieci są tak elastyczne, jak eksperci z dziedziny jogi! Tak więc nie ma obaw, że od leżaczka-bujaczka cokolwiek może stać się biodrom lub plecom twojego maluszka.

„Czy leżaczki-bujaczki nie sprawiają, że rodzice trochę zaniedbują swoje maluszki?"

Twoje dziecko powinno być na rękach oczywiście najczęściej, jak się da. Ale jeśli nie masz w okolicy tuzina krewnych skorych do pomocy, czasem może tych rąk do noszenia zabraknąć. Dlatego w momentach, kiedy brakuje ci pomocników do opieki nad maluszkiem, leżaczek-bujaczek może okazać się strzałem w dziesiątkę (i jest darem niebios dla rodziców dzieci z ciąży mnogich!).

I jeszcze jedna rzecz: ktoś, komu wydaje się, że jest lepszym rodzicem, bo nigdy nie korzystał z takiego leżaczka, jest jak kucharz, któremu wydaje się, że lepiej gotuje, bo nigdy nie użył elektrycznego otwieracza do puszek.

Bujaj, ale nie potrząsaj, czyli niemowlęta, frustracja i krzywdzenie dzieci

Frank poczuł nagle, jak fala złości zalewa go niczym strumień gorąca. Po trwających od tygodni, spowodowanych kolkami wrzaskach jego synka, Frank doszedł do takiego stopnia wściekłości, że po prostu przebił pięścią drzwi na wylot!

„Byłem po prostu niewyobrażalnie wykończony i sfrustrowany" — opowiadał mi łamiącym się głosem — „Nigdy nie skrzywdziłbym mojego synka, ale wtedy po raz pierwszy w życiu zrozumiałem rodziców, których sytuacja doprowadza do takiej desperacji".

Gdy uda nam się uspokoić głośno płaczącego malucha, radość jest wielka. Ale kiedy wszystkie nasze próby spełzają na niczym, narastająca frustracja może sprawić, że nawet najbardziej kochający rodzic podniesie rękę na swoje dziecko.

Płacz dziecka może być tak głośny jak włączona na całą moc kosiarka — a w dodatku ustawiona tuż koło ucha! Takie natężenie dźwięku może spowodować włączenie się swoistego *trybu alarmowego*, powodującego znacznie przyspieszone bicie serca i gęsią skórkę. Wrzaski tego rodzaju naprawdę mogą nadwyrężyć pewność siebie rodzica, tym bardziej, jeśli jest on dodatkowo zmęczony, przejęty problemami finansowymi, kłótniami rodzinnymi, czy też sam był w przeszłości ofiarą przemocy.

Zespół dziecka potrząsanego (ang. SBS) jest tragiczną w swoich skutkach formą przemocy wobec dzieci, której ofiarami padają tysiące noworodków każdego roku. Polega na gwałtownym potrząsaniu niemowlęciem w taki sposób, że jego główka lata w tę i z powrotem albo uderza o jakąś powierzchnię. Średni wiek ofiar SBS to 3,5 miesiąca. Około 25% najgroźniejszych przypadków kończy się śmiercią niemowląt, a u 80% dzieci, którym udaje się przeżyć, dochodzi do różnych form uszkodzenia mózgu. *A głównym sprawcą tych wszystkich tragedii jest... płacz dziecka.*

Sama myśl o zespole dziecka potrząsanego sprawia, że niektórzy rodzice boją się nawet delikatnie pobujać swoim maleństwem. Ale proszę, uwierzcie mi — jest naprawdę ogromna różnica między potrząsaniem a kołysaniem.

Potrząsanie jest gwałtowne i pełne agresji. W jego trakcie ciężka główka dziecka kiwa się w przód i w tył, sprawiając, że mózg uderza w twarde ściany czaszki, uszkadzając i rozdzierając przy tym delikatne tkanki. Amerykańska Akademia Pediatrii zauważa, że „Potrząsanie, które prowadzi do zaistnienia zespołu dziecka potrząsanego, jest czynnością tak brutalną, że osoby obserwujące to z boku uznały ją za rzecz niebezpieczną, mogącą doprowadzić nawet do śmierci dziecka".

Natomiast kołysanie nie ma z powyższym *nic wspólnego*. Bujanie, które zalecam w swojej metodzie, jest szybkie i *małe*. Ono odzwierciedla po prostu to, czego twój maluszek doświadczał codziennie, będąc w brzuchu: gdy chodziłaś, wchodziłaś po schodach czy uprawiałaś gimnastykę. Dlatego teraz polega to na kołysaniu maluszka, ale nie bardziej niż kilka *centymetrów tam i z powrotem*. To oczywiście sprawia, że główka dziecka trochę się trzęsie (jak galaretka na talerzu), ale w środku, w czaszce, mózg jest całkowicie bezpieczny, ponieważ niemal się nie rusza.

Potrząsanie dzieckiem w podobny sposób jest także absolutnie bezpieczne, a przy tym jest tak doskonałym narzędziem uspokajającym maluszki, że może bardzo pomóc rodzicom w nieosiąganiu tego punktu krytycznego, w którym frustracja sięga zenitu i skłania do użycia przemocy. Dlatego też wiele publicznych placówek zdrowia zaleca w swoich programach naukę tej zasady „S" (i pozostałych również) w celu *zapobiegania* SBS.

To powiedziawszy, pamiętajmy o jednej, podstawowej rzeczy: nigdy nie potrząsajcie (a nawet nie kołysajcie i nie podrzucajcie) swojego dziecka, kiedy jesteście zdenerwowani!

Jeśli czujesz, że twoja cierpliwość już się skończyła, odłóż na chwilę płaczące niemowlę i zrób sobie przerwę. Daj upust swojej złości i stresowi, wrzeszcząc w poduszkę lub waląc pięściami w sofę. A potem poproś o pomoc swojego partnera, rodzinę, przyjaciela albo zadzwoń na swój lokalny telefon zaufania zajmujący się kwestią przemocy wobec dzieci. Tam uzyskasz pomoc codziennie, o każdej porze.

Piąte „S" – Ssanie, czyli wisienka na torcie

Ssanie pojawia się tutaj jako piąte „S", ale to wcale nie znaczy, że musisz je stosować właśnie na końcu. Prawdopodobnie zresztą branie dziecka na ręce i oferowanie mu mleka będziesz, w większości przypadków, robiła na samym początku.

Ssanie w połączeniu ze słodkim, ciepłym mlekiem nie tylko sprawia, że brzuszek twojego malca jest pełny i zadowolony – wyzwala też w mózgu dziecka endorfiny (naturalne opium dla organizmu), duże ilości napędzającego sen trytofanu i, jakżeby inaczej, włącza *odruch uspokajania*. Jednym słowem: co za rozkosz!

Jeśli sama karmisz dziecko, powinnaś dawać mu swoją pierś do ssania bardzo często, a jednocześnie unikać dawania mu gumowych smoczków (szczególnie butelek!) aż do momentu, kiedy twoje dziecko nie nauczy się dobrze jeść (co zajmuje zazwyczaj od 1 do 4 tygodni).

Każdy kolejny łyk pysznego mleka będzie dla twojego maluszka nagrodą za wysiłek, jaki wkłada w naukę ssania sutka, a nie gryzienie go. Ale jeśli będziesz miała problem z prawidłowym karmieniem piersią, poradź się koniecznie lekarza, konsultantki laktacyjnej lub przedstawiciela lokalnej organizacji udzielającej porad na ten temat (w USA jest to na przykład La Leche League), którzy pomogą ci go rozwiązać i pokażą, co i jak należy robić.

KWESTIA SMOCZKÓW

Jak już wspominałem wcześniej, Amerykańska Akademia Pediatrii zaleca, aby niemowlęta zawsze zasypiały wieczorem ze smoczkiem, ponieważ badania pokazują, że zmniejsza to ryzyko śmierci łóżeczkowej.

Nikt tak naprawdę nie wie, dlaczego ssanie smoczka chroni przed tym zjawiskiem (tym bardziej, że śmierć łóżeczkowa następuje zazwyczaj po dobrych kilku godzinach snu), ale wszystko wskazuje na to, że naprawdę tak jest. (A tak przy okazji – jeśli smoczek wypadnie dziecku w nocy z buzi, nie ma potrzeby wkładania mu go z powrotem).

Oczywiście – jak w każdej sytuacji, jeśli dajesz dziecku smoczek, upewnij się, że robisz to prawidłowo. Oto kilka porad na ten temat:

- **Kup smoczek z przezroczystego silikonu, a nie z żółtej gumy, ponieważ ten drugi może się sklejać i po jakimś czasie się psuje. Poza tym może się na nim osadzać niezdrowy osad chemiczny.**
- **Nigdy nie maczaj smoczka w syropie, ponieważ może to wywołać u dziecka botulizm (czasem nawet śmiertelny w skutkach).**
- **Codziennie myj smoczek wodą z mydłem. Jedno z przeprowadzonych badań wykazało, że 80% ze sprawdzanych smoczków miało na sobie malutką warstwę drożdży lub bakterii. Nie powinnaś również wkładać smoczka do swoich ust, żeby go wyczyścić, ponieważ możesz w ten sposób niechcący zarazić maluszka przeziębieniem lub nawet opryszczką.**
- **Nigdy nie wieszaj dziecku smoczka na sznurku na szyi, ponieważ może się zdarzyć, że okręci się on zbyt mocno wokół jego palców (odcinając krążenie krwi) albo też wokół szyi (powodując zakrztuszenie).**

Odwrócona psychologia: Sztuczka pozwalająca nakłonić niechętnego malucha do ssania smoczka

Jeśli twój maluszek nie chce ssać smoczka, spróbuj dać go mu pod koniec karmienia, kiedy będzie najbardziej odprężony. Jeśli nawet to nie zadziała, zastosuj odwróconą psychologię.

Spytałem Denise, czy jej syn Aidan lubi smoczki. Roześmiała się w głos i wysypała na kuchenny stół zawartość małej torebki. Moim oczom ukazało się sześć różnych smoczków, które wyglądały nieco jak kolekcja skał księżycowych. „Nie chciał ssać żadnego z nich!" – dodała zrezygnowanym tonem.

Zasugerowałem Denise, żeby spróbowała podejść go zgoła innym sposobem: zamiast wpychać Aidanowi smoczek do buzi za każdym razem, gdy go wypluwał, wyjmowała mu go z ust za każdym razem, gdy chciał go trochę possać!

Przy końcu karmienia, kiedy Aiden się rozluźniał i ssał nieco wolniej, Denise stosowała taki trik: wyjmowała mu z buzi pierś, a zaraz potem dawała mu do ssania smoczek (niczym typowa tzw. przynęta z zamianą). Kiedy smoczek tkwił już w ustach małego, Denise czekała, aż Aiden zacznie go ssać... a potem nieco wyciągała, trochę jak wędkarz sprawdzający, czy udało mu się złowić rybę. W odpowiedzi maluszek zaczynał ssać mocniej.

Denise bawiła się z synkiem w tę „odwróconą psychologię" przez następne 10 minut, aby nauczyć go, jak utrzymać smoczek w buzi. Następnie powtórzyła to ćwiczenie kilkukrotnie w ciągu dnia przy okazji karmienia i po trzech dniach Aiden bardzo chętnie przyjmował smoczek.

Niektóre dzieci to prawdziwe maszyny ssące! (To jest coś, co przechodzi w genach w ramach rodziny).

Ale nawet jeśli twój maluszek niechętnie spogląda w stronę smoczka lub czuje się nim skołowany i zaczyna wypluwać zamiast ssać, w większości przypadków możesz przekonać go do zmiany zdania, stosując tę samą metodę, którą zasugerowałem mamie Aidena (jest ona najskuteczniejsza, zanim dziecko skończy sześć tygodni).

Ten trik odwróconej psychologii oparty jest na naturalnej zasadzie mówiącej, że „to, co mam w ustach, należy do mnie". Dlatego też w końcu próba wyjęcia sutka z ust maluszka będzie niczym wydzieranie zabawki z rąk dwulatka – im mocniej będziesz próbować, tym mocniej niemowlę będzie się temu opierać.

Oczyszczanie atmosfery: wyjaśnijmy sobie jedną problematyczną kwestię związaną ze ssaniem

Karmiące matki często zadają mi to samo pytanie: „Czy dawanie mojemu dziecku smoczka nie odbije się negatywnie na karmieniu?".

Wiele maluszków będzie chętnie ssało wszystko, co włożysz im do buzi. Ale niektóre z nich mogą być nieco skołowane, jeśli – zanim do końca opanują technikę ssania piersi – daje się im również butelki lub smoczki. Dzieje się tak dlatego, że maluchy karmione piersią muszą *rozluźnić* i szeroko otworzyć buzię, aby dostać pokarm, a te jedzące z butelki wręcz przeciwnie – mocno zacisnąć buzię, aby spowodować wypływ mleka lub spowolnić jego przepływ... możesz więc wyobrazić sobie, jak odczułabyś takie *zaciśnięcie szczęk* na swoim sutku!

Dlatego też, jeśli karmisz piersią, najlepiej jest zaczekać z dawaniem dziecku mleka również z butelki do momentu, gdy naprawdę dobrze nauczy się ssać pierś, co trwa zazwyczaj 2-3 tygodnie (oczywiście nie mówię tu o sytuacjach, kiedy maluszek jest np. chory i musi dostać pokarm z butelki, bo to jest zupełnie inna historia).

Najlepiej również w unikać w tym czasie dawania smoczka, choć najnowsze badania pokazują, że większość dzieci radzi sobie ze ssaniem smoczków bez poczucia skołowania i mylenia go z piersią.

Składanie wszystkiego w całość, czyli jak ustalić plan zasypiania dla swojego niemowlęcia

Ponieważ znasz już zasadę 5 „S", masz odpowiednie narzędzia, aby w każdym miejscu i w każdej chwili wywołać w dziecku *odruch uspokajania* i przyspieszyć zaśnięcie. Teraz nadszedł więc czas, żeby złożyć wszystkie informacje razem i pomóc twojemu maluszkowi na każdym z etapów następujących w trakcie kilku pierwszych miesięcy jego życia.

Uspokajanie twojego maleństwa w trakcie pierwszych dni po narodzinach

W ciągu 1-2 pierwszych tygodni życia większości dzieci w zupełności wystarczy zastosowanie spowijania i ssania. Niemniej jednak po powrocie do domu ze szpitala radziłbym dodać do tego biały szum. Pamiętaj, że cisza jest dla takiego maleństwa dziwna i niepokojąca, ponieważ przez cały czas przed narodzinami słyszało szumienie.

Dodawanie 5 „S" w trakcie następnych trzech miesięcy

W miarę upływu kolejnych tygodni może zdarzyć się, że u twojego maluszka do zestawu „spowijanie, biały szum i ssanie" (kiedy to możesz dodać też smoczek) pojawi się potrzeba dołączenia również kołysania – dla uspokojenia lub przed zaśnięciem. Pamiętaj, aby zapytać swojego pediatrę, czy możesz już kłaść swoje niemowlę na *w pełni opuszczonym* leżaczku-bujaczku (zawsze postępuj zgodnie z zasadami bezpiecznego bujania, opisanymi na stronie 87).

Kiedy będziesz dodawać kolejne czynniki ułatwiające zasypianie, nie martw się o to, jak potem poradzisz sobie z rezygnowaniem z nich, kiedy twój aniołek będzie już umiał sam się uspokoić. To będzie naprawdę proste, a więcej opowiem ci o tym w kolejnych rozdziałach.

Nie bój się też eksperymentować – zobacz, jaka kombinacja pomocników snu sprawdza się najlepiej w przypadku twojego maleństwa (i zaufaj mi: ono samo ci to pokaże!).

Poniżej znajdziesz natomiast tabelkę przedstawiającą moje podejście w ujęciu generalnym.

Kiedy stosować poszczególne „S"

W szpitalu	Ssanie i spowijanie
Pierwsze 1-2 tygodnie	Ssanie, spowijanie i biały szum
Kolejne kilka miesięcy	Ssanie, spowijanie, biały szum, skokołysanie (np. w leżaczku, przy w pełni odchylonym oparciu) i smoczek
Na każdym z 3 etapów	Uspokój swoje dziecko, kładąc je na brzuszku, kiedy trzymasz je na rękach... ale zawsze kładź je spać na plecach!

Wsparcie techniczne: gdzie szukać pomocy, jeśli 5 „S" nie działa

Każde dziecko jest oczywiście inne, więc nie ma takiego sposobu, który będzie działał zawsze w 100%. Z mojego doświadczenia wynika jednak, że o ile zasada 5 „S" stosowana jest *prawidłowo*, działa jako metoda na uspokajanie i poprawianie snu dziecka w 90% przypadków.

Jeśli więc stosujesz zasadę 5 „S", a twój maluszek nadal płacze, najpierw upewnij się, że na pewno wykonujesz każdy krok prawidłowo. Natomiast jeżeli jesteś całkowicie pewna, że wszystko robisz dobrze, skontaktuj się ze swoim pediatrą i sprawdź, czy twojemu malcowi przypadkiem coś nie dolega (np. alergia czy infekcja ucha).

Uspokajanie bardzo płaczliwych dzieci, czyli jak podkręcić tempo

Ciche szepty i łagodne bujanie sprawdzają się tylko w przypadku w miarę spokojnych dzieci. Uspokojenie bardziej grymaśnego malucha będzie wymagało nieco więcej energii. Wiem, że brzmi to jak rada, aby do ciasta dodać oślizgłe, surowe jajko... ale to sama prawda!

Wyobraź sobie uruchamianie *odruchu uspokajania* jak próbę przyciągnięcia czyjejś uwagi. Jeśli dana osoba będzie właśnie w trakcie gorącej dyskusji, aby zwrócić na siebie jej uwagę, będziesz pewnie musiała kilka razy – i to w miarę energicznie – klepnąć ją w ramię.

Wigor tych działań dokładnie tłumaczy, dlaczego odgłos odkurzacza czy przejażdżka samochodem uspokajają małe dzieci. I dlaczego wsadzenie dziecka do leżaczka-bujaczka i potrząśniecie nim (leżaczkiem) kilka razy jest niezbędne, jeśli chcemy wywołać *odruch uspokajania* u maluchów wrzeszczących i kochających wszelkiego rodzaju ruch.

(Pamiętaj, że oczywiście pod żadnym pozorem nie wolno ci potrząsać dzieckiem! Kiedy je bujasz, musisz zawsze podtrzymywać jego główkę i szyję, i nie machać nim za bardzo – jedynie kilka centymetrów w jedną i drugą stronę).

Pomyśl o uspokajaniu maluszka jak o tańcu… w którym to on prowadzi. Jeśli maluch nadal zawodzi, ukołysz go i szuszaj mu do ucha bardziej intensywnie. Potem, w miarę jak zacznie się uspokajać, ściszaj głos i spowalniaj ruchy, aż w końcu maluszek będzie tylko szczelnie owinięty w swój kokon, z białym szumem o natężeniu odkręconego prysznica w tle oraz ssaniem i delikatnym kołysaniem.

Tatusiowie, czyli oazy spokoju

Pewna pielęgniarka opowiedziała mi historię, jak to pewnego razu, w trakcie meczu softballu lokalnych drużyn, nagle z trybun rozległ się płacz dziecka. W tym momencie gracz na trzeciej bazie poprosił o czas, sprintem podbiegł do ławek na trybunach, owinął w kocyk i szuszaniem ukoił swoje malutkie dziecko do snu, po czym pędem wrócił na boisko. A wszystko to w czasie poniżej minuty. Podobno został za to nagrodzony gromkimi brawami.

Ojcowie i matki wnoszą do opieki nad dzieckiem różne umiejętności. I podczas gdy mężczyźni raczej nie są zbyt dobrzy w karmieniu piersią, znakomicie radzimy sobie ze spowijaniem i uspokajaniem dziecka. Dla nas owinięcie dziecka w kocyk to zadanie niemal matematyczne.

Wigor jest kolejną przyczyną, dla której tatusiowie to świetni uspokajacze maluchów. Jeśli mamy są z „krainy przytulasów", to ojcowie raczej wywodzą się z „krainy podrzutów". Mamy wolą raczej cicho śpiewać dziecku i delikatnie je kołysać, podczas gdy ojcowie z dużą dozą pewności siebie włożą w szuszanie i kołysanie dziecka tyle energii, żeby na pewno wyzwolić w nich pożądany *odruch uspokajania*.

A kiedy już udaje nam się uspokoić nasze rozwrzeszczane dziecko, jesteśmy z tego bardzo dumni… i chcemy się tym zajmować, kiedy tylko nadarzy się okazja!

Jak mieć *Najszczęśliwszego śpiocha*

SZALONA/SPRYTNA RADA:
TECHNIKA „OBUDŹ I POZWÓL ZASNĄĆ"

Teraz chciałbym podzielić się z wami jedną z kluczowych rad, jakie znajdziecie w tej książce. Część czytelników pomyśli pewnie, że brak mi piątej klepki. Ale pozwólcie mi wyjaśnić: ta metoda jest superważna, jeśli chcemy poprawić jakość snu *każdego* członka rodziny. A nazywa się *obudź i pozwól zasnąć*.

Wielu ekspertów od snu dzieci ostrzega mamy, że pozwalając maluszkowi zasnąć w swoich ramionach lub podczas karmienia, gotują sobie w przyszłości drogę przez mękę. Ostrzegają, że takie maluchy nie nauczą się samodzielnie uspokajać, i za każdym razem, kiedy się wybudzą, będą wrzeszczały wniebogłosy i domagały się obecności mamy, jak tylko się wybudzą.

No cóż - może i jest to dobra rada, ale sprawia, że rodzice mają trochę związane ręce.

Jest prawdą, że bujanie i karmienie dziecka każdego wieczoru przed snem wywoła u niego przyzwyczajenie do tego sposobu zasypiania i *będzie* ono domagać się tego przy każdym wybudzeniu. Ale, szczerze mówiąc, *nie da się* powstrzymać maluszka przed lekkim odpłynięciem, kiedy jest mocno przytulone, a jego brzuszek dostał właśnie solidną porcję słodkiego, ciepłego mleka.

Poza tym źle jest mówić rodzicom i opiekunom, że mają *nie* przytulać swoich pociech przed zaśnięciem. Bo nie ma na świecie nic piękniejszego niż lulanie swojego maleństwa do snu w swoich ramionach. A robiąc to, nie rozpieszczasz go, tylko pokazujesz, że jest kochane i że zawsze może na ciebie liczyć. Dlatego bez oporów obdarzaj swoje dziecko czułością i noś je na rękach przez tyle godzin, na ile przyjdzie ci ochota. Powiem ci, że kiedy za parę miesięcy skończy się czas tak wielkiej bliskości, będziesz myślała o nim z rozrzewnieniem.

Tak, to wszystko prawda, ale pojawia się pewien problem: wielokrotne kołysanie dziecka połączone z karmieniem go tuż przed snem rzeczywiście *doprowadzi* do problemów z jego samodzielnym uspokajaniem się i zasypianiem.

Teraz to trochę namieszałem, prawda? Co mają w takim razie zrobić rodzice? Cóż, na szczęście jest bardzo proste rozwiązanie tej zagadki!

Kiedy będziesz już gotowa, aby położyć swoje maleństwo spać:

1. Włącz mu płytę z białym szumem (na poziomie głośności odkręconego prysznica).
2. Nakarm dziecko, fundując mu przy tym dużo przytulania i kołysania.
3. Po skończonym karmieniu owiń je w kocyk i bujaj swojego śpiącego maluszka tak długo, jak chcesz.

ALE...

Kiedy już położysz malucha do łóżeczka – owiniętego i z białym szumem w tle – poruszaj nim lekko, żeby trochę go rozbudzić.

Po porządnym karmieniu dzieci zachowują się tak, jakby trochę się *upiły* zjedzonym właśnie mlekiem. Dlatego kiedy trochę rozbudzisz swojego maluszka, pewnie na chwilę otworzy szeroko oczy, ale zaraz potem odpłynie z powrotem w objęcia Morfeusza.

Jeśli jednak zacznie w takiej sytuacji płakać, poklep go delikatnie po plecach (jak bębenek) lub potrząśnij szybko kołyską (nie za mocno), aby wywołać *odruch uspokajania*. Jeżeli nadal będzie marudny, weź go na chwilę na ręce i uspokój... *ale upewnij się, że ponownie troszkę go rozbudzisz po odłożeniu z powrotem do łóżeczka.*

Wiem, że pewnie myślisz sobie teraz: „*Czy on oszalał? Za nic na świecie nie będę wybudzać mojego dziecka, które właśnie zasnęło!*”. Ale uwierz, że to jest jedna z najważniejszych wskazówek, jakie mogę ci przekazać!

Kilka sekund lekkiego wybudzenia to kluczowa sprawa w nauczeniu twojego niemowlęcia tego, jak samemu się uspokoić. Poćwicz to trochę, a obiecuję ci, że w ciągu kilku tygodni czeka cię *ogromna* nagroda: twoja pociecha nauczy się lepiej samodzielnie zasypiać (oczywiście pod warunkiem, że nie będzie głodna ani nic nie będzie jej dolegać).

Ustalać grafik czy nie ustalać...

Gdy twoje dziecko skończy miesiąc, ustalenie *elastycznego* planu dnia może okazać się pomocne. Szczególnie jeśli prowadzisz skomplikowany tryb życia (miałaś mnogą ciążę, masz starsze dzieci, przewlekłą chorobę, musisz opiekować się rodzicami, pracujesz poza domem, jesteś samotnym rodzicem itp.).

Niektórzy lekarze zalecają ułożenie planu dnia zgodnie z sekwencją „jedzenie, zabawa, spanie". Stoi za tym pomysł, żeby oduczyć maluszka przyzwyczajenia, że przed snem zawsze dostaje pokarm (i w ten sposób spowodować, że dziecko, które obudzi się np. o 2. w nocy, będzie potrafiło ponownie zasnąć bez karmienia).

To brzmi bardzo rozsądnie, ale... jest sprzeczne z rytmem biologicznym dziecka.

Maluszki bardzo często zapadają w drzemkę po jedzeniu, bez względu na to, jak bardzo rodzice chcą się z nimi pobawić. A znowu przed nocnym spaniem na pewno będziesz chciała napełnić brzuszek swojego malca, żeby przedłużyć jego spokojny sen.

Dlatego wydaje mi się, że *elastyczny* plan ma więcej sensu.

Na przykład:

- **W ciągu dnia po 1,5-2 godzinach aktywności malucha nakarm go i połóż spać (cały trik polega na tym, żeby zainicjować drzemkę, zanim pojawią się oznaki zmęczenia, takie jak ziewanie).**
- **Jeśli drzemka przedłuża się do ponad 2 godzin, obudź swojego maluszka (długie drzemki w ciągu dnia oznaczają mniej jedzenia... i większy głód w nocy).**

Kluczem do takiego podejścia jest elastyczność. Jeśli planujesz drzemkę dla swojego maluszka o 13., a on zrobi się nagle bardzo śpiący już o 12.30, spokojnie możesz nagiąć „zasady". Po prostu nakarm go i połóż do łóżeczka wcześniej (owiniętego w kocyk i z białym szumem w tle). A jeśli zasnął już w twoich ramionach, połóż go w łóżeczku, delikatnie poruszaj, aż otworzy oczy... a potem pozwól ponownie odpłynąć w objęcia Morfeusza (technika *obudź i pozwól zasnąć*).

Jeżeli masz wątpliwości co do tego, ile twoje dziecko śpi i czy na pewno wszystko jest w porządku, rzuć okiem na przykładowe grafiki snu znajdujące się na końcu książki.

Złoty moment: połóż dziecko spać, zanim będzie bardzo zmęczone

Większości ludzi wydaje się, że dziecko jest gotowe do snu, kiedy kleją mu się oczy, a głowa sama opada na nasze ramię. Ale to jest tak naprawdę moment, kiedy maluszek jest już *przemęczony*.

Wiele dzieci jest w stanie zasnąć wszędzie i w każdej chwili. Ale maluchy z bardziej wybuchowym temperamentem lub te, które nie potrafią dobrze kontrolować swoich stanów emocjonalnych, funkcjonują w sposób dużo bardziej nieprzewidywalny. W ich wypadku rosnące zmęczenie może w mgnieniu oka doprowadzić do spadku nastroju z radosnego na bardzo, bardzo zły.

Dlatego, jeśli dobrze wam życząca sąsiadka radzi, aby przetrzymać zmęczone dziecko w ciągu dnia i tym samym zwiększyć szanse powodzenia spokojnego snu w nocy... *nie róbcie tego*! Taka strategia jest może skuteczna w przypadku dorosłych, ale przy malutkich dzieciach może przynieść skutki odwrotne od pożądanych i doprowadzić do większych problemów z zasypianiem i ze snem w ogóle.

Nie dawaj swojemu dziecku na noc cappuccino!

Z Lucasem wszystko szło świetnie... aż do momentu, gdy miał 10 dni. Wtedy nagle nastały dwa dni totalnych wrzasków, trwających od popołudnia do północy. Jego mama, Liz, powiedziałam mi: „Jedyne, co było w stanie go uspokoić, to branie go na ręce i karmienie. Pierś zdawała się szybko go uspokajać i lulać do snu. Ale jak tylko go odstawiłam - zaczynał się krzyk!".

A potem Liz nagle uświadomiła sobie, gdzie może leżeć problem. „Mój Boże, przecież to kawa!". Okazało się, że w trakcie obydwu problematycznych dni wypiła do obiadu po dużym kubku kawy. Na szczęście, kiedy tylko Liz zrezygnowała z tego napoju, Lucas na powrót stał się prawdziwym aniołkiem.

Nawet mama mieszkająca w Rzymie nie napoiłaby swojego dziecka cappuccino. A to jest dokładnie to, co niechcący robisz, kiedy karmisz maluszka po wypiciu kawy. Kofeina pozostaje w mleku do 12 godzin po tym, jak wypijesz kawę, i pobudza twoje dziecko przez większość dnia (a w krwi maluszka zostaje przez *12* do *24* godzin).

Poza kawą, inni delikwenci zawierający kofeinę (i inne podobne środki pobudzające) to herbata (ice tea i zwykła, pita na ciepło), cola, pigułki odchudzające, leki obkurczające, niektóre chińskie zioła i – niestety – czekolada (szczególnie gorzka... co za pech!).

W swojej książce zatytułowanej *Healthy Sleep Habits, Happy Baby*, która weszła już do kanonu klasyków, ekspert w dziedzinie snu, dr Mark Weissbluth, mówi, że „sen wywołuje sen". I ma rację. Dlatego też doświadczeni rodzice kładą swoje dzieci spać, *zanim* zrobią się one zbytnio zmęczone. Przykładowy plan dnia dwumiesięcznego niemowlaka pokazuje, że najlepiej kłaść maluszka spać po 1,5-2 godzinach aktywności, czyli dokładnie w momencie (lub tuż przed), kiedy zacznie wykazywać pierwsze oznaki zmęczenia, takie jak:

- **obniżona aktywność, uśmiechanie się, gaworzenie (a czasem nawet częstsze marszczenie brwi!),**
- **ziewanie,**
- **wpatrywanie się, mruganie i tarcie oczu,**
- **zwiększone marudzenie i grymaszenie.**

Ciąża mnoga, czyli jeszcze więcej radości... jeśli tylko zdołasz się wyspać

W czasach, gdy ja dorastałem, bliźniaki trafiały się niezwykle rzadko, ale teraz wydaje się, jakby *wszyscy* je mieli.

Według danych statystycznych amerykańskiej administracji, jedno na trzydzieści urodzeń to bliźniaki – najwięcej w dotychczasowej historii. Między rokiem 1980 a 2004 liczba bliźniaków wzrosła o 70%. Liczba trojaczków i wieloraczków zwiększyła się z kolei o 400% w latach 1980-1998, ale od tego szczytowego roku do teraz zmalała znowu o 24%.

Rodzice wieloraczków to zupełnie inna historia. Doświadczają oni czegoś, co bardzo niewiele osób poza nimi jest w stanie zrozumieć. Więcej niż jeden maluszek na raz to świetna zabawa – zwłaszcza kiedy dzieci trochę podrosną i stają się dla siebie nawzajem superkompanami – ale pierwsze miesiące z nimi to naprawdę ciężka przeprawa.

Tym cięższa, jeśli urodziłaś przez cesarkę lub twoje maluszki są naprawdę wrażliwe (a ponad 50% bliźniaków i wieloraczków przychodzi na świat przedwcześnie i w chwili narodzin bardzo mało waży).

Możecie sobie bez trudu wyobrazić, jak ciężko może być w trakcie pierwszego roku życia dzieci znaleźć w takich warunkach czas na odpoczynek (albo nawet na szybkie pójście do toalety!). A odpoczynek jest naprawdę ważny, ponieważ pomaga zapobiegać pojawieniu się depresji poporodowej – która występuje dużo częściej u mam wieloraczków (więcej na ten temat przeczytasz na str. 120).

Poza tym Elizabeth Damato z Case Western University w Ohio odkryła, że w okresie pierwszych paru miesięcy matki bliźniaków śpią średnio po 6,2 godzin w nocy (a 6,9 w ciągu całej doby). A ich biedni mężowie wypadają w tym badaniu jeszcze gorzej: 5,4 godzin w nocy i 5,8 w ciągu doby!

Poniżej znajdziecie kilka porad, jak wydłużyć sen waszych dzieci… i wasz:

- **Zapytaj swojego pediatrę, czy możesz bez przeszkód korzystać z leżaczka-bujaczka z *w pełni odchylonym oparciem* i kłaść na nim jedno dziecko, kiedy zajmujesz się drugim (kładź na nich dwoje dzieci, kiedy chcesz sama zjeść obiad).**
- **Wykorzystuj spowijanie i biały szum w trakcie wszystkich drzemek i spania w nocy (oraz w momentach, gdy maluchy najbardziej dają ci w kość).**
- **Ustal maluszkom elastyczny plan dnia. Przez pierwszy miesiąc (licząc od dnia, kiedy dzieci miały planowo przyjść na świat), pozwalaj, aby drzemki w ciągu dnia nie trwały dłużej niż dwie godziny, a w nocy, by jednorazowo spały max 4 godziny, po czym wybudzaj je na karmienie. W drugim miesiącu (ponownie liczonym zgodnie z planowymi narodzinami) możesz wydłużyć nocne etapy snu do 5-6 godzin, i jeszcze bardziej w późniejszym okresie.**
- **Jeśli twoje dwumiesięczne maluszki (j.w.) nadal nie potrafią przespać 4 godzin bez przerwy, zapytaj lekarza, czy możesz**

kłaść je spać na całe noce we *w pełni odchylonych* leżaczkach-bujaczkach.

- Przed położeniem maluszków spać nakarm je, a jeśli zasną w trakcie, zastosuj szybko technikę *obudź i pozwól zasnąć* (więcej na str. 98).
- Podczas karmienia jednego dziecka, obudź też drugie (tzn. kiedy pierwsze się obudzi, odwiń też drugie, aby samo zaczęło się wybudzać). To pomoże ci lepiej zorganizować dzień i zwiększy szansę na więcej godzin snu.
- Kiedy tylko możesz, ucinaj sobie drzemki!
- W każdym możliwym momencie korzystaj z pomocy innych! Rodzina, przyjaciele i nianie dadzą ci odpocząć... żebyś w którymś momencie po prostu nie padła ze zmęczenia.
- Upewnij się, że postępujesz zgodnie z zasadami opisanymi na str. 114, które pomogą uniknąć chorób w twoim domu.
- Ponieważ bliźnięta są bardziej narażone na ryzyko śmierci łóżeczkowej, pamiętaj, aby trzymać się wskazówek dotyczących bezpieczeństwa w tej kwestii (str. 60).

I jeszcze jedna sprawa: wiele mam zastanawia się, czy bliźnięta powinny spać w jednym łóżeczku czy w dwóch osobnych.

W czasie badania przeprowadzonego przez angielski Uniwersytet w Durham nagrano na wideo 60 par bliźniaków (w wieku od 0 do 5 miesięcy) podczas snu. W wieku miesiąca 60% z nich spało razem, ale gdy miały 3 miesiące – już tylko 40%.

SPANIE BLIŹNIAKÓW - NA WALETA

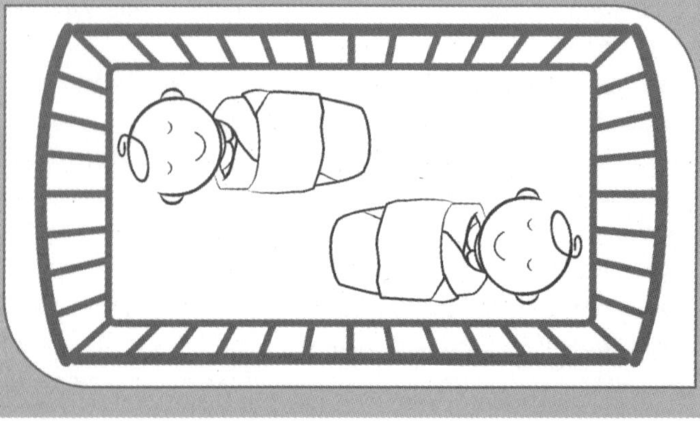

Z rzeczy niepokojących naukowcy zanotowali jedynie to, że dzieci śpiące razem obok siebie od czasu do czasu kładły rączki na twarzy swojego brata czy siostry. To prowadziło do problemów z oddychaniem (ponieważ zmniejszał się poziom dopływu tlenu) i powodowało wybudzenie się „poszkodowanego" bliźniaka, który próbował się przesunąć albo zdjąć nieproszoną rękę ze swojej twarzy (oczywiście te dzieci nie były owinięte w kocyki).

Dlatego w tej kwestii najlepiej poradź się swojego lekarza. Ale jeśli planujesz wspólne łóżeczko dla swoich bliźniąt przez pierwsze parę miesięcy, najlepiej zastosuj zasadę owijania ich w kokon (może w tym wypadku w specjalnie zaprojektowany otulacz, który na pewno się nie rozwinie) i kładź spać *na waleta* (patrz rysunek). I za każdym razem puszczaj im do snu biały szum, aby wprowadzić spokój i zmniejszyć ich chęć do wiercenia się.

Kiedy dzieci będą miały 2-3 miesiące, nadejdzie czas na kładzenie ich w osobnych łóżeczkach, aby zapobiec sytuacji, w której jedno wturluje się nagle na drugie.

Wcześniaki: jak pomóc przedwcześnie urodzonym dzieciom smacznie spać

Możliwe, że jako rodzic wcześniaka przeżyłaś zupełny szok. Te dzieci wyglądają zazwyczaj na malusieńkie i zupełnie bezbronne, a szpitalny oddział dla wcześniaków nie robi zazwyczaj na rodzicach najlepszego wrażenia.

Zajmowanie się wcześniakiem jest bardzo ciężkie i wyczerpujące także po powrocie do domu. W trakcie kilku pierwszych tygodni takie dzieci zazwyczaj budzą się w nocy co trzy godziny. I jakkolwiek dziwnie to nie zabrzmi, cisza panująca w domowych pieleszach może je drażnić, ponieważ przyzwyczajone są raczej do ciągle zapalonego światła i szpitalnego hałasu.

Kolejny problem, który może się pojawić, to nagły przypływ marudzenia i płaczliwości. U dzieci urodzonych przedwcześnie zazwyczaj pojawia się on tydzień, dwa po powrocie do domu. I nie wynika tylko z tego, że szpitalne pielęgniarki były tak dobrze przygotowane do opiekowania się noworodkiem – a raczej z tego, że u wcześniaków okres wzmożonej płaczliwości zaczyna się zazwyczaj w momencie, kiedy miały planowo pojawić się na świecie.

Poniżej znajdziesz kilka dobrych rad, które pomogą ci przetrwać najcięższy okres zaraz po przedwczesnym przyjściu na świat twojego maluszka:

W ciągu dnia dawaj swojemu dziecku dużo pokarmu, bliskości, przytulania i kołysania, aby utrzymać *odruch uspokajania* i zmniejszyć wpływ wzmożonej liczby bodźców zewnętrznych powodowanych przez hałasy i codzienne czynności wykonywane w domu.

- Wykorzystuj spowijanie i biały szum w trakcie wszystkich drzemek i spania w nocy (oraz w momentach, gdy maluch najbardziej daje ci w kość).
- Jeśli twój maluszek nadal budzi się co parę godzin, zapytaj lekarza, czy możesz kłaść go spać na całe noce we w pełni odchylonym leżaczku-bujaczku.
- Kiedy tylko możesz, ucinaj sobie drzemki!
- W każdym możliwym momencie korzystaj z pomocy innych!
- Nie wpuszczaj do swojego domu zarazków ani chorób dzięki przestrzeganiu kilku prostych zasad (patrz str.115).

Krótki, piękny, błogosławiony czas

Ze wszystkich okresów swojego życia ten, przez który przechodzisz obecnie, jest zdecydowanie jednym z cięższych. Ale przez wszystkie dni i tygodnie, kiedy będą się między wami wykształcać więzi, które potem staną się fundamentem waszej rodziny, pamiętajcie o dwóch ważnych sprawach:

1. **Ten okres na szczęście nie trwa wiecznie! Kolejne miesiące miną naprawdę szybko i zanim się obejrzysz, przespane noce znowu staną się normą.**

2. Ten okres niestety nie trwa wiecznie! Kiedy minie, może okazać się, że zatęsknisz za tymi cudownymi chwilami, gdy trzymałaś w ramionach swoje malusieńkie dziecko i wtulałaś się w jego miękką główkę każdej nocy.

Dlatego odwagi – trzymaj się metody 5 „S" i ciesz się każdą cudowną, choć zwariowaną chwilą.

Ściągawka: podsumowanie zasad *Najszczęśliwszego śpiocha*

- Niemowlętom najlepiej służy dudniący biały szum, ponieważ jest najbliższy dźwiękowi towarzyszącemu im w łonie matki. *Prawidłowy rodzaj* białego szumu (puszczanego w trakcie wszystkich drzemek i w nocy) jest kluczem do poprawy jakości snu od dnia narodzin do dnia pierwszych urodzin... i jeszcze dłużej!
- Bezpieczne spowijanie to podstawa uspokojenia maluszka i wyspania się samemu. I pamiętaj, że są sposoby, żeby nie rezygnować ze spowijania, nawet kiedy twój malec nauczy się przewracać na brzuszek!
- W przypadku dzieci uwielbiających ruch i wierzganie, tajemnicą spokojnych i przespanych nocy jest szybko wibrujący leżaczek-bujaczek.
- Smoczki to świetny sposób na uspokojenie maluszka, kiedy ten nauczy się już prawidłowo ssać.
- Możesz nauczyć swoje dziecko ssać smoczek przy pomocy techniki *odwróconej psychologii*.
- Do uspokojenia najbardziej nieznośnych i marudnych niemowląt potrzeba nieco więcej energii.
- Budzenie maluszka zaraz po tym, jak zapadł w sen, może się wydawać niedorzecznym pomysłem, ale technika *obudź i pozwól zasnąć* zaowocuje potem wieloma godzinami dodatkowego snu, ponieważ zapobiegnie problemom z zasypianiem, *zanim* w ogóle się pojawią.

ROZDZIAŁ CZWARTY

Wydłużanie snu niemowlęcia: od narodzin do ukończenia 3 miesięcy

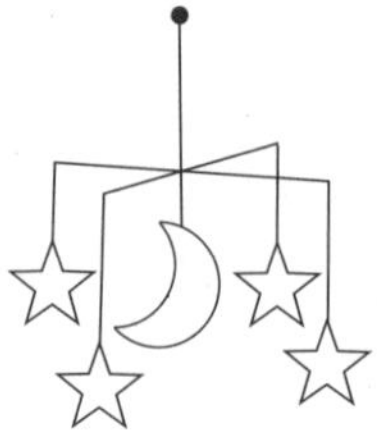

NAJWAŻNIEJSZE KWESTIE:

- Pełny brzuszek to podstawa spokojnego snu! W tym rozdziale dowiesz się, jakie strategie przyjąć, żeby karmienie pomagało lepiej i dłużej spać twojemu maluszkowi.
- Możesz zapobiec nocnemu budzeniu się niemowlęcia, dbając o to, by było zdrowe — a jeśli katar nie będzie dawał za wygraną mimo twoich najlepszych starań, pamiętaj, że i na to mamy sposób.
- Popraw jakość swojego snu, zwyczajnie mówiąc „nie" telefonom i wizytom w domu.
- Depresja poporodowa naprawdę się zdarza, ale jest wyleczalna... a czasem nawet można po prostu jej zapobiec.

„Dzieci zawsze oznaczają więcej kłopotów, niż zakładaliśmy, ale też więcej radości."

—Charles Osgood

Twój nastęny duży cel: dłuższy sen!

Z pomocą 5 „S" szybko uporasz się z grymaszeniem i płaczem, kiedy przyjdzie czas na położenie maluszka do łóżeczka. A moment, w którym twoje dziecko spokojnie odpływa w sen, to taka piękna chwila… choć każdy młody rodzic wie, że to dopiero pierwsza pokonana przeszkoda.

Następnym celem jest pomóc maluszkowi cieszyć się spokojnym i długim snem. W niniejszym rozdziale pokażę ci, jak za pomocą kilku działań podczas karmienia możesz „rozciągnąć" czas snu – zarówno swojego, jak i dziecka. Będzie to po prostu kolejna bezbolesna i niewywołująca płaczu technika *wyćwiczenia snu* u nawet bardzo malutkiego dziecka.

A ile *tobie* udaje się przespać w trakcie tych pierwszych paru szalonych miesięcy? Tak jak pisałem już w rozdziale pierwszym, nie da się być w dobrej formie, gdy jest się notorycznie niewyspanym. Dlatego też w dalszej części tego rozdziału przyjrzymy się temu, w jaki sposób ty i twój partner możecie odpocząć i dostać cudowne wsparcie, którego oboje potrzebujecie. Opowiem też o strategiach pomagających zapobiegać depresji poporodowej, ponieważ jest to stan nie tylko prowadzący do braku snu, ale też odbierający całą radość życia.

Lecz najpierw zobaczmy, jakie jest powiązanie między pełnym brzuszkiem i snem i w jaki sposób możesz na tym skorzystać.

Spokojna noc zaczyna się od zadowolonego brzucha

Jest 2. w nocy. Właśnie zaczynasz zasypiać, kiedy nagle z kołyski dochodzi cię pisk. Myślisz sobie wtedy: *„Oj nie, kochanie, daj mi chociaż jeszcze kilka minut…"*. Ale prawda jest taka, że już się obudziłaś i nasłuchujesz kolejnych odgłosów płaczu, a twoja kraina snów odpływa w siną dal…

Tak jak pisałem już w rozdziale pierwszym, pełen cykl snu twojego maluszka (od płytkiego snu, po głęboki, a potem faza NREM i krótka REM) trwa zaledwie 60 minut. W związku z tym mniej więcej co godzinę niemowlę wchodzi w fazę snu płytkiego… albo nawet przebudza się i wydaje jakiś jęk lub króciutki płacz.

Jeśli nie przybiera to głośniejszej formy, daj swojemu malcowi chwilę, a on pewnie sam się uspokoi i znów zapadnie w sen. Jeżeli maluszek jest owinięty w kocyk, a ty puścisz mu dudniący biały szum, powinno to ukoić go w 30 sekund.

Jeśli jednak twoja pociecha bardzo donośnie nalega, aby się nią zainteresować o tej 1. w nocy (i o 3., a potem o 4...), może być tak, że coś jej dolega. Różnego rodzaju hałasy (takie jak chrapanie rodzica czy przejeżdżający za oknem samochód) mogą mocno wybudzać dziecko za każdym razem, gdy znajdzie się ono w fazie snu płytkiego – szczególnie jeśli jest osóbką bardzo wrażliwą. Ale bez wątpienia przyczyną numer 1, która stoi za nocnym wybudzaniem się dzieci, jest nie co innego, jak tylko *głód*.

Rozwiązanie: częste karmienie w ciągu dnia

W trakcie pierwszych kilku miesięcy po urodzeniu dziecka twoim ulubionym tematem będzie zapewne spanie, ale w jego przypadku będzie to właśnie *jedzenie*.

W łonie matki niemowlę dostaje pokarm praktycznie non stop, więc nic dziwnego, że po przyjściu na świat też potrzebuje często jeść, aby prawidłowo się rozwijać. W niektórych kulturach noworodki jedzą nawet od 50 do 100 razy dziennie! Tego akurat nie polecam, ale prawdą jest, ze nowo narodzone dzieci karmione piersią powinny dostawać ją 10 do 12 razy dziennie (w przypadku niemowląt karmionych butelką jest to 6-8 razy).

Czy możliwe jest trzymanie się tej zasady, a mimo wszystko spanie od czasu do czasu dłużej niż 2 godziny? Tak! Kluczem do tego jest *w trakcie pierwszych paru miesięcy* dawanie niemowlęciu małych ilości pokarmu co godzinę-półtorej w ciągu dnia, kiedy nie śpi (jeśli śpi, to co dwie godziny). To powinno spowodować, że w nocy uda mu się parę razy przespać ciurkiem 3 do 4 godzin.

To naprawdę da się zrobić! A przy pomocy spowijania, białego szumu i *karmienia we śnie* można sprawić, że nocny sen wydłuży się najpierw do 5, potem do 6, aż wreszcie do 7 godzin w ciągu trzech miesięcy.

Poniżej znajdziesz opis tego, jak odpowiednio podrasować plan posiłków twojego maluszka, gdy karmisz piersią (jeśli karmisz butelką, ta zasada również się sprawdzi – po prostu zamiast piersi stosuj butelkę).

Karmienie piersią czy butelką? Wybór odpowiedniej diety dla niemowlaka

Różne mamy mają różne potrzeby, a niektóre z nich nie mogą karmić piersią, czasem z powodów medycznych, czasem osobistych.

Jeśli ty też do nich należysz, pamiętaj, że na rynku są dostępne dobre mieszanki mleczne dla niemowląt. Karmienie butelką jest też bardzo poręczne w trakcie „nocnej zmiany". (Wieczorem po prostu postaw sobie przy łóżku termos z czystą, ciepłą wodą oraz butelkę z odmierzoną ilością mleka w proszku. Kiedy twój maluszek obudzi się w nocy głodny, po prostu zmieszaj obydwie rzeczy et voila! Masz gotowy pokarm bez konieczności wyprawy do kuchni i zaczynania wszystkiego od zera). Butelka jest również rozwiązaniem, które sprawia, że karmić może także twój partner, podczas gdy ty kładziesz się na chwilę spać.

Jeżeli jednak *możesz* karmić piersią, jest to zdecydowanie najlepsze rozwiązanie. Mleko matki zawiera setki składników, które pomagają budować silny organizm i mózg, oraz tysiące czynników (nawet białe krwinki) wspomagających układ odpornościowy, zapobiegających chorobom, a nawet obniżających ryzyko wystąpienia śmierci łóżeczkowej.

Co więcej, mleko z piersi jest zawsze dobre, ciepłe i pod ręką (co pomaga oszczędzić mnóstwo czasu i pieniędzy). Karmienie piersią może też pomóc ci schudnąć (dziecko wysysa z ciebie tyle kalorii, ile spaliłabyś, biegając codziennie 5-8 km). Co więcej, może też zmniejszyć ryzyko wystąpienia raka piersi lub jajników!

„Trening snu" dla brzuszka niemowlaka

Kiedy karmisz piersią, możesz odnieść wrażenie, że musisz być na nogach niemal przez całą noc, ale jedno z niedawno przeprowadzonych badań pokazało, że – w trakcie pierwszych kilku miesięcy – matki karmiące piersią śpią praktycznie tyle samo, co kobiety korzystające z butelki. Z innego badania wynika z kolei, że mamy z pierwszej grupy przesypiają każdej nocy nawet 45 minut więcej.

Jednak nawet jeśli to prawda, nie da się ukryć, że kobiety karmiące piersią mimo wszystko budzą się więcej razy w nocy. Dzieje się tak, ponieważ pomimo upływu miesięcy, ich dzieci nadal budzą się na kilka karmień w nocy, szczególnie jeśli śpią w łóżku z rodzicami (podczas gdy okresy nieprzerwanego snu dzieci karmionych butelką wydłużają się w tym czasie). Ale to nie jest tak, że twój karmiony piersią maluszek nie może tak samo dłużej spać – może, tylko musisz go tego nauczyć.

Powyższa kwestia została poruszona w fascynującym badaniu przeprowadzonym przez Uniwersytet w Illinois, którego celem było znalezienie odpowiedzi na pytanie: „Czy możemy pomóc dzieciom karmionym piersią lepiej spać?".

Naukowcy poprosili 13 świeżo upieczonych mam o to, by budziły swoje noworodki między 22. a północą i karmiły je (taka praktyka nazywa się *karmieniem we śnie*). Poproszono je również, żeby w odpowiedzi na nocny płacz swoich dzieci *nie dawały im od razu piersi*, ale by najpierw przez minutę poprzytulały je, ponownie owinęły, zmieniły pieluszkę, wzięły na ręce, przeszły się i poklepały po pleckach.

Wyniki tego badania były niesamowite.

Okazało się, że niemowlęta jadły mniej w nocy, a więcej w ciągu dnia (szczególnie zaraz po przebudzeniu!) i nadal prawidłowo przybierały na wadze. Ponadto wkrótce zaczęły lepiej przesypiać noce, a przed upływem 8 tygodni 100% z nich spało ciurkiem od północy do 5. rano (w porównaniu z 23% dzieci, których mamy karmiły je tak samo, jak wcześniej).

Dlatego jeśli karmisz piersią, mam dla ciebie kilka dobrych rad.

W trakcie pierwszego miesiąca:

- **stosuj dudniący biały szum i spowijanie,**
- **poćwicz technikę *obudź i pozwól zasnąć* (patrz str. 98) za każdym razem, kiedy kładziesz dziecko spać na drzemkę i w nocy,**
- **ustaw łóżeczko dziecka tuż obok swojego,**
- **w ciągu dnia karm je co godzinę-półtorej (jeśli śpi, obudź je po max dwóch godzinach),**
- **karm dziecko jedną piersią przez 5 minut, po czym zmień strony i dokończ drugą; to pobudzi obie piersi i sprawi, że twój maluszek dostanie do jedzenia dużo odżywczego mleka końcowego,**
- **obudź go na *karmienie we śnie* ok. godziny 23., żeby jego żołądek znów się wypełnił,**
- **jeśli twój maluszek po 5 godzinach nadal będzie spał, obudź go (niektóre dzieci tak odpływają w sen, że zapominają się obudzić i nie jedzą tyle, ile powinny).**

Przez kolejne dwa miesiące stosuj tę samą taktykę, ale:

- **w nocy pozwól maluszkowi spać dłużej (teraz będzie pewnie przesypiał 6-7 godzin, a może odrobinę więcej),**
- **jeśli w nocy twoje piersi robią się zbyt nabrzmiałe, odciągnij z nich pokarm. Pamiętaj jednak, żeby nie odciągać jednorazowo więcej niż 30 do 60 gramów, bo w przeciwnym razie dasz swoim piersiom sygnał do wyprodukowania jeszcze większej ilości mleka (w nocy!).**

Dość niesamowite jest to, że twoje piersi automatycznie *dostosują* ilość wytwarzanego mleka do twojego planu karmienia dziecka, czyli będą produkować go więcej w ciągu dnia, a mniej w nocy.

Poznasz, że twój maluszek dostaje odpowiednią ilość pokarmu, gdy:

- **będzie wydawał miłe odgłosy intensywnego przełykania na początku każdego karmienia,**
- **twoje piersi będą nabrzmiałe na początku karmienia (może się z nich nawet odrobinę kapać), a pod koniec będą dużo bardziej miękkie,**
- **malec będzie wyraźnie zadowolony po zakończeniu karmienia i nie będzie głodny przez kolejną godzinę lub dwie,**
- **jego buzia będzie wilgotna w środku,**
- **będzie porządnie moczył 5 do 8 pieluszek, a jego mocz będzie transparentny albo jasnożółty,**
- **jego kupki będą rzadkie i ziarniste (między 6. a 12. tygodniem jego stolec zrobi się bardziej zwarty i złotobrązowy i będzie się pojawiał raz-dwa dziennie albo nawet co drugi dzień),**
- **będzie prawidłowo przybierał na wadze (w trakcie pierwszych kilku dni po narodzinach twój maluszek straci 5-10% wagi początkowej, ale potem powinien regularnie ważyć coraz więcej).**

Trening snu brzuszka twojego malca to świetny sposób na to, byście wszyscy mogli w końcu przesypiać w nocy kilka *godzin* więcej.

Aaapsik! Przeziębienia, kurz i inni przeszkadzacze snu

Daniella przyszła na świat jako trzecie dziecko Laurie i Douga, dlatego tym razem czuli się oni jak prawdziwi eksperci. Wydawało im się, że zabranie dwumiesięcznej córeczki na wycieczkę samochodową

po Wielkim Kanionie to będzie przysłowiowa bułka z masłem. I rzeczywiście, wszystko szło zgodnie z planem... do momentu, gdy mała nie dostała w Arizonie kaszlu i gorączki. Żeby nie opowiadać całej długiej historii: dla Danielle skończyło się to trzydniowym pobytem w szpitalu pod obserwacją. A kaszel, którego się wtedy nabawiła, nie chciał jej opuścić przez prawie 4 miesiące, budząc ją (i jej przerażonych rodziców) trzy-cztery razy w ciągu nocy.

Uporczywe przeziębienia i inne choróbska mogą naprawdę zrujnować cały misterny plan związany ze spokojnym snem maluszka, ponieważ...

- **nozdrza niemowlaka są malutkie i bardzo łatwo się zatykają... i tym samym budzą go,**
- **kaszel może wywołać u niemowlaka wymioty... i tym samym budzi go,**
- **biegunka może spowodować bolesne podrażnienie skóry na pupie maluszka... i tym samym budzić go.**

I można tak wymieniać w nieskończoność.

Dobra wiadomość jest taka, że w czasie ciąży przekazałaś swojemu dziecku naprawdę dużo czynników wspomagających odporność, a jeśli karmisz piersią, niemowlę dostaje ich cały czas coraz więcej z każdym wyssanym łykiem mleka.

Zła wiadomość jest taka, że nowo narodzone dzieci potrzebują od nas każdej pomocy, jaką możemy im zaoferować, ponieważ ich zdolność do zwalczania chorób jest mniej więcej tak samo rozwinięta, jak umiejętność gry w golfa. Dlatego też dla takich maluszków gram profilaktyki jest wart tyle, co kilogram leczenia.

Zapobieganie chorobom

Dla większości rodziców niemałym zaskoczeniem okazuje się fakt, że większość chorób nie jest przenoszona drogą kropelkową, ale... przez dotyk. Dotykasz drzwi, a potem nieświadomie trzesz oczy albo nos. I wtedy właśnie do twojego organizmu dostają się zarazki i rozpoczynają swoją perfidną robotę.

Dlatego możesz oczywiście wychodzić z domu ze swoim maluszkiem, ale pod warunkiem, że do restauracji wybierzesz się w miarę wcześnie i generalnie będziesz trzymać się z daleka od zatłoczonych miejsc.

Zarazki nie przykleją się do ciała twojego dziecka samoistnie – niebezpieczeństwo stwarza dopiero *kontakt* z innymi.

Tutaj znajdziesz kilka wskazówek dotyczących tego, jak pokonać zarazki ich własną bronią:

- bardzo często myj ręce – to naprawdę działa, szczególnie po powrocie z miejsc publicznych do domu; wystarczy do tego zwykłe mydło (nie używaj mydeł antybakteryjnych, ponieważ zawierają szkodliwe chemikalia),
- ogranicz liczbę odwiedzających was w domu do członków rodziny, przyjaciół i osób, które przychodzą pomóc ci gotować lub sprzątać,
- nie pozwalaj, aby do domu przychodziły małe dzieci (są one dużo bardziej podatne na przeziębienia i roznoszenie infekcji),
- wywieś tabliczkę na drzwiach wejściowych nakazującą wszystkim gościom mycie rąk natychmiast po przyjściu i nakładanie na ubrania luźnego t-shirtu (możesz trzymać ich zapas tuż przy wejściu) zanim cię uściskają i „sprzedadzą" ci cały zestaw swoich zarazków,
- jeśli możesz – karm piersią,
- szczep swojego maluszka – i siebie też!

Jeśli twój aniołek mimo wszystko zachoruje, na następnej stronie znajdziesz kilka rad dotyczących tego, jak pomóc mu przez to przebrnąć.

Szczepienia, czyli błogosławieństwo dla nas wszystkich

Hurra! To słowo najlepiej oddaje chyba radość i ulgę, jaką odczuły miliony rodziców przez dekady, które nastąpiły już po wynalezieniu szczepionek.

To naprawdę niezwykłe szczęście i błogosławieństwo, że dziesiątki tysięcy naszych pociech nie krztusi się śmiertelnie z powodu kokluszu, nie umiera na różyczkę czy zapalenie opon mózgowych i nie cierpi na kalectwo wywołane przez polio.

Aby w pełni chronić maluszka, należy zacząć go szczepić już w drugim miesiącu życia. Dlaczego tak wcześnie? Dlatego, że niektóre choroby są najgroźniejsze, gdy zaatakują w pierwszym okresie życia dziecka.

Koklusz jest zdecydowanie najgroźniejszy z tej trójki, ponieważ jest *niezwykle* zaraźliwy (do domu mógłby przynieść go niechcący każdy członek twojej rodziny) i można go znaleźć w dosłownie każdym regionie kraju!

Zachorowalność na koklusz na szczęście drastycznie spadła w latach 90. ubiegłego wieku (dzięki szeroko zakrojonym programom szczepień), ale w ostatnich latach odnotowano, że wielu rodziców opóźnia (albo wręcz pomija) szczepienie swoich dzieci przeciwko tej chorobie.

To zły pomysł! Liczba dzieci niepotrzebnie cierpiących lub umierających z powodu kokluszu, któremu można przecież zapobiec, znowu wzrosła. W latach 2010-2011 w Kalifornii miała miejsce największa epidemia tej choroby od 60 lat i objęła dziesiątki tysięcy osób. Antybiotyki były w tej sytuacji praktycznie bezużyteczne.

Grypa to kolejny poważny problem, który może zastukać do twych drzwi. W samych Stanach choroba ta jest powodem 200000 hospitalizacji i 36000 zgonów rocznie. A dzieci są pod tym względem w grupie szczególnego ryzyka — i nawet jeśli przechodzą lekki przypadek grypy, kaszel z nią związany może zrujnować spokojny nocny sen na tygodnie, a nawet miesiące.

Chciałbym również *tobie* przypomnieć o konieczności szczepień! Chcesz niczym gąsienica otoczyć swojego maluszka kokonem bezpieczeństwa i trzymać koklusz oraz grypę jak najdalej od własnego domu. Ponieważ noworodkom nie można podać akurat żadnej z tych szczepionek, kluczowe jest to, aby zaszczepili się przeciwko nim wszyscy inni domownicy (upewnij się również, że niania lub opiekunka są przebadane na obecność gruźlicy i żółtaczki typu B).

Proste środki zaradcze

Jeśli twój maluszek się przeziębi, wypróbuj te sposoby, aby poprawić mu samopoczucie:

- **SPOSOBY NA MYCIE NOSA: zakropl maluszkowi do każdej dziurki od nosa kapkę swojego mleka (pod koniec karmienia po prostu zbierz pipetą parę kropel ze swojego sutka). Brzmi dziwnie? Komórki odpornościowe i przeciwciała w mleku jako jedyne są w stanie zwalczyć przeziębienie! A jeśli nie karmisz piersią, możesz użyć kropli sterylnej soli fizjologicznej (do kupienia w każdej aptece).**
- **SPOSOBY NA ODETKANIE NOSA: malutkie dzieci oddychają głównie przez nos, dlatego zalegający w nim śluz może stanowić nie lada problem. Kup gruszkę do nosa (ja najbardziej lubię takie niebieskie z długim noskiem) i poradź się lekarza bądź pielęgniarki, jak jej używać. Owiń swoje dziecko w kocyk (żeby nie przeszkadzało ci, machając rączkami), następnie wpuść do nosa kroplę mleka lub soli fizjologicznej (aby rozrzedzić śluz), a potem wyciągnij wszystko gruszką.**
- **SPOSOBY NA OCHRONĘ NOSA: świetnym narzędziem pomagającym chronić nos i oddychanie jest nawilżacz powietrza. Sprawi, że śluz w nosie twojego maluszka nie będzie zastygał. Jest to bardzo ważne, zwłaszcza jeśli mieszkasz w suchym klimacie albo na dużej wysokości. Do nawilżacza wlewaj zawsze destylowaną wodę, a także myj go codziennie, aby zapobiec rozwinięciu się w wodzie bakterii.**

I jeszcze jedno: zapytaj lekarza o sposób na ułatwienie dziecku oddychania poprzez uniesienie o parę centymetrów jego głowy w kołysce. Najprościej zrobić to przez położenie złożonego ręcznika pod materacem.

Dla *twojego* zdrowia: łap tyle snu, ile się da!

Artysta Ashley Brilliant powiedział kiedyś, że *„czasem najważniejszą i niecierpiącą zwłoki sprawą jest… ucięcie sobie drzemki”*.

Tak… prześpij się chwilę! To jest właśnie to!

Wyczerpanie to numer jeden na liście skarg rodziców noworodków.

Choć wszyscy ostrzegają cię, jak bardzo będziesz zmęczona przez pierwsze kilka miesięcy po narodzinach dziecka, kiedy dzieje się to naprawdę, ludzie są zawsze zaskoczeni, jak totalnie wykończonym można się czuć. A szczególnie, *szczególnie* jeśli dodasz do tego próbę powrotu do formy po cesarce. W przypadku niektórych kobiet zmęczenie zaczyna opadać po pierwszym miesiącu. W przypadku innych wręcz przeciwnie – narasta z każdym miesiącem.

Co więcej, przemęczenie może być zapalnikiem innych problemów, takich jak kłótnie małżeńskie, infekcje (od przeziębień do zapalenia gruczołu mlecznego), przejadanie się, wypadki samochodowe… i depresja poporodowa (parę nowych i ważnych wątków związanych z depresją poruszę jeszcze na końcu tego rozdziału).

Dlatego też, aby pozostać w zdrowiu, trzeba od czasu do czasu odpocząć:

- **UCINAJ SOBIE DRZEMKI. To może pomóc nadrobić kiepskie spanie w nocy (wielu mamom łatwiej jest zapaść w drzemkę z białym szumem w tle i opaską na oczy, która nie przepuszcza światła).**
- **WYŁĄCZ TELEFON. Nagraj na pocztę głosową albo sekretarkę wiadomość o tym, jak ma się twój maluszek… *i powiedz, że przez następny miesiąc nie będziesz oddzwaniać* (to pomoże ci zrobić odsiew połączeń przychodzących i reagować tylko na te najważniejsze).**
- **KONTROLUJ LICZBĘ ODWIEDZAJĄCYCH. Jak to mówiła moja mama *„Nie bądź tak głupio uprzejma”*. Kilkoro gości jest ok, ale tylko pod warunkiem, że są zupełnie zdrowi i chcą pomóc.**
- **DOBRZE SIĘ ODŻYWIAJ. Nie posiłkuj się zbyt często jedzeniem na wynos (zawiera za dużo soli, cukru i tłuszczu). Poproś przyjaciół, żeby przynieśli ci rzeczy, które łatwo się zamraża, a potem odgrzewa (zdrowe potrawki, wegetariańską lazanię, duszone warzywa itp.). Pamiętaj, że mniej czasu poświęconego na zakupy, gotowanie i sprzątanie oznacza więcej czasu na sen.**

Wspierajcie się

Kiedy jesteśmy zestresowani i przemęczeni, mamy tendencję do wyżywania się na najbliższych osobach. Dlatego czasem domy, do których właśnie zawitał noworodek, wyglądają jak nielegalne kluby walk! Tutaj znajdziecie krótkie przypomnienie tego, co w tym szalonym czasie jest ważne.

Notatka dla tatusiów

Weź na wstrzymanie i bądź miły! Twoja partnerka to matka twojego dziecka. To ona wykonała całą ciężką pracę związaną z ciążą i porodem. To jej ciało przeszło ogromne i trudne zmiany, a teraz musi wykonać wysiłek, aby znów wrócić do formy.

Przeprowadzona w USA ankieta pt. „Sen w Ameryce" wykazała, że jeśli w środku nocy ktoś wstaje do dziecka, w 89% przypadków jest to mama. Więc daj jej trochę luzu!

Kiedy zaczyna się żalić, pozwól jej powiedzieć wszystko, co leży jej na sercu, i wykaż się zrozumieniem, *zanim* zaczniesz dawać jej rady. Nie truj jej nad uchem, przypominając o sprzątaniu czy gotowaniu. Weź się w garść i pomóż (chociaż właśnie wróciłeś po całym dniu w pracy i *też* jesteś zmęczony i zestresowany). Kupuj jej kwiaty w każdy piątek przez 2 miesiące. *Bardzo dużo* zyskasz tym w oczach jej przyjaciół, a ona będzie pamiętała ten miły gest do końca życia.

Obydwoje będziecie pewnie bardziej chcieli spać niż kochać się. Ale jeśli zdarzy się, że zaczniesz czuć się seksualnie sfrustrowany, pamiętaj, że kobiety po ciąży bardzo często cierpią na bóle w obrębie miednicy, a ich piersi są mocno wrażliwe na bodźce. Musisz też wziąć pod uwagę to, że twoja partnerka może czuć się niekomfortowo z tym, że nagle w czasie seksu zacznie jej z piersi lecieć mleko albo dziecko zacznie kwilić.

Ale dotykaj ją i przytulaj. Na seks przyjdzie jeszcze czas.

Notatka dla mam

Mężczyźni ciężko pracują przez cały dzień, dlatego kiedy pomagają w domu, mają wrażenie, że oczekuje się od nich dawania z siebie 110%. Poza tym, choć matki mają bardziej przerywany sen w nocy, mogą trochę odespać to w ciągu dnia. Pod koniec pierwszego miesiąca może się więc okazać, że twój partner przespał tak naprawdę *mniej* godzin niż ty!

Powiedz swojemu partnerowi, jak bardzo doceniasz jego wysiłki. Mężczyźni z dumą pomagają, ale są niezwykle przeczuleni, jeśli coś im nie wychodzi. Dlatego kiedy dziecko zapłacze, nie rzucaj się od razu i nie mów, co twój partner ma robić - daj mu chwilę, pokaż, że masz do niego zaufanie. Jeśli po dłuższej chwili sytuacja nie poprawi się, *wtedy* możesz zapytać, czy możesz jakoś mu pomóc.

Twoja pojawiająca się na powrót talia i nabrzmiałe piersi będą dla twojego mężczyzny bardzo podniecające. Ale jeśli on kipi chęcią na seks, a ty jeszcze zupełnie nie masz na to ochoty, przez jakiś czas zajmijcie się po prostu dotykaniem i przytulaniem. A jako specjalny prezent ofiaruj mu może... jakiś erotyczny masaż.

Depresja poporodowa

„Z macierzyństwem czekałam do 37. roku życia i czułam się wtedy bardzo podekscytowana i gotowa na dziecko” — opowiada Loretta. „Pewnie dlatego bardzo się sobą rozczarowałam, kiedy kilka tygodni po narodzinach mojego pięknego maluszka czułam bardziej strach i niepewność niż ekscytację. Czułam się po prostu jak oszustka”.

„Moje ciało nie dało rady i musiałam urodzić przez cesarkę. Czułam się jak balon, a karmienie było dla mnie bardzo trudne, bo moje brodawki były strasznie płaskie. To wszystko razem wydawało się być jedną wielką katastrofą. Było jak oglądanie jakiegoś bardzo złego filmu. Wszystko, czego wtedy pragnęłam, to uciec daleko... od mojego życia, od mojego męża i od mojego słodkiego, wrzeszczącego maleństwa” — dodaje Loretta.

Jeśli doświadczyłaś podobnych odczuć, nie jesteś sama. Co więcej, badania pokazują, że problem depresji poporodowej dotyka 15 do 40% świeżo upieczonych mam! To oznacza z kolei, że mamy do czynienia prawie z epidemią na skalę krajową! Większość z omawianych przypadków to tzw. *baby blues*, ale niektóre kobiety cierpią na prawdziwe depresje albo nawet poważną psychozę.

Poniżej znajdziesz kilka aspektów depresji poporodowej, które mogą wydać ci się zaskakujące:

- **nie ma dowodów na to, że depresja poporodowa jest wywoływana przez zmiany hormonalne,**
- **choroba ta może nastąpić zaraz po porodzie, ale też parę miesięcy po nim,**
- **cierpią na nią również mężczyźni – ok. 50% mężczyzn, których partnerki doświadczają depresji poporodowej, będzie wykazywało podobne symptomy.**

Wiele kobiet przeżywa depresję nie tyle w formie ciągłego płaczu, ale raczej jak codzienną mordęgę wywoływaną paniką i zamartwianiem się. Działa to jak wielka, czarna dziura, która wysysa z kobiety cały optymizm i wiarę w siebie, by zastąpić je poczuciem winy i niedoskonałości.

Co gorsza, wyczerpanie połączone z wrzaskami dziecka może też uruchomić lawinę bolesnych wspomnień (takich jak wyśmiewanie, bycie ofiarą agresji). Oczywiście płacz dziecka nie ma nic wspólnego z tymi głosami z przeszłości, ale depresja poporodowa może spowodować, że te zapomniane dawno uczucia wstydu i wściekłości powrócą nagle ze zdwojoną siłą.

Przez dziesiątki lat naukowcy uważali, że winę za depresję poporodową ponoszą zmiany hormonalne. Ale zmiany te nie tłumaczą, dlaczego może ona rozwinąć się u kobiety kilka miesięcy po porodzie oraz dlaczego przytrafia się również mężczyznom.

Badania sugerują, że tym, co stoi za pojawieniem się u kobiety depresji poporodowej, jest kombinacja różnych czynników stresowych. Mogą one obejmować najróżniejsze zachowania, ale trzy najczęstsze przyczyny występowania tej choroby to przemęczenie, nieustający płacz dziecka i brak wsparcia ze strony partnera.

Rodzina nuklearna: niebezpieczny eksperyment

We wszystkich kulturach bycie świeżo upieczoną mamą nie jest łatwe i każdy zdaje się być tego świadomy. Dlatego w wielu społecznościach kobiety dostają po porodzie 100 dni na to, by *nimi też* ktoś się zaopiekował, przygotował jedzenie, kąpiel i *poprzytulał*.

Lecz w naszej kulturze wielu rodziców utraciło ten parasol ochronny. Co gorsza, wielu rodzicom nie przyjdzie nawet do głowy, że go chcą czy potrzebują. Wydaje im się bowiem, że całkowicie normalne jest *zaciskanie zębów* i radzenie sobie samemu.

Ale są w wielkim błędzie!

Rodzina nuklearna — czyli rodzice plus jedno lub więcej dzieci — to tak naprawdę jeden wielki eksperyment, który ma dopiero sto lat. Na dodatek jest to jeden z najbardziej niemądrych i ryzykownych eksperymentów w historii ludzkości.

Znany pediatra T. Berry Brazelton opisuje swoją wizytę w małej japońskiej wiosce rybackiej, gdzie tradycja opiekowania się świeżo upieczoną matką przetrwała w całej okazałości (okres opieki trwa tam 30 dni). „Młode matki były tam nawet karmione, kęs za kęsem, i do swoich własnych matek mówiły per *mamusiu!*". Brazelton odnotował, że w tej społeczności coś takiego jak depresja poporodowa w ogóle nie istniało.

Oczywiście mało kto z nas mieszka w takim otoczeniu i nie da się też nagle z powietrza wytrzasnąć grupy troskliwych krewnych. Ale *można* zadzwonić i poprosić o pomoc sąsiadkę, nianię czy doulę. Potrzeba pomocy to nie jest porażka ani oznaka słabości. To jest po prostu podstawowe minimum, którego potrzebujesz... i na które zasługujesz!

Tak więc proszę cię, nie daj się zwieść tej oszukańczej idei, że wszystko i zawsze trzeba robić samemu; od zarania wieków nie robiła tak prawie żadna rodzina.

Powiązanie między depresją poporodową a snem

Istnieje bardzo silny związek między występowaniem depresji a nieregularnym snem marnej jakości. Naukowcy z kliniki na Rhode Island, badającej problem kolki, zauważyli, że 45% matek bardzo nieznośnych dzieci wykazywało oznaki od umiarkowanej do silnej depresji. To oznacza poziom występowania poważnej depresji dziesięć razy wyższy od zwyczajnego.

Większość kobiet borykających się z tym problemem mówi również, że ich maluszki źle sypiają. Co ciekawe, nie oznacza to wcale, że te mamy przesypiają mniej godzin ogółem, ale na pewno są dużo bardziej wykończone. Potrzebują bowiem dodatkowo jednej, dwóch godzin snu, aby odzyskać równowagę.

Poza tym nie jest tylko tak, że to przemęczenie powoduje depresję, ale też depresja wzmaga przemęczenie. Matki cierpiące na tę przypadłość mówią często, że nie są w stanie dobrze spać, bo cały czas w głowie kołacze im się strach i obawy. Nawet kiedy maluszek w końcu zaśnie, one nie mogą, ponieważ w myślach są cały czas bardzo przejęte i to udaremnia wszelkie próby zaśnięcia.

Zmęczone mamy w pełni rozumieją, dlaczego starożytni Grecy wierzyli, że bracia boga dobrego snu (Hypnosa) – Momos (bóg żartów i kpin) oraz Moros (personifikacja nieszczęśliwego losu) – zapukają do twych drzwi, jeśli ten pierwszy nie złoży ci wcześniej wizyty.

Walka z depresją za pomocą 5 „S"

Po kilku tygodniach naprawdę fatalnego samopoczucia, Rachel zdecydowała się wreszcie poprosić o pomoc. Czuła, że opieka nad czterotygodniową Hannah zaczyna ją po prostu przerastać.

Zatrudniła więc dwie osoby do pomocy, na część dnia. Ale to sprawiło, że poczuła się tylko gorzej. „Opiekunki były w stosunku do małej tak spokojne" – wspomina – „że poczułam się nagle tak, jakbym była dla niej w jakiś sposób zła".

Zaprosiłem Rachel do swojego gabinetu. Chciałem nauczyć ją metody 5 „S", aby mogła więcej i lepiej spać, ale miałem też obawy, że rozwija się u niej depresja poporodowa. Zatem poza udzieleniem jej paru wskazówek dotyczących uspokajania maluszka i snu, zachęciłem ją, by umówiła się na kolejny tydzień do psychologa – na wszelki wypadek, gdyby 5 „S" nie pomogły.

Na szczęście, jak tylko okazało się, że Rachel jest w stanie dużo szybciej uspokoić Hannah i sprawić, aby mała dłużej spała, wszelkie oznaki depresji ustąpiły i jej pozytywne podejście powróciło. Im więcej Hannah spała, tym lepszą mamą czuła się Rachel.

Któregoś dnia powiedziała mi: „Wczoraj udało mi się uspokoić płaczącą Hannah w zaledwie 2 minuty! To dla mnie taka ulga! Moje życie odwróciło się teraz o 180 stopni. I nie musiałam nawet w końcu iść na spotkanie z psychologiem".

Lekarze nie są w stanie zbyt wiele poradzić na problemy finansowe, rodzinne kłótnie czy brak pracy (co może przyczynić się do pojawienia się depresji), ale możemy zrobić naprawdę dużo, aby zapobiec pojawieniu się trzech symptomów, które bardzo często tę depresję powodują: nieustający płacz dziecka, brak snu i niewspierający partner.

Metoda 5 „S" nie jest cudownym lekiem na depresję poporodową, ale na pewno może bardzo pomóc. Rodzice, którzy są w stanie szybciej opanować wrzaski swoich dzieci, czują się bardziej kompetentni i pewni siebie. Dlatego też zajęcia z *Najszczęśliwszego niemowlęcia* są czasem wykorzystywane w ramach programów zapobiegania i leczenia depresji poporodowej.

W Virtua Health w New Jersey, mamy cierpiące na depresję, którym pokazano 5 „S", mówiły potem o mniejszym stresie i mniejszych napięciach małżeńskich, większej ilości snu i wzmożonej pewności siebie oraz mniejszej liczbie sytuacji, kiedy miały ochotę zrobić dziecku coś złego. Poza tym, oprócz wywoływania w maluszku *odruchu uspokajania*, biały szum może też pomóc zagłuszyć w głowie mamy gonitwę myśli, która nie daje jej spać.

Jeden z ojców napisał: „Spokojne dźwięki okazały się być kluczem do sukcesu, jeśli chodzi o zasypianie naszej małej Seleny. Ale – co było jeszcze fajniejsze – odgłos deszczu, który puszczaliśmy małej z płyty, bardzo pomógł też mojej żonie cierpiącej na depresję i bezsenność. Wreszcie przestała się budzić z każdym przejeżdżającym pociągiem... i zaczęła zasypiać dosłownie w 5 minut".

5 „S" mogą również zamienić w sprzymierzeńca twojego wcześniej zupełnie niewspierającego partnera. Raz po raz rodziny mówią mi, że tatusiowie, którzy nauczyli się uspokajać dzieci, czują się z tym świetnie... czują, że maluszki ich lubią... i dzięki temu są bardziej skorzy do oferowania swojej pomocy. A to naprawdę może zdjąć kobiecie z barków dużą część ciężaru.

Oczywiście poza stosowaniem metody 5 „S" jest dużo więcej rzeczy, które można zrobić, żeby zapobiec albo obniżyć poziom depresji poporodowej. Pierwszą z nich jest rozmowa z lekarzem, który sprawdzi, jakie czynniki wzmagające depresję można wyleczyć (np. niedoczynność tarczycy) i jak to zrobić.

Poza tym spróbuj poniższych sposobów:

- **CODZIENNIE ĆWICZ.** To poprawia humor, spala kalorie i pomaga lepiej spać. Dużym pomocnikiem jest tu też światło słoneczne. Ale jeśli akurat jest zima albo po prostu mieszkasz w deszczowym lub pochmurnym klimacie, poproś lekarza, aby dał ci skierowanie na zabiegi z użyciem specjalnej lampy do fototerapii (stosowanej przy *chorobie afektywnej sezonowej*, zwanej też *depresją sezonową*, która pojawia się na skutek długich, zimowych wieczorów).
- **POSTARAJ SIĘ LEPIEJ JEŚĆ, ALE ZRÓB SOBIE 3 MIESIĄCE PRZERWY OD DIET.** Chudnięcie nastąpi u ciebie prawie automatycznie w momencie, gdy zaczniesz lepiej sypiać. Są też dwa suplementy diety, które pomagają zwalczyć depresję: witamina D (4000 jednostek dziennie) i kwasy omega-3 (3 gramy dziennie). Jeśli karmisz piersią, zapytaj lekarza, czy przyjmowanie przez ciebie dodatkowej witaminy D zastąpi z powodzeniem krople podawane maluszkowi.
- **WYGADAJ SIĘ I ODPOCZNIJ.** Znajdź przyjaciółkę, grupę wsparcia albo telefon zaufania – czyli kogoś, z kim będziesz mogła podzielić się swoimi uczuciami, *wszystkimi* uczuciami. Poproś też przyjaciół, aby przynieśli ci coś gotowego do jedzenia, pomogli posprzątać albo po prostu zaopiekowali się maluszkiem, abyś ty mogła trochę odpocząć.
- **ŚPIJ, KIEDY TYLKO NADARZY SIĘ OKAZJA.** Sen jest niczym najważniejszy składnik odżywczy. Tak więc kiedy twoje dziecko śpi w ciągu dnia, i ty utnij sobie drzemkę; pośpij chwilkę, kiedy twoja mama przyjdzie ci pomóc... naprawdę śpij, kiedy tylko możesz.
- **WYPRÓBUJ MASAŻ.** *Bycie masowanym* i robienie *komuś* masażu obniża poziom depresji! Badania pokazują, że masowanie swojego niemowlęcia też ma takie działanie. Dlatego masuj swego maluszka codziennie, najlepiej używając przy tym olejku, takiego jak sezamowy czy migdałowy. (Wskazówki dotyczące prawidłowego masowania niemowląt znajdziesz w książce *Najszczęśliwsze niemowlę w okolicy*).

Poproś o pomoc teraz... i podaj dalej potem

Na całe szczęście większość mam i tatusiów nie przechodzi depresji poporodowej, ale wszystkich świeżo upieczonych rodziców – nawet tych najszczęśliwszych i z największymi pokładami energii – łączy jedna wspólna rzecz: potrzebują pomocy!

Dlatego nie bój się o nią poprosić. Poproś krewnych lub znajomych, żeby wpadli z wizytą. Zatrudnij nianię lub doulę. Zorientuj się, czy sąsiedzi nie mogliby odebrać z pralni twoich rzeczy albo przynieść ci drobnych zakupów.

Obiecaj mi też, że nie będziesz się z tego powodu czuła winna nawet przez sekundę... ponieważ teraz *powinnaś* dostawać pomoc i *powinnaś* czuć się czasem rozpieszczana. To będzie miało bardzo dobry wpływ zarówno na ciebie, jak i na dziecko.

Układ jest taki: w pewnym momencie, kiedy twoje dziecko podrośnie i pójdzie do szkoły lub po prostu będziesz miała więcej wolnego czasu, odwdzięczysz się za tę pomoc, pomagając kolejnym świeżo upieczonym rodzicom. To jest po prostu jedna z tych rzeczy, które najpierw się dostaje, a potem przekazuje dalej!

Ściągawka: podsumowanie zasad *Najszczęśliwszego śpiocha*

- Możesz *wyćwiczyć brzuszek* swojego maluszka do snu i tym samym od razu ten sen wydłużyć! Karm dziecko często w ciągu dnia i rób to w sposób bardziej efektywny (czyli za każdym razem dwie piersi) oraz *karm we śnie*.
- Zapobiegaj nocnym pobudkom, utrzymując maluszka w zdrowiu. Proste zasady: od czystych t-shirtów po krople mleka w nosie pomogą odpędzić choroby od twojego aniołka i ułatwią mu sen.
- Depresja poporodowa jest często następstwem płaczu dziecka i przemęczenia matki. Możesz zapobiec tej chorobie (lub złagodzić jej skutki), stosując metodę 5 „S", aby uspokoić swojego maluszka i wydłużyć jego sen w nocy.

ROZDZIAŁ PIĄTY

Najczęściej zadawane pytania o sen dziecka: od narodzin do ukończenia 3 miesięcy

1. Jeśli moje dziecko zasypia w trakcie karmienia, czy powinnam potem pozwolić, żeby mu się odbiło, ale tym samym ryzykować, że się obudzi?

Tak! Nie chcesz przecież, żeby potem zwróciło cały posiłek i zaraz musiało spożywać następny. Po karmieniu dzieci zazwyczaj czują się tak spokojnie i dobrze, że zazwyczaj szybko zapadają w sen, szczególnie jeśli są owinięte w kocyk i towarzyszy im biały szum. Dlatego jak najbardziej możesz obudzić maluszka, żeby go „odpowietrzyć" albo zmienić mu pieluszkę.

A tak przy okazji: bardzo dobrym pomysłem jest smarowanie pupy dziecka na noc maścią, która ochroni skórę przed siuśkami lub kupką, które mogą pojawić się w pieluszce, kiedy dziecko śpi.

2. Jestem trochę skołowana: czy aby moje niemowlę lepiej spało, mam dawać mu obydwie piersi, czy tylko jedną, żeby dostał do jedzenia pełnowartościowe mleko końcowe?

Mleko matki to fascynująca sprawa! Jego skład znacznie się zmienia w trakcie każdego karmienia. Mleko pierwszej fazy zawiera mnóstwo białka i przeciwciał i jest bardziej wodniste, by lepiej zaspokoić pragnienie twojego maluszka. Ale już po 15 minutach, kiedy pierś powoli się opróżnia, mleko zaczyna płynąć wolniej i staje się gęstsze, zamieniając się w tzw. mleko końcowe.

Niektórzy eksperci przestrzegają przed karmieniem dziecka 5-10 minut z każdej piersi, ponieważ obawiają się, że w ten sposób dostanie ono więcej wodnistego mleka pierwszej fazy, co doprowadzi do częstszego budzenia się w nocy. Sądzą oni, że dziecko, aby stać się senne, powinno dostać gęstsze mleko końcowe (na takiej zasadzie, na jakiej dorośli robią się śpiący po zjedzeniu obfitego posiłku).

Inni z kolei uważają, że jedząc z obu piersi, dziecko zjada więcej, ponieważ na początku karmienia z piersi mleko zawsze płynie szybciej, a potem przechodzi bardziej w tryb kap-kap-kap.

Dlatego moja rada brzmi: przetestuj oba sposoby i zobacz, który lepiej się sprawdzi w przypadku twojego maluszka.

Jeśli po kolacji z jednej piersi maluszek przesypia bez problemu 4 godziny, nie ma po co tego zmieniać. Ale jeżeli wydaje się być zbyt często głodny lub nie przybiera na wadze tak, jak powinien, daj mu possać jedną pierś przez 5 minut, a potem 10 do 15 drugą. W ten sposób dostanie mleko pierwszej fazy z obydwu piersi *oraz* mleko końcowe z drugiej.

A na koniec ciekawostka: niemowlęta karmione sztucznym mlekiem śpią dobrze pomimo tego, że między pierwszym a ostatnim łykiem ich jedzenia nie ma *absolutnie żadnej* różnicy. Jest więc prawdopodobne, że kwestia faz mleka kobiecego nie jest aż tak istotna.

3. Dlaczego moje dziecko budzi się zawsze, gdy tylko zaczyna świtać?

Malutkie dzieci, nawet kiedy śpią, to czują, słyszą i widzą. Światło wstającego dnia przenika przez ich zamknięte oczy, ciemiączko i cienką czaszkę, wyłączając tym samym melatoninę i włączając budzik ich zegara dobowego.

Możesz spróbować wydłużyć czas snu swojego dziecka, wieszając w pokoju ciemne, nieprzepuszczające światła zasłony (żeby nie było widać pierwszych promieni słońca). Poza tym biały szum zagłusza trochę dźwięki świata budzącego się do życia – ptaszków, psów, samochodów czy sąsiadów. Czasem nawet ten dźwięk w tle pomaga maluszkowi zignorować pierwsze promienie światła.

4. Czy dobrym pomysłem jest zasypianie z dzieckiem leżącym na klatce piersiowej?

Nie polecam tego sposobu. Któregoś razu odebrałem w środku nocy telefon od pewnej pary, kiedy ich czterotygodniowe maleństwo spadło ze śpiącego z nim w ten sposób taty i uderzyło w ścianę obok łóżka (jego tata nie planował tak zasnąć, stało się to przez przypadek, ze zmęczenia). Na szczęście maluszkowi nic się nie stało, ale taki upadek mógłby skończyć się bardzo poważnie.

5. Czy refluks żołądkowo-przełykowy może być przyczyną marudzenia i częstego wybudzania się mojego dwumiesięcznego maluszka?

Refluks pojawia się u naprawdę wielu dzieci. Można to nazywać też *cofaniem się*. Niemowlęta rzadko kiedy muszą brać na to jakiekolwiek lekarstwa. Raczej po prostu wyrastają z tego w ciągu pierwszych 4 do 8 miesięcy.

Niemniej jednak zauważono pewien groźny trend: liczba płaczliwych dzieci, u których lekarze zdiagnozowali refluks, niebotycznie wzrosła między rokiem 2000 a 2003 (o 400%) i nadal rośnie w tak samo szybkim tempie. Z drugiej strony, najlepsze źródła naukowe pokazują, że my (lekarze) zdecydowanie zbyt często diagnozujemy tę dolegliwość. Prawda jest taka, że dzieci nie powinno się leczyć na refluks, chyba że nie przybierają prawidłowo na wadze albo wymiotują ponad 5 razy dziennie.

Dla dzieci, które po prostu płaczą, ale poza tym nic im nie dolega, leki przeciw refluksowi będą tak samo pomocne, jak woda destylowana. W ich przypadku mamy bowiem najprawdopodobniej do czynienia z niemiłym uczuciem w brzuchu wywołanym odruchem żołądkowo-jelitowym (to całkowicie zwyczajne fale perystaltyczne przechodzące przez przewód pokarmowy).

Badanie poświęcone metodzie 5 „S", przeprowadzone przez Departament Zdrowia Publicznego w Colorado, wykazało, że część dzieci, którym zostały już przepisane leki na refluks, mogły je odstawić po tym, jak rodzice nauczyli się uspokajania i kładzenia ich do snu z wykorzystaniem 5 „S".

6. Moje dziecko budzi się spocone nawet wtedy, kiedy w pokoju włączony jest wiatraczek. Czy to znaczy, że jest przegrzane?

Przegrzanie to jedna z przyczyn pocenia się dzieci. Dlatego pół godziny po zaśnięciu maluszka sprawdź, czy nie ma czerwonych i zbyt ciepłych uszu oraz czy nie jest spocony na szyi.

Jeśli dziecko rzeczywiście jest przegrzane, owiń je w lekki, muślinowy kocyk, ubrane jedynie w pieluszkę. Oprócz tego zostaw włączony wiatrak lub klimatyzację.

Jeżeli jednak nie jest przegrzane, pocenie się w nocy jest najprawdopodobniej po prostu oznaką znajdowania się w fazie snu głębokiego (3. faza NREM). W jej trakcie oddech staje się płytszy i wolniejszy, ale mimo wszystko niektórzy z nas (zarówno dzieci, jak i dorośli) pocą się tak, że włosy skręcają im się w loki.

7. Jak mogę odczarować u maluszka mylenie dnia z nocą?

Poniżej znajdziesz trzy proste kroki, które pozwalają przywrócić normalny porządek już w tydzień:

- **W ciągu dnia dużo spaceruj i korzystaj ze światła dziennego (w lecie najlepsze są rozproszone promienie, aby uniknąć oparzeń). Jeśli jest za zimno, aby wychodzić na dwór, stosuj dużo ekspozycji na światło w domu, szczególnie wcześnie rano, żeby poprawnie nastawić zegar dobowy swojego dziecka.**
- **W ciągu dnia noś dziecko przez sporo czasu w chuście (lub kładź go na leżaczku-bujaczku), żeby wyrobić w nim przekonanie, że dzień to czas na aktywność.**
- **Na czas drzemek i snu nocnego spowijaj dziecko i puszczaj mu biały szum.**

CZĘŚĆ II

Unikanie problemów ze spaniem: od trzeciego do dwunastego miesiąca

Rozdział 6. jest poświęcony dużym zmianom rozwojowym, jakie zachodzą u dziecka w omawianym okresie i mogą powodować u niego nowe pobudki w środku nocy. Rozprawia się również z kolejnymi mitami (np. tym, co babcia zawsze mówiła o kaszce ryżowej i spaniu), dokładnie bada schematy snu niemowląt oraz porusza kwestię najlepszego momentu przeniesienia twojego małego śpiocha do własnego pokoju.

Rozdział 7. pokazuje, jak stworzyć wspaniałych pomocników snu, którzy nie wymagają od mamy ani taty ciągłego bycia na zawołanie, oraz jak przełamać złe nawyki związane ze snem – zarówno twojego dziecka, jak i *twoje*. Z tego rozdziału dowiesz się, dlaczego sprytni rodzice zaczynają przygotowania do nocnego snu już… wczesnym rankiem! Oprócz tego poruszę w nim kwestię dość niepokojącego powiązania między marnej jakości snem dzieci, a ich otyłością.

Rozdział 8. wyjaśnia, jak pomóc maluszkowi przesypiać całe noce. Dowiesz się z niego, jak „karmić, by dopiąć swego" dzięki długim sesjom jedzeniowym, mieszaniu liczby kalorii i innym podobnym sztuczkom, oraz kiedy odstawić spowijanie, szum w tle, skokołysanie i smoczek. Rozdział ten rozwiewa też wątpliwości narosłe wokół kwestii uderzania głową, ząbkowania i zaparć. Na końcu znajdziesz w nim kilka moich technik (szybkich, ale też i delikatnych) na nauczenie dziecka snu.

Rozdział 9. odpowiada na pytania związane ze snem, które najczęściej zadają rodzice dzieci w wieku od trzech do dwunastu miesięcy.

ROZDZIAŁ SZÓSTY

„Witaj świecie!", czyli twoje niemowlę budzi się do życia: od trzech do dwunastu miesięcy

NAJWAŻNIEJSZE KWESTIE:

- Głowa twojego maluszka zapełnia się nowymi zainteresowaniami i pomysłami! To oznacza zabawę, ale może też oznaczać mniej snu dla was obojga.
- Teraz pomocnicy snu zamieniają się w *przyzwyczajenia*... i są świetnym sposobem na wprowadzanie snu.
- Czas na obalenie pięciu głównych mitów związanych ze snem u dzieci, w tym mitu numer jeden: o kaszce ryżowej i zasypianiu.
- Co to znaczy „normalny sen" u dzieci w tym wieku? Możesz zacząć spodziewać się krótszych drzemek w ciągu dnia, ale dłuższych okresów snu w nocy.
- Wspólne spanie w jednym łóżku stanie się bezpieczniejsze, a przeniesienie maluszka do własnego łóżeczka - łatwiejsze. Wybierz, co wolisz!

„Rodzicielstwo to taki etap w życiu, w którym milowy krok robi się mniej więcej co 15 metrów."

—Robert Brault

Jeden trymestr, a taka wielka różnica!

Kiedy pytam rodziców spodziewających się dziecka o to, jaka jest różnica między noworodkiem a trzymiesięcznym szkrabem, odpowiadają zazwyczaj: *„Hmm, nie wiem… może taka, że jest większe?”*. Większość z nich nie zdaje sobie sprawy z tego, jak bardzo ich maluszek zmieni się z rozkosznego, dopiero co wydanego na świat maleństwa (które ledwo co potrafiło się uśmiechać) w mającą trzy miesiące Duszę Towarzystwa!

Ale ty już to widzisz. Minęły co prawda zaledwie trzy miesiące, ale mogę się założyć, że twoi znajomi spodziewający się dziecka już traktują cię jak dziecięcą Wikipedię. Od teraz oficjalnie *jesteś* ekspertem w tych sprawach!

Jednak nie spoczywaj na laurach. Różne badania pokazują, że 15 – 46% maluszków ma mniejsze lub większe problemy ze snem w trakcie całego pierwszego roku życia. Mogą się one ciągnąć miesiącami i powodować kłótnie, przemęczenie, zajadanie stresu, frustrację i utratę włosów (kiedy rwiesz je sobie z głowy w przypływie złości!).

Dlatego nawet jeśli teraz twój maluszek śpi spokojnie, nie chwal się tym naokoło wszystkim swoim znajomym. Duże zmiany, które zaraz nadejdą (rezygnacja ze spowijania, nagły wzrost czy zmiany w wydalanej kupce), mogą całkowicie zaburzyć tę senną sielankę (dziecka i twoją) i sprawić, że twój aniołek znowu będzie się budził co bite trzy godziny – zupełnie jak noworodek.

A nawet jeśli tak się nie stanie, zaburzenia rytmu snu mogą się pojawić między 6. a 12. miesiącem, kiedy przed malcem staną całkiem nowe wyzwania, takie jak ból wywołany ząbkowaniem, pierwsze przeziębienia, dodawanie do diety sztucznego mleka, zaparcia, nowe jedzenie, próba stawania itp.

Wymienione powyżej zmiany powodują często tak ogromne zamieszanie w kwestii snu między 3. a 12. miesiącem, że wielu ekspertów poddaje się i po prostu radzi rodzicom, aby dali dzieciom „wypłakać się”. Ale czy to jest naprawdę najlepsze, co możemy zrobić? Rodzice pochodzący z innych kultur często uważają za szalone postępowanie, w którym płaczące dziecko jest zostawiane samo w pokoju i ma za zadanie wykrzyczeć się, aż się zmęczy.

Nie twierdzę, że zostawianie dzieci „aż się wypłaczą” nie zadziała – ależ zadziała. Tylko że takie postępowanie jest czymś zupełnie odwrotnym od jednego z głównych zadań rodzicielstwa, czyli budowania wiary maluszka w siebie… i w ciebie.

Na szczęście większość dzieci można nauczyć spokojnego snu i tego, by były bardziej samowystarczalne, bez zostawiania ich samych, kiedy bardzo płaczą. Na następnych stronach dowiesz się dokładnie, jak zostać ekspertem od uczenia dzieci łagodnego zasypiania.

Ale najpierw… spójrzmy na te ekscytujące zmiany, przez które przechodzi teraz twój malec.

Dziecięce sprawki: co dzieje się w główce małego człowieczka

Gratulacje! Twoje niemowlę skończyło już trzy miesiące, co oznacza, że... jest w pełni gotowe, „by się narodzić". Mówię poważnie: spójrz tylko na to, jak duże są teraz jego głowa i ciało, a od razu zrozumiesz, dlaczego wspaniałomyślna Matka Natura zaprojektowała dzieci tak, by spędziły jeden trymestr na zewnątrz.

Przez kolejne 9 miesięcy będziesz miała milion chwil radości, obserwując, jak twój maluszek zmienia się w entuzjastycznego, ciekawskiego, coraz bardziej się kontrolującego i flirtującego z otoczeniem członka waszej rodziny. I chociaż pojawił się na świecie dopiero niedawno, już wkrótce ciężko będzie ci wyobrazić sobie, jak w ogóle mogło wcześniej z wami nie być jego roześmianej buzi.

Co nie oznacza oczywiście, że on *zawsze* będzie się uśmiechał… a to prowadzi nas z powrotem do tematu, który poruszyliśmy już wcześniej.

Formujący się charakter twojego maluszka

Poznanie osobowości swojego maluszka jest tak bardzo istotne, ponieważ twoim zadaniem nie jest wychowanie *jakiegoś* dziecka, ale wychowanie *swojego* dziecka.

Minęło zaledwie kilka miesięcy, a ty już jesteś ekspertem w temacie swojego maleństwa. Jesteś autorytetem w kwestii jego słodkiego zapachu i rozkosznego uśmiechu, a także nastrojów, odwagi, wytrwałości i żywiołowości. Znajomość charakteru twojego dziecka pomoże ci przewidzieć, czy bezproblemowo zniesie wasz wakacyjny wyjazd, czy jednak będzie się bało obcych ludzi i zapachów.

Patrząc na procenty, masz 40% szans na to, że twój malec jest w grupie dzieci z łatwym do okiełznania temperamentem. Takie maluszki są elastyczne, wesołe i rzadko wymagają skupiania na sobie całej uwagi.

Uwielbiają niespodzianki oraz nowe sytuacje i budzą się zazwyczaj w dobrym humorze i w pełni gotowe powitać nowy dzień.

Około 25% niemowląt ma zgoła inny charakter: albo bardzo wrażliwy i sprawiający, że oswojenie się z nowym otoczeniem wymaga czasu, albo wręcz odwrotnie – są ciężkimi do opanowania wulkanami energii. Takie dzieci będą przez najbliższe kilka miesięcy wymagały specjalnego podejścia.

Dzieci ostrożne

W wieku 5 miesięcy, kiedy większość dzieci rozdaje uśmiechy niczym sklepy darmowe próbki, ostrożne dzieci patrzą na obcych raczej nieprzychylnie, szukając wzrokiem ratunku u mamy. Te wrażliwe stworzenia piszczą, kiedy dasz im nowy smoczek, padnie na nich zbyt dużo światła z przedpokoju albo wyczują, że pachniesz nowymi perfumami.

Takie maluszki potrzebują regularnych godzin snu i całościowej rutyny. Jeśli twoja pociecha jest właśnie jednym z takich przypadków, oto moja rada: kiedy przeczytasz zawarte w rozdziałach 7. i 8. wskazówki dotyczące usypiania i planu snu dziecka, postaw sobie za cel trzymanie się ich z bezwzględną pieczołowitością.

Dzieci nadaktywne

Te maluszki z kolei wymagają bardzo dużo uwagi i jeszcze więcej ruchu („Nie mamo, nie możesz wcale usiąść!"). Na mleko są w stanie poczekać mniej więcej 60 sekund przed wybuchem wrzasków zniecierpliwienia.

Dzieci tak pełne energii są nieustająco podekscytowane otaczającym je światem. Są malcami spod znaku „Ja też! Ja też!". Ponieważ nie chcą tracić nawet *momentu* dobrej zabawy, wzbraniają się przed pójściem spać, aż po prostu padną ze zmęczenia w środku chichotów albo w którymś momencie zmienią się w wielką grymaśną marudę.

Dokładnie z tego powodu dzieci-wulkany zasypiają najlepiej, jeśli tuż przed położeniem do łóżka nie są przemęczone ani zbytnio podekscytowane.

„Co za geniusz!": małe dzieci naprawdę chwytają wszystko w lot

Jedna z moich ulubionych książek na temat rozwoju dzieci („Naukowiec w kołysce") pokazuje, jak bardzo zdolne są malutkie dzieci.

Teraz, kiedy jesteś już zaprawionym w boju rodzicem, sama wiesz, jak *gigantyczny* postęp wykonał od chwili narodzin twój maluszek. Zaledwie miesiąc temu ledwo umiał utrzymać wzrok skupiony na tobie, a dzisiaj? Jest w stanie bez problemu śledzić twoje ruchy – nawet kiedy znajdujesz się na drugim końcu pokoju.

W miarę upływu miesięcy twój maluszek z chucherka będzie zamieniał się w dobrze umięśnionego człowieczka, coraz lepiej koordynującego swoje ruchy. W pierwszej kolejności zapanuje nad swoimi oczami i twarzą oraz nauczy się gaworzyć wtedy, kiedy chce. Potem wzmocni się jego szyja. Następnie będzie w stanie ssać kciuk bez przypadkowego wsadzania sobie palca do oka (i tutaj uwaga: to też oznacza, że zacznie ściągać ci z nosa okulary i wyciągać rączki w kierunku twojej gorącej herbaty).

Następne w kolejności będą siadanie, raczkowanie, a nawet stawanie (co prawda próby stawania mogą w pewnym momencie stać się przeszkodą przy zasypianiu, kiedy maluch nagle spróbuje podciągnąć się do pozycji stojącej, a potem utknie w połowie i nie będzie wiedział, jak z powrotem usiąść!).

Wszystkie te etapy oznaczają mnóstwo dobrej zabawy, ale też mogą spowodować, że twój maluszek za nic w świecie nie będzie chciał *zakończyć swojej wyśmienitej zabawy*, kiedy przyjdzie pora spania, i położyć się samotnie w swojej płaskiej, nudnej kołysce.

W mózgu twojego dziecka wykształca się teraz mnóstwo nowych połączeń zwanych *synapsami*. I kiedy między neuronami pojawiają się miliony nowych powiązań, poszczególne ośrodki mózgowe mogą wreszcie zacząć działać jak dobrze wyszkolone drużyny: szybko, w sposób skoordynowany i właściwy.

Poza wspomnianą już wcześniej lepszą kontrolą nad mięśniami, zauważysz też u swojego malca duży postęp w wyrażaniu emocji (od smutku, przez strach, po radość) i ogromną różnicę w *kontroli stanów emocjonalnych* – czyli umiejętności pozostania dłużej w stanie czuwania, spokojniejszego snu i szybszego uspokajania się po napadach złości (długofalowe płacze wywołane kolkami zaczną powoli odchodzić w niepamięć).

Rozwijające się połączenia w mózgu zaowocują również lepszą pamięcią. Niesamowite jest to, że już w wieku 4-6 miesięcy dzieci rozpoznają, kto jest członkiem rodziny, a kto obcym (i tu w zależności od charakteru maluszka: obcy będzie traktowany albo jak atrakcja, albo niebezpieczeństwo).

Lepsza pamięć jest też wytłumaczeniem tego, że półroczny malec odzwyczaja się od pięknego przesypiania nocy i zaczyna znowu budzić o 2. w nocy („Dziś spacerowałem sobie z mamą, ale było fajnie! Hej, mamo! Obudź się i chodźmy pospacerować jeszcze raz!"). Albo też tego, że dziewięciomiesięczne dziecko będzie protestować, gdy spróbujesz położyć je wieczorem spać bez przytulanki (albo bez *tej konkretnej* przytulanki!).

Oprócz tego, sprawniejsza pamięć jest również powodem, dla którego *codzienny regularny rozkład zajęć* staje się w życiu twojego maluszka tak ważny. Dzieci uwielbiają rutynę, ponieważ daje im poczucie przewidywalności zdarzeń w tym chaotycznym świecie, który je otacza. A stały i konsekwentny porządek wieczornego kładzenia się spać oznacza dla dziecka pewność i bezpieczeństwo („Ach no tak, dokładnie wiem, co się teraz stanie… Buziaki, kołysanka i słodki sen").

Pomocnicy snu: od odruchu do przyzwyczajenia

Każdego dnia twój maluszek zauważa powiązania między poszczególnymi rzeczami, które widzi i słyszy. Uświadamia sobie na przykład, że kiedy się uśmiecha, jego tata także odpowiada na to uśmiechem. W ciągu kilku najbliższych miesięcy zrozumie też, że „kiedy mama wskazuje na coś palcem i patrzy na to, chce, żebym ja też na to spojrzał" oraz „dźwięk otwierających się drzwi do garażu oznacza, że tata zaraz pojawi się w domu".

Między 3. a 5. miesiącem *odruch uspokajania* stopniowo zanika i metoda 5 „S" nie skutkuje już automatycznym uciszeniem się niemowlęcia. (Spróbuj zrobić „szszsz!" do 10-miesięcznego malucha, a niemal pewne jest, że odpowie ci takim samym dźwiękiem!). Ale w tym momencie na ratunek przychodzi nam *nauka*.

Z racji posiadania nowej umiejętności wynajdywania skojarzeń, twój mały spryciarz sam dochodzi do wniosku, że rutynowe zachowanie związane z kładzeniem go spać oznacza koniec zabawy... i czas na sen („O, biały szum, chyba zaraz będę szedł spać. O, chyba już nawet trochę czuję zmęczenie!").

Biały szum i kołysanie są nadal dla takiego dziecka czynnikami uspokajającymi (nawet 90-latkowie wyciszają się na fotelu bujanym przy dźwiękach oceanu), ale zadziałają tylko wtedy, kiedy twój malec będzie *gotowy*, aby dać się uspokoić. Teraz 5 „S" zmienia się z czynnika włączającego odruch w przewidywalnych pomocników snu, w takiego dźwiękowo-ruchowego *misia-przytulankę*.

W następnym rozdziale omówię, jak możesz wykorzystać tę wiedzę w celu stworzenia pomocników snu, dzięki którym wydłużysz nocny sen swojego malca do 6, 7, 8 godzin... albo jeszcze bardziej.

Nie wierz w to! Powszechnie powielane mity na temat snu niemowląt w wieku od 3 do 12 miesięcy

Mity związane ze snem nie pojawiają się tylko przy omawianiu tej kwestii w odniesieniu do noworodków. Masa błędnych koncepcji dotyczy też starszych maluszków. Oto pięć z tych, które pojawiają się najczęściej:

MIT 1: Małe dzieci śpią dłużej, jeśli przedtem przetrzyma się je do momentu, w którym są megazmęczone.

FAKT: Zmęczenie rzeczywiście pomaga lepiej zasnąć, ale dorosłym. W przypadku malutkich dzieci może mieć skutki odwrotne do zamierzonych i spowodować, że będą bardziej nabuzowane i niespokojne.

Wcześniej wspominałem już o tym, że u noworodków *sen wywołuje sen*. Ta zasada działa tak samo w przypadku nieco starszych dzieci. Brak drzemek w ciągu dnia i opóźnianie pory kładzenia się spać wieczorem nie tylko nie wpływają dobrze na dziecięcy sen, ale są najlepszym sposobem na wywołanie u dziecka spazmów płaczu i snu marnej jakości.

Ta zasada dotyczy szczególnie najbardziej ciekawskich dzieci, bo będą one mrugać, trzeć oczy i z całych sił walczyć, żeby nie zasnąć i popatrzeć na ciebie, jak rozmawiasz, albo na wygłupiające się obok starsze rodzeństwo.

Dlatego pamiętaj, że twój maluszek będzie szczęśliwszy, szybciej zaśnie i dłużej pośpi, jeśli będzie zaczynał swoje drzemki i wieczorny sen, *zanim* zacznie ziewać, a jego oczy będą już wyraźnie przemęczone.

ZNAKI SYGNALIZUJĄCE POSTĘPUJĄCE ZMĘCZENIE U DZIECKA

- Pocieranie oczu
- Zawieszanie wzroku i puste patrzenie w dal
- Przelewanie się przez ręce i ziewanie
- Zbytnie pobudzenie (w śmieszny lub irytujący sposób)
- Zapadanie w sen lub nagły atak złości

Modified from Jones, S, et al. Great Expectations: Baby's First Year, 2007.

MIT 2: Ze spowijania należy zrezygnować, kiedy dziecko skończy trzy miesiące.

FAKT: Rodzice często słyszą, że rączki dzieci powinny znajdować się poza kocykiem, żeby mogły one possać kciuk i się uspokoić. Mówi im się też, że dzieci mogą się od spowijania uzależnić, jeśli stosuje się je zbyt długo, oraz że może to mieć negatywny wpływ na rozwój mięśni maluszków.

Prawdę mówiąc, dzieciom najlepiej służy stosowanie spowijania do czwartego miesiąca albo nawet dłużej.

Maluszki mają mnóstwo czasu na ćwiczenie ssania, kiedy są nieowinięte w ciągu dnia. I nie, nie uzależniają się od spowijania. W trakcie dziennej zabawy mają też całą masę czasu na przekręcanie się na brzuch i ćwiczenie siadania.

Ja osobiście zalecam spowijanie dzieci co najmniej do czwartego miesiąca życia. Choćby dlatego, że owiniętym dzieciom trudniej jest przekręcić się na brzuszek (czyli do pozycji stwarzającej większe ryzyko wystąpienia śmierci łóżeczkowej). A w przypadku tych najbardziej nerwowych dzieci, które mają zupełnie nieskoordynowane ruchy, zalecałbym stosowanie spowijania nawet do 5-7. miesiąca. Wtedy bowiem rozwiną się one na tyle, żeby przestać przypadkowo uderzać się po buzi (bardziej szczegółowe omówienie procesu rezygnowania ze spowijania znajdziesz na str. 187).

MIT 3: Powinnaś być w stanie nauczyć swoje czteromiesięczne dziecko przesypiać noc.

FAKT: To wszystko zależy od tego, jak rozumiemy pojęcie „przesypiać całą noc".

Zaraz po przyjściu na świat twój noworodek będzie potrzebował częstego karmienia, by dostarczyć potrzebne składniki rozwijającemu się organizmowi. (Ciało twojego maluszka zwiększa się *dwukrotnie* podczas jego pierwszych 6 miesięcy życia. Wyobraź sobie, ile ty musiałabyś jeść, żeby tak się stało!).

W wieku 3-6 miesięcy mózgi większości dzieci są już na tyle rozwinięte, że maluszki mogą przespać sześć godzin bez potrzeby budzenia się w nocy na karmienie. Ale jeśli bardzo chcesz, żeby twój malec spał równo od 22. do 6. rano, będziesz musiała zastosować wszystkie rutynowe działania opisane w dwóch kolejnych rozdziałach. Bez takiej dodatkowej pomocy ok. 30% dzieci nie jest w stanie przespać całej nocy nawet do momentu swoich pierwszych urodzin.

MIT 4: Dawanie dziecku na kolację kaszki pomaga mu spać.

FAKT: Przez wiele lat babcie (i lekarze) promowali zasadę, że podanie dziecku przed snem jednej lub dwóch łyżek kaszki zapełni mu brzuszek i sprawi, że prześpi ono całą noc. Jednak różne badania pokazują, że podawanie kaszki tuż przed snem *nijak* go nie wydłuża.

Oczywiście, jeśli tylko zastanowimy się nad tym chwilę dłużej, od razu dojdziemy do wniosku, że od samego początku był to dość niemądry pomysł. Bo przecież kaszka jest *dużo* mniej sycąca (i *dużo* mniej odżywcza) niż bogate w różnego rodzaju składniki mleko matki czy też mieszanka. Mleko to mieszanina tłuszczów, węglowodanów i białek, która w żołądku zamienia się w wolno trawioną masę. Zawiera ono również wiele niezbędnych składników odżywczych, takich jak sprzyjający zasypianiu tryptofan.

Natomiast kaszka ryżowa to nic innego, jak po prostu czysta skrobia (i może odrobina żelaza).

Tak więc pomysł mówiący, że łyżka szybko trawionej skrobi mogłaby zadziałać lepiej niż 200 ml ciepłego, gęstego mleka, jest po prostu niedorzeczny. (Pomijając już to, że ryż jest generalnie mało rozsądnym pożywieniem, ponieważ nie ma właściwie żadnej wartości odżywczej).

MIT 5: Dzieci od 6. miesiąca potrzebują pokarmów stałych, aby dobrze spać.

FAKT: Zgadza się - karmienie jest świetną zabawą! Ale spokojnie, nie ma pośpiechu.

Maluszki uwielbiają przyglądać się nam, kiedy jemy, a większość półrocznych dzieci z radością sięga po nasz widelec (ale też w sumie po wszystko, co trzymamy w ręku!). A poza tym, bądźmy szczerzy: większość z nas już nie może się doczekać tego, żeby nakarmić łyżeczką (lub też właśnie widelcem) tego naszego rozkosznego małego głodomora.

Ale nie jest dobrym pomysłem kurczowe trzymanie się idei, że pokarm stały staje się niezbędny właśnie w tym wieku. Tak naprawdę składnikiem odżywczym numer jeden dla twojego półrocznego szkraba jest nadal mleko. Jest bogate w odpowiednie składniki, zawiera wszystko, co trzeba, i pozwala dziecku przybierać na wadze. Natomiast gotowe produkty w słoiczkach to jedzenie, które wybierają modelki, kiedy są na superścisłej diecie typu „marchewki, jabłka i groszek".

Dla półrocznego szkraba mleko to 95% kalorii, które dostaje (inne formy jedzenia to raczej zabawa niż pożywianie się). Gdy maluch ma 7 miesięcy, proporcja zmienia się do 75% całości kalorii, a w wieku 12 – to nadal 50% wszystkich kalorii, które przyjmuje.

Dlatego upewnij się, że twój maluszek nie dostaje innego pożywienia zamiast mleka, bo może się to skończyć ciągłymi pobudkami w nocy wywołanymi po prostu głodem.

Sen: co jest normą na tym etapie rozwoju?

W miarę następowania wielkich zmian rozwojowych, jakie zachodzą obecnie w organizmie twojego malca, powoli zaczną się też kształtować nowe schematy snu. Statystyki dotyczące tej kwestii (podane poniżej na podstawie Sleepedii) stworzone zostały w oparciu o ogólnokrajową próbę i pokażą ci, jak te schematy będą się zmieniać z wiekiem dziecka.

Wraz z osiągnięciem przez dziecko wieku 3 miesięcy, skrawki snu twojego maluszka zaczynają się stopniowo wydłużać – zarówno w przypadku dziennych drzemek, jak i spania w nocy. W tym okresie dzieci coraz lepiej reagują na ponowne zasypianie (samodzielne lub gdy ty je lulasz) i nie wybuchają już tak często płaczem.

Jednak niektóre aspekty snu trzymiesięcznego dziecka są bardzo podobne do tych, które charakteryzują noworodka. Na przykład dzieci w obu tych okresach ucinają sobie kilka drzemek w ciągu dnia i przesypiają ok. 14 godzin na dobę.

Badanie pod hasłem *Sen w Ameryce*, przeprowadzone wśród 1500 rodzin przez National Sleep Foundation w 2004 roku, wykazało, że większość niemowląt ucina sobie 3-4 godziny drzemek w ciągu dnia, zasypia w ciągu 10 minut od zgaszenia świateł i przesypia w nocy 10 godzin, z czego 71% z przynajmniej jedną nocną pobudką (a nieco mniej niż 50% z dwiema lub więcej).

Oczywiście powyższe dane są uśrednione, a różnice między jednym dzieckiem a drugim mogą być naprawdę duże. Ok. 5% maluszków śpi jedynie 10 godzin na dobę, ale jest też 5%, które przesypia aż 18!

Natomiast wraz z upływem pierwszego roku możesz spodziewać się następujących rzeczy:

- **WIĘCEJ SNU W NOCY.** Okres nocnego spania skacze od 8 godzin u noworodków, przez 9 u trzymiesięcznych dzieci, aż po 11 u roczniaków.
- **DŁUŻSZE OKRESY SNU W NOCY.** Połowa dzieci potrafi przespać 5 godzin bez przerwy (od północy do 5. rano), zanim ukończą dwa miesiące, i połowa potrafi też spać aż 8 godzin (od 22. do 6. rano) w wieku 5 miesięcy (a czasem nawet i więcej, jeśli pomożemy im, używając takich czynników, jak biały szum).
- **STOPNIOWO MNIEJ SNU W CIĄGU DNIA.** Liczba godzin przespanych w ciągu dnia zmniejsza się z kolei z 8 zaraz po narodzinach, przez 4,5 w wieku trzech miesięcy, do 3 godzin po osiągnięciu roku.

Melatonina, czyli naturalnie wytwarzany eliksir na sen

„Niszczysz moją melatoninę!" — takimi słowami moja żona delikatnie daje mi do zrozumienia, co myśli, kiedy niechcący włączę lampkę w czasie jej snu.

W okolicach czwartego miesiąca życia twój maluszek zaczyna coraz lepiej rozróżniać dzień i noc (włącza się jego *rytm okołodobowy*). Dzieje się tak dzięki swoistemu tańcowi, który wykonują w jego mózgu neurony. A każda noc oznacza pojawienie się nowej fali *melatoniny*.

Jak może niektórzy z was pamiętają, melatonina jest naturalnym hormonem snu, uwalnianym przez szyszynkę znajdującą się głęboko w mózgu. Jasne światło hamuje wytwarzanie melatoniny, pozwalając nam tym samym pozostać rozbudzonymi i aktywnymi w ciągu dnia, natomiast ciemność wzmaga jej wytwarzanie i pomaga nam zasnąć.

Ta fantastyczna substancja odpowiedzialna jest za to, że twój maluszek śpi mniej za dnia, a więcej w nocy. Dlatego też gorąco zachęcam cię do przygaszania światła w pokoju na 30 minut do godziny *przed* kładzeniem dziecka spać i do niewpuszczania światła do jego pokoju, kiedy już uda ci się ululać je na noc.

Gdzie śpi obecnie twój maluszek?

W wieku 4 miesięcy twoje niemowlę będzie już najprawdopodobniej zbyt duże na swoją przytulną kołyskę. I wtedy trzeba będzie podjąć dwie ważne decyzje dotyczące tego, gdzie maluch ma teraz spać:

1. **W łóżeczku... czy w twoim łóżku?**
2. **W twoim pokoju... czy w swoim?**

Przyjrzyjmy się teraz wszystkim możliwym opcjom.

Łóżeczko czy rodzinne łóżko?

Przeniesienie maluszka z kołyski czy dostawki do normalnego łóżeczka jest raczej łatwym zabiegiem. Po prostu na kilka tygodni przed planowaną „przeprowadzką" zacznij codziennie bawić się z nim w nowym lokum (idealny będzie np. krótki masaż robiony właśnie tam). W przypadku dzieci, które skończyły już 6 miesięcy, dobrym pomysłem jest położenie w nowym łóżeczku kocyka lub misia, które posłużą za przytulankę (tzw. obiekt przejściowy). Oczywiście trzymanie się nadal zasady włączania białego szumu sprawi, że przeprowadzka będzie dla maluszka jeszcze łatwiejsza.

Z drugiej strony możesz uznać, że chcesz przenieść swojego aniołka do waszego łóżka. Czasem to cudowne uczucie, jakie daje leżące obok ciebie maleństwo, jest nie do przecenienia!

Wcześniej wspominałem już o większym ryzyku wystąpienia śmierci łóżeczkowej u *noworodków*, które śpią w jednym łóżku z rodzicami. Jednak badania pokazują, że po 4. miesiącu życia (lub, w przypadku wcześniaków, po 4. miesiącu licząc od ich planowej daty urodzenia) maluszki mogą spać razem z rodzicami, *pod warunkiem, że zastosujesz się skrupulatnie do wszystkich wskazówek dotyczących unikania niebezpieczeństw związanych z takim rozwiązaniem* (patrz str. 58).

Musisz jednak pamiętać, że decyzja o wspólnym spaniu z niemowlęciem może odnieść odwrotny skutek do zamierzonego. Wiele badań pokazuje bowiem, że dzieci śpiące razem z rodzicami częściej budzą się w nocy. Badanie *Sen w Ameryce* pokazało, że problemy ze spaniem ma 23% rodziców śpiących z dziećmi i tylko 13% mających dzieci śpiące w osobnych łóżeczkach.

Inne badanie wykazało, że – choć wiele rodzin uwielbiało wspólne spanie – 30-40% miało uczucie, że takie rozwiązanie jest problemem zarówno dla ich dziecka, jak i dla pozostałych członków rodziny. Mimo to decydowali się na takie rozwiązanie, ponieważ nie wiedzieli, jak inaczej usypiać malucha. To samo badanie ujawniło też, że rodzice śpiący razem z dzieckiem prawie trzy razy częściej mieli w swoich związkach poważne kłopoty małżeńskie niż pary, których pociecha spała osobno.

Pamiętaj więc, że możesz wybrać dokładnie takie rozwiązanie, jakie odpowiada ci najbardziej – tylko zrób to rozważnie.

Wiercipięty: nie pozwól swojemu dziecku spaść z łóżka

Pięciomiesięczny Martin był właśnie na długo wyczekiwanych wakacjach ze swoimi rodzicami, Mają i Dymitrem. Wynajęli oni pokój w starym pensjonacie z rustykalnym klimatem. Był to dom na wzgórzu, z widokiem na miasteczko, a pokój był bardzo wysoki i miał piękne, kamienne podłogi.

W trakcie rozpakowywania walizek rodzice położyli Martina na środku ogromnego łóżka i na chwilę wrócili do swoich zajęć.

Nagle usłyszeli cichy odgłos uderzenia i wrzask. Okazało się, że Martin sturlał się z łóżka i spadł główką w dół na kamienną posadzkę.

Przerażeni i przepełnieni poczuciem winy rodzice spędzili ze swoim synkiem całą noc na ostrym dyżurze, otoczeni nieznanymi sobie lekarzami, pobierającymi dziecku krew i wykonującymi tomografię komputerową mózgu. Okazało się, że od upadku zrobił mu się na głowie krwiaczek, ale na szczęście nie doszło do złamań ani krwawienia w samym mózgu.

Nigdy nie zostawiajcie swojego dziecka bez opieki, kiedy leży na łóżku dorosłych. Nawet jeśli ma dopiero dwa tygodnie i nawet jeśli uważacie, że nie umie się jeszcze przewracać na brzuch... ani nawet jeśli planujecie zająć się czymś dosłownie przez sekundę! Widziałem w swojej karierze naprawdę dużo dzieci, które spadły z łóżek swoich rodziców. I nie wszystkie miały tyle szczęścia, co Martin.

Wyprowadzka: przenosiny z sypialni rodziców do pokoju dziecięcego

85% dzieci, które ukończyły trzy miesiące, nadal śpi w pokoju z rodzicami – i taki układ jest bardzo wygodnym rozwiązaniem, dlatego nie ma pośpiechu, żeby to zmieniać.

Gdy twój brzdąc śpi w kołysce lub na dostawce do łóżka, karmienie jest dużo łatwiejsze. Nie musisz zrywać się w środku nocy, iść przez ciemny korytarz do pokoju dziecka, a potem męczyć się, żeby ponownie zasnąć. A poza tym biały szum, który puszczasz swojemu maluszkowi, może pomóc zasnąć także *tobie*.

Spanie w jednym pokoju jest także bezpieczniejsze, ponieważ od razu słyszysz, kiedy dziecko ma jakiś problem, a ponadto już sam fakt, że jesteś blisko, obniża ryzyko wystąpienia śmierci łóżeczkowej.

Dla odmiany w dniu swoich pierwszych urodzin już 70% dzieci śpi we własnych pokojach.

Jaki jest więc najlepszy moment na taką przeprowadzkę? Ja zalecałbym przenieść maluszka między 6. a 7. miesiącem życia. Później dzieci coraz bardziej przyzwyczajają się do swojego otoczenia i zmiana pokoju może być bardziej problematyczna.

Poza tym mniej więcej w wieku 8 miesięcy wiele dzieci zaczyna nagle zwracać baczniejszą uwagę na to, czy ktoś jest w pobliżu (i jeśli nie ma nikogo, zaczyna im to przeszkadzać). To może mieć znaczenie, zwłaszcza jeśli twój maluszek był przyzwyczajony do towarzystwa w pokoju, a teraz nagle musi w nim być kompletnie sam. Lęk separacyjny jest szczególnie widoczny u dzieci bardzo wrażliwych lub nadaktywnych.

Kiedy jednak zdecydujesz się na ten ruch, niech nie zdziwią cię protesty maluszka, które będą pojawiały się przez kilka wieczorów po tym, jak zostawisz go samego. I jeśli rzeczywiście tak się stanie, po prostu weź go od razu na ręce i przytul (ale nie mów do niego zbyt dużo ani nie karm, bo w ten sposób możesz niechcący zachęcić go do takiego zachowania w przyszłości). Kiedy się uspokoi, odłóż go z powrotem do łóżeczka. Jeżeli mały znów zapłacze, ponownie weź go od razu na ręce. Powtarzaj to działanie tak długo, jak będzie trzeba. Jeśli będziesz brała dziecko na ręce, jak tylko zacznie krzyczeć, takie zachowanie nie powinno trwać dłużej niż pół godziny.

Poniżej znajdziesz też kilka innych wskazówek ułatwiających przenosiny:

- **Miesiąc lub dwa *przed* zmianą: spędzaj w nowym pokoju dziecka więcej czasu. Wykorzystuj to pomieszczenie do cichych i miłych zajęć, takich jak karmienie, masaże, śpiewanie, drzemki lub kołysanie.**
- **W okresie przeprowadzki: cały czas stosuj ustalony plan czynności i używaj wszystkich ulubionych pomocników snu (czyli rutynowy plan kładzenia do łóżka, biały szum, przytulanka i smoczek).**

Bez względu na to, gdzie śpi twój maluszek... jak ty się wysypiasz?

Po uspokojeniu i ułożeniu Elli do drzemki, Carol sama była tak zmęczona, że oparła się całym ciężarem o ścianę. Tyle tylko, że to nie była ściana! To było otwarte okno jej mieszczącego się na drugim piętrze mieszkania! Carol niechcący zerwała siatkę zamontowaną za oknem, ale na szczęście zdołała złapać się ramy okiennej i nie wypaść.

Obserwowanie rosnącego niemowlęcia to jedna z najpiękniejszych rzeczy, jakie spotkają cię w życiu. Każdy szelmowski uśmiech i szczery śmiech, którym cię obdarzy, będzie niczym skarb.

Ale by naprawdę cieszyć się tymi pięknymi momentami, musisz być *przytomna*. A jeśli jesteś tak zmęczona jak Carol, to znaczy, że praktycznie chodzisz we śnie… i przez to wiele chwil z życia twojego maluszka po prostu ci umyka. Oznacza to też, że – ponownie tak jak Carol – możesz stwarzać zagrożenie zarówno dla siebie, jak i dla dziecka.

Na szczęście pomoc już nadchodzi! Z następnych dwóch rozdziałów dowiesz się, jak zachęcić swojego ciekawskiego malucha do spania, jak sprawić, by się nie budził i jeszcze przedłużyć jego czas snu o godzinę, dwie… i to bez żadnego wylewania łez.

Ściągawka: przegląd metody z *Najszczęśliwszego śpiocha*

- *Odruch uspokajania* powoli znika między 3. a 5. miesiącem.
- Nadal jednak w tym okresie 5 „S" to wspaniali *pomocnicy snu*. Działają jak automatyczne włączniki snu u twojego maluszka.
- Aby ułatwić wszystkim moment zasypiania dziecka, już 30-60 minut przed kładzeniem go spać przyciemnij światło w pokoju, a potem unikaj kierowania ostrego światła na maluszka, kiedy już śpi.
- Pamiętaj, że biały szum jest bardzo pomocny, kiedy przenosisz dziecko z waszej sypialni do jego własnego pokoju.

ROZDZIAŁ SIÓDMY

Pomóż zasnąć swojemu maluszkowi: od trzeciego do dwunastego miesiąca

NAJWAŻNIEJSZE KWESTIE:

- Prowadzenie dzienniczka snu może pomóc ci odpowiedzieć na pytanie, dlaczego twoje niemowlę nie śpi regularnie.
- Skąd wynikają problemy mojego dziecka ze snem? Czy jest zbyt podekscytowane? Czy może ząbkuje albo przeszkadza mu jakiś hałas? A może potrzebujesz lepszych pomocników snu albo wybrałaś dla niego złe godziny na zasypianie?
- Najczęstsze przyzwyczajenia prowadzące do problemów ze snem to: wspólne spanie z maluszkiem, jego zasypianie podczas karmienia lub na rękach oraz odkładanie do łóżeczka dziecka, które już śpi.
- Dobry i spokojny sen może uchronić twoje niemowlę (i ciebie) przed otyłością.
- Rutyna jest twoim sprzymierzeńcem. Co zaskakujące, najlepszym rozwiązaniem jest rozpoczynanie planu działań zmierzających do nocnego snu już od samego *rana*!

- **Metoda 5 „S" nadal jest kluczem do spokojnego snu. Ale teraz inni pomocnicy – od przytulanek po lawendę – też mogą się przydać.**

„Nie było wspanialszego dziecka na świecie, ale matka mimo wszystko cieszyła się, kładąc je do snu."

—Ralph Waldo Emerson

Cudowny świat systematyczności

Dla dorosłych słowo *rutyna* brzmi jak synonim nudy. Ale choć my nudzimy się, robiąc każdego dnia to samo, twój maluszek nie czuje się znudzony nawet w najmniejszym stopniu. Niemowlęta kochają rutynę i schematy! A jak przekonasz się już wkrótce, ustalenie schematu zasypiania, który będzie tak przewidywalny jak codzienny zachód słońca, będzie twoim najlepszym sprzymierzeńcem w usypianiu maluszka... i w pozyskiwaniu kilku dodatkowych godzin snu dla siebie.

Małe rutynowe schematy dają twojemu maleństwu poczucie panowania nad sytuacją i bycia kochanym. A z kolei jego zadowolenie i lepsze zachowanie sprawią, że ty będziesz czuła się lepiej jako rodzic!

Badacze odkryli, że 75% rodziców, którzy określają czas nocnego spania jako „łatwy", korzysta z wcześniej ustalonych, przewidywalnych schematów kładzenia dziecka do łóżka przynajmniej 5 razy w tygodniu.

W jednym z badań obejmujących 405 dzieci w wieku od 7 do 36 miesięcy, ekspert od spraw snu, dr Jodi Mindell, poprosiła rodziców, żeby trzymali się trzystopniowego schematu (kąpiel, masaż, ciche przytulanie lub śpiewanie kołysanki). Rodzice kładli swoje dzieci spać pół godziny po zakończeniu kąpieli.

W ciągu dwóch tygodni dzieci zaczęły zasypiać szybciej, a w nocy budziły się rzadziej i na krócej. A w grupie dzieci między 7. a 18. miesiącem czas nieprzerwanego snu wydłużył się z siedmiu godzin do prawie ośmiu i pół. Dodatkowo taki schemat spowodował również spadek napięcia, złości, zmęczenia i generalnego poczucia chaosu wśród ich mam.

Jednak takie dobre schematy wieczornego zasypiania nie dzieją się same z siebie – wymagają zaplanowania. I teraz czas na niespodziankę dla wielu świeżo upieczonych rodziców: działania według takiego schematu powinny zacząć się *już wczesnym rankiem*.

Jak mieć Najszczęśliwszego śpiocha

MYŚL Z WYPRZEDZENIEM:
JUŻ RANO ROZPOCZNIJ PRZYGOTOWANIA DO NOCY

To, jak postępujesz ze swoim maluszkiem w ciągu dnia, ma niebagatelny wpływ na jego zachowanie w nocy. Przygotuj się więc na nocny sukces, zaczynając działać wraz ze wschodzącym słońcem. Oto jak to zrobić:

- WYJDŹ NA DWÓR. Zapewnij swojemu dziecku odpowiednią dawkę światła słonecznego (szczególnie przed południem).
- NIECH OTACZA WAS DŹWIĘK I RUCH. Rytmy pojawiające się w ciągu dnia wprowadzają dziecko w spokojny nastrój. Długie spacery, huśtawki i nosidła są świetne w ciągu dnia, a spowijanie i biały szum znakomicie sprawdzą się w trakcie drzemek.
- TRZYMAJ SIĘ PLANU. Przygotuj sobie elastyczny schemat, który pozwoli ci nie dopuścić do przemęczenia dziecka w ciągu dnia i przygotować je na pójście spać o takiej porze, jaką wymyśliłaś (później opowiem o tym jeszcze więcej).
- UNIKAJ STYMULANTÓW. Jeśli karmisz piersią, unikaj pobudzaczy, takich jak czekolada czy kawa (patrz też str. 23).
- UŁATW ZROBIENIE KUPKI. Łagodny masaż brzuszka i zginanie nóżek w kolanach pomogą twojemu malcowi zrobić kupkę w ciągu dnia, tak by jego nocny sen nie był potem przerywany przez tę potrzebę (porozmawiaj z lekarzem, jeśli kupka twojego dziecka jest zbyt stała lub zbita).

Uspokajające przyjemności przed snem

Wieczorami nasze mieszkania są zazwyczaj wypełnione jasnym światłem, różnymi odgłosami i czynnościami. To wszystko może bardzo pobudzać małe dziecko. Nic więc dziwnego, że kiedy są nagle kładzione w ciemnym, cichym i pustym pokoju (i to całkiem same), zaczynają płakać!

Żeby bardziej nastawić maluszka na spanie, polecam wprowadzenie go w odpowiedni nastrój za pomocą kilku prostych kroków i wdrożenie ich na 30-60 minut przed planowanym położeniem malca do łóżka:

- przyciemnij światła w domu (zredukuj ich jasność o 75%, żeby świeciły z mocą świeczki),
- wyłącz głośno grający telewizor, hałaśliwe gry komputerowe, muzykę itp.,
- wyłącz swój telefon,
- puść w tle biały szum,
- pobaw się chwilę z maluszkiem w ciszy i na spokojnie (zrób mu masaż lub ciepłą kąpiel). (Dobra rada: jeśli kąpiel działa na twojego szkraba pobudzająco, może lepiej poczekać z nią do rana).

Masaż niemowląt — magiczny dotyk

Dotyk jest najstarszym, najbardziej odczuwalnym i najbardziej emocjonalnym ze zmysłów. A dla niemowląt jest dodatkowo naprawdę niezwykłym doznaniem. Niesamowite jest to, że przytulanie jest tak samo ważne dla prawidłowego rozwoju organizmu i mózgu małych dzieci, jak mleko.

A czasem dotyk może przynieść nawet więcej korzyści niż mleko. Dawanie maluszkowi zbyt dużej ilości mleka nie sprawi bowiem, że będzie on zdrowszy, ale im więcej dasz mu miłości i bliskości, tym silniejszy i szczęśliwszy się stanie. Pewne badanie przeprowadzone w Izraelu wykazało nawet, że dotyk pomaga uregulować poziom melatoniny u dzieci i tym samym pomaga uspokoić ich cykl dzień/noc.

Masaż maluszków ma jeszcze tę ogromną zaletę, że pomaga odstresować się również *tobie*, ponieważ przeciwdziała niepokojom, depresji oraz wzmacnia twoje poczucie własnej wartości.

Celem masażu jest uspokojenie niemowlęcia i przygotowanie go do snu. Dlatego zanim zaczniesz: ogrzej pokój, przyciemnij światło, przykryj dzieciaczka miękkim ręcznikiem, żeby nie zmarzł, i rozetrzyj w rękach jakąś śliską maść (np. masło kakaowe lub olejek migdałowy, z awokado lub kokosa). W tle puść biały szum *oraz* kołysankę lub inną relaksującą muzykę. I ciesz się chwilą! (Szczegółowy opis tego, jak prawidłowo robić taki masaż, znajdziesz w mojej książce *Najszczęśliwsze niemowlę w okolicy*).

Najlepsze zwyczaje związane ze spaniem, czyli 5 „S", przytulanki i inne

Rodzice najlepiej radzący sobie z kładzeniem dzieci do łóżek dobrze wiedzą, że przed rozpoczęciem *oficjalnych* rytuałów związanych z pójściem spać, ich pociecha powinna już być wykąpana, przewinięta i w połowie przygotowań do wielkiego spania.

Teraz przyjrzymy się pomocnikom snu, które możesz wykorzystać w trakcie ostatnich 20-30 minut waszego wieczornego rytuału, i które pomogą twojemu maluszkowi spokojnie odpłynąć w objęcia Morfeusza. A są to: 5 „S", ciepłe mleko, czas na bajkę, przytulanki i metoda *obudź i pozwól zasnąć*.

5 „S"

Choć *odruch uspokajania* przestaje już powoli działać, wszystkie 5 „S" to nadal wspaniali pomocnicy snu, pomagajacy twojemu maluszkowi odprężyć się i poczuć komfortowo. (Biały szum i spowijanie rozluźnia mięśnie twojego malca i uspokaja bicie jego serca).

W rozdziałach dotyczących noworodków opisałem dokładnie każde „S". Poniżej znajdziesz krótkie przypomnienie tego, jak korzystać z tej metody, w miarę jak twój maluszek robi się coraz starszy.

SPOWIJANIE

Bliźnięta Rachel i Jeffa, Ari i Grace, spały owinięte w kocyk aż do ukończenia 6. miesiąca życia. Ale palma pierwszeństwa i rekord w całym moim doświadczeniu zawodowym należy się Molly Ann, córeczce Kerry i Roberta, czyli dziecku, które nie chciało dorosnąć i kochało być owinięte aż do bardzo poważnego wieku 10 miesięcy!

Zalecałbym stosowanie spowijania do przynajmniej 4. miesiąca, choć wiele dzieci potrzebuje jeszcze tego w 5., 6. lub 7. miesiącu, albo nawet dłużej – tak jak Molly Ann (na str. 187 znajdziesz wszystkie informacje o „odstawianiu" tej metody). I jeszcze *małe ostrzeżenie*: wiele maluszków zaczyna ponownie budzić się w nocy, jak tylko rodzice rezygnują ze spowijania... *chyba że nadal jest im puszczany w tle biały szum*!

Tak jak już wspominałem wcześniej, możesz nadal owijać swojego maluszka do snu ,nawet kiedy nauczy się już przewracać na brzuszek, ale pod warunkiem, że będziesz kładła go we *w pełni odchylonym* leżaczku-bujaczku albo *w pełni odchylonym* foteliku dla dzieci (jak opisano na str. 87).

STABILNA POZYCJA NA BOKU LUB BRZUSZKU

Trzymanie dziecka w takiej pozycji jest dla niego nadal bardzo miłe i pomaga zasnąć, ale pamiętaj, że w swoim łóżeczku malec powinien leżeć tylko na plecach.

Gdy dzieci kończą 4 miesiące, ok. 80% ryzyka wystąpienia śmierci łóżeczkowej jest już na szczęście za nimi. I to jest bardzo dobra wiadomość, ponieważ w tym wieku dziecko umie już samo się przekręcać, a ty nie musisz już cały czas stać i pilnować go, by tak nie robiło. Spanie na brzuszku jest bowiem bezpieczne tylko po tym, jak maluszek nie jest już owijany w kocyk (zazwyczaj ok. 4-5 miesiąca). Ale mimo wszystko radziłbym na wszelki wypadek kłaść dzieci spać na plecach aż do ukończenia roku.

Oczywiście, żeby uniknąć innych problemów, powinnaś nadal trzymać się zasad bezpiecznego spania (patrz str. 59) i codziennie trenować brzuszek (str. 62).

WYCISZSZSZANIE

Karly, mama dziewięciomiesięcznej Matildy, znalazła kołysankę, która momentalnie usypiała jej córeczkę – „We Will Rock You" zespołu Queen.

Powiedziała mi potem: „Typowe kołysanki nie robiły na naszej pełnej energii córce żadnego wrażenia. Ale któregoś dnia odkryliśmy, że przy tej piosence Queen mała momentalnie się uspokoiła, a donośny rytm melodii sprawił, że zasnęła w niecałą minutę! Od tego dnia wystarczyło puścić ten utwór raz lub dwa i nasz aniołek już smacznie spał".

Dźwięk towarzyszący zasypianiu jest równie ważny, jak spowijanie. A w momencie, kiedy rodzice decydują się zrezygnować ze spowijania, staje się nawet *kluczowy*.

Osobiście zalecałbym stosowanie białego szumu (o poziomie głośności takiej jak prysznic) do wszystkich drzemek i nocnego spania, *nawet* jeśli maluszek dobrze radzi sobie bez niego. To pomoże mu spać jeszcze spokojniej oraz zapobiegnie problemom, które mogłyby się pojawić w związku z ząbkowaniem, nagłym rośnięciem i tak dalej.

W miarę upływu miesięcy twój maluszek zaczyna coraz bardziej interesować się światem. A cały otaczający go hałas oznacza, że są *dużo* większe szanse na to, że mały niespodziewanie się obudzi (z powodu dźwięków dochodzących z zewnątrz, światła zapalonego w przedpokoju, bólu spowodowanego ząbkowaniem, wzdęciami itp.). A jeśli dodatkowo pokój dziecięcy będzie całkowicie cichy, maluch na pewno wypełni tę przestrzeń krzykiem mającym na celu zaproszenie cię do przytulania... albo do zabawy. Niespodziewane pobudki w środku nocy zdarzają się bardzo często, szczególnie kiedy maluszkowi zabiera się przytulankę lub otulający kocyk.

Jeśli jednak puścisz maluszkowi znajomy biały szum, może nawet nie zwrócić uwagi na inne szmery dookoła. A nawet jeśli mimo wszystko się obudzi, jest dużo bardziej prawdopodobne, że sam ponownie zaśnie, jak tylko zorientuje się, że otacza go znajomy dudniący biały szum. (Jeśli twoje dziecko nie znało wcześniej tej metody, przeczytasz o niej więcej na stronie 80).

Uwaga: w tym wieku niektóre dzieci robią się na tyle ciekawskie, że potrzebują nieco donośniejszego dźwięku (np. suszarki lub odkurzacza włączonych na taką głośność, jak mocno odkręcony prysznic), aby przysłonił on inne odgłosy dochodzące z zewnątrz i pomógł im ponownie zasnąć.

Teraz jest też dobry moment na *dodanie* do białego szumu również innych melodii – kołysanek. Kołysanki na dobranoc to kolejny sygnał, który twoje dziecko nauczy się niebawem rozpoznawać jako znak zbliżającej się pory snu.

I choć przebój Queen okazał się strzałem w dziesiątkę w przypadku Matildy, to jednak większość dzieci (oraz ich rodziców) preferuje łagodniejsze piosenki lub melodie kołysanek. Tak naprawdę słowo „kołysanka" mówi właśnie o łagodnym kołysaniu do snu śpiewem, w wolnym tempie i rytmie, zazwyczaj jedno uderzenie na sekundę, tak jak bicie

twojego serca. Kołysanki mają zazwyczaj bardzo jednostajne melodie, bez nagłych zmian czy głośniejszych momentów.
Ale... warto też wiedzieć, że muzyka puszczana przez całą noc bez przerwy może obudzić maluszka.

Dlatego w celu stworzenia dziecku jak najlepszych warunków do spania puść mu biały szum *razem* z muzyką. Kołysankę puść nieco głośniej w czasie przygotowywania się do snu, a potem podkręć biały szum do poziomu głośności prysznica i pozwól mu dalej grać także po tym, jak skończy się muzyka... i tak do samego rana.

KOŁYSANIE

Wszystkie dzieci uwielbiają bujanie przed pójściem spać, ale jedynie 5-15% potrzebuje szybkiego bujania przez całą noc, aby spokojnie drzemać.

Jeśli natomiast planujesz używać leżaczka-bujaczka, aby kłaść w nim dziecko do snu w nocy, pamiętaj, aby skonsultować się w tej sprawie ze swoim lekarzem i upewnij się, że robisz wszystko zgodnie z zasadami bezpieczeństwa (znajdziesz je na str. 87).

SSANIE

Ostatnim z 5 „S" jest ssanie. Karmienie piersią działa na maluszka niezwykle kojąco, tak samo zresztą jak jedzenie ciepłego mleka z butelki. A smoczek dawany do łóżeczka nie tylko pozwala zaspokoić potrzebę ssania, ale też może obniżyć ryzyko wystąpienia śmierci łóżeczkowej.

Niektórzy rodzice martwią się, że ssanie smoczka czy też kciuka to oznaka niepokoju i że ich pociechy długo nie uwolnią się od tego nawyku. W rzeczywistości takie ssanie to doskonały sposób na samouspokojenie się. Ponadto większość dzieci porzuca ten nawyk w wieku 1-2 lat, więc raczej nie musisz się obawiać, że twój szkrab pójdzie na studia ze zwisającym mu w kąciku ust smoczkiem.

Ważną rzeczą jest natomiast, aby – jeśli chcemy używać ssania jako pomocnika snu – zawsze towarzyszyła mu technika, którą nazwałem *obudź i pozwól zasnąć* (patrz str. 98). Innymi słowy: jeśli twój aniołek zaśnie ci w ramionach w trakcie karmienia, upewnij się, że przed położeniem go do łóżeczka lekko go przebudzisz.

I jeszcze jedno ostrzeżenie: wielu rodziców pozwala swoim dzieciom pić z butelki w łóżeczku. To może stanowić poważny problem, ponieważ mleko i soki owocowe zawierają bardzo dużo cukru (niemal tyle, co napoje gazowane!). Dlatego taki sposób karmienia może doprowadzić do pojawienia się u dzieci ubytków w uzębieniu, zanim wyrosną im pierwsze zęby (więcej na ten temat znajdziesz w rozdziale 8). Jeżeli więc dajesz dziecku przed snem butelkę albo karmisz je, leżąc razem z nim w łóżku, niech nie trwa to dłużej niż pół godziny. Jeśli nadal chce jeść, pomyśl nad daniem mu butelki z niesłodzoną herbatką ziołową, np. miętą lub rumiankiem.

Ponadto jeśli twój maluszek często cierpi na infekcje ucha, zapytaj lekarza, czy taki stan rzeczy ma związek z piciem z butelki lub ssaniem smoczka w łóżku.

Kolejne „S": szczególny zapach

Lawenda daje przepiękne fioletowe kwiaty, a robiony z jej ekstraktów olejek eteryczny już od wieków jest używany w aromaterapii jako środek wspomagający odprężenie, relaks i sen. Jednym ze stosowanych dawniej lekarstw na zły sen było położenie w łóżku małej poduszeczki wypełnionej lawendą.

Wprawdzie w celu naukowego udowodnienia relaksujących i wspomagających sen właściwości lawendy przeprowadzono tylko kilka badań, ale ich wyniki są jak najbardziej pozytywne. I nawet jeśli dowody na poparcie tej tezy nie są jeszcze mocne, lubię używać lawendy, ponieważ wiele dzieci bardzo przyzwyczaja się do zapachów. Odpychają od siebie złe zapachy, ale uwielbiają zapach włosów mamy czy też pysznego jedzenia. Dlatego też miły zapach dochodzący z łóżeczka może stać się pomocnikiem snu zapowiadającym maluszkowi rychłe nadejście długiej, spokojnej nocy.

Jeśli też chcesz to wypróbować, wetrzyj kilka kropli lawendowego olejku eterycznego w szczebelki dziecięcego łóżeczka i w bok materaca – tak, by maluszek mógł je poczuć, ale nie miał jak ich zlizać. Założę się, że tobie ten zapach też przypadnie do gustu! (Pamiętaj, że olejek lawendowy nigdy nie może być spożywany, więc zawsze trzymaj go poza zasięgiem dzieci).

Kiedy już uporasz się prawidłowo ze wszystkimi 5 „S”, możesz zastosować poniższe wskazówki, które jeszcze bardziej ułatwią ci kładzenie twojego maluszka wieczorem spać.

Czytanie

To jest naprawdę znakomity pomocnik zasypiania! Nie dość, że zrelaksuje twojego aniołka, to jeszcze stanowi wspaniałą furtkę do uczenia się i czynnik pomagający dzieciom odnieść sukces w szkole i potem w pracy. Dlatego czerpanie przyjemności z czytania warto zacząć budować w maluszkach jak najwcześniej.

Oczywiście twoje 5-miesięczne dziecko nie rozumie czytanych przez ciebie poszczególnych słów. Ale będzie *zachwycone*, mogąc usłyszeć twój ożywiony głos i na pewno bardziej zainteresuje się rzeczami, którymi ty się interesujesz.

A poza tym dla większości rodziców czytanie bajek to jedna z najprzyjemniejszych części całego rytuału kładzenia dzieci do łóżka.

Przytulanki, czyli najlepsi przyjaciele twojego maluszka (poza tobą!)

Kolejnym bardzo dobrym pomysłem jest ofiarowanie maluszkowi jakiejś miłej pluszowej przytulanki, która pomoże mu zasnąć. Wszyscy pamiętamy, jak bardzo Krzyś kochał swojego Kubusia Puchatka, a Michael, malutki brat Wendy z *Piotusia Pana*, zabrał swojego ulubionego misia nawet do dalekiej Nibylandii. Też mieliście jakąś ukochaną przytulankę, jak byliście mali? Albo kocyk? Albo misia? Jeśli ty lub twój partner wszędzie taszczyliście ze sobą swojego ulubionego pluszaka, aż zaczęły mu ze wszystkich stron odpadać kawałki, to jest spora szansa, że wasz maluszek będzie robił tak samo. A to dlatego, że wielka miłość do tych pluszowych rzeczy po prostu przechodzi w genach.

Dzieci wprost uwielbiają przytulanki! Widziałem, jak tuliły się do pieluszek, jedwabnych apaszek i wszelkiego rodzaju zabawek. Jeden z moich pacjentów, mały Alex, przez lata nie mógł odczepić się od spania z… hakiem Kapitana Haka.

A mimo to tylko w co trzeciej rodzinie wykorzystuje się takich pomocników snu, jak biały szum czy właśnie przytulanki. Myślę, że może to wynikać z tego, że wielu rodziców za bardzo wzięło sobie do serca ostrzeżenia ekspertów mówiące o tym, że od przytulanek mogą w dziecku rozwinąć się niezdrowe uzależnienia. Ale takie myślenie to wielki błąd!

Rodzice, którzy postanawiają w ogóle nie używać przytulanek, przegapiają *wielką* szansę, ponieważ te przytulaste stworzenia w rzeczywistości bardzo pomagają maluszkom w budowaniu ich pewności siebie i poczucia bezpieczeństwa. A na dodatek są zawsze dostępne – w dzień czy w nocy. Dlatego są bardzo, naprawdę bardzo *dobrym* rozwiązaniem, a już szczególnie w chwilach większego stresu dla dzieci (takich jak choroba czy nieobecność rodziców) oraz dla maluszków o bardzo wrażliwym charakterze.

Dla niemowląt w wieku od 3. do 6. miesięcy praktycznie jedyną bezpieczną „przytulanką" będzie smoczek i biały szum (taka „przytulanka dźwiękowa"). Po tym okresie możesz dać mu do zabawy gładki kocyk albo jakieś pluszowe zwierzątko wielkości dłoni.

Jednocześnie upewnij się, że zawsze masz jakiś plan B, ponieważ dla dziecka zgubienie ulubionej przytulanki to prawdziwa tragedia! Dlatego najlepiej niech ma dwie, które będziesz mu dawać naprzemiennie co kilka tygodni. W ten sposób będziesz mogła je co pewien czas czyścić, a jednocześnie na maluszka będą one działały tak samo uspokajająco i będą tak samo pachnieć.

Upewnij się też, że żadna z przytulanek nie ma w sobie małych części (takich jak oczy z guzików albo koraliki w środku), które mogą wpaść maluchowi do nosa albo stwarzać ryzyko zakrztuszenia.

Obudź i pozwól zasnąć, czyli wisienka na torcie w trakcie kładzenia do snu twojego maluszka

Ostatnim etapem kładzenia dziecka spać jest jego samodzielne zasypianie. Wspominałem już o tym przy okazji omawiania noworodków, ale w okresie rozwoju dzieci omawianym w tym rozdziale jest to równie ważne.

Jeśli twój szkrab zaśnie ci na rękach, rozbudź go trochę po tym, jak odłożysz go do łóżeczka. Możesz zrobić to przewijając go, łaskocząc albo kładąc mu swoją chłodną dłoń na czole. Powinien wtedy na kilka sekund otworzyć szeroko oczy albo przynajmniej zakwilić i spróbować parę razy odepchnąć twoją rękę, a potem znowu smacznie zasnąć.

Wiem, że takie postępowanie jest zupełnie niezgodne z tym, co podpowiada nam instynkt rodzicielski! Tym niemniej jest to *kluczowy punkt* prowadzący do tego, żeby twój maluszek nauczył się sam zasypiać w nocy po tym, jak się rozbudzi. Dzięki temu (oraz z pomocą 5 „S", brzuszka pełnego mleka i ukochanej przytulanki) będzie umiał sam z powrotem ululać się do snu.

Jeśli jednak twój mały podniesie alarm, kiedy troszkę go rozbudzisz, po prostu poklep go po pleckach lub poruszaj szybko kołyską aż do momentu, w którym się uspokoi. Jeżeli to nie pomoże, weź go na ręce i uspokój, a potem odłóż z powrotem do łóżeczka. (I znów delikatnie rozbudź, jeśli uda mu się szybko zasnąć jeszcze w twoich ramionach).

Problemy ze snem nie ustają? Czas podjąć działanie

Czy nadal borykasz się z problemami związanymi ze spaniem maluszka, modląc się co wieczór, żeby „wreszcie z tego wyrósł?".

No cóż, wiem, że to, co teraz powiem, nie jest tym, co chcesz usłyszeć, ale... dzieci zazwyczaj nie wyrastają ot tak ze swoich zmagań z zasypianiem. Te problemy po prostu trwają aż do momentu, gdy nie zrobisz czegoś, żeby je (problemy) okiełznać. Dlatego też – jeśli do tej pory cierpliwie czekałaś, aż sytuacja sama się poprawi, ściśle trzymając się metody 5 „S" i skrupulatnego schematu kładzenia dziecka spać – a spokojny sen maluszka nadal nie nadchodzi, najwyższy czas wcielić w życie nowy plan.

Pierwszy krok do sukcesu: określ etap, na którym teraz jesteś

Pierwszą kwestią, którą należy ustalić, zanim zaplanujesz swoją strategię związaną ze snem, jest odpowiedź na pytanie „Czy mój maluszek *naprawdę* ma kłopoty ze spaniem?".

Jeśli bowiem przesypia 8 godzin bez przerwy (powiedzmy od 21. do 5. rano) i ma trzy drzemki w ciągu dnia, być może to jest wszystko, co można w tym temacie zrobić. Przecież nie wszystkie dzieci będą spały równe 10 godzin, nie będą też zasypiały ani budziły się dokładnie w momencie, kiedy ty tego chcesz.

Z drugiej strony bardzo prawdopodobne jest, że jeśli czujesz, że twoje dziecko ma problemy ze snem, to tak właśnie jest. I tu pojawia się druga kwestia: zebranie danych.

Generalnie nie jestem wielkim zwolennikiem prowadzenia list i dzienników. Uważam, że jeśli karmienie przydarzy się godzinę wcześniej, a drzemka godzinę później, to nic wielkiego się nie stanie. Ale jeżeli nie będziesz prowadzić notatek, bardzo ciężko będzie ci zapamiętać, ile przespał twój szkrab, co ile się budził i co pomogło mu znowu zasnąć.

Taki dziennik (patrz dodatek na końcu książki) pozwoli ci również na podzielenie się swoimi obawami z lekarzem, a potem na śledzenie postępów w miarę rozwiązywania problemu.

Tak więc zanim zaczniesz się bawić w wymyślanie zmian godzin chodzenia do łóżka, przez kilka dni poobserwuj, jak zachowuje się przed porą snu twój maluszek: czy jest przemęczony (poddenerwowany i ziewający, z zamglonym wzrokiem), czy raczej pełen energii (wesoły i chętny do zabawy).

Dokładnie odnotuj godziny, w których dostrzegasz u niego wczesne oznaki zmęczenia. Przez tydzień wynotuj też kluczowe momenty dotyczące jego snu:

- **drzemki (godzinę i czas trwania),**
- **długość schematu kładzenia do łóżka (i jego szczegóły),**
- **godziny i długość wybudzeń w nocy (zapisz również, co robiłaś w odpowiedzi na nie),**
- **godziny pobudki rano.**

A kiedy już będziesz notować powyższe, dodaj też inne ważne wydarzenia dnia, takie jak posiłki, napady płaczu i kupki.

Na końcu książki znajdziesz załączony dziennik *pobudki/zaśnięcia*. Takie zapiski stanowią potem naprawdę fajne pamiątki, więc nie wyrzucaj ich, nawet gdy skończysz zbierać potrzebne dane. Zobaczysz, jak miło będzie potem pooglądać je razem, gdy twoje dziecko już dorośnie i samo będzie miało swoje potomstwo!

Ustalanie przyczyny problemu

Prowadzony przez ciebie dziennik powinien pomóc ci dostrzec, skąd biorą się problemy twojego maluszka z zasypianiem. Cztery najczęstsze przyczyny takiej sytuacji to zbytnie pobudzenie dziecka przed snem, jakaś dolegliwość, stosowanie złych pomocników snu albo wybór złych godzin na kładzenie dziecka spać.

Twój maluszek jest zbyt rozemocjonowany

Niekiedy zdarza się, że rodzice sami sprawiają, że ich malec tuż przed snem w nocy zaczyna bardzo się ekscytować. Najczęściej ma to miejsce w przypadku rodziców spędzających całe dnie w pracy, którzy po powrocie do domu mają wielką chęć na *zabawę* ze swoim maluszkiem.

I wtedy z powodu miłości (albo też poczucia winy) można niechcący wywołać w dziecku całą masę emocji tuż przed tym, kiedy powinno ono iść spać. Jak zapewne jesteś w stanie sobie wyobrazić, w takiej sytuacji maluszkowi ciężko jest przestawić się w kilka minut z etapu zabawy i chichotów – które miały miejsce w pokoju jasnym jak słoneczny dzień – na bycie samemu w ciemnym, cichym pokoju. (My chyba też nie potrafilibyśmy tak w sekundę przestawić się na sen...). Dlatego upewnij się, że światła są przygaszone, a zabawy zakończone długo przez ostatnim „dobranoc".

Zbytnie podekscytowanie może być też wynikiem podania maluszkowi jakiegoś składnika stymulującego (np. kofeiny, czekolady, ziołowego dodatku do diety czy też leku obkurczającego) bezpośrednio bądź w pokarmie.

Dolegliwości twojego maluszka

Przyczyna problemów z zasypianiem twojego dziecka może też leżeć w tym, że coś mu przeszkadza. Może mieć to źródło zewnętrzne (np. hałas, jasne światło, nieprzyjemny zapach albo fakt, że w pokoju jest za zimno/ciepło lub zbyt duszno) albo wewnętrzne (głód, zatkany nos, zaparcia czy bolące dziąsła).

Jeśli pokój dziecięcy jest chłodny, załóż maluszkowi skarpetki i ogrzej mu pościel ciepłym termoforem na 5-10 minut przed włożeniem go do łóżeczka.

Nigdy natomiast nie zakładaj dziecku czapki! Może ona bowiem zsunąć się na twarz, kiedy malec będzie bardzo się kręcił. Ponadto malutkie dzieci tracą 25% ciepła przez głowę, dlatego czapka może doprowadzić do przegrzania organizmu. Jeśli nie jesteś pewna tego, co powinnaś zrobić, skonsultuj się ze swoim pediatrą.

Czy stres emocjonalny może też wpłynąć na twoje dziecko?

Małe dzieci mogą się zestresować tak samo, jak dorośli. Dlatego jeżeli twój szkrab zupełnie nie chce spać, poświęć chwilę na upewnienie się, że źródło jego zachowania nie leży w stresie. Oto, co może go niepokoić:

- krzyki albo odgłosy walki – zarówno w telewizji, jak i w prawdziwym życiu,
- przerażające sytuacje, takie jak szczekający pies, nagły hałas, nieznana sypialnia czy też nowi bądź nieprzyjaźnie nastawieni ludzie (nowa opiekunka, nowy nauczyciel czy nawet babcia, której maluszek dawno nie widział),
- separacja, np. konieczność zostania z nową opiekunką lub pożegnania się z osobą, która do tej pory pełniła funkcję opiekuna.

Powyższe sytuacje mogą źle wpływać szczególnie na bardzo delikatne i wrażliwe dzieci, które często się boją, czują się samotne albo stają się wyjątkowo rozdrażnione, kiedy widzą wokół siebie niespodziewane zmiany.

Jeśli wydaje ci się, że to stres stoi częściowo za problemami ze snem twojego maluszka, zrób wszystko, co w twojej mocy, aby chronić go przed podobnymi sytuacjami i zacznij wdrażać pełny schemat kładzenia do łóżka, który pomoże dziecku wrócić do równowagi.

Twój maluch nabrał złych przyzwyczajeń

To jest prawdopodobnie przyczyna numer 1 problemów ze spaniem dzieci! Uczymy dzieci takich nawyków, które sprawiają, że są one od nas zależne, zamiast uczyć ich rzeczy, które budują potem ich pewność siebie i umiejętność samodzielnego uspokajania się. Najczęstszymi popełnianymi tutaj błędami są wspólne spanie w jednym łóżku i kładzenie do łóżeczka dziecka, które już śpi.

Wspominane już wcześniej badanie *Sen w Ameryce* pokazało, że:

- **60% niemowląt jest kołysanych do snu (to jest świetne rozwiązanie dla noworodków, ale potem może przysporzyć problemów),**
- **75% maluszków zasypia codziennie podczas karmienia,**
- **spora grupa niemowląt śpi w łóżku z rodzicami, co sprawia, że mogą wymagać na rodzicach, by ci lulali ich do snu przy okazji każdego wybudzenia,**
- **tak jak już pisałem, tylko jedna trzecia rodziców używa pomocników snu, takich jak biały szum albo przytulanki, które budują w dziecku *niezależność*.**

Lekarze na Rhode Island odkryli, że zarówno trzy- jak i ośmiomiesięczne dzieci zasypiały *z łatwością* – gdy szły spać wieczorem oraz po wybudzeniu się w środku nocy – jeśli miały w buzi smoczek lub przytulankę obok siebie. Lekarze odnotowali również, że wszystkie 8-miesięczne dzieci, które miały problemy ze snem (czyli mniej więcej 1 na 3), były kładzione do swoich łóżeczek, kiedy *już spały*, i *żadne z nich* nie dostawało regularnie do snu przytulanki.

Pomaganie dziecku w ponownym zaśnięciu może być bardzo miłe i pełne cudownego tulenia, i ja jestem tego zwolennikiem tak długo, jak *tobie* to odpowiada (i jak długo dbasz o wszystkie zasady bezpieczeństwa związane ze spaniem w jednym łóżku). Ale jeśli jesteś już tą sytuacją zmęczona i sfrustrowana, jest to najlepszy moment, żeby nauczyć twojego szkraba nowych przyzwyczajeń. Po czym można poznać, że to jest właśnie ta chwila?

- **JESTEŚ WYKOŃCZONA. Przesadnie reagujesz na różne sytuacje; szybko denerwujesz się na dziecko lub partnera; jesteś rozkojarzona w pracy; swoim zmęczeniem stwarzasz niebezpieczeństwo na drodze; czujesz się przygnębiona; rozważasz powrót do palenia papierosów.**

- **JESTEŚ SFRUSTROWANA.** Nie masz pojęcia, co poradzić na opór, z jakim twój maluszek podchodzi do kwestii snu, na jego pobudki w środku nocy, uzależnienie od spania w jednym łóżku z wami i konieczność częstego karmienia w nocy. I często sprzeczasz się ze swoim partnerem.
- **TWÓJ MALUSZEK NIE JEST SZCZĘŚLIWY.** Jest przesadnie rozdrażniony; płacze z byle powodu; jest bardzo niecierpliwy; wydaje się przemęczony; staje się strasznie nieznośny, gdy nadchodzi pora nocnego spania; całą noc budzi się z płaczem.

Jeśli dostrzegasz te problemy, najwyższy czas zamienić dotychczas stosowanych pomocników snu na takich, które pomogą twojemu maluszkowi spać *oraz* zwiększą jego pewność siebie, spokój i sprawność. Nie zrozum mnie źle – jak najbardziej powinnaś dawać swojemu aniołkowi mnóstwo przytulania, bliskości, poklepywania i ssania. Ale w celu uniknięcia problemów ze snem *w przyszłości*, już *teraz* powinnaś skupić się na stosowaniu czynników i schematów, które pomogą mu nauczyć się samemu uspokajać.

Na początek najlepszym sposobem na oduczenie dziecka całkowitego przyzwyczajenia do bycia trzymanym na rękach i lulanym aż do zaśnięcia, jest zastosowanie techniki *obudź i pozwól zasnąć* za każdym razem, gdy kładziesz maluszka do snu.

Czy niewysypianie się dzieci może prowadzić do ich otyłości?

Bardzo dużo wskazuje na to, że nieregularny sen może prowadzić do problemów z wagą u dorosłych (patrz str. 235) i u starszych dzieci. Dwa najnowsze badania wskazują ponadto, że kwestia ta dotyczy także niemowląt.

Pierwsze, przeprowadzone przez naukowców z Penn State, wykazało, że dzieci karmione piersią, których rodzice stosowali metodę 5 „S" (wraz z innymi wskazówkami dotyczącymi rodzicielstwa), śpią dłużej. Wśród tych dzieci zaobserwowano także mniej przypadków nadmiernej wagi w wieku roku, jeśli ich mamy przestrzegały dodatkowo prostego planu odżywiania (czyli niepodawania pokarmów stałych przed ukończeniem 6. miesiąca oraz uspokajania dziecka tuleniem zamiast karmieniem).

Z kolei badanie przeprowadzone przez zespół naukowców z Harvardu wykazało 100% zwiększonego ryzyka pojawienia się otyłości u 3-latków, które spały mniej niż 12 godzin na dobę w okresie niemowlęctwa (w wieku 6, 12 i 24 miesięcy). Ryzyko to wzrastało jeszcze bardziej w przypadku dzieci, które oglądały telewizję przez ponad 2 godziny dziennie.

Zły czas kładzenia do łóżka

Niemowlęta buntują się przed pójściem spać, jeśli zmienia się im godziny zasypiania (np. podczas podróży w różnych strefach czasowych albo przy przechodzeniu na czas letni) lub są one ustalone za wcześnie bądź też za późno.

Większość maluszków zasypia lepiej i śpi dłużej, jeśli kładzie się je spać, *zanim* zrobią się zbyt zmęczone. Badanie *Sen w Ameryce* wykazało, że przemęczonym dzieciom zaśnięcie zajmuje niemal 20% więcej czasu! Innymi słowy, *przemęczenie powoduje rozdrażnienie* (szczególnie jeżeli mamy do czynienia z dziećmi nadaktywnymi).

Trzymiesięczne dzieci chodzą spać średnio o 21.30, ale im są starsze, tym ta godzina przesuwa się na *wcześniejszą*, czyli 20.30 lub nawet jeszcze wcześniej. Naukowcy z Pittsburgha odkryli, że dzieci, które szły spać przed 21., spały ogółem znacznie dłużej (13 godzin) niż te kładzione do łóżek po 21. (średnio 11,8 godzin). Z drugiej strony, jeżeli będziesz starała się położyć dziecko zbyt wcześnie, może nie być jeszcze zmęczone.

Jak zorientować się, czy *jest* zbyt wcześnie? Oto wskazówki:

- **twój maluszek walczy z zaśnięciem przez 30 do 60 minut,**
- **w momencie kładzenia do łóżeczka nie okazuje żadnych oznak zmęczenia,**
- **budzi się w środku nocy albo bardzo wcześnie rano radosny jak skowronek i w pełni gotowy do zabawy.**

A może jednak jest za *późno*? Może tak być, jeśli:

- **twój maluszek walczy z zaśnięciem przez 30 do 60 minut,**
- **jest marudny i humorzasty, zasypia w ciągu dnia w samochodzie i w wózku, a jego drzemki trwają dłużej niż 3 godziny,**
- **jest wyraźnie przemęczony w momencie kładzenia go do łóżeczka (trze oczy, mruga, ziewa i jest rozdrażniony).**

Jeżeli, biorąc pod uwagę powyższe, stwierdzisz, że za wcześnie kładziesz maluszka, przesuń tę porę o *15 minut* do przodu co 2-3 wieczory.

Zrób analogicznie, jeżeli uważasz, że zaczynacie zbyt późno (oczywiście w tym przypadku zaczynając kwadrans *wcześniej*). Takie działanie powinno przynieść pożądany skutek w ciągu 1-2 tygodni.

Schematy spania: radzenie sobie z dziećmi, które kochają konsekwentne działanie

Osobiście nie jestem fanem ustalania precyzyjnego planu dnia dla małych dzieci, ale stworzenie *elastycznego* schematu może okazać się bardzo pomocne, jeśli:

- **twój maluszek ma kłopoty ze spaniem: jest wrażliwym, ale też grymaśnym dzieckiem, dla którego opóźniona drzemka to koniec świata; robi się rozdrażniony, kiedy jest bardzo zmęczony; nie chce chodzić spać; zbyt często się budzi; budzi się zbyt wcześnie rano;**
- **ty potrzebujesz bardziej uporządkować swój dzień: masz na głowie wiele obowiązków (pozostałe dzieci, pracę, dom) i musisz dobrze wykorzystać każdą chwilę.**

Poniżej znajdziesz prosty pomysł na schemat, który przekona twojego maluszka do jedzenia i spania, a tobie ułatwi lepsze zorganizowanie planu dnia.

1. NAJPIERW ZOBACZ, GDZIE DOKŁADNIE LEŻY PROBLEM

Zapewne tak jak w przypadku większości rodziców, twoje dni mieszają ci się jeden z drugim. Dlatego zanim zaczniesz wprowadzać zmiany w trybie życia swojego maluszka, przez parę dni prowadź dziennik *pobudek/zaśnięć*. Tak jak już wspominałem, to pomoże ci szybko określić sposób funkcjonowania twojego szkraba (na str. 360 znajdziesz przykład takiego dziennika).

2. NASTĘPNIE USTAL CEL

Po kilku pierwszych miesiącach dobrym pomysłem jest przyjęcie za cel kładzenia dziecka na drzemki co 2-3 godziny w ciągu dnia i pilnowanie, by jednorazowo nie spało dłużej niż dwie godziny (gdy ukończy rok, częstotliwość drzemek zmieni się na co 3-5 godzin). Z kolei plan nocy powinien zakładać 6 godzin nieprzerwanego snu (w wieku 4 miesięcy) aż do 8-10 godzin do czasu pierwszych urodzin.

3. TERAZ ZACZNIJ ORGANIZOWAĆ PLAN DNIA

U niektórych dzieci przejście od fazy *przemęczone* do *bardzo rozdrażnione* przebiega naprawdę szybko. A kiedy to już nastąpi, rozbudzają się jeszcze bardziej i tym oporniejsze są w kwestii zaśnięcia. Dlatego sprawdź swoje notatki w dzienniku *pobudek/zaśnięć* i staraj się położyć maluszka spać pół godziny przed tym, kiedy według ciebie zrobi się zmęczony.

Następnie utwórz porządny schemat czynności towarzyszących kładzeniu do łóżka i pamiętaj, że wcześniejsze „dobranoc" poprawi jakość snu twojego szkraba.

Przy każdym zasypianiu włączaj biały szum. Zastanów się, czy nie włączać go jeszcze przed rozpoczęciem wieczornego rytuału (aby wprowadzić maluszka w odpowiedni nastrój). Biały szum możesz też stosować w ciągu dnia w trakcie posiłków, jeśli widzisz, że twój maluszek nie zjada odpowiedniej ilości pokarmu i potem jest wyraźnie głodny w nocy.

I na koniec jeszcze jedna rada: jeśli mimo twoich najlepszych starań maluszek budzi się w nocy głodny, spróbuj dodać mu do menu trochę kalorii, a jednocześnie zapobiec nocnym wybudzeniom, stosując *karmienie we śnie* (więcej opowiem o tym w rozdziale 8).

Trzymanie się zasad: bądź konsekwentna (przynajmniej przez większość czasu)

Eksperci uwielbiają dawać rodzicom jedną radę, która brzmi: „*Bądźcie konsekwentni!*".

Tylko że to jest jedna z tych rad, które doprowadzają mamy i tatusiów do szału, bo prawda jest taka, że w prawdziwym życiu nie da się być cały czas konsekwentnym. Może się przecież zdarzyć, że w czasie przewidzianym na drzemkę utkniesz w kolejce w sklepie. Albo jesteś tak zajęta, że czas posiłku przesunie się o godzinę. Albo twoje drugie dziecko będzie wymagało natychmiastowej uwagi akurat w momencie, gdy miałaś kłaść maluszka spać.

I to wszystko w trakcie jednego, zwyczajnego dnia! Plan dnia ulegnie też zmianie, kiedy twój maluszek nagle zachoruje. A jeśli odwiedzą was goście, to już na pewno wszystko stanie na głowie.

Dlatego nie skupiaj się cały czas na tym, żeby przestrzegać planu dnia niczym pułkownik w armii. Ale jeśli (ty i inne osoby opiekujące się maluszkiem) możecie rozsądnie trzymać się ustalonego wcześniej planu, na pewno zaowocuje to tym, że wszyscy będziecie lepiej spać.

Jest to szczególnie ważne w nocy, ponieważ zachowanie w stylu „raz wezmę go na ręce, kiedy płacze, a raz nie" może tylko wprowadzić zamieszanie w głowie maluszka („*Hmm…, raz mama przychodzi, jak zaczynam płakać, a innym razem nie. Może spróbuję głośniej*").

Podsumowując: staraj się zachować konsekwencję w działaniu i… przewidywalność zdarzeń: przyciemnione światła, ciepłe mleko, 5 „S", bajki na dobranoc i przytulanki oraz nieco lawendy co wieczór i parę innych pomocników snu w czasie drzemek.

W ten sposób w ciągu kilku tygodni uda ci się wypracować schemat spania, który będzie się sprawdzał przez następne kilka lat.

Ściągawka: przegląd metody z *Najszczęśliwszego śpiocha*

- Choć może się to wydawać zaskakujące, najlepszym momentem na rozpoczęcie przygotowań dziecka do snu w nocy jest *poranek*! Dzieci, które w ciągu dnia dostają dużo światła słonecznego i przybywają na dworze (oraz których mamy unikają substancji pobudzających, np. czekolady), dużo lepiej śpią potem w nocy.
- Zacznij sygnalizować swojemu maluszkowi nadchodzący czas snu na godzinę przed właściwym momentem: przyciemnij światła, puść w tle biały szum, nie krzątaj się zbytnio wokół niego, wyłącz telewizor.
- Możesz nadal stosować spowijanie, nawet jeśli twój malec umie się już przekręcać na brzuszek, pod warunkiem, że położysz go we *w pełni odchylonym* leżaczku-bujaczku albo foteliku.
- W miarę upływu miesięcy, biały szum stanie się najważniejszym pomocnikiem snu. Będzie kluczowym czynnikiem pomagającym twojemu niemowlęciu zasnąć po tym, jak zdecydujesz się na rezygnację ze spowijania. Pomoże mu to nie budzić się pomimo dochodzących hałasów czy jasnego światła, oraz niedogodności wywołanych ząbkowaniem lub burczeniem w brzuchu.
- Skokołysanie pozostaje bardzo pomocne przy wszelkich drzemkach i próbach zaśnięcia w nocy dla tych 5-15% najbardziej aktywnych dzieci.
- Technika *obudź i pozwól zasnąć* jest fundamentem pozwalającym twojemu maluszkowi na wytworzenie mechanizmu samouspokajania się, który pomaga też zminimalizować wpływ źle stosowanych przez rodziców pomocników snu.

ROZDZIAŁ ÓSMY

Pomóż swojemu maluszkowi spokojnie spać: od trzeciego do dwunastego miesiąca

NAJWAŻNIEJSZE KWESTIE:

- Nagłe wybudzanie się w nocy czy też problemy z zasypianiem mogą brać się z nadmiernego pobudzenia twojego maluszka lub z faktu, że coś mu dolega (np. ząbkowanie), ma złe przyzwyczajenia związane ze snem albo jest kładzione zbyt wcześnie/późno.
- Możesz wpłynąć nieco na liczbę karmień w nocy i wspomóc spokojny sen malca, zwiększając dawkę kalorii, którą przyjmuje w ciągu dnia (dzięki *długim sesjom jedzeniowym i karmieniu we śnie*), lub stosując sprytne techniki, takie jak sztuczka „auć!".
- Nowe wydarzenia, takie jak ząbkowanie czy pojawianie się zaparć, mogą skutecznie rozbić regularny sen twojego maluszka. Ale możesz zaradzić tym (i wielu innym) dolegliwościom, stosując kilka prostych, naturalnych i przyjaznych dla portfela rozwiązań.

- **Niektóre dzieci trzeba po prostu nauczyć spania. W tym celu możesz zastosować łagodniejszą technikę, którą nazwałem *dłużej i dłużej* lub też metodę niepowodującą pojawienia się łez, czyli *podnieś/odłóż*.**

„Jeśli twój maluszek jest piękny i idealny, nigdy nie płacze ani nie grymasi, śpi jak w zegarku, a po obiedzie odpowietrza się jak na zawołanie, i generalnie jest po prostu aniołem, to znaczy, że jesteś jego babcią."

—Theresa Bloomingdale

Nocne płacze – niekończąca się opowieść?

Łeeeeeeeee! Łeeeeeeee!

Nocny płacz niemowlaka naprawdę może spowodować, że włosy stają nam dęba. I oczywiście sprawia, że od razu zrywamy się na nogi, bo nie chcemy, żeby maluch obudził cały dom (oraz mamy nadzieję, że uda nam się go ululać do snu, zanim w pełni się rozbudzi).

Nocne pobudki dzieci to najczęściej powtarzająca się skarga rodziców do ukończenia przez nie pierwszego roku życia: ok. 25% maluszków w wieku 5 miesięcy nie potrafi przespać ciągiem 6 godzin. A najczęściej wstający do dzieci rodzice śpią średnio 1,5 godziny mniej na dobę!

Badaczka z Nowej Zelandii, Jacqueline Henderson, wraz ze swoim zespołem przeanalizowała schematy snu mam i ich dzieci. Oto, co odkryli:

- **50% niemowląt w wieku 3 miesięcy przesypiało bez wybudzania się 5 godzin (nieźle),**
- **50% niemowląt w wieku 5 miesięcy przesypiało 8 godzin, od 22. do 6. rano (bingo!),**
- **15% rocznych dzieci nie umiało przespać nawet 5 godzin!**

Dlatego nie czekaj, aż schemat snu u twojego 5-miesięcznego brzdąca sam się ureguluje. Badanie przeprowadzone przez kanadyjskich naukowców pokazało bowiem, że jedna trzecia dzieci, które budziły się w nocy w wieku pięciu miesięcy, miała nadal problemy z przespaniem 6 godzin bez przerwy w wieku 2,5 lat!

Na szczęście istnieje parę bardzo skutecznych sposobów na poradzenie sobie z tym problemem. Po pierwsze, musisz działać zgodnie ze wskazówkami zawartymi w poprzednim rozdziale (dotyczącymi ustalenia rutynowego schematu spokojnego przygotowania do snu i zasypiania). Przez całą noc stosuj biały szum i pomóż swojemu maleństwu nauczyć się samouspokajania, stosując pomocników snu, którzy nie wymagają twojej obecności.

Niemniej jednak najważniejszą kwestią, co do której musisz mieć jasność, aby pomóc swojemu dziecku przesypiać noce, jest odpowiedź na pytanie: dlaczego się budzi?

Dlaczego niemowlęta budzą się w nocy?

Jeśli twój maluszek skończył już 5 miesięcy, a nadal wybudza się w nocy (tzn. między północą a 6. rano), powinnaś przeanalizować, czy taki stan rzeczy nie wynika z tego, że doskwiera mu jeden z czterech poniższych, dość powszechnych, problemów:

- **jest nadmiernie pobudzony,**
- **coś mu dolega (np. jest głodny),**
- **ma zbyt wiele złych nawyków powiązanych z zasypianiem, a zbyt mało dobrych,**
- **ma rozregulowany czas chodzenia spać (za wcześnie, za późno albo o zbyt różnych porach).**

Czy to nie brzmi znajomo? Nic dziwnego, bo przecież są to te same powody, dla których niemowlęta nie chcą w ogóle zasypiać.

Okiełznaj trochę podekscytowanie maluszka przed nocnym snem

Jest dość prawdopodobne, że dziecko, które w momencie, gdy powinno iść spać, jest w środku ekscytującej zabawy, obudzi się nagle o 2. w nocy. Na szczęście akurat ten problem można dość łatwo rozwiązać.

Po prostu ostatnią godzinę przez planowanym „dobranoc" spędźcie na cichej zabawie, w otoczeniu przygaszonych świateł, z wyłączoną telewizją i muzyką, ale z puszczonym w tle białym szumem. Pamiętaj, żeby nie dawać swojemu maluszkowi kofeiny w żadnej postaci (czy to bezpośrednio, czy przez swój pokarm; patrz też str. 23). I oczywiście upewnij się, że stosujesz się do dobrego schematu czynności wieczornego kładzenia maluszka spać (patrz rozdział 7).

Jak poradzić sobie z przeszkodami

Jane opowiedziała mi: „Krótko po skończeniu 5 miesięcy Zoe zaczęła znowu budzić się o 2. w nocy. Najpierw płacze, bo jest głodna, ale potem, po jedzeniu, chce się też bawić! Nadal stosujemy spowijanie (z jedną rączką na wierzchu) i puszczamy jej w tle odgłos fal oceanu, ale teraz muszę jeszcze dodatkowo kołysać ją na boku przez 20-30 minut i dopiero wtedy zasypia".

Wspominałem już wcześniej, że sen dziecka mogą zakłócać różnie czynniki *zewnętrzne* (takie jak zbyt jasne światło albo chrapanie tatusia), jak i *wewnętrzne* – ząbkowanie, głód, zatkany nos czy zaparcia.

A kiedy maluszek już się wybudzi, te niedogodności albo pragnienia (np. wielka chęć kontaktu z innymi ludźmi) mogą zaowocować pełnym rozbudzeniem i płaczem, który ma na celu przywołanie jego ulubionego kompana do zabaw, czyli... ciebie!

Tym, co najpewniej pozwoli ci zamaskować wszystkich „przeszkadzaczy" i pomoże twojemu aniołkowi ponownie zasnąć, jest *donośny* biały szum. Świszczący w tle wiatrak czy odgłos fal oceanu mogły być dobrym pomysłem w przypadku mniejszych dzieci, ale mogą nie wystarczyć przy próbie uspokojenia starszych, bardziej ciekawskich i wyczulonych brzdąców.

Dlatego upewnij się, że każdej drzemce i każdemu nocnemu zasypianiu towarzyszy głośny, dudniący biały szum (o natężeniu głośności takiej, jak włączony prysznic). A jeśli maluszek nadal będzie się budził, przykryj wszystkie źródła jasnego światła (połóż ręcznik na odtwarzacz DVD i budzik elektroniczny, zasłoń okna i przyciemnij światło w przedpokoju). Sprawdź też, czy w pokoju nie jest za zimno ani za ciepło, oraz używaj nawilżacza powietrza, jeśli w pomieszczeniu jest bardzo sucho lub twój maluszek ma zatkany nos.

Oczywiście w tym wieku jednym z czynników najczęściej powodujących wybudzenie jest głód. Może się zdarzyć, że twój szkrab w ciągu dnia będzie tak zafascynowany tym, co dzieje się naokoło, że po prostu zapomni o jedzeniu i głód zacznie mu doskwierać dopiero późnym wieczorem. Albo też może jeść normalnie w ciągu dnia i *nadal* być głodny w nocy, bo przechodzi akurat fazę szybkiego wzrostu.

Bez względu na przyczynę, jest kilka sposobów na uregulowanie problemu nocnego głodu, tak by twój maluszek dostawał tyle pokarmu, ile powinien... ale w bardziej dogodnych dla ciebie godzinach w ciągu dnia.

Karmienie wspomagające spokojny sen dziecka

Heidi, mama pięciomiesięcznego Cadena, opowiedziała mi, jak jej synek zmienił się nagle z idealnie przesypiającego noce w „Koszmar z ulicy Wiązów"!

„Dwa tygodnie temu" – mówi Heidi – „włączyłam mu do diety kaszkę ryżową, a potem jabłka, banany i awokado. Caden je dwa posiłki dziennie, ok. 9. rano i 7. wieczorem. Następnie jest czas na kąpiel i najpóźniej o 8. mały leży już w łóżeczku. Tylko że teraz zaczął się budzić co dwie godziny i płacze, póki do niego nie przyjdę. Jak tylko wezmę go na ręce, jest bardzo szczęśliwy, ale i tak płacze rzewnymi łzami, żądając porządnej porcji swojego mleka. Potem zasypia, ale znowu tylko na dwie godziny!".

I dodaje: „Wiem, że sam jest też wykończony, bo jego drzemki w ciągu dnia wydłużyły się z godziny do dwóch, trzy razy dziennie. I stał się bardziej marudny".

Na szczęście dość łatwo poradziliśmy sobie z tym rozstrojeniem czasowym u Cadena. Poradziłem Heidi, żeby całkowicie zrezygnowała z dawania synkowi pokarmów stałych, a w zamian karmiła go co dwie godziny w ciągu dnia i potem budziła o 23. na karmienie we śnie. Po dwóch dniach Caden zaczął z powrotem przesypiać całe noce.

Tak jak już mówiłem, jedzenie i spanie są ze sobą ściśle powiązane. Przecież każdy z nas ma ochotę na drzemkę po obfitym, ciepłym posiłku. Większość dzieci wyrasta z *potrzeby* jedzenia w nocy w wieku 4-6 miesięcy. Dlaczego w takim razie niektóre maluszki zaczynają nagle znowu – tak jak Caden – budzić się z głodu o 2. w nocy? Oto trzy najpowszechniejsze przyczyny:

Dostają dietetyczne jedzenie. Mało jest rzeczy, które sprawiają taką radość, jak karmienie chętnego do jedzenia maluszka rozdrobnioną marchewką metodą „lecącego samolotu". Ale przez pierwszy rok życia dziecka jego podstawą pożywienia nie są niskokaloryczne składniki, takie jak ryż czy właśnie marchewka, tylko wysokokaloryczne mleko. Dlatego właśnie Caden budził się w nocy: bo cały dzień żywił się jedzeniem niczym z baru sałatkowego, które na pewno było smaczne i dostarczało mu zabawy, ale było zdecydowanie za mało odżywcze.

Są zbyt ciekawskie. Niektóre maluszki są tak zafascynowane wszystkim, co dzieje się wokół nich, że w ciągu dnia zwyczajnie za mało jedzą albo w ogóle zapominają o niektórych posiłkach. Wtedy, budząc się nagle w nocy, w zupełnej ciszy i bezruchu, nagle uświadamiają sobie, jak bardzo są głodne.

Są w fazie intensywnego wzrostu. Pamiętacie taki etap z okresu, kiedy byliście nastolatkami? W ciągu pierwszego roku życia maluszki przechodzą taką fazę wielokrotnie. Dlatego też może zdarzyć się, że nagle wybudzą się w nocy niczym głodomory chcące jak najszybciej zaspokoić swój apetyt.

Bez względu na przyczynę nocnego głodu, najlepszym sposobem na zapobieganie mu jest… dawać dziecku więcej mleka w ciągu dnia.

Proste rozwiązanie: *długie sesje jedzeniowe* i *karmienie we śnie*

Jeśli twoje dziecko budzi się w nocy głodne, dobrym rozwiązaniem jest zwiększenie ilości dawanego mu pokarmu zarówno w dzień, jak i wieczorem. (Wyobraź sobie, że jest to jak napełnianie po brzeg baku twojego samochodu). Dwa klasyczne sposoby, które są w takiej sytuacji bardzo pomocne, to *długie sesje jedzeniowe* oraz *karmienie we śnie.*

Długa sesja jedzeniowa to seria szybkich mlecznych posiłków serwowanych co godzinę, dwie między godziną 16. a położeniem maluszka do łóżka. Ma na celu zapewnienie twojemu dziecku takiej ilości kalorii, która sprawi, że nie będzie odczuwało głodu przez całą noc.

Niektórzy lekarze ostrzegają rodziców przed podawaniem dzieciom zbyt dużej ilości pokarmu, ma to jakoby prowadzić do cofania się mleka i zaowocować pojawieniem się kolek. Ale to nonsens. Kobiety z południowoafrykańskiego plemienia !Kung karmią swoje niemowlęta 3-4 razy na godzinę i te dzieci bardzo rzadko miewają kolki (a najczęściej nie mają ich wcale).

Dlatego jeśli twój malec zacznie płakać godzinę po karmieniu, uspokój go, stosując metodę 5 „S" i zobacz, co stanie się potem. Jeśli będzie otwierać buzię w poszukiwaniu piersi, daj mu jeszcze trochę mleka, żeby jego brzuszek był zadowolony.

Wspominałem też o *karmieniu we śnie*. Ta technika polega na budzeniu *śpiącego* dziecka na dodatkowe karmienie. Przeprowadzone badania wykazały, że dodawanie takiego „nadprogramowego" karmienia pomiędzy godziną 22. a północą zmniejsza liczbę nocnych pobudek u 3-miesięcznych niemowląt... ale świetnie sprawdza się też w przypadku starszych dzieci!

Jak to zrobić? Obudź swojego malca ok. 23. i daj mu jeść (5 do 10 minut z jednej piersi, a resztę z drugiej). Upewnij się tylko, że jak odłożysz go z powrotem do łóżeczka, zastosujesz trik, który nazwałem *obudź i pozwól zasnąć* (patrz str. 98).

Jeśli twój maluszek zupełnie nie będzie chciał się obudzić na swoje *karmienie we śnie*, zmień mu pieluszkę, połaskocz w stópki albo przyłóż mu do czoła wilgotną ściereczkę - tak, by rozbudził się wystarczająco, żeby jeść.

Karmienie we śnie jest bardzo dobre dla twojego maluszka, ponieważ:

- zapewnia mu dodatkowe kalorie, które ułatwiają spokojniejszy sen,
- odbywa się o dogodnej dla ciebie porze (co oznacza, że *ty* też śpisz dłużej),
- *nie* jest odpowiedzią na płacz dziecka (co oznaczałoby, że w pewien sposób *nagradzasz* je za budzenie się w nocy i jeszcze bardziej do tego zachęcasz!),
- dzięki niemu zje mniej w nocy i będzie głodniejszy rano, co z kolei poprawi jego schemat jedzenia w ciągu dnia.

Jeśli twój maluszek nadal budzi się np. o 3.30 rano pomimo tego, że *karmisz go we śnie* i puszczasz w tle donośny, dudniący biały szum, rozważ nastawianie budzika tak, by jeszcze raz *karmić we śnie* o godzinie 3. Chodzi o to, żeby obudzić maluszka, zanim on obudzi ciebie, i tym samym nakarmić go, ponieważ odczuwa głód, a nie „nagradzać" go za to, że sam się rozbudził i zaczął płakać.

Jeżeli takie drugie *karmienie we śnie* rzeczywiście okaże się konieczne, pamiętaj, żeby tym razem dać maluszkowi *mniej mleka*. Jeśli karmisz piersią, daj mu po prostu pokarm tylko z jednej. Jeśli natomiast karmisz butelką, przez parę dni rób mleko, dodając do niego dwa razy więcej wody niż zalecone na opakowaniu (tylko na to jedno karmienie). Nie rozmawiaj za dużo ze swoim maluszkiem, ani zbytnio go nie tul: chodzi o to, żeby czuł się bezpiecznie, ale jednocześnie by nie odebrał twojego zachowania jako zachęty do zabawy.

Co trzy dni zmniejszaj ilość pokarmu dawanego dziecku o 3. rano: skracaj karmienie albo— w przypadku karmienia sztucznym mlekiem — dodawaj do pokarmu stopniowo coraz więcej wody. Jeśli karmisz piersią, twój organizm szybko dostosuje się do tego, żeby produkować więcej mleka w ciągu dnia, a mniej w nocy.

Cel takiego działania: zapewnić swojemu maluszkowi tyle dodatkowego mleka, żeby spokojnie przesypiał noc, ale nie tyle, żeby potem jadł mniej w ciągu dnia.

Poniżej znajdziesz kilka dodatkowych rad:

- Jeśli twoje niemowlę je tylko 30-60 g mleka w trakcie karmienia o 3. nad ranem, postaraj się zwiększyć mu dawkę kalorii przyjmowanych w ciągu dnia i zobacz, czy tym sposobem uda ci się wyeliminować nocne pobudki.
- Jeśli zaplanowałaś *karmienie we śnie*, a twój maluszek obudzi się nagle tuż przed tym, jak sama planowałaś to zrobić, nie przejmuj się: możesz spokojnie go nakarmić, a następnej nocy po prostu sama spróbuj wstać wcześniej.
- Jeśli obawiasz się, czy niemowlę dostaje odpowiednią ilość mleka, zważ je podczas wizyty u lekarza i upewnij się, czy prawidłowo przybiera na wadze.

Pułapki przerywające spokojny sen: choroby, ząbkowanie i inne

Wiesz pewnie o tym, że w momencie, kiedy twój maluszek znajduje się w płytkiej fazie snu (zaraz przed zapadnięciem w sen głęboki), choroba lub jakiś inny dyskomfort fizyczny może spowodować to, że się wybudzi. Jest duża szansa, że prędzej czy później będziesz musiała zmierzyć się z jednym z następujących problemów utrudniających sen:

- **przeziębienie,**
- **chrapanie,**
- **ząbkowanie,**
- **zaparcie.**

We wcześniejszych rozdziałach podzieliłem się już kilkoma wskazówkami dotyczącymi radzenia sobie z problemami z przeziębieniem i oddychaniem (patrz str. 117). Te sposoby sprawdzą się tak samo dobrze w przypadku kilkumiesięcznych dzieci. (Kiedy twój maluszek skończy 3 miesiące, możesz co prawda przestać prosić gości, aby przed kontaktem z nim zakładali na ubranie czyste t-shirty, ale członkowie rodziny nadal powinni zmieniać ubranie po przyjściu ze szkoły czy pracy – co pozwoli ograniczyć przypływ zarazków do domu – oraz przyjąć wszystkie wymagane szczepionki).

Poniżej znajdziesz jeszcze kilka dodatkowych (i ważnych) porad dotyczących przeziębień. Kiedy twój szkrab zaczyna pociągać nosem:

- **nie stosuj kropli do nosa zawierających cynk (mogą one uszkodzić nerwy twojego malca i naruszyć jego zmysł węchu),**
- **nie stosuj maści rozgrzewającej, jeśli twoje dziecko ma mniej niż 2 latka (może ona dostać się do jego oczu i bardzo je podrażnić),**
- **nie dawaj dziecku miodu w żadnej postaci (może on wywołać u dziecka potencjalnie śmiertelną chorobę, tj. botulizm).**

Upewnij się również, że twój maluszek dostaje na czas wszystkie *swoje* szczepienia, w tym również na grypę, ponieważ akurat tę chorobę można bardzo często i łatwo przynieść do domu – ale już dużo *trudniej* ją wyleczyć. Co więcej, grypa odpowiada za dziesiątki tysięcy hospitalizacji i zgonów dzieci poniżej pierwszego roku życia.

A teraz przyjrzyjmy się innym czynnikom, które na tym etapie rozwoju dzieci mogą bardzo przeszkadzać im we śnie.

Chrapanie? Hmm... nie takie znowu urocze!

Czy twoje niemowlę śpi z otwartymi ustami? Chrapie? Budzi się z jednym, donośnym chrapnięciem? Takie rzeczy mogą wydawać się zabawne, ale mogą też być objawem zespołu bezdechu śródsennego, który jest poważnym – ale na szczęście dającym się wyleczyć – problemem.

Jeśli słyszysz, że twój maluszek chrapie lub krztusi się w nocy, spróbuj pomóc mu lepiej oddychać, włączając na noc nawilżacz do powietrza i kładąc mu pod materacem złożony ręcznik – tak, by jego główka uniosła się o 5-8 cm. Jeśli te zabiegi nie pomogą, koniecznie skonsultuj się ze swoim pediatrą (więcej informacji o tym, jak radzić sobie z tym problemem, znajdziesz na str. 334-327).

Uderzanie głową: o co tu chodzi?

Mały Quinn uwielbiał biały szum i swoją wieczorną butelkę mleka. Początkowo smacznie zasypiał przy zastosowaniu tylko tych dwóch czynników wspomagających dobry sen. Ale w wieku 9 miesięcy zaczął nagle robić coś bardzo dziwnego: uderzać głową o szczebelki swojego łóżeczka!

Tuż przed snem ustawiał się w swojej pozycji do raczkowania i „bum-bum-bum" – uderzał przez 10 minut w ramę łóżeczka, po czym układał się do snu. Zaczęło to niepokoić jego rodziców, Kristin i Cory'ego, ponieważ na czole maluszka, tuż nad lewym okiem – czyli w miejscu, gdzie uderzał w łóżko – zaczęło się tworzyć twarde zgrubienie.

Brzmi dziwnie? W rzeczywistości takie uderzanie głową jest dość często spotykane wśród dzieci w wieku od 3 miesięcy do 3 lat – szczególnie wśród chłopców. Bardzo często towarzyszy temu także kręcenie głową na wszystkie strony i pomrukiwanie. Nigdy nie powoduje to krwawienia ani żadnych poważnych urazów, choć rzeczywiście zostawia twarde zgrubienie, które może być widoczne przez parę miesięcy (ale w końcu znika). Poza tym takie uderzanie może być na tyle mocne, że powoduje uderzanie łóżeczka o ścianę, a czasem nawet jego przesuwanie się po pokoju!

Takie rytmiczne uderzanie to w pewien sposób pochodna znanych nam już 5 „S". Pomaga ono małym dzieciom zignorować dochodzące z zewnątrz odgłosy lub ból spowodowany ząbkowaniem, a także ukoić różne niepokoje, uspokoić się po całym dniu pełnym ekscytujących wydarzeń... ale też odprężyć się przed zbliżającym się krokiem milowym w rozwoju (np. umiejętność samodzielnego chodzenia).

Jest natomiast kilka sposobów na wyeliminowanie uderzania głową:

- ostatnie pół godziny przed snem zamiast zabawą i dynamicznymi dźwiękami z DVD wypełnij spokojną i niepobudzającą dziecka rozrywką (przyciemnij światła, puść biały szum, zrób masaż, pobujaj maluszka, pośpiewaj mu itp.),
- wydłuż schemat czynności kładzenia dziecka do łóżka o 15 do 30 minut,
- wieczorem stosuj donośny, dudniący biały szum (o natężeniu hałasu wody lecącej z prysznica), aby bardziej uspokoić maluszka.

Uderzanie głową nie powinno cię martwić do momentu, do którego nie pojawiają się u dziecka inne niepożądane oznaki frustracji, niepokoju czy też problemy z rozwojem wyrażające się w ciągu dnia, ani też nie trwa ono u dziecka dłużej niż do skończenia 3. roku życia. Z drugiej strony, tak dla pewności i spokoju, dobrym pomysłem jest skonsultowanie się w tej sprawie ze swoim pediatrą.

Ząbkowanie: nieznośny problem dorastania

Przez całe wieki babcie i lekarze łączyli budzenie się w nocy malutkich dzieci z bólem spowodowanym ząbkowaniem. I nie ma wątpliwości, że rosnące zęby powodują uczucie rwania w dziąsłach, co z kolei sprawia, że maluszki są gotowe gryźć naprawdę *cokolwiek*, byle tylko przyspieszyć „wyklucie" się zębów na powierzchnię.

Pytanie tylko, czy to naprawdę jest ból, czy tylko nieprzyjemne uczucie? Przecież tak naprawdę proces ząbkowania trwa – z mniejszym lub większym natężeniem – wiele miesięcy. Dlatego ten ból nie jest jednak aż taki dolegliwy, bo w przeciwnym razie wszystkie dzieci budziłyby się co noc właśnie przez te kilka miesięcy bez przerwy. Poza tym większość dzieci nie wydaje się mieć w ciągu dnia problemów związanych z ząbkowaniem.

Krótko mówiąc: ząbkowanie to najczęściej tylko nieznośna dolegliwość, którą dość łatwo jest się nie przejmować w ciągu dnia, ale trudniej zignorować, gdy leży się w ciemnym, cichym pokoju.

Dobra wiadomość jest taka, że aby odwrócić uwagę maluszka od tego nieprzyjemnego procesu i pomóc mu przespać całą noc, wystarczy zazwyczaj ulubiona przytulanka i porządny, donośny biały szum w tle.

Jeśli jednak uważasz, że ząbkowanie naprawdę przeszkadza twojemu dziecku spać, zapytaj lekarza, czy możesz podać mu małą dawkę ibuprofenu lub paracetamolu na pół godziny przed snem (żeby środek zdążył zacząć działać). A w międzyczasie pozwól maluszkowi possać róg ściereczki, który został najpierw zamoczony w soku jabłkowym, a potem zmrożony.

Kupka działająca niczym budzik

Kwestia wypróżniania się to coś, co naprawdę może przeszkodzić twojemu maluszkowi w spokojnym spaniu, szczególnie jeśli boryka się on z problemem zaparć.

Kupka twojego dziecka nigdy nie powinna wyglądać jak małe kulki ani też duże kawałki, które mogłyby zablokować odbyt albo też uszkodzić jego delikatną powłokę. Może zdarzyć się, że niemowlęta karmione piersią w okresie kilku pierwszych miesięcy będą wypróżniały się raz na kilka dni (i kupka będzie wtedy miękka), ale starsze dzieci powinny załatwiać się już co najmniej raz dziennie.

Jeśli wydaje ci się, że przyczyną budzenia się w nocy twojego szkraba są jego zbyt twarde i za rzadko pojawiające się kupki, skonsultuj się z lekarzem w sprawie zmiany mleka albo zastosowania czopka lub podania maluszkowi co rano kilku gramów *organicznego* soku z suszonych śliwek lub świeżego soku z aloesu wymieszanego z 30-60 gramami pokarmu (lub sztucznego mleka); to powinno zadziałać po kilku dniach.

Żegnamy się ze starymi przyzwyczajeniami, a witamy ze wspaniałymi pomocnikami snu

Kiedy 11-miesięczny Gianni zaczął budzić się dwa, trzy razy w nocy, Gina miała wyrzuty sumienia, ponieważ cały problem zaczął się w momencie, gdy ona wróciła do pracy, a synka zapisała do żłobka. Ale dwa tygodnie później była po prostu wykończona: jedynym sposobem na ponowne uspokojenie go było przytulanie i pozwolenie mu, by zasnął, leżąc na Ginie. A to rujnowało jej cykl snu.

Złe nawyki maluszków to zdecydowanie przyczyna numer jeden ich wybudzania się ze snu w ciągu nocy.

Uspokajanie dzieci, czasem przez całą noc, poprzez branie ich do łóżka, lulanie i dawanie piersi wydaje się być jak najlepszym rozwiązaniem. Przecież rodzice postępowali w ten sposób od tysięcy lat... i nie ma żadnych wątpliwości, że to wszystko rzeczywiście pomaga maluszkom zasnąć!

Jednak badania pokazują, że niemowlęta, które są lulane, spowijane i karmione za każdym razem, gdy tylko obudzą się w nocy, mogą w rezultacie nie nauczyć się ponownie zasypiać samodzielnie. Dlatego, choć w krótkiej perspektywie takie kompleksowe zajmowanie się maluszkiem może oczywiście spowodować, że szybciej będzie on zasypiał, po jakimś czasie może doprowadzić do powstania bardzo męczącego zamkniętego koła: wybudzenie → więcej spania we wspólnym łóżku → częstsze wybudzanie się → więcej spania we wspólnym łóżku.

Ale jeszcze nic straconego: na szczęście jest łatwy sposób na to, żeby nie rezygnować z tego cudownego nocnego przytulania, a jednocześnie budować u dziecka umiejętność samouspokajania się.

Uwielbiasz karmienie piersią, ale chciałabyś już dłużej spać w nocy?

Gdy twój maluszek skończy 4 miesiące, możesz zacząć mniej karmić go w nocy przy jednoczesnym nierezygnowaniu z karmienia w dzień.

- **zwiększ dawkę kalorii, którą dostaje twój malec, poprzez wyeliminowanie czynników rozpraszających w trakcie karmienia, stosowanie *karmienia we śnie* i wypróbowanie innych wskazówek, które już pojawiły się w tym rozdziale,**
- **stosuj donośny, dudniący biały szum przy okazji wszystkich drzemek i nocnego snu,**
- **stosuj technikę *obudź i pozwól zasnąć* przy każdym kładzeniu dziecka spać,**
- **we wspólnym łóżku pozwól maluszkowi spać obok jego taty, tak by dziecko nie czuło bardzo blisko słodkiego zapachu twojego mleka; możesz też spać w kilku t-shirtach (albo w obcisłym podkoszulku pod spodem), tak by twój maluszek nie mógł tak po prostu podnieść twojej koszulki i ssać piersi, kiedy tylko przyjdzie mu na to ochota,**
- **stosuj szuszanie i lulanie, żeby ponownie uśpić maluszka, ale nie karm go (pamiętaj tylko, żeby koniecznie lekko go przebudzić po odłożeniu do łóżeczka),**
- **wypróbuj sztuczkę „auć!", którą zaraz opiszę.**

Oczywiście jeśli twoje dziecko jest chore, zestresowane albo naprawdę głodne, jak najbardziej możesz je w nocy nakarmić (ważne tylko, by nie zjadło za dużo, możesz np. karmić je tylko z jednej piersi, tak by nie najadło się do tego stopnia, że rano nie będzie głodne).

Odstawianie dziecka od piersi w nocy wcale nie znaczy, że musisz to zrobić też w ciągu dnia. Piersi mają *niezwykłą* wręcz zdolność do wstrzymywania produkcji mleka w nocy, a potem włączania jej w dzień. Natomiast kiedy zaczniesz odstawianie maluszka od karmienia w nocy, zawsze pamiętaj, żeby odciągnąć sobie 30-60 g mleka – akurat tyle, żeby zmniejszyć obciążenie piersi i zapobiec zapaleniu gruczołu mlecznego – tuż przed pójściem spać i potem w nocy, jeśli obudzisz się z bardzo nabrzmiałymi piersiami.

Jak w przypadku każdego planu, przygotuj się na dni, kiedy nie będzie on działał jak w zegarku (z powodu choroby maluszka, wyjazdów itp.), bo twój malec będzie potrzebował więcej troski i uwagi. Jeśli potem nocne odstawienie karmienia znowu będzie problematyczne, po prostu powtórz cały proces od początku.

Spanie we wspólnym łóżku? Tak! Można spać razem, a jednocześnie zacząć odzwyczajanie od karmienia w nocy

Wiodąca badaczka kwestii snu u dzieci, pracująca w Melbourne dr Harriet Hiscock, zaobserwowała, że mamy, które skarżą się na niespokojny sen swoich maluszków, zazwyczaj śpią z nimi w łóżku i karmią piersią. I nie stoi za tym jakaś wielka tajemnica: po prostu dzieci bardzo szybko uczą się, że kilka pisków zapewni im możliwość przyjemnego ssania piersi i brzuszek pełny pysznego mleka. Jak to ujęła moja przyjaciółka Dana: „*Gdybym ja miała obok siebie w łóżku kawałek jakiegoś pysznego tortu, też bym go sobie skubała całą noc*".

W momencie, gdy śpicie razem z dzieckiem, ustalanie jakichkolwiek granic jest o tyle trudne, że:

- **jesteś zmęczona,**
- **chcesz, żeby twój maluszek czuł się dobrze i znowu szybko zasnął,**
- **twoim zadaniem, ale też radością, jest karmienie dziecka,**
- **nie chcesz przeszkadzać swojemu partnerowi.**

Jednym ze sposobów na to, by nie rezygnować ze wspólnego spania, a zarazem odstawić nocne karmienie, jest zastosowanie sztuczki „auć".

Sztuczka „auć"

Przez kilka miesięcy Helena i Bill wprost uwielbiali się tulić ze swoją 11-miesięczną Hanną przez całe noce. Ale podczas gdy Bill nie miał specjalnych problemów ze spokojnym snem, Helena cały czas budziła się co 2-3 godziny na karmienie. A słodka panienka Hanna nie była wcale bardzo głodna: brała ledwie kilka porządnych łyków i ponownie odpływała w sen. Tymczasem Helena, żeby ponownie zasnąć, nierzadko potrzebowała 20 do 30 minut.

Zasugerowałem Helenie, żeby wypróbowała taki trochę podstępny sposób:

1. Zwiększyła ilość pokarmu dawanego Hannie w ciągu dnia.
2. Nauczyła córeczkę znaczenia słowa „auć" poprzez używanie go kilka razy dziennie przy upadkach czy małych wypadkach malutkiej.
3. Nauczyła ją też, że na każde „auć" dobrze działa plasterek („Tak! Zobacz, już jest dużo lepiej").
4. Gdy nadejdzie czas snu, włączała biały szum, karmiła, potem ubierała się sama w kilka t-shirtów i postępowała zgodnie ze schematem kładzenia się spać.
5. Już leżąc w łóżku, Helena miała wskazać palcem na swoje piersi, mówiąc „auć! auć!" i przykleić plasterek na wysokości obydwu piersi, na t-shircie.
6. Kiedy Hanna obudzi się w nocy na karmienie, Helena miała za zadanie wskazać na swoje piersi, mówiąc „auć! auć!", a potem pozwolić Billowi ukołysać córeczkę do snu.

Plan Heleny i Billa zakładał nakarmienie małej Hanny butelką z odciągniętym pokarmem, w razie gdyby mała długo jeszcze płakała. Ale pierwszej nocy, kiedy obudziła się dwa razy, udało się ululać ją do snu w ciągu zaledwie 5 minut. Drugiej nocy podobnie, a trzecią przespała już całą bez budzenia się ani razu!

Rezygnowanie z metody 5 „S"

Aż do teraz wszystkie części składowe metody 5 „S" były twoim najlepszym sprzymierzeńcem, gdy nadchodziła pora spania. Ale tak samo jak dzieci w pewnym wieku przestają potrzebować bocznych kółek przy rowerku, aby na nim jeździć, wyrastają też z zależności od pomocników snu, bez których jako noworodkom ciężko było im się obejść.

Jako że połowa dzieci w wieku 4 miesięcy potrafi już przespać 6 do 8 godzin w nocy bez budzenia się, wydaje się to odpowiednim momentem do *rozpoczęcia* odzwyczajania maluszka od niektórych wcześniej przydatnych nawyków. Pamiętaj jednak, że nie ma pośpiechu. To proces, który zajmie lata. A ukochane przytulanki z dzieciństwa, takie jak kocyk czy miś, dorosłe już dzieci często zabierają ze sobą, nawet jak wyprowadzają się z domu na studia. (Pisałem już o tym, że wszyscy mamy swoje preferencje co do snu, takie jak ciche otoczenie, ciemność czy ulubiona poduszka).

Pierwszym „S", z którego zwykle rezygnują rodzice, jest całonocne skokołysanie. Większość dzieci tak naprawdę nigdy nie potrzebuje ciągłego bujania w trakcie snu, ale może się zdarzyć, że akurat twój maluszek kocha wszelkiego rodzaju ruch i lepiej wtedy śpi. W przypadku takich dzieci najprawdopodobniej dobrym momentem na odstawienie tego zwyczaju będzie czas pomiędzy 2. a 6. miesiącem (choć miałem w swojej karierze i taki przypadek, gdzie dziecko potrzebowało bujania aż do dziewiątego miesiąca).

Kiedy już uporasz się ze skokołysaniem, kolejnym „S" na liście do odstawienia jest spowijanie. Ponieważ 80% przypadków śmierci łóżeczkowej ma miejsce przed ukończeniem przez dziecko 4 miesięcy – a prawidłowe owinięcie dziecka w kocyk może zapobiec jego przypadkowemu przekręceniu się na brzuszek – osobiście polecam trzymanie się tej techniki co najmniej właśnie do tego momentu (choć są też maluszki, które będą potrzebować spowijania jeszcze przez kolejne parę miesięcy).

Większość rodziców decyduje się też na oduczenie dzieci korzystania ze smoczka pomiędzy 6. a 12. miesiącem (chociaż nie ma nic złego w zostawieniu tego na później – więcej na ten temat znajdziesz na str. 190). Na końcu, gdy szkrab skończy rok, rodzice rezygnują z białego szumu (choć i w tym przypadku wiele rodzin puszcza go swoim dzieciom, by pomóc im zasnąć w okresie ząbkowania, na wakacjach, przy pojawieniu się nowego rodzeństwa, kiedy pojawiają się choroby albo inne lęki – i to przez wiele miesięcy, a nawet lat).

Uwaga: ze spaniem na boku lub brzuszku trzeba poczekać co najmniej do momentu ukończenia przez dziecko 4 miesięcy, ale kiedy już się na to zdecydujemy, nigdy nie trzeba będzie z tego rezygnować.

Mając z tyłu głowy powyższe cele, przyjrzyjmy się teraz bliżej temu, jak po kolei odzwyczajać maluszka od tych wspaniałych pomocników snu.

Rezygnacja ze spowijania

Ana i Jeff zauważyli, że ich 6-tygodniowy syn Alex spokojnie przesypia w nocy 8-10 godzin owinięty szczelnie w kocyk i z białym szumem w tle. Kiedy mały skończył 3 miesiące, rodzice próbowali zrezygnować ze spowijania, ale w rezultacie Alex zaczął budzić

się w nocy co dwie godziny. Dlatego Ana postanowiła powrócić do owijania go do snu kocykiem i wszystko szybko wróciło do normy.

W wieku 5 miesięcy charakter Alexa bardzo się rozwinął. Uwielbiał być w swoim nosidle, ale musiał widzieć wszystko dookoła. Jak to powiedziała Ana: „Nie znosi nie widzieć tego, co dzieje się wokół!". Jeff i Ana ponownie spróbowali odzwyczaić malca od spowijania i tym razem się udało. Po czterech dniach owijania go z jedną rączką zostawioną na zewnątrz, w ogóle zrezygnowali z tego czynnika wspomagającego zasypianie, a Alex nawet nie zwrócił uwagi na tę zmianę.

Jeff mówi: „W tym momencie Alex jest już w stanie poradzić sobie z zasypianiem bez spowijania. Po karmieniu o 23. spokojnie przesypia 8 godzin jedynie z włączonym w tle białym szumem".

Spowijanie jest świetnym narzędziem pomocniczym przez pierwsze kilka miesięcy. A dla niektórych dzieci nieco dłużej – zazwyczaj w przypadku maluszków, które są mniej dojrzałe i bardziej nerwowe, gdzie spowijanie pozwala po prostu zapobiec temu, że same przez przypadek się rozbudzą.

Jeśli jednak twój 4-miesięczny malec śpi zupełnie bezproblemowo, nadszedł czas na rozstanie ze spowijaniem. Oto, jak się do tego zabrać:

- **owijaj swoje dziecko z *jedną rączką na zewnątrz*,**
- **jeśli wtedy nadal będzie spokojnie spało w nocy, możesz spróbować zupełnie zrezygnować ze spowijania (choć miałem też do czynienia z maluszkami, które nadal lubiły być owijane od pasa w dół),**
- **jeżeli malec zacznie nagle się budzić z powodu uderzania się w twarz, powróć do spowijania, potem po miesiącu przećwicz sposób z jedną ręką na zewnątrz, a po kolejnym znowu zrezygnuj całkowicie – i tak co miesiąc, aż sposób okaże się skuteczny.**

Rezygnacja ze spowijania jest *dużo* trudniejsza, jeśli nie stosujesz w tym samym czasie odpowiedniego rodzaju białego szumu. Ponieważ nowe poczucie wolności, jakie daje brak owiniętego kocyka, *oraz* zupełna cisza w pokoju mogą zaowocować u wielu dzieci jeszcze częstszym budzeniem się w nocy.

Rezygnowanie z wyciSzszszania

Teraz już bardzo dobrze wiesz, że biały szum jest kluczem do poprawy sposobu zasypiania twojego maluszka w nocy oraz drzemek w ciągu dnia (przy czym biały szum, który jest zbyt świszczący albo za cichy, może nie działać tak, jak powinien). Powinnaś stosować go *co najmniej* do pierwszych urodzin swojego dziecka, choć wielu rodziców zostaje przy nim jeszcze dużo dłużej… również dlatego, że im też pomaga to lepiej spać!

I nie martw się, że twój maluszek się od tego uzależni. Od tego akurat bardzo łatwo każdego maluszka odzwyczaić. Po prostu przez dwa tygodnie codziennie trochę ściszaj lecący w tle dźwięk, a wkrótce wszyscy spokojnie o nim zapomną.

A jeśli kiedykolwiek postanowisz wrócić do stosowania białego szumu – czy to na wyjeździe, czy z powodu choroby malca – po prostu wprowadź go spokojnie, tym razem stopniowo zwiększając głośność przez kilka dni.

Rezygnacja ze skokołysania

Mery Helen napisała do mnie któregoś razu pełna obaw, że zbyt długo zwlekała z odzwyczajeniem swojego 7,5-miesięcznego Simona od kołysania przed jego dziennymi drzemkami. Zapewniłem ją, że nawet w tym wieku zasypianie w leżaczku-bujaczku nie jest niczym złym, ale że być może przy jednoczesnym zastosowaniu donośnego białego szumu uda jej się odzwyczaić synka od tego nawyku.

Napisałem tak: „Przez tydzień pozwól mu jeszcze zasypiać w leżaczku-bujaczku z białym szumem w tle, a potem co 3-4 dni zwalniaj nieco tempo bujania, aż Simon zacznie zasypiać w leżaczku całkowicie bez ruchu". W ciągu dwóch tygodni mały Simon bez problemu odzwyczaił się od kołysania.

Większości dzieci do spokojnego snu wystarczy spowijanie i biały szum. Jeżeli jednak twój mały amator ruchu uwielbia tańce i szybkie potrząsanie, może się okazać, że spanie w leżaczku-bujaczku lub huśtawce jest dla niego sprawą niezbędną.

Jeżeli tak właśnie jest, po prostu w momencie, gdy maluszek będzie już umiał spokojnie spać (zazwyczaj po skończeniu 4-6 miesięcy), zacznij zmniejszać intensywność bujania przez tydzień lub dwa: od szybkiego, przez wolne, do całkowicie wyłączonego. W następnej kolejności możesz zabrać się za „odstawianie" spowijania.

Oduczanie ssania smoczka

Amerykańska Akademia Pediatryczna zaleca dawanie dziecku smoczka na noc przez cały pierwszy rok jego życia w celu ochronienia go przez śmiercią łóżeczkową. Ale może się zdarzyć, że będziesz musiała wcześniej oduczyć swojego maluszka tego nawyku, jeśli:

- **ma nawracające infekcje ucha (intensywne ssanie smoczka może je pogłębiać),**
- **twój maluszek budzi się za każdym razem, gdy smoczek wypadnie mu z buzi.**

Jeżeli tak właśnie jest, upewnij się, że przy okazji odstawiania smoczka przez cały czas będzie wam towarzyszył biały szum. A po ukończeniu przez malca 6 miesięcy, rozważ zamianę smoczka na mięciutką przytulankę, którą twój malec będzie umiał sam trzymać.

Jeśli natomiast twój maluszek zacznie ssać kciuk, lepiej jest wprowadzić znowu smoczek niż pozwolić mu za bardzo przyzwyczaić się do ssania swojego palca. Ssanie kciuka może bowiem spowodować wypychanie jedynek i wpychanie do góry twardego podniebienia, a tym samym w przyszłości zaowocować znacznie większymi (i droższymi w rozwiązywaniu) problemami ortodontycznymi niż w przypadku używania smoczka.

Wybierz odpowiedni czas na kładzenie dziecka spać

Jeśli po przetestowaniu wszystkich wcześniej opisanych trików twój maluszek nadal budzi się o 3. nad ranem, czas zastanowić się, czy nie mamy do czynienia z niewłaściwym wyborem czasu na kładzenie się spać. W tej kwestii problemem mogą być trzy rzeczy:

- **bardzo nieregularne pory chodzenia spać,**
- **chodzenie spać za wcześnie,**
- **chodzenie spać za późno.**

Punkt pierwszy nie wymaga chyba omówienia. Wyobraź sobie, że ty nigdy nie wiesz, o której twój szef puści cię do domu – w takich warunkach ciężko jest zaplanować któregokolwiek dnia wspólny obiad z najbliższymi, prawda? Tak samo jest w przypadku twojego maluszka: jeśli codziennie zmieniasz mu godziny pójścia spać, on po prostu nigdy nie wie, czego się spodziewać.

Zbyt wczesne kładzenie do łóżeczka też może przysparzać problemów. Jeżeli położysz swojego szkraba o 19., to raczej mało prawdopodobne jest, że będzie spał do 7. rano następnego dnia. Raczej obudzi się ok. 2 w nocy, licząc na kilka godzin wybornej zabawy!

Jeśli wydaje ci się, że za wcześnie kładziesz maluszka spać:

- **codziennie rano zabieraj malca na długi spacer w pełnym słońcu,**
- **przesuń poranne i popołudniowe karmienia o 15 minut *później* (aby tym samym przesunąć czas drzemek),**
- **przy każdym śnie stosuj donośny biały szum,**
- **pilnuj, żeby światła świeciły jasno w domu do g. 19.30 (aby opóźnić uwalnianie się melatoniny i pojawienie się senności),**
- **co trzy dni rozpoczynaj czynności związane z kładzeniem maluszka spać o *15* minut później.**

Wkrótce przekonasz się, czy twoje podejrzenia o zbyt wczesne kładzenie dziecka spać były słuszne. W ciągu tygodnia, dwóch schemat późniejszego chodzenia spać twojego maluszka powinien już przebiegać łatwiej, a jego nieprzerywane okresy snu w nocy powinny się wydłużyć.

Może się też zdarzyć, że twój maluszek chodzi spać zbyt późno. W takim przypadku będzie pewnie zasypiał w samochodzie, kiedy ty będziesz razem z nim starała się załatwić jeszcze ostatnie sprawunki. A z kolei przy próbie położenia go spać będzie bardzo marudny – po prostu z przemęczenia. Dodatkowo nie wyśpi się potem porządnie, bo będzie płakać i wołać cię za każdym razem, kiedy tylko wejdzie w fazę płytkiego snu.

Jeśli wydaje ci się, że za późno kładziesz maluszka spać:

- **codziennie rano zabieraj malca na długi spacer w pełnym słońcu,**
- **przesuń poranne i popołudniowe karmienia o 15 minut *wcześniej* (aby tym samym przesunąć na wcześniejszą godzinę czas drzemek),**
- **godzinę przed planowanym czasem spania puść w tle biały szum i przyciemnij w domu światła (aby przyspieszyć uwalnianie się melatoniny i wzmóc senność),**
- **co trzy dni rozpoczynaj czynności związane z kładzeniem maluszka spać o *15* minut *wcześniej* (*zanim* zauważysz u niego pierwsze oznaki zmęczenia).**

W ciągu tygodnia, dwóch twój mały aniołek powinien weselej zachowywać się w ciągu dnia i lepiej spać… a nawet przesypiać całe noce!

Ranne ptaszki: maluszki, które wstają razem ze słońcem

Poranne pobudki Blake'a, który właśnie skończył 11 miesięcy, były dla jego taty zarazem błogosławieństwem i przekleństwem. „W dni powszednie to świetne rozwiązanie" – powiedział mi – „ponieważ dzięki temu Marnie może dłużej pospać, a ja idę z Blakiem na krótki spacer, jeszcze zanim wyjdę do pracy. Ale w weekendy? No cóż, to już wygląda gorzej. Czy ten mały rozbójnik nie mógłby pospać w niedzielę chociaż do 7?".

Większość dzieci pomiędzy 3. a 12. miesiącem życia budzi się rano ok. 7., ale jest 10% wśród nich, które otwierają oczy już między 5. a 6. rano. Według badania *Sen w Ameryce* 21% rodziców skarży się, że ich dzieci budzą się zbyt wcześnie.

Takie bardzo wczesne poranne budzenie zazwyczaj bierze się z jednego z poniższych czterech powodów. Twój malec:

- **jest po prostu rannym ptaszkiem i lubi to,**
- **chodzi spać za wcześnie,**
- **chodzi spać za późno,**
- **ma jakiś problem, który mu przeszkadza.**

Jeśli prawdą jest opcja pierwsza, to szczerze ci radzę: jak najszybciej zacznij chodzić wcześniej spać i dostosuj się do nowego rytmu dnia!

Jeżeli jednak wydaje ci się, że przyczyna zbyt wczesnego wstawania może leżeć w za wczesnej/za późnej porze chodzenia spać, zastosuj się do wskazówek zawartych w tym rozdziale na str. 166-167 i zmień tę porę.

Natomiast jeśli uważasz, że godziny chodzenia spać są w porządku, i podejrzewasz, że dziecko budzi się za wcześnie z powodu jakichś zewnętrznych czynników (a potem w ciągu dnia jest marudne i zmęczone), wypróbuj poniższe triki:

- **zaciemnij okna nieprzepuszczającymi światła zasłonami, jeśli uważasz, że to światło słoneczne budzi dziecko,**
- **przez całą noc puszczaj w tle biały szum, aby zagłuszyć inne rozpraszające hałasy,**
- **zwiększ dawkę kalorii w ciągu dnia i zrób jedno *karmienie we śnie* o północy, aby zmniejszyć uczucie głodu rano.**

I oczywiście zawsze skonsultuj się ze swoim pediatrą, jeśli wydaje ci się, że twój maluszek budzi się z powodu jakichś poważniejszych problemów (np. chrapania).

Nauka spania – kontrowersyjna metoda „pozwól się wypłakać"

Wyobraźmy sobie teraz taką sytuację: wypróbowałaś już wszystkie triki i wskazówki zawarte w tym rozdziale i w poprzednich, i nic nie działa. To zdarza się rzadko – ale jednak – i wcale *nie* dlatego, że jesteś złym rodzicem! Niektóre maluchy są po prostu tak charakterne i uparte, że za nic nie chcą się poddać.

Z tego właśnie powodu większość ekspertów zaleca naukę spania (co tak naprawdę jest tylko eufemizmem na pozwolenie dziecku *wypłakać się do snu*).

Przyznaję, że taka metoda może od czasu do czasu okazać się konieczna, ale nie powinien to być twój odruch pierwszego wyboru. Tak, każdy otworzy w końcu drzwi, kopiąc w nie, ale czy nie lepiej po prostu zrobić to naciskając klamkę?

Dlatego zanim zdecydujesz się na tę metodę, wypróbuj wszystkie opisane w poprzednich dwóch rozdziałach rady i wskazówki dotyczące tego, jak pomóc twojemu maluszkowi zasnąć i spokojnie przespać całą noc. Upewnij się też, że twoje dziecko nie boryka się w tym czasie z żadnymi nowymi silnymi przeżyciami emocjonalnymi, takimi jak nowe lęki czy duże zmiany (nowy żłobek, przeprowadzka, opiekunka), że nie jest świadkiem poważnych rodzinnych kłótni itp.

Kiedy zrobisz wszystko zgodnie z powyższymi wskazówkami, możesz uznać, że… nadszedł czas na naukę spania!

Trzy metody nauki spania u niemowląt

Na przestrzeni ostatnich 20 lat eksperci stworzyli trzy strategie podejścia do uczenia spania najbardziej opornych i płaczliwych dzieci:

- **nie rusza mnie to (zwaną też *wygaszaniem*),**
- **coraz dłużej (zwaną też *stopniowym wygaszaniem*),**
- **podnieś/odłóż (zwaną też *oddalaniem się* albo *biwakowaniem*).**

Poniżej znajdziesz krótki opis każdej z nich oraz moje sugestie dotyczące wyboru odpowiedniej metody dla twojego maluszka.

Nie rusza mnie to

Ta metoda zakłada, że gdy położysz swojego maluszka do łóżeczka i powiesz mu „dobranoc", wychodzisz z pokoju i nie wracasz do niego aż do rana, ignorując w międzyczasie wszystkie płacze i krzyki.

Eksperci będący zwolennikami tej metody uzasadniają ją tym, że dzieci muszą mieć możliwość wypłakania się, po to, by nie były potem zbyt rozpieszczone. Jest jednak wiele powodów, dla których ja odradzam jej stosowanie:

- **jeśli twój maluszek przez przypadek zwymiotuje lub coś sobie zrobi, nie będziesz o tym wiedziała aż do rana,**
- **twoja nagła nieobecność może wywołać w nim poczucie skołowania i opuszczenia,**
- **tak długa nieobecność może bardzo zdenerwować maluszka, który jest wyjątkowo wrażliwy lub strachliwy, lub też przechodzi dodatkowo jakiś wzmożony stres w ciągu dnia,**
- **niektóre bardzo wrażliwe dzieci po prostu nie potrafią się uspokoić bez choćby odrobiny pełnego miłości przytulania,**
- **długotrwałe ignorowanie płaczu kogoś, kogo bardzo kochamy, jest po prostu zupełnym brakiem szacunku dla tej osoby,**
- **takie zachowanie sprawia, że rodzice czują się okropnie (są zaniepokojeni, sfrustrowani, mają wyrzuty sumienia i poczucie braku panowania nad sytuacją).**

Badania pokazują, że ta metoda, owszem, *może* okazać się skuteczna, ale to wydaje się złym podejściem: najpierw budujesz w dziecku poczucie pewności i zaufania do rodziców na zasadzie „mama i tata zawsze ci pomogą", a potem nadwyrężasz to zaufanie, jak tylko zajdzie słońce.

Coraz dłużej

Kyle był niesfornym i zawziętym maluszkiem. Prawdziwy Pan Charakterek! Kiedy skończył 8 miesięcy, jego rodzice, Neal i Laura, byli już tak zmęczeni, że doszli do wniosku: nadszedł czas na zastosowanie nauki spania.

Laura postanowiła odkładać go do łóżeczka, zanim jeszcze zasnął, i jeśli zaczynał płakać, przychodziła do niego co 15 minut, stała obok łóżeczka i uspokajała, ale nigdy nie brała na ręce.

Jak sama mówi: „To była totalna porażka! Przez pierwsze dwa wieczory Kyle płakał po dwie godziny!".

Dlatego potem zmieniła taktykę: przychodziła do pokoju synka częściej (co trzy, pięć, dziesięć, a w końcu co piętnaście minut), ale tym razem tylko wychylała głowę, by powiedzieć „Słodkich snów mój kochany synku, kocham cię bardzo!". I ta metoda okazała się skuteczna — Kyle nigdy nie płakał już dłużej niż pół godziny, a po trzech nocach zaczął spać od 22. do 7. rano!

To nieco łagodniejsza i bardziej „stopniowa" (jak również skuteczniejsza) wersja metody wypłakiwania, spopularyzowana w latach 80. dzięki wydaniu będącej już klasykiem książki pt. *Solve Your Child's Sleeping Problems* autorstwa dr Richarda Ferbera (stąd niektórzy określają tę metodę jako „ferberyzowanie").

Jeśli rozważasz zastosowanie tej metody, poświęć chwilę na zastanowienie się nad temperamentem swojego maluszka.

Czy jest nieustępliwy, uparty i zawzięty? Jeśli tak, to przygotuj się na to, że będzie próbował przeciągać granice i płakał przez godzinę albo nawet dłużej.

A może jest raczej nieśmiały, wrażliwy i ostrożny? W takim przypadku będziesz pewnie musiała nieco częściej do niego zaglądać (choć nadal tylko na chwilkę), aby pokazać, że nikt o nim nie zapomniał.

Jeżeli jest z kolei osóbką *bardzo wrażliwą* lub w ostatnim czasie doświadczył bardzo intensywnych przeżyć, lęków lub zmian w życiu, szczerze polecam pominięcie tej metody i przejście od razu do następnej (*podnieś/odłóż*).

Jeśli mimo wszystko zdecydujesz się na tę metodę, oto, jak należy ją wdrożyć. Po wykonaniu wszystkich czynności związanych z kładzeniem maluszka spać:

- **połóż dziecko w łóżeczku, włącz biały szum, powiedz mu „dobranoc" i wyjdź z pokoju,**
- **po trzech minutach płaczu otwórz ponownie drzwi do pokoju (przy czym wyłącz światło w przedpokoju, a w pokoju niech świeci się tylko nocna lampka),**
- **zajrzyj do pokoju dziecięcego na parę sekund (tyle czasu, ile potrzebujesz, żeby zobaczyć, czy maluszek nie zwymiotował ani czy nic mu nie jest); powiedz mu coś miłego, np. „dobranoc, dobranoc, ucałujemy się rano" i wyjdź z pokoju,**

- **jeśli płacz będzie się przeciągał, wróć do pokoju po 5 minutach, znów zajrzyj na chwilkę i wyjdź; potem powtórz swój powrót do maluszka po 10 minutach, a następnie co każde 15 minut, aż malec zaśnie (dlatego właśnie ta metoda nazywa się *coraz dłużej*).**

Możesz pomyśleć, że zaglądanie do pokoju i pokazywanie się maluszkowi jedynie spotęguje jego płacz. Ale cel takiego zachowania jest inny: chcesz pokazać mu, że go kochasz i przejmujesz się jego uczuciami, *ale* z drugiej strony podjęłaś stanowczą decyzję o niewchodzeniu do pokoju i nieuleganiu jego żądaniom.

Postaraj się odeprzeć pokusę zostania w pokoju przez dłuższą chwilę, ponieważ w przypadku większości (choć nie wszystkich) dzieci rozmowa i podejście do łóżeczka spowodują tylko nasilenie się płaczu. Dzieje się tak dlatego, że po pierwsze jest to frustrujące (jak trzymanie przed dzieckiem pełnej paczki cukierków i danie mu tylko jednego), a po drugie jest drażnieniem się (maluszek zaczyna wierzyć w to, że płacz działa, a po kilku sekundach okazuje się, że jednak nie).

Możesz założyć, że pierwsza noc będzie ciężką przeprawą i będziesz musiała być nieco „twardsza" niż zwykle. A także, że cały proces będzie trzeba powtórzyć od nowa, kiedy twój malec obudzi się w nocy.

Druga noc wygląda zazwyczaj tak samo (albo niestety trochę gorzej) niż pierwsza, ale za to trzecia jest dużo spokojniejsza. A od czwartej nocy sytuacja zupełnie się normuje i większość maluszków szybko zasypia i śpi słodko do samego rana.

(Uwaga: twój szkrab może zrobić ci niespodziankę i nagle w trakcie trzeciej lub czwartej nocy wrócić do starego zwyczaju płakania przez godzinę. Może to być spowodowane jego bardzo zawziętym charakterem albo tym, że nie jesteś konsekwentna w tym, co robisz: za dużo do niego mówisz, za blisko podchodzisz, za długo zostajesz w pokoju. Jeśli tak rzeczywiście się stanie, nie trać nadziei. Po prostu idź szybko sprawdzić, czy maluszkowi nie dzieje się nic złego, ale poza tym postępuj zgodnie z założonym planem).

Nie stosuj natomiast metody *coraz dłużej* w przypadku drzemek. Są one bowiem tak krótkie, że poddenerwowane dzieci czasem płaczą przez cały czas przeznaczony na sen, a potem przez resztę dnia są marudne. Na szczęście zazwyczaj, jak tylko poprawia się sen w nocy, to samo dzieje się z drzemkami. Dlatego raczej trzymaj się swojego elastycznego planu dotyczącego drzemek, stosując przy nich przytulanki i biały szum.

Poniżej znajdziesz natomiast kilka dodatkowych przydatnych wskazówek:

- **Upewnij się, że ty i twój partner w pełni zgadzacie się co do planowanego schematu działania.**
- **Wyzbądź się myśli, która mówi, że pozwolenie dziecku na wypłakanie się czyni z ciebie złego rodzica (to zupełnie nie jest prawda). Jeśli stworzyłaś wzorowy plan kładzenia maluszka spać i zapewniłaś mu wszystkie czynniki wspomagające sen, a to *nadal* nie pomaga, łagodna nauka spania dziecka przyniesie korzyści wam wszystkim.**
- **Jeżeli twój szkrab jest nieustępliwy, buntowniczy, niezależny i ma silną wolę, nie zdziw się, że pierwszej nocy zafunduje ci pół godziny, godzinę płaczu... albo nawet więcej!**
- **Jeśli twoje niemowlę śpi w pokoju ze starszym rodzeństwem, pozwól jego bratu/siostrze spać w waszym pokoju aż do zakończenia „nauki" spania. I puść starszemu dziecku biały szum, który zagłuszy płacz maluszka.**
- **Jeśli macie tylko jedną sypialnię, pozwól tam spać maluszkowi, ale sama przenieś się do dużego pokoju, aż dziecko przestanie budzić się w nocy.**
- **Powiedz sąsiadom o swoich planach, tak żeby nie przestraszyli się, słysząc nagle płacz w nocy albo, co gorsza, nie wezwali policji! (Możesz im też zaproponować pożyczenie płyty z białym szumem, który pomoże im lepiej spać).**
- **Ponieważ od teraz nie będziesz tak często przewijać maluszka, przed położeniem go spać upewnij się, że ma pupę pokrytą grubą warstwą kremu przeciw odparzeniom.**
- **Czasem zdarza się, że niektóre rodzaje bólu nasilają się, gdy leżymy. Dlatego jeśli myślisz, że twój malec może odczuwać ból związany z ząbkowaniem, poradź się lekarza, czy możesz dać mu małą dawkę leku przeciwbólowego na pół godziny przed spaniem.**

Uwaga: jeżeli po półgodzinie słuchania płaczu twojego maluszka czujesz, że aż cię skręca, żeby pójść i go przytulić, *oczywiście możesz to zrobić*. W takich sytuacjach zawsze wsłuchuj się w to, co podpowiada ci twój instynkt. Ale z drugiej strony: musisz pamiętać, że im mniej konsekwentnie będziesz postępować, tym większe jest ryzyko, że niechcący nauczysz swojego maluszka, że krzykiem dostanie wszystko, czego chce.

Eskalacja wybuchów płaczu – przy *wypłakiwaniu się* bardzo często jest gorzej, zanim będzie lepiej

Twój sposób reagowania na płacz dziecka przez pierwsze 3-6 miesięcy jego życia dokładnie pokazuje mu, jak głośno musi kwilić, żebyś szybko pojawiła się w pokoju. I to z jednej strony dobrze, bo przecież chcesz, żeby twój maluszek wiedział, że pojawisz się od razu, gdy naprawdę będzie tego potrzebował.

Niestety starsze dzieci nadużywają potem tej możliwości i włączają swój najstraszniejszy krzyk, żeby przywołać rodziców, nawet wtedy, gdy nie dzieje się tak naprawdę nic poważnego. A co gorsza, może się zdarzyć, że wpadną w ciąg takiego płaczu, jeśli rodzice nie pojawią się w zasięgu wzroku wystarczająco szybko (szczególnie jeśli są bardzo zmęczone lub w marudnym nastroju).

Dlatego jeżeli zdecydujesz się na zastosowanie metody *coraz dłużej*, niech nie zdziwi cię, że nagle twoje kochane maleństwo zacznie krzyczeć jak nigdy wcześniej. Szczerze mówiąc, taka sytuacja jest pierwszej czy drugiej nocy całkowicie normalna.

W psychologii nazywa się to *eskalacją przed wygaśnięciem* – a jest to większy niż uprzednio wybuch płaczu, który pojawia się przed zakończeniem danego zachowania (albo, jak to się mówi w żargonie psychologów, przed jego „wygaśnięciem").

Dlatego twój mały rozbójnik będzie pewnie potrzebował 2-4 dni na zrozumienie, że od zasady „płaczesz = przychodzę od razu", której uczyliście go przez ostatnie 4 miesiące, są wyjątki. Przygotuj się więc na jazdę bez trzymanki, ale pamiętaj, że na szczęście nie potrwa ona długo.

Metoda podnieś/odłóż, czyli rozwiązanie bez płaczu

Mona, mama 10-miesięcznej Lulu, usłyszała radę, aby wkładać do łóżeczka swoją córeczkę, jeszcze zanim ta zaśnie, a potem siedzieć w pokoju na krześle w pewnej odległości od małej, ale pozostawać w jej zasięgu wzroku. Poradzono jej również, aby powtarzała Lulu miłe słowa i wyrazy miłości, aż mała zaśnie.

W rezultacie Lulu kwiliła żałośnie i wyciągała w kierunku mamy rączki między szczebelkami łóżka. To powodowało, że wpadała na nie i płakała jeszcze głośniej. Mona czuła się z tym okropnie i po 45 minutach poddała się: podeszła do łóżeczka i wzięła na ręce swoją zapłakaną córeczkę, by ululać ją w ramionach do snu.

Mona niestety dostała złe wskazówki dotyczące zastosowania metody *podnieś/odłóż*. *Prawidłowy* sposób zakłada bowiem reagowanie na jakiekolwiek kwilenie maluszka, a nawet branie go na ręce, jeśli będzie taka potrzeba. Dopiero w przeciągu kilku kolejnych nocy rzeczywiście zaczynasz coraz mniej reagować na płacz, aż dojdziesz do momentu siedzenia w pewnej odległości od łóżeczka w czasie, gdy twój maluszek będzie sobie spokojnie zasypiał.

Tę metodę (zwaną również *oddalaniem się*) polecam rodzicom, którzy chcą uniknąć jakiegokolwiek płaczu przy kładzeniu dziecka spać. Zakłada ona spędzanie z maluszkiem więcej czasu (30-90 minut co wieczór) i trwa dłużej (4-14 dni), ale jest za to bardzo skuteczna i na pewno mniej „traumatyczna". Poza tym sprawdzi się znakomicie szczególnie w przypadku dzieci, które znajdują się aktualnie w okresie dużych zmian w swoim życiu, albo są po prostu z natury bardzo niespokojne lub strachliwe. A oto, jak się do tego zabrać:

- **Połóż swojego maluszka w łóżeczku (budząc go delikatnie, jeśli już zdążył zasnąć).**
- **Jeśli zacznie płakać, weź go na ręce i utul; powiedz dużo miłych słów, np. „Wiem kochanie, że chcesz, żebym wzięła cię na ręce. Nie jest ci łatwo zasnąć, tak?".**
- **Kiedy się uspokoi, odłóż z powrotem do łóżeczka.**
- **Jeśli ponownie zacznie płakać, powtórz tulenie... i powtarzaj je *tyle razy, ile będzie trzeba*.**
- **Jednocześnie stosuj jak najmniej mówienia, poklepywania, rozmawiania i karmienia, jak tylko możesz, żeby nie przyzwyczaić swojego szkraba do bardziej wymagających form ululania do snu.**

To podejście będzie od ciebie wymagało dużych pokładów cierpliwości, ponieważ przez pierwsze kilka nocy może się okazać, że musisz podnosić i odkładać swojego maluszka nawet 50 razy!

Tak jak zawsze, przy tej „nauce" stosuj oczywiście biały szum do każdej drzemki i spania w nocy oraz zachęcaj maluszka do polubienia swojej przytulanki. Pamiętaj też, żeby zaplanować wdrożenie tego akurat planu w momencie, kiedy kolejny dzień masz wolny, żebyś mogła odespać stracone godziny snu.

Ważne jest też, żebyś wiedziała, że metoda *podnieś/odłóż* nie zadziała, jeśli:

- **będziesz oferować dziecku zbyt atrakcyjną nagrodę (rozmowa, zabawa, karmienie) za każdym razem, kiedy podniesiesz je z łóżeczka,**
- **twój malec jest po prostu zbyt charakterny i nigdy nie odpuszcza (wtedy lepszym pomysłem jest powrót do techniki *coraz dłużej*).**

Przy metodach *nie rusza mnie to* oraz *coraz dłużej* ty decydujesz o tym, kiedy dokładnie dziecko idzie spać. A przy technice *podnieś/odłóż* musisz zacząć kładzenie maluszka spać zgodnie z jego naturalnym rytmem, a dopiero potem zacząć przesuwać cały schemat o 15 minut wcześniej, aż do osiągnięcia godziny, o którą ci chodzi.

Co zrobić, jeśli twoje dziecko wymiotuje podczas „nauki spania"?

Dostałem kiedyś list od pewnej mamy z małej południowokoreańskiej wyspy, która napisała tak: „Nasza córeczka, Na-young, skończyła właśnie 8 miesięcy. Przez ostatni miesiąc budziła się praktycznie co godzinę i płakała, póki jej ktoś nie wziął ją na ręce. Jeśli śpi u mnie na rękach, wtedy nie budzi się nawet przez dwie godziny, ale to z kolei oznacza zero snu dla mnie. Próbowałam już stosować metodę wypłakiwania się, ale za każdym razem ona po prostu strasznie się krztusi i wymiotuje.

Faktem jest, że niektóre dzieci tak bardzo płaczą, że aż doprowadzają do mocnego napięcia mięśni brzucha, przez co dochodzi do zwrotu zawartości żołądka.

Oczywiście kiedy coś takiego ma miejsce, od razu wywołuje w nas poczucie winy. I sprawia, że natychmiast chcemy zmienić naszemu maleństwu ubranko i utulić je, zanim położymy je znowu do snu.

Tylko że ta sytuacja jest nieco podchwytliwa, ponieważ poświęcanie zbyt dużo uwagi dziecku, które właśnie zwymiotowało, może je podświadomie nauczyć, że jest to świetny sposób na uzyskanie od rodziców tego, czego chce.

Co więc należy zrobić, jeśli dziecko zwymiotuje pierwszej nocy „nauki spania"?

Szybko wyczyść mu ubranko, ale jak najmniej mówiąc do niego i nie przytulając go zbytnio w trakcie: sprawdź, czy na pewno nie dolega mu nic poważnego, zmień mu pościel w łóżeczku i piżamkę, a potem odłóż do łóżeczka. Potem powiedz „dobranoc, słodkich snów" i zacznij całe działanie *od początku*, krok po kroku. Jeśli zrobisz coś więcej niż to, możesz niechcący spowodować, że wymiotowanie zamieni się u dziecka w nawyk.

Nauka spania w przypadku, kiedy rodzicie i maluszek śpią w tym samym pokoju

Zrobienie tego jest oczywiście możliwe, ale jest też bardzo trudne.

W momencie, gdy pozostajesz w zasięgu wzroku maluszka, jego naturalnym odruchem będą próby nieustannego nakłaniania cię do wzięcia go na ręce. Z tego powodu – na tyle, na ile jest to możliwe – bardzo zalecam zawsze rodzicom przeniesienie się na czas „nauki" do dużego pokoju i pozostawienie maluszka w sypialni. Można też rozważyć zastosowanie w takich okolicznościach metody *podnieś/odłóż* zamiast *coraz dłużej*.

Ale jeśli nie macie możliwości spania w dwóch różnych pomieszczeniach, poniżej znajdziesz kilka wskazówek na to, jak poradzić sobie z „nauką", śpiąc w jednym pokoju z maluszkiem:

- **przez środek pokoju przewieś prześcieradło, tak by dziecko cię nie widziało,**
- **postaraj się wcześniej wzbudzić w maluszku zainteresowanie przytulanką,**

- stosuj bardzo głośny biały szum, żeby malec nie słyszał, jak oddychasz, rozmawiasz lub chrapiesz,
- pomyśl nad wprowadzeniem nauki spania *podczas* drzemek; to może pomóc dziecku zareagować szybciej wieczorem, bo będzie to system znany mu już ze schematu dnia.

Ponowna nauka: jak pomóc dzieciom ponownie nauczyć się spać spokojnie

Nie zdziw się, jeśli nagle po dwóch miesiącach będziesz musiała ponownie zająć się nauczeniem maluszka przesypiania nocy, nawet kiedy robiłaś to już dwa miesiące wcześniej. Dzieci mają tendencję do powracania do swoich starych przyzwyczajeń z różnych powodów: choroby, podróży (i zmiany czasu), strasznych przeżyć albo wielkich zmian w życiu czy otoczeniu.

Na szczęście taki nawrót złych nawyków może, nazwijmy to, „sam się skorygować" w trakcie zaledwie paru dni. Jeśli tak się nie stanie, po prostu krok po kroku odtwórz cały schemat wybranej przez siebie techniki – zazwyczaj za każdym kolejnym razem wszystko przebiega szybciej i sprawniej.

Uważaj — depresja nadal może zaatakować

Mam wielką nadzieję, że do tej pory nie musiałaś się zmierzyć z morzem wątpliwości i poczuciem odosobnienia, które tak często są objawami depresji poporodowej. Ważne jest jednak, żeby pamiętać, że — choć w większości przypadków choroba ta pojawia się zaraz po porodzie — może ona zakraść się do naszego samopoczucia niczym cień wiele miesięcy czy nawet lat później. Dlatego jeśli tylko poczujesz się przygnębiona, zaniepokojona czy osamotniona, nie wahaj się poprosić o pomoc.

Pamiętaj też, że zapanowanie nad snem twojego maluszka to krok, który bardzo pomaga zwalczyć depresję. Pewna grupa badaczy zanotowała 45% spadek występowania depresji wśród matek, które nauczyły się kontrolować sen swoich małych dzieci.

Dochodzenie do celu… różnymi drogami

Jedna rzecz, której jestem absolutnie pewien po latach swojej praktyki w zawodzie, to ta, że na świecie nie ma dwojga takich samych dzieci. I dlatego przedstawiłem ci wiele różnych podejść i sposobów, którymi możesz się posłużyć, żeby pomóc swojemu maluszkowi spać spokojniej i dłużej.

W większości przypadków porządny schemat czynności kładzenia dziecka spać plus przytulanki i biały szum w zupełności wystarczą. Ale nie rób sobie wyrzutów, jeśli tak nie będzie! Twój nieustępliwy albo bardzo wrażliwy maluszek będzie być może wymagał od ciebie dużo większego i bardziej niestandardowego zaangażowania, i to jeszcze przez kilka następnych lat. To może oznaczać konieczność zastosowania metody *podnieś/odłóż* lub *coraz dłużej*.

Po prostu trzymaj się planu, a prędzej czy później dopniesz swego. Moje doświadczenie pokazuje, że wytrwałość naprawdę popłaca i… w końcu będziesz mogła rozkoszować się tym wspaniałym, spokojnym snem, na który tak bardzo zasługujesz!

Ściągawka: przegląd metody z *Najszczęśliwszego śpiocha*

- Biały szum — *donośny, dudniący* i tak głośny, jak odkręcony prysznic — zagłusza dźwięki i małe niedogodności, które często budzą maluszki (np. przejeżdżające samochody, bolące dziąsła, mały głód i burczenie w brzuchu), i pomaga im spokojnie ponownie zasnąć.
- Włączone wiatraki i puszczony odgłos morskich fal często nie spełniają tej roli, bo są po prostu za ciche i za łagodne.
- Zastosuj technikę *obudź i pozwól zasnąć*, kiedy zdecydujesz się na rezygnację z niektórych pomocników snu (takich jak karmienie w nocy czy bujanie swojego maluszka do snu).
- Trik, który nazwałem po prostu „auć!", to taki nieco podstępny sposób na oduczenie dziecka nocnego karmienia. Bazuje on na wykorzystaniu plastrów... oraz na rodzącym się w twoim maluszku poczuciu empatii.
- Wszystkie 5 „S" to wspaniali pomocnicy snu dla niemowląt, ale między 3. a 12. miesiącem nadchodzi czas na ich stopniowe odstawienie (poza białym szumem).
- Kolejność rezygnacji z 5 „S" wygląda następująco: najpierw skokołysanie, potem spowijanie, następnie ssanie, a potem wyciszszszanie.
- Biały szum sprawia, że „nauka spania" jest dla dziecka łatwiejszym i mniej stresującym przeżyciem.

ROZDZIAŁ DZIEWIĄTY

Najczęściej zadawane pytania o sen dziecka: od trzeciego do dwunastego miesiąca

1. Naszej 5-miesięcznej córeczce we śnie bardzo intensywnie pracują jelita. Czy w takiej sytuacji powinnam ją obudzić i zmienić jej pieluszkę, nawet biorąc pod uwagę, że mogę rozbudzić ją na dobre?

Maluszki często siusiają i wydalają – nawet w nocy. I zazwyczaj nie słyszysz, kiedy to się dzieje, więc ciężko będzie ci zdecydować, w którym dokładnie momencie zmienić pieluszkę.

Dlatego zawsze, zanim przebierzesz swojego brzdąca do snu, posmaruj mu pupę porządną warstwą kremu ochronnego (masło kakaowe i maści z tlenkiem cynku to dobry pomysł; unikaj kremów zawierających sztuczne składniki, takie jak perfumy, parabeny i oleje mineralne).

Jeśli natomiast usłyszysz wyraźnie pracę jelit swojego szkraba – a często dzieje się to zaraz po jedzeniu – powinnaś oczywiście od razu zmienić mu pieluszkę, żeby zapobiec pojawieniu się wysypki.

I nie martw się o problemy córeczki z ponownym zaśnięciem: ma przecież nadal brzuch pełny twojego mleka i jest nawet nieco „opita" od zjedzonej niedawno kolacji. Dlatego tylko owiń ją z powrotem w kocyk, pozwól, aby w tle leciał biały szum, i pobujaj ją przez chwilkę. W ten sposób powinna zasnąć dosłownie w minutę lub dwie. Na tym właśnie polega piękno 5 „S": sprawiają, że nawet gdy położysz do łóżeczka rozbudzone dziecko, uda mu się szybko samemu zasnąć.

2. Dlaczego mój 10-miesięczny szkrab robi się taki marudny, kiedy zabieram go do domu swojej teściowej?

Po ukończeniu 6 miesięcy niemowlęta zaczynają coraz lepiej orientować się w otaczającym je świecie i rozpoznawać, co (i kto) jest im znane, a co nie.

Różnice między twoim domem, a domem teściowej – inne łóżeczko dla dziecka, światło w pokoju, tekstura pościeli, czy nawet silny zapach płynu zmiękczającego do tkanin – tobie mogą się wydawać nieznaczne, ale dla maluszka mogą mieć *ogromne* znaczenie. On najprawdopodobniej zauważył od razu *każdy* szczegół, po którym mógł poznać, że nie jest w dobrze sobie znanym miejscu.

To odnosi się szczególnie do dzieci, które są z natury bardzo wrażliwe i od razu zwracają uwagę na inną niż zwykle konsystencję jedzenia czy też to, jak bardzo drapie je ubranko.

Dlatego postaraj się stworzyć jak najwięcej podobieństw między tymi dwoma domami. Używaj tych samych przytulanek, takiego samego wystroju, nocnych lampek, pościeli, zapachów (tutaj może przydać się kropelka lawendy wtarta w materac) i – co najważniejsze – puść w tle ten sam biały szum, którego używacie na co dzień w domu.

3. Pediatra zalecił nam przerwanie nocnych karmień, bo nasz szkrab waży już 9 kg. Problem w tym, że on nadal robi się w nocy bardzo głodny. Co powinniśmy zrobić?

W tym przypadku powinnaś zaufać swojemu instynktowi! Tak naprawdę jest bardzo mało reguł rodzicielskich, które sprawdzają się w przypadku każdego dziecka bez wyjątku.

9 kg to nie jest żadna magiczna granica. Niektóre niemowlęta potrafią być dość długie, więc w ich przypadku ta waga nadal będzie oznaczała, że są chude. Niektóre maluszki przechodzą fazę intensywnego wzrostu co kilka miesięcy, co oznacza, że nawet pulchne dzieci mogą być po prostu głodne. A z drugiej strony, nawet 7,5 kg maluszki w wieku 7 miesięcy potrafią zazwyczaj przespać całą noc z zaledwie jednym *karmieniem we śnie.*

Jeśli twój mały szkrab tylko podjada w nocy, najprawdopodobniej po prostu przyzwyczaił się do budzenia się o tej porze. W takim przypadku wróć do rozdziału 8. i zastosuj zawarte w nim rady, które pomogą maluszkowi przespać noc bez pobudek.

Jeśli jednak maluszek normalnie je w dzień i *nadal* jest głodny w nocy, zapewne przechodzi właśnie fazę intensywnego wzrostu. W tej sytuacji możesz pomóc mu lepiej sypiać w nocy dzięki:

- **upewnianiu się, że porządnie najada się w ciągu dnia (dużo mleka, niedawanie mu niskokalorycznych pokarmów stałych i pilnowanie, by nie rozpraszało go podczas jedzenia zbyt dużo rzeczy dziejących się wokół),**
- **przeprowadzanie *długich sesji jedzeniowych* wieczorem i *karmienia we śnie* o g. 23.,**
- **upewnienie się, że kładziesz go spać do łóżeczka o prawidłowej porze; unikanie stymulantów podobnych do kofeiny; chronienie go przed niedogodnościami.**

4. W którym momencie bezpiecznie jest pozwolić spać niemowlęciu z jego starszym rodzeństwem w wieku 1-3 lata?

Dzieci pomiędzy 1. a 3. rokiem życia potrafią być w stosunku do niemowląt naprawdę kochane, ale jednocześnie nie można od nich oczekiwać, że będą ostrożne i ochronią swoje młodsze rodzeństwo.

W swojej karierze widziałem mnóstwo małych dzieci, które naprawdę z czułością – ale też niestety w niebezpieczny sposób – oferowały swoim nowo narodzonym siostrzyczkom i braciszkom krakersy, metalowe samochodziki, ostro zakończone długopisy i ogromne poduszki.

Dlatego absolutnie nie powinnaś pozwolić, żeby twoje bezbronne niemowlę spało w jednym pokoju ze starszym szkrabem-rozbójnikiem. Poczekaj z tym do momentu, kiedy twoje młodsze dziecko będzie umiało samo się obronić, tzn. mniej więcej do jego drugich urodzin.

5. Mojemu maluszkowi w nocy regularnie wypada z buzi smoczek. Czy powinnam przypiąć mu jeden do koszulki, czy lepiej położyć kilka wokół niego w łóżeczku?

Możesz spokojnie zostawić smoczek w każdym rogu łóżeczka. Wcześniej pokaż je swojemu dziecku w ciągu dnia („*O, zobacz! Tu mamy jeszcze jeden smoczek!*"), tak by potem w nocy lepiej radziło sobie ze znajdowaniem go.

Jeśli jednak ten sposób nie zadziała albo po prostu chcesz mu ułatwić zadanie, kup mu smoczek, który można przypiąć klipsem do piżamki. To sprawi, że będzie on pod ręką, kiedy tylko twój malec będzie go potrzebował. Natomiast nigdy nie przypinaj mu go ani nie wieszaj mu na szyi na wstążeczce, bo może to spowodować ryzyko uduszenia.

Pamiętaj też, żeby zawsze przy okazji dawania smoczka puszczać dziecku w tle biały szum oraz dawać mu też miły kocyk albo misia. W ten sposób maluszek będzie miał alternatywę dla smoczka, a później jego odstawienie też będzie łatwiejsze.

6. Uwielbiam karmić mojego 8-miesięcznego szkraba, ale czy powinnam już zrezygnować z karmienia w nocy?

Wiele mam twierdzi, że karmienie piersią to jedno z najcudowniejszych doświadczeń związanych z macierzyństwem. Do tego jest nadzwyczaj zdrowe, zarówno dla ciebie, jak i dla dziecka. Dlatego tak długo, jak ty i twój mąż nie macie nic przeciwko nocnemu karmieniu, nie ma pośpiechu z rezygnowaniem z niego.

Jeśli natomiast czujesz, że potrzebujesz więcej snu, twój malec jest już zdecydowanie na tyle duży, żeby przetrwać bez dodatkowego karmienia od 22. do 6. rano. Dlatego postępuj zgodnie z radami dotyczącymi rezygnowania z nocnego karmienia, które znajdziesz na str. 184... i nie zapomnij odciągnąć trochę pokarmu przed snem, jeśli czujesz, że twoje piersi są za bardzo nabrzmiałe.

7. Moja 10-miesięczna córeczka staje w swoim łóżeczku, ale nie umie już z powrotem usiąść (co nie jest wcale takie zabawne o 3. nad ranem!) Czy macie jakieś pomysły, co z tym zrobić?

Mózg twojej córeczki wysyła swoim nogom tak silny impuls do wstania, że potem ciężko jest jej wysłać „wiadomość" o tym, żeby jej nogi się zrelaksowały, ugięły i usiadły z powrotem.

Na szczęście większość dzieci jest w stanie całkiem szybko nauczyć się zginania nóżek – potrzeba im tylko trochę ćwiczeń. Dlatego w ciągu dnia przećwicz z maluszkiem następujące rzeczy:

- **pozwól dziecku wstać, trzymając się twoich palców, a potem pokieruj je tak, by z powrotem usiadło,**

- złap maluszka pod pachami i podnieś do góry, a potem pomóż usiąść; podnieś go do pionu w 90%, ale więcej nie – pozwól usiąść, zanim stanie w pełni wyprostowany,
- w łóżeczku pokaż mu, jak wstawać przy szczebelkach, a potem analogicznie – jak usiąść, by potem z łatwością mógł zrobić to sam.

CZĘŚĆ III

Pomocne rozwiązania problemów ze snem u małych dzieci między pierwszym a piątym rokiem życia

Rozdział 10. jest poświęcony dużym zmianom w umiejętnościach werbalnych i mentalnych, jakie zachodzą u dziecka w omawianym okresie i pokazuje, jakie triki *Najszczęśliwszego dziecka* można zastosować w celu wyćwiczenia u malucha cierpliwości i chęci współpracy, które wspólnie pozwolą wam stworzyć wspaniały sposób na zasypianie (takie jak Zasada Fast-Food, język Dziecięcy i ćwiczenie cierpliwości). Z tego rozdziału dowiesz się też, dlaczego wstawienie telewizora do pokoju dziecięcego może zwiększyć u malucha problemy ze snem i z otyłością oraz jak „przeprowadzić" dziecko z kołyski/łóżeczka do większego łóżka.

Rozdział 11. pokaże dokładnie, dlaczego przygotowanie do wieczornego pójścia spać zaczyna się już tak właściwie... zaraz po śniadaniu! W tym rozdziale poznasz też idealnie dopasowane dla dzieci w tym wieku techniki zasypiania (np. książeczka na dobranoc i słodkie słówka do poduszki) i dowiesz się, jak przekonać swojego upartego szkraba, żeby jednak zachowywał się „zgodnie z planem” przy okazji spotkań rodzinnych, dzięki zachętom i prostym, niewywołującym płaczu sztuczkom uczącym zasypiania, takim jak metoda przerwanej piosenki i stosowanie ćwiczenia cierpliwości.

Rozdział 12. skupia się z kolei na powszechnych wśród dzieci problemach mogących zakłócać sen oraz mówi o nowych, które mogą pojawić się właśnie w tym okresie, tj. o owsikach i silniejszych bólach. W tym rozdziale omówię też, jak odzwyczaić dziecko od karmienia piersią w nocy i spania w jednym łóżku z rodzicami, oraz jak pomóc mu uporać się ze strachami niepozwalającymi spać spokojnie. Poza tym znajdziesz tu garść porad dotyczących kwestii lunatykowania, lęków nocnych i koszmarów sennych u dzieci.

Rozdział 13. zawiera z kolei niektóre z pytań najczęściej zadawanych przez rodziców dzieci w wieku od roku do przedszkolnego i odpowiedzi na nie.

ROZDZIAŁ DZIESIĄTY

„Do biegu, gotowi... start!”. Witaj w szalonym świecie dzieci od pierwszego do piątego roku życia

NAJWAŻNIEJSZE KWESTIE:

- Mózg twojego dziecka rozwija się szybko, ale nadal jest mocno niedojrzały, dlatego czasem, w momencie zdenerwowania lub dużego niezadowolenia, twój maluszek będzie się jeszcze zachowywał w mało cywilizowany sposób (niczym mały jaskiniowiec).
- Dzieci w wieku kilku lat *uwielbiają* biegać, tańczyć, odkrywać różne zakamarki i mogą okazać się bardzo odporne na wszystkie twoje prośby. Ta mieszanka może zaowocować jednym, wielkim buntem w czasie przewidzianym na drzemki i pójście spać wieczorem!
- Sześć przyjemnych technik *Najszczęśliwszego dziecka* szybko sprawi, że wzrośnie zarówno cierpliwość, jak i chęć „współpracy” ze strony maluszka w ciągu dnia — co z kolei pomoże ci potem spokojniej położyć go spać. Te techniki to: *Zasada Fast-Food, język Dziecięcy, ćwiczenie cierpliwości, magiczne oddechy, plotkowanie* i *granie głupka*).

- **Maluchy w tym wieku przesypiają 12-14 godzin na dobę, ale bez dobrze opracowanego planu spania połowa z nich nadal budzi się w nocy i woła rodziców.**
- **„Przeprowadzka" dziecka z kołyski/małego łóżeczka do większego łóżka nie będzie problemem, jeśli tylko dobrze ją zaplanujesz.**
- **Marny sen może mieć poważny wpływ na zdrowie maluchów.**

„Czy istnieje na Ziemi istota równie rozkoszna – i tak bardzo wymagająca – jak kilkuletnie dziecko?"

—Anne Cassidy

Dziecięce sprawy, czyli co dzieje się teraz w głowie twojego dziecka?

Małe dzieci nigdy nie zwalniają tempa... tak samo, jak zmiany, które zachodzą w ich organizmie.

W trakcie wczesnych lat życia malucha aktywność w jego mózgu *niesamowicie* się zwiększa. Dwulatki mają dwa razy tyle buzujących, pędzących na wszystkie strony połączeń w mózgu (synaps) niż my, dorośli. To doskonale tłumaczy, dlaczego żwawo brykają, zamiast zwyczajnie chodzić, i piszczą z radości, kiedy są szczęśliwe. Energiczne mózgi trzy- i czterolatków z kolei nieustannie porównują i analizują wszystko dookoła („Twoje cycuszki są zrobione z poduszek" albo „Chodź mamusiu, połóż się na mojej poduszce i razem popatrzymy na moje sny").

Ten okres niebywałego wręcz rozwijania się i dojrzewania mózgu pozwala twojemu małemu odkrywcy posiąść umiejętności, których opanowanie zajęło naszym przodkom steki tysięcy lat: od chodzenia i biegania, przez porozumiewanie się, czytanie czy żartowanie, po czekanie na swoją kolej czy pokazywanie dobrych manier.

Z drugiej strony chyba każdy, kto choć raz spędził dłuższą chwilę w towarzystwie kilkulatków, wie, że – choć zazwyczaj są one kochane i rozkoszne – potrafią też zachowywać się jak *zupełnie nieucywilizowane istoty.*

Mówiąc to, nie mam tu na myśli nic złego i nie chcę nikogo obrażać, ale sami przyznacie, że maluchy naprawdę czasem zachowują się jak człowiek pierwotny: gryzą, drapią, plują i biją, kiedy są mocno zdenerwowane.

Są niecierpliwe i impulsywne… i siusiają tam, gdzie przyjdzie im na to ochota! Tak naprawdę duża część pracy rodziców w trakcie tych pierwszych lat życia dziecka polega na nauczeniu ich *małego jaskiniowca* cierpliwości i dobrych manier.

Wiedza na temat skoków rozwojowych u twojego dziecka pozwoli ci zrozumieć, dlaczego twój malec ma problemy ze snem… i jak sprawić, żeby jednak pokochał swój czas przeznaczony na odpoczynek. Na następnych stronach przyjrzymy się bliżej każdemu z tych etapów rozwoju, ale najpierw spójrzmy na to, jak dzieci o różnych temperamentach i charakterach odbierają otaczający je świat.

Temperament kilkulatka: mały człowiek z dużą osobowością

Cierpliwy? Ostrożny? Humorzasty? Przewrażliwiony? Nadaktywny? Temperament twojego malca będzie ujawniał się coraz bardziej z każdym kolejnym miesiącem, niczym kwiat otwierający się na wiosnę.

Dzieci bezproblemowe

Takie dzieci idą przez życie ze spokojem – wzloty i upadki nie za bardzo robią na nich wrażenie, a wszelkie frustrujące sytuacje przyjmują ze spokojem. Wiele z nich je, śpi, a nawet załatwia się codziennie mniej więcej o regularnych porach.

Nie oznacza to oczywiście, że takie dzieci nigdy nie mają gorszych dni albo że nigdy nie zachowują się jak uparciuchy. Ale kiedy rzeczy nie idą po ich myśli, bezproblemowe dzieci raczej nie zatrzymują się nad nimi, tylko nie przejmując się specjalnie, idą dalej.

Dzieci ostrożne

> ***18-miesięczny Jesse był bardzo nieśmiałym chłopakiem. Jak mówi jego mama, Jody: „Jesse jak na razie mówi tylko cztery słowa, ale jest za to typem myśliciela. Zawsze przed zrobieniem czegoś najpierw analizuje to sobie w głowie. W parku spędził tygodnie, bacznie obserwując inne dzieci przechodzące przez mały tunel. Nagle jednego dnia sam postanowił też to zrobić. A kiedy już raz mu się udało, był tak podekscytowany, że następnie przeszedł przez niego jeszcze dwadzieścia razy pod rząd”.***

Tak jak w przypadku dzieci bezproblemowych pierwszym słowem będzie zazwyczaj wesołe „Cześć!", tak u dzieci ostrożnych możemy raczej spodziewać się wystraszonego „Pa!". Może też zdarzyć się, że takie dzieci nie będą chciały pomachać gościom na do widzenia, póki ci nie znikną za rogiem.

Takie maluchy często chodzą za rodzicem z pokoju do pokoju jak cień. Jeden z moich 18-miesięcznych pacjentów tak lubił „przyssać" się do swojej mamy, że ta ochrzciła go przezwiskiem „Rzep".

Ostrożne dzieci są też zazwyczaj bardzo (czasem za bardzo) wyczulone na wszelkie niedogodności, takie jak ząbkowanie, hałas, odczuwanie głodu, silne zapachy, zatkany nos, drapiące piżamy itp. Często mają też problem, gdy muszą nagle przejść z cichego samochodu rodziców do gwarnego i pełnego energii żłobka czy przedszkola.

„Każdego ranka w żłobku Derek przykleja się do mnie na 10 minut niczym przezroczysta folia kuchenna - mówi Tim i dodaje - Szczerze mówiąc, mam wtedy ochotę krzyknąć do niego: Przestań! Weź się w końcu w garść!"

Przy dzieciach o takim charakterze bardzo łatwo stracić cierpliwość. Ale niestety każda taka sytuacja sprawia, że staną się one jeszcze bardziej *oporne*.

Bardzo ostrożne dzieci, takie jak Derek, mogą poczuć się naprawdę przerażone, jeśli tylko poczują, że ktoś je do czegoś zmusza. Jeśli tylko zaczniesz na siłę skłaniać je do zrobienia czegoś albo poradzenia sobie z lękami, czeka cię dwa razy dłuższy czas próby unormowania tej sytuacji. Ale jeśli podejdziesz do tego na spokojnie i miesiąc po miesiącu będziesz łagodnie zachęcać swojego malca do przełamywania barier strachu, zobaczysz, że jego pewność siebie zacznie wzrastać – a pewnego dnia być może nawet przekształci się w odwagę.

A bonusem dla rodziców takich dzieci niech będzie fakt, że kiedy dorosną, ich brak pewności sprawi, że będą o wiele mniej skore do wykonywania szaleństw na motorze, eksperymentowania z narkotykami czy przehulania oszczędności w grach hazardowych!

Dzieci-dynamity

Elise mówi o swoim nieustraszonym dwulatku, że jest niczym „100% możliwości i 0% zdolności oceny sytuacji".

„Spencer to taki typ dziecka, który, widząc mordercę z siekierą, podejdzie do niego i powie 'Cześć! Ale masz fajną siekierę!'. Jest w ruchu dosłownie non stop. Jego siostra, Rosy, lubi posiedzieć i zajmować się godzinami jedną zabawką, ale Spencer lata z kąta w kąt niczym piłka kauczukowa. Dlatego za każdym razem, gdy jesteśmy w supermarkecie na zakupach i słyszę z głośników 'Drodzy klienci, w punkcie rzeczy i osób znalezionych mamy właśnie małego chłopca...'"

Dzieci tak pełne energii jak Spencer są zazwyczaj bardziej szalone, głośniejsze, a także nieugięte, aktywne, buntownicze, niecierpliwe, uparte i impulsywne niż inne maluchy. W ich przypadku okres znany jako „bunt dwulatka" może zacząć się już w wieku 15 miesięcy! Przygotuj się wtedy na napady szału i nie zdziw się, jeśli twój uparciuch będzie odpowiadał „NIE!" oraz dostanie spazmów i ataków złości w momencie, kiedy spróbujesz położyć go na krótką drzemką lub ululać wieczorem (zwłaszcza jeśli będzie nadmiernie zmęczony).

Co nowego dzieje się u kilkuletnich dzieci? Wiele rzeczy!

Niezależnie od tego, czy twoje dziecko jest typem bezproblemowym, ostrożnym czy wulkanem energii, w ciągu najbliższych miesięcy i lat będzie się niesamowicie rozwijać. Przyjrzyjmy się teraz temu, jakie są dzieci, które wychodzą z okresu niemowlęctwa.

Ich zdolność do mówienia i słuchania szybuje w górę

Niemowlęta sygnalizują nam swoje życzenia i samopoczucie przez uśmiechy, płacz i wydawanie różnych odgłosów. Ale już od pierwszego roku życia zdolność twojego dziecka do komunikowania się z otoczeniem robi dwa bardzo duże kroki do przodu – a to za sprawą zmian, jakie zachodzą zarówno w lewej, jak i w prawej półkuli mózgu.

Najpierw następuje fala zmian w prawej półkuli, czyli tej, która odpowiada za kontrolowanie gestów i mimikę twarzy, oraz doskonale dopasowuje ton głosu twojego szkraba do odczuwanych przez niego emocji.

Zapewne zauważyłaś już niektóre z sygnałów świadczących o opisanym wyżej rozwoju, ponieważ twoje dziecko zaczyna:

- **wskazywać przedmioty i osoby,**
- **używać języka znaków i gestów,**
- **zachowywać się bardziej emocjonalnie (używać uśmiechów, marszczyć brwi, wymachiwać rękami i zmieniać ton głosu w zależności od tego, czy czuje się zadowolone, smutne, przestraszone, sfrustrowane itd.).**

Następnie, gdzieś pomiędzy drugimi a trzecimi urodzinami twojego malca, jego lewa półkula (czyli ta, która odpowiada za słowa, rozumowanie, cierpliwość i samokontrolę) rozwija się tak, że jego zdolność do wypowiadania słów, a potem całych zdań szybko wzrasta. Swoją drogą, dość niesamowite jest to, jak szybko małe dzieci przechodzą z etapu gaworzenia w sobie tylko znanym języku do etapu bycia wygadanym niczym wytrawny mówca na sali sądowej... i rzeczowo zaczynają tłumaczyć rodzicom, dlaczego pójście spać właśnie teraz wcale nie jest dobrym pomysłem.

Dzieci w tym wieku uwielbiają wszelkiego rodzaju aktywność!

18-miesięczny Trevor wyskakiwał niczym pajac na sprężynie za każdym razem, kiedy mama próbowała położyć go na drzemkę. „To było niczym próba położenia spać Krzysztofa Kolumba, który zupełnie nie miał na to ochoty i zachowywał się tak, jakby chciał mi powiedzieć: 'Drzemka? Nie ma mowy! Teraz będę odkrywał Amerykę!'"

Moment, kiedy maluch zaczyna chodzić, biegać i wspinać się, można skwitować tylko jednym słowem: uwaga!

Dla nich ten moment jest tak oszałamiający, że w trakcie chodzenia i odkrywania otoczenia zapominają o głodzie, siusiają w majtki i niczym zawodnicy słaniający się po ciężkiej walce bokserskiej opierają się ostatkiem sił wszelkim próbom położenia ich spać w ciągu dnia.

Twój szkrab zamienił się teraz w małego odkrywcę, którego interesuje dosłownie wszystko. Kiedy słyszy rozmowę dobiegającą zza ściany, niczym mały Pan Ciekawski będzie starał się nie uronić z niej ani słowa! (Nic dziwnego, że małpka Ciekawski George jest postacią tak bardzo lubianą przez wszystkie małe dzieci).

Zmieniają się w małych osobników pt. „Nie i już"

W tym okresie twój brzdąc może dość szybko zmienić się w bardzo nieugiętą istotę. Nam dorosłym też zdarza się marudzić o to, że chcemy w *naszym* łóżku spać na *naszej* poduszce. Ale przygotuj się na to, że twój malec będzie czasem naprawdę nie do przekonania i będzie upierał się przy czymś dla samego upierania się.

Może, na przykład, odmówić zjedzenia ciasteczka tylko dlatego, że będzie ono miało ułamany róg. Albo prosić cię o czytanie tej samej bajki codziennie, przez długi czas.

Takie obsesyjne czasem zachowanie nasila się jeszcze bardziej, gdy dziecko jest zmęczone. Wtedy może okazać się, że niezbędne będzie wycałowanie (przez ciebie) na dobranoc wszystkich jego przytulanek w *dokładnie* takiej kolejności, a nie innej, oraz przeczytanie całej bajki *jeszcze raz od początku*, jeśli w którymkolwiek momencie niechcący opuścisz stronę.

Na szczęście dzieci w wieku 3-4 lat są już zazwyczaj dużo bardziej elastyczne (choć twój maluch może nadal nalegać na zakładanie swojej ulubionej piżamki… co wieczór). To jest też moment, w którym dziecku będzie wydawało się zabawne, jeśli przy okazji śpiewania kołysanki zrobisz „błąd", włączając np. słowo *paluszek* zamiast *maluszek* albo zaczniesz czytanie bajki od ostatniej strony.

Kilkulatki uwielbiają usystematyzowany plan dnia

Upór i bunt twojego maluszka jest, wbrew pozorom, powiązany z jego przywiązaniem do systematyczności wydarzeń.

Dla nas robienie tego samego dzień w dzień może być nudne, ale dla dziecka to jest niczym bezpieczna, mała przystań przewidywalności pośród oceanu chaosu otaczającego go świata. Codzienna rutyna to dla niego wytchnienie od ciężkiej pracy, jaką wkłada w zrozumienie coraz to nowych rzeczy, z którymi codziennie przychodzi mu się zmierzyć (wyobraź sobie, że to jest niczym pisanie bardzo trudnego testu, w trakcie którego natrafiasz nagle na część z superłatwymi pytaniami).

Gdzieś w okolicach 18. miesiąca życia zauważysz pewnie u swojego dziecka wzmożone zainteresowanie porządkiem. Może nagle, na przykład, zacząć ono układać po zabawie lalki na jedną kupkę, a dinozaury na drugą.

A w trakcie nadchodzących miesięcy okaże się, że twój szkrab bardzo lubi moment, kiedy jest czas na przekąskę, siedzenie w kółku w żłobku/przedszkolu i śpiewanie śmiesznych piosenek. Wszystkie te czynności systematyzują bowiem rozkład dnia twojego maluszka i sprawiają, że czuje się on mądry – ponieważ dokładnie wie, co się zaraz wydarzy.

Wyjątkowy czas: fantastyczna rutyna, która jest dynamiczna i sprawia radość

Poświęcasz swojemu dziecku *godziny czasu* na zabawę. Dlaczego więc, jak tylko zaczynasz zajmować się gotowaniem obiadu, robi się ono marudne i żąda całej twojej uwagi?

Odpowiedź jest prosta: *jest znudzone*! W przeszłości życie małych dzieci było dużo bardziej interesujące, ponieważ spędzały one lwią część czasu na podwórku/na dworze, gdzie czekały na nie kamyki, kałuże, kurczaki i inne biegające wokół dzieci.

Na szczęście jest rozwiązanie, które wynagrodzi twojemu malcowi tę nieodżałowaną możliwość: świetna, systematycznie pojawiająca się w planie dnia rutyna, którą nazwałem „wyjątkowym czasem".

Raz lub dwa razy dziennie odłóż na bok wszystko, co robisz i poróbb z dzieckiem dokładnie to, na co ma ono ochotę. Możesz zawsze oznajmić nadejście takiej chwili krótką, prostą piosenką:

„To jest *wyjątkowy czas* dla Zosi. Wyjątkowy, wyjątkowy, wyjątkowy TYLKO DLA NIEJ!". A potem nastawić budzik/alarm w zegarku i przez ten czas całkowicie zająć się zabawą z dzieckiem (rozmowy przez telefon w tym czasie zakazane!).

Kiedy alarm zadzwoni, powiedz: „Ojej, kochanie, nasz wyjątkowy czas tym razem już się skończył. Wspaniale się bawiłam – a już niedługo (jutro) znowu będziemy mieli wspólny wyjątkowy czas".

Taki czas poświęcony w 100% tylko dziecku doskonale wpływa na jego pewność siebie. („Jeśli ta śliczna królowa naszego domu spędza czas *tylko ze mną*, to naprawdę muszę być superwyjątkowy").

Zdaję sobie sprawę z tego, że już i tak poświęcasz mnóstwo czasu na zabawę z dzieckiem i zajmowanie się nim. Ale ten *wyjątkowy* czas jest trochę czym innym. To jest jak prezent, taka wisienka na torcie, która jeszcze lepiej smakuje z powodu sposobu, w jaki go ogłaszasz, mówisz o nim i z powodu tego, że twoje dziecko ma wtedy 100% twojej uwagi tylko dla siebie (W mojej książce *Najszczęśliwsze dziecko w okolicy* znajdziesz więcej wskazówek dotyczących zagospodarowania *wyjątkowego czasu*).

Teraz, kiedy już wiesz, co dzieje się w głowie twojego dziecka, przyjrzyjmy się pokrótce kilku zaskakująco skutecznym technikom *Najszczęśliwszego dziecka*, które sprawią, że możliwe stanie się ujarzmienie go... nawet w momencie wieczornego kładzenia spać.

Sześć sprawiających frajdę kroków, pomagających wypracować u dziecka cierpliwość i chęć współpracy

Jak już wspominałem wcześniej, mózg twojego malca rozwija się w naprawdę kosmicznie szybkim tempie, dojrzewając praktycznie z tygodnia na tydzień, co nie zmienia faktu, że co pewien czas będą pojawiać się u niego wybuchy emocjonalne, po których zachowywał się będzie niczym cofnięty o milion lat *mały jaskiniowiec*. W takich momentach siła logiki i spójnego rozumowania może okazać się zupełnie bezużyteczna, ale na szczęście dzięki kilku łatwym krokom możesz poradzić sobie ze swoim małym wyzwaniem i w takich sytuacjach.

Jeśli połączysz rozwiązania korzystne dla wszystkich stron z zastosowaniem wszystkich pomocników snu, szybko uda ci się rozwiązać wiele problemów związanych ze spaniem. Poniżej znajdziesz krótki opis wszystkich trików, którymi możesz posłużyć się na tym etapie rozwoju swojego dziecka, aby szybko i bezproblemowo dało się położyć do łóżka:

Buduj pewność siebie dziecka w ciągu dnia za pomocą *języka Dziecięcego, ćwiczenia cierpliwości, magicznych oddechów, plotkowania, grania głupka,* gwiezdnych tabelek, odgrywania scenek, bajek i *książeczki na dobranoc.*

Na 30-60 minut przed planowanym położeniem brzdąca do łóżka uspokój trochę atmosferę, przygaś światła i wyłącz telewizję. Ciepła kąpiel i masaż także pozwolą się twojemu dziecku odprężyć.

Pozwól swojemu maluszkowi powiedzieć „dobranoc" wszystkim zabawkom po kolei.

Użyj białego szumu, przytulanek, książeczek z bajkami, kołysanek, lawendy i *czułych słówek na dobranoc*, aby sprawić, że twój szkrab odpłynie w objęcia Morfeusza. Możesz też jeszcze nadal dawać mu smoczek.

Zaproponuj kompromis... zarówno w ciągu dnia, jak i wieczorem – tak, by każda strona mogła poczuć się zwycięzcą.

Krok 1: „Zasada Fast-Food" – jak zacząć rozmowę ze zdenerwowanym dzieckiem

Pierwsza zasada dotycząca rozmawiania z innymi (w tym z małymi dziećmi) brzmi: *Ten, kto jest najbardziej pod wpływem emocji (radości, smutku, jakichkolwiek), mówi pierwszy* (i dostaje więcej czasu na mówienie). Druga osoba w tym czasie po prostu słucha i próbuje zrozumieć to, jak czuje się osoba mówiąca – na takiej samej zasadzie, na jakiej pracownik restauracji *fast-food* powtarza klientowi jego zamówienie przed przystąpieniem do następnego kroku, czyli prośby o uregulowanie rachunku.

Pamiętaj, że jeśli chcesz pokazać osobie, z którą rozmawiasz, że *naprawdę* przejmujesz się tym, jak ona się czuje, to *bardzo ważne* jest, żeby ton twojej wypowiedzi, twoje gesty i słowa choć w pewnym stopniu ilustrowały emocje, którymi właśnie podzielił się z tobą twój rozmówca. Jeśli włożysz w to za mało uczuć, sprawisz wrażenie osoby zimnej i nieporuszonej, ale jeśli przesadzisz w drugą stronę – będziesz brzmiała histerycznie.

Kiedy twój rozmówca zacznie trochę się uspokajać, *to* jest moment, w którym powinnaś zapewnić go o swoim zrozumieniu, wyjaśnić swój punkt widzenia, przytulić, znaleźć kompromis... albo po prostu posiedzieć razem w milczeniu.

Dużo łatwiej będzie ci przekonać rozmówcę do dostrzeżenia *twojego* punktu widzenia, jeśli najpierw pokażesz mu, że ty także widzisz *jego/jej* argumentację (nawet jeśli zupełnie się z nią nie zgadzasz).

Krok 2: „Język Dziecięcy" - mówienie bardzo prostym językiem twojego malca

Kiedy dorośli się denerwują, w ich mózgu lewa, logiczna półkula jest nieco przygaszona, podczas gdy prawa półkula (czyli emocje) bierze górę. Dlatego właśnie frustracja, strach, żal i złość sprawiają, że stajemy się mniej elokwentni, cierpliwi i rozsądni – krótko mówiąc: bardziej prymitywni. (I dlatego nie powinno dziwić, że czasem w takich momentach słyszymy właśnie „Zachowujesz się jak prymityw!").

Natomiast w przypadku bardzo małych dzieci to zachwianie równowagi w mózgu jest jeszcze większe.

Lewa półkula mózgu twojego malucha nie funkcjonuje jeszcze zbyt dobrze nawet w normalny, spokojny dzień. Dlatego w momencie, gdy szkrab się zdenerwuje, ta część mózgu niemal kompletnie się wyłącza. Dlatego właśnie nasi mali jaskiniowcy, kiedy są wzburzeni, to nie zachowują się prymitywnie, tylko wręcz jak stworzenia pierwotne: plując, drapiąc i rzucając przedmiotami!

Jeśli więc zdecydujesz się zastosować *Zasadę Fast-Food*, pamiętaj, żeby przyjąć następujące założenie: im bardziej zdenerwowane jest twoje dziecko, tym prostszymi zwrotami i zdaniami powinnaś się do niego zwracać. Na szczęście istnieje sposób komunikowania się, który dość szybko pozwoli ci złapać nić porozumienia z twoim małym neandertalczykiem (a w połowie przypadków pomoże „ugasić" napad szału w kilka chwil): *język Dziecięcy.*

Zezłoszczone małe dzieci doskonale zrozumieją komunikat, który im wysyłamy (czyli to, że troszczymy się o nie), kiedy przestaniemy używać naszego dorosłego języka charakterystycznego dla *lewej półkuli* (czyli spokojnych, długich zdań), a zastosujemy raczej to, co podpowiada nam *prawa półkula* (pamiętajmy, że ta działa u dzieci bez zarzutu). Aby to zrobić, po prostu zmodyfikuj nieco to, co mówisz, za pomocą tych trzech kroków:

- **zamień długie zdania na krótkie zwroty (1 do 4 słów),**
- **powtarzaj je w kółko (4 do 8 razy),**
- **użyj gestów i tonu głosu, żeby odzwierciedlić (nie za bardzo, tak mniej więcej w 1/3) stan zdenerwowania malucha.**

Na przykład, kiedy twoja córeczka zezłości się, wykorzystaj ten prosty język, żeby opisać to, co widzisz („Jesteś smutna, smutna, *smutna*! Twoje lody spadły na ziemię! Jesteś tak *bardzo, bardzo* smutna!"). Twój brzdąc może nie zrozumieć wszystkich słów z tej wypowiedzi, ale na pewno odnotuje ton głosu, wyraz twarzy i gestykulację.

Wielu z was myśli pewnie teraz, że cały ten pomysł brzmi niedorzecznie albo że jest to jak gaworzenie w języku niemowlaka, albo też, że jest po prostu nienaturalne. Ale ja mogę się z kolei założyć, że już stosujesz *Dziecięcy*... i to każdego dnia!

Spójrzmy na taką sytuację: kiedy twój szkrab spogląda na ciebie z dumą zaraz po tym, jak udało mu się samodzielnie wdrapać na małą górkę, co będzie normalniejszą reakcją z twojej strony? Spokojnie powiedziane: „Bardzo ładnie, kochanie. Mama jest z ciebie dumna", czy może raczej odbicie entuzjazmu maluszka i wykrzyczenie „Brawo! Brawo! Udało ci się! Udało! I to całkiem samemu! Super, brawo!"? No właśnie. A to nie jest nic innego jak *język Dziecięcy*: krótkie zwroty, powtarzanie ich i dodanie emocji.

A mimo to dorośli bardzo często uderzają w poważniejszy ton wypowiedzi, jak tylko ich dzieci czegoś się przestraszą, czy też robią się zezłoszczone lub smutne. W takich sytuacjach nagle zaczynamy krzyczeć albo wręcz przeciwnie – zachowywać się przesadnie spokojnie. Lecz taka reakcja może sprawić, że twój maluch poczuje się samotny, tak jakbyś nie rozumiała albo nie interesowała się przyczyną jego złości... w momencie, gdy on właśnie najbardziej potrzebuje przyjaciela. (To trochę tak, jakby jakiś nasz przyjaciel minimalizował wagę naszego problemu, mówiąc od razu „Już dobrze, już dobrze, naprawdę już dobrze" albo w dziwny sposób powtarzał twoje słowa i niczym swoisty pseudopsychoanalityk powiedział „Mogę sobie wyobrazić, że ta sytuacja była dla ciebie bardzo frustrująca").

Dobre stosowanie *Dziecięcego* wymaga praktyki. Możesz czuć się z tym na początku nieco dziwnie, ale pamiętaj, że to jest rodzaj języka, którego już i tak używasz, kiedy twoje dziecko jest bardzo zadowolone. Wielu rodziców twierdzi, że najłatwiej jest nauczyć się *Dziecięcego*, stosując go najpierw przy okazji małych wzlotów i upadków. Potem, w miarę upływu czasu, można zacząć go wykorzystywać także w sytuacjach większej złości u dzieci.

Jednocześnie warto zaznaczyć, że ta metoda to nie magia i niektóre zeźlone dzieci będą tkwić w swoim szale niezależnie od tego, co się im powie. Na pocieszenie dodam tylko, że – o ile jest stosowany prawidłowo – *Dziecięcy* potrafi uspokoić ok. połowę napadów szału małych jaskiniowców naprawdę szybko, nawet jeśli są oni przemęczeni i ostatkiem sił wzbraniają się przed pójściem spać.

Krok 3: „Ćwiczenie cierpliwości" – moc krótkiej przerwy

Metoda znana jako *ćwiczenie cierpliwości* jest superłatwa, superużyteczna, oznacza superzabawę i... można ją stosować już od 12. miesiąca życia dziecka. Poćwicz ją pięć razy dziennie, a w krótkim czasie sprawisz, że twój malec stanie się dużo bardziej cierpliwy... co z kolei zaowocuje dużo mniejszą liczbą walk toczonych przed pójściem spać (*ćwiczenie cierpliwości* jest również kluczowym czynnikiem bardzo prostej i „bezpłaczowej" techniki uczenia snu – zwanej *metodą przerwanej piosenki* – którą poznasz dokładniej na stronie 268).

Aby rozpocząć naukę *ćwiczenia cierpliwości*, musisz poczekać na moment, kiedy twój szkrab będzie czegoś od ciebie chciał.

A potem:

- **Prawie daj mu to, o co prosi... a potem *stop!* To oznacza, że powinnaś prawie wręczyć mu do rąk to, o co poprosił, a potem nagle zabrać tę rzecz i unieść palec do góry, mówiąc pod nosem „Ojej, chwileczkę, chwileczkę!" (tak, jakbyś nagle przypomniała sobie o czymś ważnym).**
- **Szybko odwróć się od malucha i przez kilka sekund poudawaj, że jesteś zajęta szukaniem czegoś.**
- **Na końcu wręcz mu „nagrodę": odwróć się z powrotem i z uśmiechem na twarzy powiedz: „Bardzo ładnie zaczekałeś/zaczekałaś. Brawo!", a następnie wręcz wyczekiwany przedmiot.**

Po kilku „rundach próbnych" spróbuj poćwiczyć jego cierpliwość odrobinę dłużej co kilka dni. W ten sposób w ciągu mniej niż tygodnia będzie on w stanie poczekać na spełnienie swojej prośby od 30 do 60 sekund.

(Może ci się to wydać zaskakujące, ale małe dzieci nie mają zazwyczaj nic przeciwko poczekaniu chwilkę – o ile tylko mają pewność, że niebawem dostaną to, na co czekają).

Jeśli jednak twój brzdąc będzie miał problem z wytrzymaniem nawet tych kilku sekund, odwróć się do niego z powrotem i, używając *Dziecięcego*, pokaż mu, że wiesz, jak ciężko jest mu wytrzymać: „Tak bardzo chciałabym, żebyśmy mogli zrobić wszystko *od razu*!" lub „Tylko czekać i czekać, fuj! A ja bym chciała, żebyśmy mogli *cały dzień* tylko się bawić i *nigdy* nie musieć na nic czekać!". Potem zaproponuj mu coś do zabawy na czas czekania i znowu odwróć się na chwilkę.

Krok 4: „Magiczne oddechy" — koiciel stworzony przez naturę

W przypadku wielu dorosłych uspokajanie się oznacza jedzenie, spanie, oglądanie telewizji albo tzw. znieczulanie się. Ale warto pamiętać, że każdy człowiek posiada też nadzwyczaj skuteczny naturalny czynnik obniżający poziom stresu: głębokie oddychanie. A skorzystać z tego sposobu mogą nawet bardzo małe dzieci (już w wieku 18-24 miesięcy), kiedy tylko nauczą się, jak wykonywać *magiczne oddechy*.

Oto, jak się do tego zabrać.

Najpierw *ty* musisz się tego nauczyć. Złóż przed sobą ręce – jak do modlitwy. Podczas wciągania powietrza wyrzuć ręce przed siebie i do góry, tuż przy uszach; następnie przy wydechu pozwól im swobodnie powrócić do pozycji złożonej, przy klatce piersiowej. Powtórz cały ruch parę razy (będziesz pewnie wyglądać jak dyrygent kierujący orkiestrą). Wykonaj to wszystko, stojąc przy dziecku, żeby widziało, jak ćwiczysz.

Po kilku takich „pokazach" twój malec prędzej czy później będzie chciał cię naśladować. Na początek zacznijcie od jednego lub dwóch głębokich oddechów tuż przed jedzeniem, drzemką, bardzo dynamiczną zabawą lub wyjściem na plac zabaw (możesz spróbować ubarwić całą sytuację, wydzielając w domu „magiczny kącik", ze specjalnymi poduszkami i obrazkami).

Nie naciskaj. Jeśli twój szkrab nie chce ćwiczyć *magicznych oddechów*, zaproponuj jakąś miłą zabawę po zakończeniu. Jeśli nadal będzie się opierać, powiedz po prostu „Nie ma problemu" i sama wykonaj parę powtórzeń. Możesz też posadzić obok siebie przytulankę i udawać, że ona też ćwiczy! Następnego dnia ponownie delikatnie zachęć swojego szkraba do poćwiczenia razem z tobą. Jeśli nadal nie będzie chętny, ćwicz sama codziennie raz lub dwa – tak, żeby być w zasięgu jego wzroku – ale poczekaj kilka tygodni z kolejnym zaproszeniem do wspólnych *oddechów*.

Tak jak w przypadku każdej innej umiejętności, im więcej twoja pociecha będzie ćwiczyć, tym lepiej ją opanuje… i tym łatwiej będzie jej potem „wyłączyć" nadmierne podekscytowanie i zachowywać się cicho w kościele, w trakcie oglądania filmu czy też spokojniej przygotować się do pójścia spać.

Krok 5: Zachęty uwielbiane przez kilkulatki – „plotkowanie", znaczki na ręku i gwiezdne tabelki

Małe podarunki mogą przyspieszyć u dzieci chęć współpracy. Niektórzy rodzice twierdzą, że „dzieci powinny nas słuchać po prostu z racji szacunku". I to może być cel dla 6-8 latków, ale twój trzylatek może jeszcze potrzebować na tym etapie dodatkowej zachęty do współpracy.

(Ważna uwaga: zachęta to nie to samo, co przekupstwo. Łapówki wręcza się, by promować *złe* zachowanie, podczas gdy zachęta ma służyć promowaniu *dobrego* zachowania).

Istnieje kilka technik *Najszczęśliwszego dziecka*, które pomagają wzmocnić chęć współpracy ze strony dziecka i zapobiegają buntowi, zanim się jeszcze w ogóle pojawi. Moje ulubione spośród nich to *plotkowanie*, pieczątki na rękę i używanie plansz z gwiazdkami.

Plotkowanie to w rzeczywistości dość głośne szeptanie – takie, które wskazuje na to, że mówisz komuś jakiś sekret, ale które jednocześnie twój maluch może usłyszeć.

Na przykład parę minut po podziękowaniu swojemu szkrabowi za pomoc, przyłóż rękę do ust i wyszepcz do kogoś innego (może to nawet być lalka lub ptaszek za oknem): „Psst… hej, Panie Ptaszku! Steven pozbierał wszystkie swoje zabawki! I to naprawdę szybko!".

Po jakimś czasie wyszepcz ten sam komplement na temat swojego dziecka komuś innemu. Dzięki temu twój mały szkrab pomyśli sobie: „Jejku! To chyba musi być prawda, bo ostatnio często to słyszę".

Większość z nas nie znosi, gdy ktoś mówi nam, co mamy robić, ale zawsze bardzo nas ciekawi to, co „przypadkiem" usłyszymy i dużo bardziej jesteśmy skłonni temu wierzyć. Dlatego *plotkowanie* od razu sprawia, że pochwała ma dużo większą siłę oddziaływania (i krytyka wyrażona w ten sposób – też).

Ja zawsze zaliczam *plotkowanie* do technik „pobocznych", ponieważ tak jak opowiadanie bajek czy odgrywanie scenek (dwie podobne techniki, o których więcej opowiem nieco później), uczą dziecko pewnych rzeczy *niebezpośrednio* – tak jakby bocznymi drzwiami – a nie poprzez robienie wykładów i tłumaczenie.

Znaczki na dłoni to małe nagrody, które możesz „wręczać" swojemu szkrabowi w momencie, gdy zrobi coś, co wyjątkowo ci się podoba. W takiej sytuacji, bez zbytniego robienia wokół tego szumu, narysuj na spodniej części dłoni swojego malca ptaszka lub przystaw pieczątkę z tuszu. Idea stojąca za tą metodą polega na tym, żeby nagradzać maluszka znaczkiem za każdym razem, gdy *złapiesz go na robieniu czegoś dobrego.*

Możesz także wzmocnić efekt tych znaczków przez poświęcenie kilku minut przed snem – już po położeniu dziecka do łóżeczka – na zliczenie, ile znaczków/pieczątek zebrało tego dnia i za co (przy okazji możecie też porozmawiać o tym, co może zrobić następnego dnia, żeby znowu dostać pieczątkę na rączce).

Gwiezdne tabelki to nieco bardziej poważna forma promowania dobrego zachowania (ta metoda jest dobra dla dzieci w wieku powyżej 2 lat).

- **Wybierz trzy zachowania, które chcesz promować. Dwa z nich powinny być rzeczami, które twój maluszek już umie robić (np. mycie rąk i zakładanie skarpetek), a jedno – małym, nowym wyzwaniem (np. zjedzenie kawałka brokuła lub umycie zębów).**
- **Zorganizuj spotkanie rodzinne. Kiedy zbierzcie się razem, powiedz: „Robisz wspaniale tak wiele rzeczy! Ale jest jeszcze kilka, które wydają mi się nieco trudniejsze. Mamusia ma fajny pomysł na to, jak pomóc ci robić je troszkę lepiej".**
- **Opisz, co chciałabyś, żeby robił.**
- **Zapytaj, jaki jest według niego najlepszy sposób na monitorowanie wszystkich jego dobrych uczynków: „Czy wolisz, żeby mama przyklejała naklejki albo gwiazdki na planszę, czy może wolisz dostawać plastikowe żetony, które możesz trzymać w kieszeni?".**
- ***Razem* zdecydujcie o nagrodzie. „Kiedy już zdobędziesz 10 gwiazdek, co chciałbyś zrobić: pójść na wycieczkę do parku, dostać lody w rożku czy może wolisz jakiś prezent-niespodziankę z naszego sklepu 'Wszystko za 5zł'?".**
- **Następnie *razem* stwórzcie planszę i udekorujcie ją śmiesznymi zdjęciami, które wytniecie z różnych magazynów.**
- **Potem, ponownie *razem*, pójdźcie do sklepu, tak by twój szkrab mógł wybrać takie naklejki czy gwiazdki, które najbardziej mu się podobają (zaangażowanie dziecka we wszystkie stadia tego procesu jest niezwykle ważne... w końcu to jest *jego* plansza!).**

- **Powieś planszę w bardzo widocznym miejscu i pozwól brzdącowi umieszczać na niej gwiazdkę za każdym razem, gdy uda mu się wypełnić jakieś zadanie.**
- **Co kilka tygodni organizuj kolejne spotkanie, w trakcie którego powiesz, jak bardzo się cieszysz i jesteś dumna z jego osiągnięć. To sprawi, że plansza będzie dla niego nadal interesująca. (Więcej porad dotyczących tego, jak stworzyć dobrą planszę z gwiazdkami i zorganizować powiązane z nią spotkania rodzinne, znajdziesz w książce *Najszczęśliwsze dziecko w okolicy*).**

Plansze z gwiazdkami to dla dziecka świetna zabawa. Dzięki niej twój maluch dostanie dużą dawkę wyraźnie widocznej pochwały za każdym razem, gdy przejdzie obok niej i spojrzy na wiszące dumnie na ścianie „odznaki". A plansza zadziała jeszcze lepiej, jeśli przy okazji pozwolisz swojemu maluszkowi parę razy podsłuchać swoje *plotkowanie,* w trakcie którego opowiesz przytulankom o jego staraniach.

Krok 6: „Granie głupka" – zachęć dziecko do współpracy... w jeden dzień

Wszyscy wiemy, jak ciężko jest wychowywać kilkuletnie dziecko – ale czy kiedykolwiek zastanawiałaś się, jak ciężko jest takim dzieckiem *być*?

Twój „mały dorosły" pewnie często chodzi po domu, rycząc jak lew, prężąc mięśnie i uparcie odmawiając robienia wszystkiego, o co się go poprosi. Lecz cała ta jego odwaga może być tylko przykrywką dla faktu, że właśnie zaczyna sobie uświadamiać, że jest tylko małym dzieckiem w tym ogromnym, otaczającym go świecie.

Pomiędzy 2. a 3. rokiem życia twój szkrab stanie się bardzo dobry w porównywaniu różnych rzeczy – w tym również w porównywaniu siebie do wszystkich innych naokoło. I wniosek, jaki z tego wyciągnie, będzie taki, że jest słabszy, niższy, mniej elokwentny i wolniejszy niż wszyscy naokoło poza niemowlętami i innymi mniejszymi dziećmi (dlatego właśnie tak bardzo mu przeszkadza, gdy ktoś mówi do niego per „dziecinko").

Nie dasz rady ochronić swojego dziecka przed wszystkimi porażkami i sytuacjami, w których będzie czuło się zagubione. (I też zapewne nie chciałabyś, bo to są sytuacje, które budują charakter!). Natomiast z pewnością możesz pomóc mu zbudować poczucie wiary w siebie i odporność.

A ze wszystkich trików, które są w tym temacie opisane w *Najszczęśliwszym dziecku*, moim zdecydowanym faworytem jest *granie głupka*.

Idea kryjąca się za tą metodą to udawanie niezdary przez dorosłego po to, by dziecko mogło się poczuć jak zwycięzca. Na przykład:

- **Udawaj, że naprawdę się boisz, kiedy twój szkrab ryczy niczym lew.**
- **Urządźcie mały wyścig. W jego trakcie udawaj wielki wysiłek, ale na końcu pozwól swojemu maluchowi wygrać.**
- **Urządźcie sobie małą bitwę na poduszki i pozwól, żeby twój szkrab powalał cię na ziemię za każdym razem, kiedy się zamachnie.**

Kiedy dziesięć razy dziennie będziesz udawała fajtłapę, twój brzdąc będzie cały czas się śmiał, a przy okazji poczuje się sprytny i bardziej dorosły. *Granie głupka* przekona go do tego, że jesteś tak „kiepska", że trzeba ci pomóc, a nie się opierać. Takie podejście działa nawet w przypadku najbardziej buntowniczych dzieci, które zawsze w pewnym momencie „litują się" nad nami, kiedy widzą, że najwyraźniej potrzebujemy pomocy.

Dzięki wyżej opisanym sześciu krokom – *Zasadzie Fast-Food, Dziecięcemu, ćwiczeniu cierpliwości, magicznym oddechom, zachętom w postaci plotkowania i znaczków na dłoni* oraz *graniu głupka* – świetnie przygotujesz swojego malca do chodzenia spać przez wyćwiczenie u niego cierpliwości i wyrobienie chęci do współpracy.

Teraz, kiedy już masz w ręku wszystkie potrzebne narzędzia, nadszedł czas na przygotowanie ciebie do zmierzenia się z problemami ze snem u kilkuletnich dzieci… najpierw przez obalenie mitów, które bardziej w tym przeszkadzają, niż pomagają.

Nie wierz w to! Powszechne mity związane ze snem u dzieci

Dziadkowie i babcie, sąsiedzi i przyjaciele – wszyscy ci ludzie zazwyczaj bardzo chętnie służą nam radą. I wszyscy mają oczywiście bardzo dobre intencje, ale niekiedy są po prostu całkowicie w błędzie! Poniżej znajdziesz kilka spośród najczęściej powtarzanych błędnych przekonań, które możesz od nich usłyszeć.

MIT 1: ***To normalne, że małe dzieci śpią same (osobno).***

FAKT: Kto tak naprawdę lubi spać sam? W większości kultur małe dzieci przez lata śpią z rodzeństwem lub rodzicami.

Rodzice są często bardzo zaskoczeni, gdy dowiadują się, że odsetek dzieci śpiących w łóżku z rodzicami rośnie wraz z wiekiem maluchów. W przypadku trzylatków jest to 22%, a w przypadku czterolatków – już 38% dzieci, które śpią razem z rodzicami chociaż raz w tygodniu. Nawet 10-15% dzieci we wczesnym wieku przedszkolnym regularnie dzieli łóżko z rodzicami.

MIT 2: ***Kilkulatki przesypiają całe noce.***

FAKT: Badania z wykorzystaniem materiałów wideo pokazują, że dzieci wybudzają się z fazy lekkiego snu praktycznie kilka razy każdej nocy. Natomiast większość z nas jest tego nieświadoma, ponieważ zazwyczaj zasypiają one z powrotem bez jednego piśnięcia.

MIT 3: ***Kilkulatki potrzebują mniej snu niż niemowlęta.***

FAKT: Choć prawdą jest, że *czas spania w ciągu dnia* zmniejsza się wraz z wiekiem, ponieważ niedługo maluch nie będzie już potrzebował dwóch drzemek dziennie, nadal będzie mu potrzebne od 11 do 12 godzin snu w *nocy* aż do osiągnięcia wieku 5 lat. Dodatkowo pomiędzy 4. a 12. rokiem życia ta liczba spadnie tylko nieznacznie – z 11 godzin do 10.

MIT 4: ***Dzieci w tym wieku powinny już zrezygnować ze smoczka, szczególnie w nocy.***

FAKT: Ssanie jest dla takich dzieci rzeczą jak najbardziej normalną i, co więcej, działającą uspokajająco. W wielu bardziej pierwotnych kulturach dzieci ssą pierś matki aż do ukończenia 3-4 roku życia. Ponadto smoczek może pomóc dziecku czuć się pewniej i samodzielnie się uspokajać w nocy.

Co więcej, dzieci mają dość silnie genetycznie uwarunkowany odruch ssania. A już na pewno smoczek jest lepszym rozwiązaniem niż ssanie kciuka, ponieważ to może spowodować pojawienie się w kolejnych latach poważnych problemów ortodontycznych.

MIT 5: ***Sen dziecka nie ma nic wspólnego z jego zdolnością do uczenia się ani z jego zdrowiem.***

FAKT: Pozbawienie dziecka odpowiedniej dawki snu nie dość, że może przyczynić się do powstania problemów w ciągu dnia, takich jak napady szału, zwiększona podatność na infekcje, agresja, impulsywność i wzmożony bunt, to na dodatek owocuje trzema rykoszetami w stronę nauki: słaba zdolność do koncentracji, obniżony poziom przyswajania wiedzy i gorsza pamięć.

Badania wykazały także powiązanie między marną jakością i ilością snu u małych dzieci i ich problemami zdrowotnymi objawiającymi się lata później. Co zaskakujące, pozbawienie malucha nawet godziny snu we wczesnym dzieciństwie może mieć negatywny wpływ na zdolność do nauki u dziecka w wieku szkolnym!

Kanadyjscy badacze odkryli też, że sen krótszy niż 10 godzin powodował u kilkulatków niemal dwukrotny wzrost zagrożenia otyłością, nadaktywnością i gorszymi wynikami w tekstach kognitywistycznych w późniejszym okresie dorastania.

Wygląda więc na to, że wczesne lata życia dzieci to pewien okres krytyczny, w którym nieodpowiednia dawka snu może skutkować problemami w późniejszym rozwoju, nawet jeśli nawyki związane ze spaniem niedługo potem się poprawią.

MIT 6: ***Naturalną konsekwencją tego, że dzieci są zmęczone, jest to, że zasypiają.***

FAKT: Choć większość z nas (w tym także małe dzieci) rzeczywiście zasypia pod wpływem zmęczenia, są również takie dzieci, które w podobnej sytuacji stają się jeszcze *bardziej rozbudzone*! Może się nawet zdarzyć, że w takim momencie będą one wyglądać jak dzieci z ADHD.

A problem ten może eskalować: *im bardziej zmęczone się robią, tym trudniej jest im zasnąć i tym więcej razy budzą się potem w nocy.*

MIT 7: ***Lampka włączona na noc może uszkodzić wzrok twojego dziecka.***

FAKT: Nieprawda! Rodzice od wielu pokoleń zostawiali dzieciom w pokojach włączone (choć oczywiście przygaszone) światło. Takie oświetlenie pozwala nam potem szybko ocenić to, czy z dzieckiem

wszystko jest w porządku i czy śpi spokojnie – bez konieczności włączania rażącego, górnego światła. Poza tym wiele dzieci czuje się dużo bezpieczniej, kiedy, budząc się nagle o 2. nad ranem, widzą wokół siebie podobne otoczenie jak za dnia, a nie tylko egipskie ciemności.

Jednak w 1999 roku badanie przeprowadzone przez Children's Hospital w Filadelfii wystraszyło wielu rodziców, którzy w rezultacie zrezygnowali z zostawiania dzieciom zapalonej lampki. Naukowcy stwierdzili, że 34% dzieci, które spały przy przygaszonym świetle, cierpiało potem na krótkowzroczność.

Na szczęście już w następnym roku dwa inne badania obaliły to twierdzenie. Naukowcy z Ohio odkryli, że odsetek dzieci, które spały przy lampce i które rzeczywiście stawały się w późniejszych latach krótkowzroczne, wynosi 16,8% w porównaniu do 20% dzieci, które spały w kompletnych ciemnościach. A naukowcy z Bostonu potwierdzili potem dobitnie, że nie ma absolutnie żadnego powiązania między światłem zostawianym na noc a późniejszymi problemami ze wzrokiem.

MIT 8: *Wstawienie do pokoju dziecięcego telewizora może ułatwić kładzenie do łóżka i zasypianie.*

FAKT: Telewizory to naprawdę duży problem! W Ameryce niemal jedna trzecia dzieci w wieku przedszkolnym ma w pokoju telewizor (i niemal 20% niemowląt... naprawdę!). Ponadto prawie co piąty rodzic używa telewizji lub filmów na DVD jako elementu czynności związanych z kładzeniem dziecka spać. Ale używanie takiego *elektronicznego uspokajacza* to naprawdę nie jest dobry pomysł.

Dzieci, które mają w pokoju telewizor:

- **oglądają go częściej (a to oznacza oglądanie większej liczby brutalnych programów i reklam śmieciowego jedzenia),**
- **chodzą spać zazwyczaj do 30 minut *później*,**
- **wzbraniają się przed zaśnięciem (jest ponad dwa razy większe prawdopodobieństwo, że zasną po g. 22),**
- **śpią mniej (i istnieje dwa razy większe prawdopodobieństwo, że rano będą miały problemy z obudzeniem się),**
- **mniej ćwiczą,**

- mają więcej stresów psychologicznych (a czasem też więcej koszmarów sennych),
- są w grupie podwyższonego ryzyka osób narażonych na problemy z nadwagą i otyłością,
- mogą zrobić sobie wielką krzywdę, ściągając niechcący telewizor na siebie.

I nie chodzi tutaj o to, że jestem osobiście zatwardziałym przeciwnikiem *telewizorów*. Wiem, że czasem jest to najlepsza z możliwych doraźnych opiekunek – i wiem, że czasem każdy z nas tego potrzebuje. Pamiętajmy tylko, żeby oglądać telewizję od czasu do czasu (i wybierać programy przeznaczone dla dzieci, takie jak *Ulica Sezamkowa*) oraz wyłączać go długo przed porą pójścia spać. Albo jeszcze lepiej: zostawmy oglądanie telewizji na specjalne okazje... na przykład na weekendowe poranki, kiedy będzie to specjalna niespodzianka dla twojego malca, która tobie z kolei pozwoli podrzemać dodatkowe pół godziny.

Dobrze, ponieważ rozprawiliśmy się już z mitami na temat snu u dzieci, przyjrzyjmy się teraz temu, co jest *prawdą*.

Normalny sen u dzieci

Po ukończeniu przez twojego maluszka pierwszego roku życia, sen pozostaje podstawową aktywnością jego mózgu. Do czasu ukończenia dwóch lat dziecko spędzi przeciętnie 950 godzin (ok. 13 miesięcy) śpiąc, w porównaniu do 8000 godzin „na nogach". Natomiast pomiędzy 2. a 5. rokiem życia czas spędzony na śnie i czuwaniu mniej więcej się wyrówna.

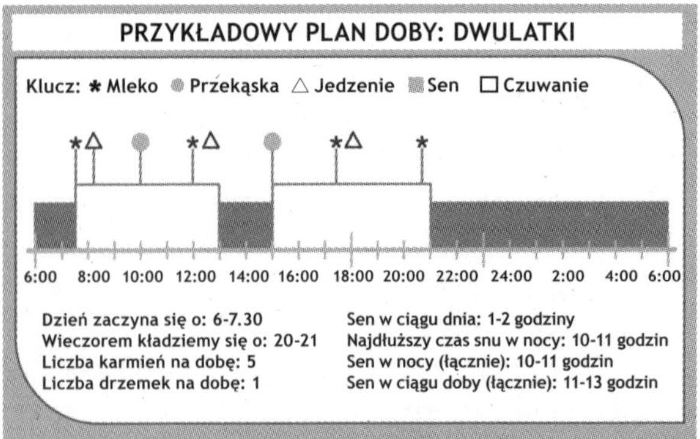

PRZYKŁADOWY PLAN DOBY: CZTEROLATKI

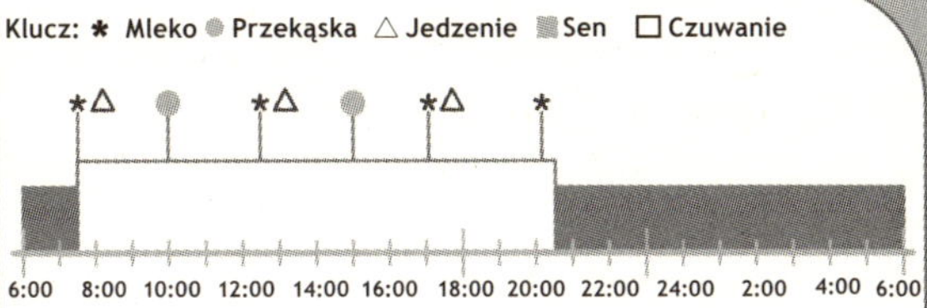

Dzień zaczyna się o: 6-7.30
Wieczorem kładziemy się o: 20-21
Liczba karmień na dobę: 4
Liczba drzemek na dobę: 0-1

Sen w ciągu dnia: 0-2 godziny
Najdłuższy czas snu w nocy: 10-11 godzin
Sen w nocy (łącznie): 10-11 godzin
Sen w ciągu doby (łącznie): 10-12 godzin

Od 1. do 5. roku życia dzieci śpią 12-14 godzin na dobę, wliczając w to drzemki. (Możesz założyć, że twój dwulatek będzie drzemał ok. 2 godzin dziennie, a trzylatek już raczej godzinę).

W ciągu ostatnich kilku lat zaobserwowano dość niepokojący trend, który pokazuje, że ilość snu kilkulatków spadła o 30-40 minut na noc. Okazuje się, że poranne pobudki nadal mają miejsce mniej więcej o tej samej porze, ale dzieci później chodzą spać – większość maluchów wstaje ok. 7.30, ale kładzie się wieczorem ok. 21.30 (plus-minus pół godziny).

Przeprowadzone w 2004 roku badanie *Sen w Ameryce* pokazało, że prawie połowa dwulatków i jedna trzecia czterolatków wybudza się w nocy (choć nie codziennie), a 5-10% robi to więcej niż raz na noc. W takich sytuacjach większość rodziców (ok. 60%) przychodzi do pokoju uspokoić dziecko… i zostaje mniej więcej kwadrans, zanim maluch ponownie zaśnie. A kolejny (co najmniej) kwadrans zajmuje im oderwanie myśli od dziecka i zaśnięcie samemu.

Cienko to widzę: problem wagi ciężkiej

Otyłość to w dzisiejszych czasach prawdziwa epidemia!

Nie tylko rujnuje nasze zdrowie, ale też sprawia, że jesteśmy dużo bardziej podatni na wiele chorób i dolegliwości, takich jak: cukrzyca, zawał serca, nowotwory, zwyrodnienie kręgosłupa i bioder czy też depresja. I coraz bardziej oczywiste staje się, że

problem otyłości zaczyna się bardzo wcześnie - być może nawet już w okresie niemowlęctwa.

Badanie przeprowadzone przez kanadyjskich naukowców z udziałem ponad 1000 dzieci wykazało, że 26% spośród 2-4 latków, które spały za mało (czyli poniżej 10 godzin w nocy), miało w późniejszym okresie problem z nadwagą lub otyłością (w porównaniu do 15%, które spało 10 godzin i 15%, które spało ponad 11 godzin w nocy). Innymi słowy — ryzyko w ich przypadku było dwa do trzech razy wyższe.

Do podobnych wniosków doszli wspólnie badacze z UCLA i Uniwersytetu w Waszyngtonie oraz lekarze z Johns Hopkins University, którzy przeprowadzili meta-analizę (weryfikację badań naukowych) na temat powiązań między kwestiami snu i otyłości u dzieci.

Co więcej, dzieci które są przemęczone:

- mniej ćwiczą (bo są zmęczone),
- mają zdecydowanie większą ochotę na cukier, tłuszcz i tzw. puste kalorie,
- częściej jedzą w sposób impulsywny, nawet gdy nie są głodne,
- przybierają na wadze z powodu wywołanych wyczerpaniem zaburzeń równowagi metabolicznej (insulinooporność, obniżony poziom leptyny).

Nadmierne zmęczenie i otyłość zaczynają w którymś momencie tworzyć zaklęty krąg. W miarę tego, jak dzieci tyją, ich szyje stają się grubsze. To sprawia, że zaczynają chrapać i przez to częściej się budzić, a to z kolei sprawia, że są jeszcze bardziej zmęczone!

Ale jest też dobra wiadomość: możesz uratować dziecko przed scenariuszem zakładającym trwającą całe późniejsze życie walkę z nadwagą, jeśli tylko zaczniesz działać już dziś.

Oto garść porad, które możesz zacząć stosować od zaraz:

- Jedzcie w domu mniej gotowego jedzenia (takie jedzenie zawiera zazwyczaj dużo cukru, tłuszczu i soli).

- Jedzcie więcej owoców, warzyw, roślin strączkowych i produktów pełnoziarnistych.
- Postaw sobie cel, który zakłada, że twoja pociecha będzie spała co najmniej 10,5 godziny każdej nocy! Unikaj dawania jej słodkich napojów (soki mają tyle cukru, co napoje gazowane!).
- Zredukuj oglądanie telewizji (nie włączaj telewizora podczas posiłków, które jecie wszyscy razem).
- Spędzajcie czas na dworze – chodźcie na spacery do parku tak często, jak jest to możliwe.
- Jedzcie obiad całą rodziną co najmniej pięć razy w tygodniu. (Jest świetna książka, która zawiera mnóstwo porad dotyczących tego, jak dobrze bawić się przy wspólnym obiadowaniu – to *The Family Dinner* autorstwa Laurie David).

Czas na przenosiny do łóżka dla dużych dzieci?

15-miesięczny Will wydostał się samodzielnie ze swojej kołyski, kiedy jego mama, Sue, ćwiczyła z nim właśnie naukę spania. Jak wspomina: „Jemu nic się nie stało, ale ja byłam zupełnie przerażona, bo nagle zaczęłam słyszeć jego płacz coraz bliżej i bliżej!".

Wybór miejsca do spania dla twojego małego szkraba będzie miał wiele wspólnego z jego nowo nabytymi umiejętnościami ruchowymi.

Bardzo rozkosznie jest patrzeć, jak maluch przechodzi od stania do chodzenia, a potem do biegania, ale już dużo mniej wesoło robi się, gdy wypada – wyprostowany niczym salutujący żołnierz – przechylony przez barierki kołyski (czy też łóżeczka). Dlatego też najlepiej jest przeprowadzić akcję „przenosiny", zanim szkrab opanuje sztukę samodzielnego wydostawania się z niej.

Pożegnanie z kołyską to milowy – ale też słodko-gorzki – krok w życiu maluszka. (Niektórzy rodzice wprost nie mogą się rozstać z tą pamiątką po pierwszych miesiącach życia swojego dziecka i trzymają ją w domu przez długie lata!). Ponad 90% dzieci w wieku 18 miesięcy śpi w małym łóżeczku dziecięcym, ale odsetek ten spada do 80% przy dwulatkach i 40% w przypadku dzieci, które ukończyły 3 lata.

Ponieważ nigdy nie da się przewidzieć, którego dokładnie dnia twój szkrab postanowi pierwszy raz podjąć próbę ucieczki z łóżeczka, dobrym pomysłem jest – po jego pierwszych urodzinach – obniżenie poziomu materaca jak tylko się da i zadbanie o to, żeby nie miał żadnych wielkich przytulanek (ani też elementów ochronnych na łóżeczku), po których mógłby się wspiąć. Górna krawędź łóżeczka powinna być wyżej niż poziom obojczyków dziecka. Pamiętaj także, żeby zawsze kłaść przy jego łóżeczku puszysty dywan lub miękką wykładzinę (z antypoślizgiem), ponieważ upadki z wysokości mogą skończyć się poważnymi kontuzjami.

Kiedy już będziecie gotowi na akcję „przenosiny", nie zapominaj o tym, że zmęczone i marudne dzieci są wyjątkowo oporne, jeśli chodzi o jakiekolwiek zmiany. Dlatego zacznij przyzwyczajać swoje dziecko do nowego miejsca do spania w ciągu dnia, traktując je jako zwyczajowe miejsce do spokojniejszej zabawy albo masażu i potem drzemki (w ciągu dnia maluch będzie też bardziej elastyczny, jeśli chodzi o zmiany).

Ponadto twój szkrab lepiej zniesie przeprowadzkę, jeśli będą jej towarzyszyły niezmienione dotychczasowe rytuały wieczornego kładzenia się do snu (takie jak przytulanki, biały szum, standardowa rutyna na dobranoc, kołysanki i lawenda).

Aby jeszcze podkręcić w maluchu entuzjastyczne nastawienie do „przeprowadzki":

- **powymyślaj krótkie historyjki albo poczytajcie bajki o spaniu w większym łóżku,**
- **w ciągu dnia *poplotkuj* innym o tym, jak twój brzdąc dobrze sobie radzi ze spaniem w nowym miejscu,**
- **zabierz go na zakupy, żeby mógł wybrać sobie specjalną pościel,**
- **zróbcie razem *książeczkę na dobranoc*, którą będziecie mogli potem codziennie wspólnie przeglądać; niech zawiera ona zdjęcia członków waszej rodziny (i psa też!) śpiących we własnych łóżkach (więcej o *książeczkach na dobranoc* przeczytasz na str. 252).**

Jeśli jesteś w ciąży, zdecydowanie lepiej jest przenieść starsze dziecko do nowego łóżka na kilka miesięcy przed przyjściem na świat młodszego (zakładając oczywiście, że jest ono już w wieku pozwalającym na takie „przenosiny"). Jeśli drugi maluszek jest już na świecie, dobrym pomysłem będzie zostawienie starszego w jego dziecięcym łóżeczku trochę dłużej. A przede wszystkim pamiętaj: jeśli w jednym tygodniu „przeprowadzisz" starszego szkraba do nowego łóżka, a w następnym w jego starym łóżeczku „zamieszka" nowy brat lub siostra, może się to skończyć wybuchem zazdrości. Starsze dziecko może się bowiem poczuć tak, jakbyś oddawała jego ulubioną rzecz jakiemuś intruzowi!

Z nowego, większego łóżka twój malec będzie mógł zejść praktycznie w każdej chwili, dlatego koniecznie pamiętaj o (1) zabezpieczeniu w pokoju wszelkich groźnych przedmiotów, a w szczególności wtyczek do kontaktu, kabli elektrycznych i ostrych rogów oraz (2) uniemożliwieniu mu nocnych wędrówek.

Aby działać skutecznie w tej drugiej kwestii, zamontuj w drzwiach bramkę. Jeśli okaże się, że jest w stanie wspiąć się po niej i przejść na drugą stronę, będziesz pewnie musiała poświęcić trochę czasu na nauczenie dziecka zostawania w pokoju lub nawet zamykać drzwi. Możesz spróbować powiedzieć: „Kochanie, to jest Pan Bramka. Teraz Pan Bramka pomoże ci zostać w pokoju… po tym, jak pośpiewamy i poczytamy, i powiemy sobie dobranoc… wtedy właśnie zamkniemy Pana Bramkę… a on pomoże ci być w pokoju szczęśliwą i zadowoloną całą noc".

A jeśli twój mały akrobata będzie wspinał się po bramce, będziesz być może musiała zamknąć drzwi i przykryć jakoś klamkę od wewnętrznej strony (w pokoju).

Pamiętaj: bezpieczeństwo przede wszystkim — zwłaszcza teraz!

Dzieci zmęczone to dzieci nakręcone, a to „nakręcenie" może łatwo doprowadzić do wypadków. Na takiej samej zasadzie jak zmęczony żongler zaczyna upuszczać piłeczki, zmęczone dzieci stają się impulsywne, niezdarne i podatne na wszelkiego rodzaju wypadki.

Wśród trzy- i czterolatków najczęściej powtarzające się niebezpieczne sytuacje związane z łóżkiem (poza wypadaniem z niego, o czym pisałem już wcześniej) wynikają ze skakania po łóżku lub są efektem upadku z łóżka piętrowego. Wiem, że ciężko jest przekonać małego urwisa słowami „dość szalonych skoków na łóżku!", ale z drugiej strony, jak niemądry musi być rodzic, który pozwala swojemu kilkuletniemu dziecku spać na górze piętrowego łóżka? Jeśli więc znasz kogoś, kto tak właśnie robi, to powiedz mu szybko, że pogotowie jest wzywane do wypadków powiązanych z upadkiem z piętrowego łóżka ponad 35 000 razy rocznie... a większość z nich dotyczy dzieci między 3. a 5. rokiem życia! Co gorsza, większość takich upadków prowadzi do urazów głowy.

Dlatego właśnie amerykańska Komisja ds. Bezpieczeństwa Produktów Konsumenckich radzi, aby:

- dzieci młodsze niż sześciolatki nigdy nie spały na górnym łóżku piętrowym,
- rodzice zostawiali na noc w pokoju dzieci śpiących na piętrowych łóżkach zapalone lampki, aby dziecko schodzące w nocy z górnego łóżka widziało, gdzie idzie,
- nie pozwalać dzieciom na zabawę na górnym łóżku,
- rodzice nie umieszczali łóżek piętrowych w pobliżu wiatraków ani innych urządzeń przymocowanych do sufitu.

Upewnij się także, że w pobliżu łóżka twojego dziecka nie ma żadnych listew ani drążków, o które może uderzyć głową. I wreszcie – wiem, że już o tym mówiłem, ale jestem lekarzem pediatrą, wiec muszę to powtarzać – zawsze upewnij się, że działa w waszym domu alarm przeciwpożarowy i gaśnice oraz że macie opracowany plan wydostania się w razie wybuchu pożaru.

Postępowanie zgodnie z tymi prostymi zasadami powinno spowodować, że twój mały urwis będzie smacznie i bezpiecznie spał... co z kolei sprawi, że twój sen też będzie dużo spokojniejszy.

Trzymanie ręki na pulsie – jak tak naprawdę wygląda sen twojego dziecka?

We wcześniejszych rozdziałach wspominałem już o prowadzeniu dzienniczków *spania i pobudek* – ale gdybyście przez przypadek pominęli tę część, to w skrócie przypomnę, o co chodzi.

Zanim zdecydujesz się zmienić cokolwiek w schemacie spania u swojego malca, przez tydzień z kawałkiem prowadź minidziennik, tak byś dokładnie wiedziała, jak wygląda jego dotychczasowy schemat zasypiania i pobudek. (Inaczej, kiedy będziesz zmęczona, nie będziesz zbyt dobrze pamiętać wydarzeń sprzed tygodnia).

Wynotuj najważniejsze uwagi dotyczące zachowania twojego maluszka w ciągu dnia i w nocy:

- **O której godzinie budzi się co rano?**
- **Jak częste i gwałtowne są jego napady złości w ciągu dnia?**
- **Kiedy ma swoje drzemki? Jak długo one trwają?**
- **W którym momencie wieczoru robi się marudny, przestraszony lub nadaktywny?**
- **O której godzinie idzie spać – czyli kiedy zaczynacie i kończycie przygotowanie do zaśnięcia?**
- **Czy wieczorne kładzenie się spać jest łatwe czy jest walką?**
- **Jak długo po położeniu dziecka spać wychodzisz z jego pokoju?**

- **Czy czekasz, aż zaśnie?**
- **Czy ma problemy z uspokojeniem się? A jeśli tak, co robisz, żeby mu w tym pomóc i ile to trwa?**
- **Czy budzi się z płaczem w nocy? Jeśli tak, to kiedy i na jak długo?**
- **Co robisz w odpowiedzi na takie zdarzenie? Czy twoja reakcja pomaga?**

Przy okazji prowadzenia tych notatek zapisuj też inne ważne wydarzenia z całego dnia (takie jak spotkania na zabawę z innymi dziećmi, wizyty w żłobku/przedszkolu, posiłki i kupki). Na końcu tej książki znajdziesz przykładowy dziennik, który pomoże ci prowadzić te zapiski.

Tego typu notatki pomogą ci potem odkryć, co jest nie tak, co należy zrobić, żeby poprawić daną sytuację i jakie postępy robisz w jej rozwiązywaniu. To będzie świetny pomysł zwłaszcza w momencie, gdy zaczniesz stosować techniki opisane w dwóch kolejnych rozdziałach.

Ściągawka: przegląd metody z *Najszczęśliwszego śpiocha*

- Choć twój mały brzdąc nabywa właśnie sporo całkiem imponujących umiejętności (chodzenie, bieganie, mówienie… i kłócenie się z tobą!), pod wieloma względami nadal jest jeszcze niczym człowiek pierwotny — zdecydowanie bardziej przypomina małego *jaskiniowca* niż studenta uczelni!
- WYJĄTKOWY CZAS: to wisienka na torcie w postaci twojej niepodzielnej uwagi. Dzieci to kochają!
- ZASADA FAST-FOOD: będzie ci *dużo* łatwiej przekonać maluszka do *swoich* racji, jeśli najpierw pokażesz mu, że dostrzegasz też *jego* punkt widzenia (nawet jeśli się z nim nie zgadzasz).
- JĘZYK DZIECIĘCY: lewa półkula mózgu twojego dziecka (ośrodek odpowiadający za posługiwanie się językiem i za cierpliwość) wyłącza się, kiedy jest ono zdenerwowane. Dziecięcy to sposób mówienia na tyle prosty, że pozwala dziecku zrozumieć twój przekaz, nawet gdy ze złości „odbija mu palma"!
- *ĆWICZENIE CIERPLIWOŚCI*: superłatwy sposób na nauczenie twojego impulsywnego małego szkraba czekania na różne rzeczy — i to z radością!
- *MAGICZNE ODDECHY*: głębokie oddychanie obniża poziom stresu u kilkulatków i uczy je samokontroli.
- *PLOTKOWANIE*: wzmocnij wpływ pochwał (lub krytyki) na dziecko, umożliwiając mu podsłuchanie, jak szepczesz je do ucha kogoś innego.
- *PIECZĄTKI NA RĘKU I PLANSZE Z GWIAZDKAMI*: to dwie rzeczy, które w bardzo łatwy sposób pomagają budować chęć współpracy u dziecka i są kluczowe przy późniejszej nauce strategii zasypiania.

- *GRANIE GŁUPKA*: to wariacki i śmieszny sposób na wzmocnienie chęci współpracy poprzez sprawienie, że dziecko poczuje się silne i mądre — i robienie z siebie osoby nieco niemądrej, wolnej i słabej. Zażartuj sobie tak 10 razy na dzień, a twój mały uparciuch będzie bardziej skłonny do współpracy... zanim minie tydzień!

ROZDZIAŁ JEDENASTY

Pomóż swojemu małemu huraganowi energii uspokoić się przed snem: od pierwszego do piątego roku życia

NAJWAŻNIEJSZE KWESTIE:

- Zbytnie podekscytowanie, niedogodności, upór, źle dobrani pomocnicy snu i źle wybrany czas na dobranoc — to wszystko może prowadzić do problemów z kładzeniem dziecka spać.
- Spraw, że położenie go do łóżka będzie łatwiejsze dzięki zastosowaniu kilku technik z *Najszczęśliwszego dziecka*, takich jak: *język Dziecięcy*, *ćwiczenie cierpliwości*, *granie głupka i plotkowanie*. Pomogą one zbudować u twojego dziecka cierpliwość i chęć współpracy — *w ciągu dnia*.
- Obniż prawdopodobieństwo wieczornych trudności związanych z kładzeniem się spać dzięki *książeczce na dobranoc* (zawierającej zdjęcia/obrazki każdego etapu wieczornego przygotowania do snu), którą będziecie potem razem czytać w ciągu dnia.
- Zacznij przygotowania do pójścia spać *na godzinę* przed faktycznym harmonogramem czynności „na dobranoc”.

- **Włączenie do niego nowych czynności – od piosenki na sen po *czułe słówka na dobranoc* – sprawi, że twój maluch bardzo szybko pokocha chodzenie spać.**
- **Możesz pomóc swojemu dziecku nauczyć się, jak *trochę dać, by trochę dostać*, stosując kompromis wygrana/wygrana i kreatywne zachęty.**
- **Jeśli twój malec nadal nie chce zostać w łóżku, wypróbuj *metodę przerwanej piosenki* – to moja ulubiona *bezpłaczowa* metoda nauki snu.**
- **Jeśli wszystko inne zawiedzie, przyjmij inne podejście do snu: przy okazji żądań maluszka pokaż mu, że musi chwilkę zaczekać, zastosuj techniki *podnieś/odłóż* albo jedną z metod pozwolenia na *wypłakanie się*, czyli *dłużej i dłużej*.**

„Od dzieci można się nauczyć wielu rzeczy: na przykład tego, ile w nas cierpliwości."

—Franklin P. Jones

Łzy i napady złości, czyli dlaczego małe dzieci tak bardzo wzbraniają się przed pójściem spać

Kiedy wszystko idzie zgodnie z planem, wieczorne kładzenie dzieci spać to sama przyjemność, ale kiedy zaczynają się kłopoty, bardzo łatwo jest zacząć widzieć kolejne wieczory w czarnych barwach.

Ganianie za maluchem, próba ubrania go „na siłę" w piżamę, zamykanie drzwi pokoju dziecięcego, kiedy w środku twój szkrab płacze wniebogłosy – straszne, prawda?

Bardzo wiele pełnych energii dzieci wzbrania się przed pójściem spać. Nie znoszą rezygnować z biegania w kółko, wspinania się i dotykania wszystkiego po kolei. W wieku mniej więcej 18 miesięcy wkraczają w fazę potrzeby bardzo dużej niezależności, w której „Nie!" staje się ich ulubionym słowem. A im bardziej są *zmęczone*, tym bardziej robią się nieustępliwe, nadpobudliwe i rozdrażnione.

Przeprowadzone w 2004 roku badanie pt. *Sen w Ameryce* ujawniło, że jedna trzecia dwulatków – *i połowa czterolatków* – regularnie opóźnia położenie się spać albo nawet najzwyczajniej w świecie wzbrania się przed nim.

Poza naturalnym uporem (czy też oporem), za tą niechęcią do spania może stać też kilka innych czynników:

- **Dziecko jest przemęczone – zbyt rozbudzone oglądaniem telewizji, energicznymi zabawami w domu lub rzeczami, które jadło/piło (np. słodzone soki, słodkie przekąski, sztuczne barwniki i substancje smakowe, lekarstwa czy też dawka kofeiny z coli czy innych napojów gazowanych, ice tea lub czekolady).**
- **Coś mu przeszkadza – zbyt jasne światło, hałas albo jakaś dolegliwość (np. ząbkowanie, zbyt ciepło/zimno w pomieszczeniu, zatkany nos, drapiąca piżama, zbyt późno zjedzona kolacja itp.).**
- **Jest ciekawskie i uparte – i dlatego nie chce iść do swojego pokoju, bo chce dokładnie widzieć, co robią wszyscy inni.**
- **Jest bardzo przyzwyczajone do twojej pomocy – i nie umie jeszcze zasnąć bez twojego kołysania, karmienia i trzymania na rękach.**
- **Przechodzi aktualnie przez fazę strachu – i boi się zostawać samo oraz przeżywa całą masę lęków, od lęku przed obcymi, przez psy aż po błyskawice i grzmoty.**
- **Ma źle dobrane pory chodzenia spać – kładziesz je do łóżka zbyt wcześnie (i nie jest po prostu zmęczone) lub za późno (kiedy jest już przemęczone i „nakręcone").**

Pamiętaj jednak, że bez względu na przyczynę istnieje na szczęście wiele sposobów, które pomogą wam uporać się z tymi problemami. A jednym z lepszych sposobów na zabranie się do tego jest popracowanie nad sposobem chodzenia spać *w ciągu całego dnia.*

Czynności związane z chodzeniem spać

Dobrze zaplanowany sposób na kładzenie dziecka spać jest kluczem do spokojnie przespanej nocy – co do tego nie ma żadnych wątpliwości. Ale taki sposób i zestaw czynności nie wydarzą się same z siebie. To wymaga dobrego planu, a taki dobry plan powinien zaczynać się... *już wcześnie rano.*

Krok 1: Przygotuj odpowiednio swojego szkraba na bezproblemowe chodzenie spać... działając już w ciągu dnia

Nie będzie chyba zaskoczeniem, jeśli powiem, że głównym powodem, dla którego małe dzieci opierają się chodzeniu spać, jest ich naturalna tendencja do „przeciągania struny" i badania, na ile mogą sobie pozwolić wobec rodziców – zwłaszcza jeśli są dziećmi z energią niczym dynamit i bardzo upartymi. Poza tym maluchy, gdy są zmęczone pod koniec dnia, czasem zmieniają się w małych jaskiniowców (buntowniczych, nieustępliwych i na „nie"). I *my* sami wieczorami też stajemy się bardziej gderliwi i niecierpliwi!

Dlatego właśnie *wieczór* to najgorsza pora na próby ujarzmienia oporu... a *dzień* jest do tego porą idealną.

Na dobry początek zadbaj więc o te najbardziej oczywiste rzeczy, które sprawią, że dziecko będzie zdrowe i aktywne:

- **Zadbaj o to, żeby codziennie dostawało dawkę słońca i przebywało dużo na świeżym powietrzu.**
- **Dbaj o to, co je (żadnej kofeiny, mniej cukru, unikaj produktów zawierających sztuczne barwniki i substancje barwiące i włącz do diety dużo błonnika, który pomaga zapobiegać zaparciom!).**
- **Upewnij się, że ma odpowiednią liczbę drzemek - nie może ich być zbyt dużo, bo wtedy dziecko nie będzie zmęczone wieczorem.**

Twoim zadaniem jest też próba zbudowania takich relacji z dzieckiem w ciągu dnia, żeby potem chciało ono współpracować z tobą wieczorem. Dlatego stosuj te triki z *Najszczęśliwszego dziecka*, które omówiłem w poprzednim rozdziale (plus jeszcze kilka innych), aby:

- **sprawić, że maluch poczuje się jak zwycięzca,**
- **ćwiczyć jego cierpliwość,**
- **sprawić, że stanie się ekspertem od wieczornego zasypiania poprzez uczenie go *niebezpośrednio* i przy pomocy książeczki na dobranoc.**

Spraw, że maluch poczuje się jak zwycięzca

Wspominałem już wcześniej, że nasz mały przyjaciel bardzo często czuje się jak *przegrany*! Dlaczego? Bo jest słabszy, wolniejszy i nie może sięgnąć tam, gdzie by chciał i powiedzieć wszystkiego, co by chciał – choć wszyscy dookoła to potrafią.

Dlatego właśnie twój mały szkrab tak bardzo lubi wskakiwać do kałuży, która robi duże „Plusk!" i robić „Łaaaa!", kiedy ty udajesz, że się boisz. I być może też właśnie dlatego tak bardzo walczy z tobą, kiedy próbujesz położyć go spać – bo chce jeszcze coś tego dnia wygrać.

Świetną sprawą z *graniem głupka* jest to, że jeśli zastosujesz tę metodę 10 razy dziennie (tak jak radziłem to w poprzednim rozdziale), sprawisz, że twój brzdąc poczuje się silny, szybki, sprytny… i *automatycznie* stanie się bardziej skory do współpracy. I to w ciągu zaledwie kilku dni!

Ponadto w ciągu dnia polecam stosowanie jeszcze kilku innych sztuczek:

- ***Zasady Fast-Food*** **i** ***języka Dziecięcego*** **– za każdym razem, gdy maluch jest choć trochę zdenerwowany; w ten sposób pokażesz mu, że rozumiesz i szanujesz to, jak się czuje, nawet jeśli się z nim nie zgadzasz (patrz str. 222-223).**
- **Komentowania rzeczy, które robi, gdy go o to poprosisz (*Uwaga:* lepiej jest obniżyć nieco ton pochwał, niż przesadnie się nimi ekscytować. Na przykład: zamiast tak jak zwykle wykrzykiwać pochwały, powiedz raczej „O, proszę… jak szybko posprzątałaś dziś swoje zabawki").**
- **Zwiększenie siły oddziaływania pochwał poprzez *plotkowanie* (patrz str. 227) i stosowanie *znaczków na ręku* lub *planszy z gwiazdkami*, aby pokazać swoje uznanie (patrz str. 228).**
- **Dawanie dziecku możliwości wyboru, poprzez mówienie na przykład: „Wiem, że bardzo dobrze się bawisz, ale naprawdę musimy już iść. Czy chcesz zostać tutaj jeszcze dwie minuty, czy iść już teraz?".**

Ćwiczenie cierpliwości

Jeśli będziesz stosować *ćwiczenie cierpliwości* pięć razy dziennie oraz dołączysz do tego *magiczne oddechy*, pomożesz swojemu małemu jaskiniowcowi opanować sztukę umiaru i powstrzymywania zniecierpliwienia, co w naturalny sposób będzie mu potem pomagać szybciej wyciszyć się w momencie, gdy przyjdzie czas na dobranoc.

Spraw, że będzie ekspertem od chodzenia spać

Małe dzieci nie znoszą kazań. Dużo bardziej prawdopodobne jest, że powtórzą w swoim zachowaniu to, co zobaczą, niż to, co każe im się zrobić.

Dlatego zrezygnuj z nakazów i pouczeń i wybierz inny sposób: naucz swojego malucha ważnych rzeczy metodą *bocznych drzwi*.

Wspominałem już o niej wcześniej, ale teraz chciałbym się zatrzymać przy tej kwestii nieco dłużej, bo uważam, że naprawdę jest bardzo pomocnym narzędziem w rękach rodziców kilkulatków. Wszyscy wzbraniamy się przed wysłuchaniem (przekazywanych nam bezpośrednio) komunikatów, które wydają się brzmieć jak rozkazy... nawet odrzucając komunikowane w ten sposób pochwały (traktując je jako przesadne albo nieszczere)! Ale też każdy z nas (i mały, i duży) zazwyczaj wierzy rzeczom *usłyszanym przypadkiem* – innymi słowy rzeczom, które docierają do nas, nazwijmy to, *bocznymi drzwiami* naszej świadomości.

Dlatego teraz chcę pokazać ci trzy dobre sposoby na takie właśnie przekazanie twojemu szkrabowi *bocznymi drzwiami* komunikatów, które zasugerują mu pomysł bycia miłym i współpracowania z tobą, jednocześnie nie zmuszając go do tego. Te sposoby to: *plotkowanie*, zabawa z lalkami i opowiadanie bajek.

Plotkowanie (opisane na str. 227) oznacza mówienie rzeczy w taki sposób, żeby twój szkrab usłyszał, jak opowiadasz komuś innemu o zachowaniach, do których chcesz dziecko zachęcić (albo zniechęcić).

Twój maluch i tak *cały czas* słyszy, jak mówisz coś do innych, dlatego wykorzystaj tę okoliczność jako czynnik, który pomoże ci promować u malucha pożądane zachowania i hamować te niepożądane. Jeśli będziesz w ten sposób przekazywać pochwały lub krytyczne uwagi dotyczące swojego kilkulatka 5 czy 10 razy dziennie, zobaczysz zmiany w jego zachowaniu już w ciągu tygodnia!

Możesz mówić rzeczy takie jak:

„Psst, tatusiu, wiesz, że Rosie przybiegła do mnie przytulić się przed drzemką już trzy sekundy po tym, jak ją zawołałam? Naprawdę tak szybko! Robi się z niej taka duża dziewczynka!".

„Psst, babciu, czy wiesz, że wieczorem Marnie ucałowała swoje lalki, potem przytuliła misie, potem zrobiła jeszcze dwa głębokie magiczne oddechy, a potem naprawdę smacznie spała?".

Kolejnym sposobem na przekazywanie swojemu maluchowi takich właśnie *niebezpośrednich* komunikatów jest *zabawa z lalkami*.

Zabawa z lalkami (czy też innymi zabawkami) jest prosta i superfajna, a na dodatek małe dzieci są czasem dużo bardziej skłonne przyjąć radę od lalki niż od własnej mamy!

Kiedy dwuletnia Sadie żywiołowo protestowała już na sam widok swojej szczoteczki do zębów, jej tata, Jonah, odwrócił się do Buzza Astrala i powiedział córeczce: „Poczekaj, muszę to przegadać z Buzzem".

A następnie „wyszeptał" robotowi do ucha (oczywiście na tyle głośno, żeby Sadie wszystko słyszała): „Buzz, Sadie chyba potrzebuje twojej pomocy. Nie chce umyć zębów, a ja nie chcę z kolei, żeby zalęgły się jej tam jakieś niedobre bakterie, które potem spowodują dziury w zębach. Co o tym sądzisz?".

Potem Jonah przyłożył swoje ucho do hełmu Buzza i udawał, że go słucha: „Co mówisz, Buzz? Chcesz, żeby Sadie miała szczęśliwe ząbki bez bakterii? I będziesz z niej bardzo dumny, jak je umyje? To wspaniale! A czy potem będę mógł postawić jej pieczątkę na ręku za świetnie wykonane zadanie? Dzięki, Buzz!".

Po tym Sadie umyła zęby, nawet przez moment nie spuszczając wzroku z robota Buzza. A na koniec Jonah przytulił swoją córeczkę, dał jej pieczątkę i poplotkował do Buzza o tym, jaką wspaniałą jest dziewczynką.

Twój brzdąc będzie też zachwycony, jeśli podczas zabawy z lalkami zamienicie się rolami. Na przykład jedno z was może udawać Małego Misia („Łeee, łeeee! Nie chcę jeszcze iść do łóżka!"), a potem możecie się zamienić, tak żeby twoje dziecko odgrywało rolę Mamy Misiowej („No dobrze, to pobawmy się jeszcze przez 2 minuty. Ale potem pójdziemy do łazienki umyć zęby, żeby pozbyć się wszystkich niedobrych bakterii, dobrze?").

Kolejnym sposobem na „przemycenie" komunikatu, który chcemy przekazać dziecku niebezpośrednio, jest układanie historyjek, których powtarzanie sprawi, że twoja ukryta wiadomość zakorzeni się w końcu w dziecku na stałe, i to bez pomocy nakazów czy gróźb.

Dlatego w ciągu dnia, kiedy przytulasz się ze szkrabem, opowiedz mu bajkę, w której świnka Peppa (albo jakaś jego inna ulubiona postać; pamiętaj, że lepiej posługiwać się postaciami z bajek niż ludźmi) nie może sobie poradzić z szybkim przebraniem się w piżamę i przez to nie ma potem czasu na czytanie książeczek, albo w której udaje jej się naprawdę szybko położyć spać i dzięki temu ma potem sny, w których jest superbohaterką!

A żeby jeszcze bardziej urozmaicić te opowiastki, zawsze dodaj do nich kilka śmiesznych szczegółów – wtedy dziecku łatwiej będzie je zapamiętać. „A potem świnka Peppa umyła zęby i… ucałowała swoją przytulankę-gąsienicę na dobranoc!”.

(Więcej na temat wymyślania historyjek i innych znakomitych sposobów na przekazywanie swoich komunikatów „bocznymi drzwiami” przeczytasz w książce *Najszczęśliwsze dziecko w okolicy*).

Stwórzcie razem książeczkę na dobranoc!

Kolejną sztuczką, która naprawdę potrafi zdziałać cuda, jeśli chodzi o zmniejszanie oporu przed pójściem spać, jest wspólne czytanie (codziennie) osobistej *książeczki na dobranoc* twojego malucha.

Oto jak ją zrobić:

Weź swojego małego szkraba do sklepu i razem kupcie jego ulubione naklejki, papier kolorowy, dziurkacz i segregator (żebyście mogli wyjmować i dodawać kartki wedle uznania). A kiedy wrócicie do domu, możecie od razu zabrać się za ozdabianie okładek waszej nowej książeczki.

Następnie na pierwszej i ostatniej stronie narysuj roześmianą buźkę i napisz „4 zasady udanego zasypiania”. Możesz oczywiście wspólnie ze swoim dzieckiem wymyślić wasze własne reguły, ale poniżej znajdziesz kilka dobrych propozycji:

- **Umyte i zadowolone rączki.**
- **Szurum-burum i umyte ząbki.**
- **Mięciutka i milutka piżamka.**
- **Opatulenie w łóżku jak w kokonie.**

Przez następne kilka dni rób zdjęcia: siebie kupującej specjalną pościel, planszy z gwiazdkami twojego malucha, was jedzących obiad, was podczas zabawy przed pójściem spać (przy przygaszonym świetle), przy zakładaniu piżamki, podczas mycia zębów, przy włączaniu białego szumu, podczas *słodkich słówek do poduszki*, podczas modlitwy przed snem, kiedy tata i mama dają maluchowi buzi na dobranoc, przy gaszeniu świateł, kiedy twój maluszek śpi i wreszcie – kiedy budzi się rano wesoły razem z ptaszkami.

Porób także zdjęcia innym członkom rodziny (w tym zwierzakom), kiedy przygotowują się do snu. I wreszcie dorzuć też do tej kolekcji śmieszne zdjęcia związane ze snem powycinane z różnych gazet, a nawet rysunki-bazgroły, które twój brzdąc narysował, a które powiązane są z tematem zasypiania.

Pod każdym zdjęciem czy rysunkiem umieść podpis, np.:

- **„Maja myjąca ząbki, żeby nie było w nich bakterii"**
- **„Tata i Theo czytający razem bajki... ale to była świetna zabawa!"**
- **„Oczka Basi robią się powoli śpiące, aż zaraz całkiem się zamkną"**

A na końcu dodaj jeszcze do waszego zbioru kilka zdjęć przyrody, takich jak słoneczne niebo, a obok niebo z księżycem i gwiazdami albo śpiące w naturalnym otoczeniu zwierzęta.

Przeglądajcie i czytajcie sobie ją potem w ciągu dnia i zawsze pytaj „A co teraz się stanie?", tak żeby twój malec zaznajomił się z porządkiem dnia. Czasem w ciągu dnia możesz też, zupełnie bez przyczyny, zapytać swoją pociechę, czy mogłaby ci przypomnieć swoje 4 zasady szczęśliwego zasypiania. Jeśli będziecie oglądać waszą wspólną książeczkę codziennie w ciągu dnia, zaowocuje to większą chęcią do współpracy twojego malca wieczorami.

A poza tym *książeczka na dobranoc* stanie się kolejnym skarbem z lat dziecięcych twojego szkraba!

Krok 2: Opracuj świetny system przygotowania do snu

Jeśli jeszcze nie masz opracowanego planu przygotowywania dziecka do snu, teraz jest najlepszy moment, żeby taki plan stworzyć. Oto jak to zrobić:

Przygotowanie do kładzenia się spać (30-60 minut)

Wraz ze zbliżającym się wieczorem, wyślij swojemu maluszkowi kilka sygnałów mówiących mu, że czas kładzenia się spać jest coraz bliżej:

- **Przygaś światła w domu.**
- **Pobawcie się spokojnie (bez szalonych wygłupów i latania po całym domu).**
- **Wyłącz telewizor.**
- **Puść w tle biały szum.**
- **Jeśli zaobserwujesz u swojego malucha oznaki ząbkowania, poproś lekarza o jakieś środki uśmierzające ból.**

Czynności pt. „kładziemy się do łóżka”

Każda rodzina tworzy swój własny scenariusz dla małego brzdąca na wieczorne pójście spać. Kluczem do sukcesu w każdym przypadku jest to, żeby taki scenariusz był przyjemny, pełen miłości, uspokajający i konsekwentny.

Tak jak wspominałem już we wcześniejszym rozdziale, naukowcy z Filadelfii dzięki swoim badaniom odkryli, że rodzice, którzy zaczęli stosować trzystopniowy scenariusz kładzenia dziecka spać (tzn. kąpiel, masaż i spokojne przytulanie albo śpiewanie kołysanek) zauważyli u swoich dzieci poprawę już w ciągu dwóch tygodni. Co to oznaczało? Że ich dzieci (w wieku od 7 do 36 miesięcy) nie tylko zasypiały szybciej, ale też dłużej spały!

A dodatkowym bonusem było to, że ich dzieci rzadziej wołały rodziców w nocy i rzadziej próbowały wychodzić z łóżeczka.

Poniżej znajdziesz jeszcze kilka innych czynności, poza kąpielą i masażem, które znalazły uznanie w oczach innych rodziców.

Kiedy nadchodzi czas na pójście spać, nie mów do dziecka w sposób, który może wywołać u niego wahanie („Czy jesteś gotowy/gotowa na dobranoc?”), tylko raczej zacznij od entuzjastycznego „No dobrze, kochane dzieci! Czas do łóżek!”. Zrób rękami znak snu i rozpocznij odliczanie do momentu, kiedy zaczniesz śpiewać *piosenkę na dobranoc.* (Aby stworzyć taką piosenkę, wystarczy, że zaśpiewasz parę słów o śnie, np. „Już tuż, tuż czas na sen!” albo „Hop-siup, czas wskakiwać do łóżka!” w rytm jakiejś bardzo znanej melodii, takiej jak np. „Sto lat”.

W trakcie śpiewania zrób też gest oznaczający spanie, taki jak złożenie dwóch rąk ze sobą przy twarzy (gest udający kładzenie głowy na poduszce).

A tuż przed tym, jak rozpoczniesz wszystkie czynności zmierzające do położenia dziecka spać, przygotuj mu dobrze pokój:

- **Przygaś światła.**
- **Obniż trochę temperaturę (najlepiej do 18-20°C).**
- **Podgrzej nieco kołdrę i poduszkę (użyj do tego celu tradycyjnego termoforu lub takiego, który można podgrzać w mikrofali — i wyciągnij z łóżeczka przed położeniem w nim dziecka).**
- **Wpuść przyjemny zapach (dobrym pomysłem jest natarcie materaca lub szczebelków w łóżeczku odrobiną lawendy).**

Jest jeszcze inny sposób na miłe zakończenie scenariusza kładzenia dziecka spać. Nazwałem go *słodkie słówka do poduszki*.

Tuż przed zaśnięciem umysł twojego dziecka jest bardzo otwarty i chłonie twoje pełne miłości słowa niczym gąbka. Metoda *słodkie słówka do poduszki* wykorzystuję tę świetną szansę na wypełnienie myśli małego szkraba wdzięcznością, jaką wyrażasz mu za wszystkie wspaniałe rzeczy, które danego dnia zrobił, oraz na napełnienie go optymizmem poprzez opowiedzenie o wszystkich ekscytujących rzeczach, które mogą przytrafić mu się następnego dnia.

Oto, jak możesz się posłużyć tym sposobem — i to już w przypadku dzieci w wieku 12 miesięcy:

- Kiedy już twój malec wygodnie leży sobie w łóżeczku, połóż się obok niego.
- W łagodny i nieprzesadny sposób poopowiadaj mu o nowych doświadczeniach i miłych zachowaniach z jego strony, które miały miejsce danego dnia.
- Jeśli stawiasz mu na ręku pieczątki, policzcie je i spróbujcie razem przypomnieć sobie, za co je dostał.
- Pomyśl o nadchodzącym dniu i wymień parę rzeczy, które twój maluszek może zrobić (w tym parę dobrych uczynków).

(„Wcale bym się nie zdziwiła, gdyby jutro udało ci się wspiąć na sam szczyt tej konstrukcji, którą macie na placu zabaw. I może nawet znowu pomożesz pani Janet pozbierać po zabawie wszystkie klocki!").

Smoczek-cudotwórca: możesz zrezygnować z niego już teraz, ale czy na pewno chcesz?

Ssanie to u małych dzieci czynność uspokajająca, dlatego znajduje się w zestawieniu 5 „S". Mimo to rodzice są często namawiani przez innych (albo przez swój własny wewnętrzny głos), żeby szybko odzwyczaić dziecko od smoczka.

Jeśli ty też czujesz na sobie taką presję, to znajdź moment na zastanowienie się nad tym… i na uspokojenie się.

Po pierwsze: pamiętaj, że w wielu tradycyjnych kulturach dzieci często ssą pierś matki aż do ukończenia czwartego roku życia.

Po drugie: niektóre dzieci mają silną, genetycznie uwarunkowaną – po obojgu rodzicach – tendencję do dosłownego zakochiwania się w przedmiotach kojących (takich jak smoczek, własny kciuk, pluszowy miś albo dający poczucie bezpieczeństwa kocyk). W ich przypadku odstawienie smoczka może skończyć się przestawieniem na ssanie kciuka. (A smoczek jest lepszym rozwiązaniem niż kciuk, ponieważ ssanie kciuka może doprowadzić do poważnych wad zgryzu, które w przyszłości będą oznaczać z kolei niewygodne – i drogie – noszenie aparatu).

Po trzecie: choć może ci się to wydawać niedorzeczne, smoczek może się stać dla twojego dziecka czymś w rodzaju najbliższego przyjaciela.

A po czwarte: spokojnie, naprawdę nie grozi mu ryzyko odzwyczajenia się od smoczka dopiero na studiach.

Jeśli jednak jesteś zmęczona ciągłym podnoszeniem smoczka, który twój malec konsekwentnie wyrzuca z łóżeczka, albo jeśli od smoczka dostaje on infekcji uszu, albo jest już po prostu gotowy na odzwyczajenie się od niego, oto, co należy zrobić:

- **Codziennie stosuj *ćwiczenie cierpliwości* i *magiczne oddechy*, aby nauczyć malca radzić sobie ze swoimi niepokojami i czekać na to, co chce dostać, ale bez ssania.**
- **Zachęcaj go, by używał innych kojących przedmiotów, takich jak ulubiony kocyk, miś lub jedna z twoich jedwabnych apaszek („Kochanie, już zaraz znajdę twój smoczek. Potrzymaj przez chwilkę swojego misia, a ja w tym czasie poszukam smoczka”).**
- ***Poplotkuj* do jego przytulanek o tym, jak świetnie poradził sobie cały ranek bez smoczka.**
- **Opowiedz parę historyjek o króliczku, który pożegnał się ze swoim smoczkiem, ale za to miał magicznego misia, który sprawiał, że króliczek czuł się szczęśliwy za każdym razem, gdy go przytulał.**
- **Ogranicz używanie smoczka wyłącznie do sytuacji takich jak chodzenie spać czy też momenty podwyższonego stresu, kiedy twój malec wyraźnie musi się uspokoić.**

- **Ustal kilka „momentów bez smoczka" w ciągu dnia. Zacznij od okresów półgodzinnych - na początek dobry jest na przykład moment po przebudzeniu z drzemki. W takich sytuacjach polecam też używanie stopera, który powie wam, kiedy minął ustalony czas — po to, żeby twój maluszek nie naciskał na danie mu smoczka szybciej. („Kochanie, wiem, że chcesz swój smoczek, ale musimy poczekać, aż Pan Zegarek powie nam, kiedy mogę ci go dać. Takie są zasady! A może w czasie, kiedy czekamy na jego dzwonek, pobawimy się twoimi samochodami? Czy wolisz poczytać książeczkę?").**
- **Nie mów nigdy, że dajesz smoczek innemu dziecku. To może sprawić, że twój maluch będzie zazdrosny za każdym razem, kiedy tylko ujrzy inne dziecko ze smoczkiem! (Znałem rodzica, który mówił swojemu brzdącowi, że wysłał jego smoczek Świętemu Mikołajowi, który w swoim warsztacie przerabia wszystkie smoczki na nowy plac zabaw dla małych dzieci!).**
- **Przedyskutujcie razem, kiedy zupełnie odstawiacie smoczek - możecie wybrać jakiś specjalny dzień, taki jak urodziny (ja polecałbym czwarte).**
- **Zadbaj o to, żeby na twojego szkraba czekało coś w zamian. Dużo łatwiej będzie mu wtedy pozbyć się swojego dobrego przyjaciela (np. weź go do sklepu i razem wybierzcie zabawkę dla „dużych dzieci", które nie używają już smoczka).**
- **W kalendarzu, wokół dnia, w którym ma nastąpić ostateczne pożegnanie ze smoczkiem, przyklej dużo kolorowych naklejek z napisem „Pa, pa smoczku! Witaj ... [tutaj wstaw nazwę jakiegoś specjalnego prezentu]." Daj mu też czerwony długopis, żeby mógł wykreślać codziennie jeden dzień, zbliżając się do *tej daty*.**

Bądź pozytywnie nastawiona, ale nie bądź też *zbyt* podekscytowana. Zdarza się bowiem, że dzieci nagle zmieniają zdanie i dochodzą do wniosku, że nie są jeszcze gotowe na taki krok („Mamusiu, czasem wcale nie jestem jeszcze dużym chłopcem!"). A ty przecież nie chcesz sprawić, żeby twój malec czuł się jak przegrany albo żeby czuł, jakby sprawił ci zawód. (Powiedz lepiej: „Dobrze, widzę, że tak bardzo lubisz swój smoczek, że nie chcesz się jeszcze z nim rozstawać. To może spróbujemy w przyszłym tygodniu?").

Jak pomóc upartym i nieustępliwym dzieciom nauczyć się przestrzegania zasad?

Pod koniec dnia wielu z nas zaczyna tracić cierpliwość. Wtedy właśnie niepokorne zachowanie dzieci, kiedy próbujemy położyć je spać, sprawia, że często mamy ochotę po prostu chwycić je pod pachę i *zmusić do posłuszeństwa*.

Ale to nie jest najlepszy pomysł.

Stawianie ultimatum takiemu naprawdę zmęczonemu *małemu jaskiniowcowi* może sprawić, że poczuje się on zapędzony w kozi róg i przez to jeszcze bardziej oporny i nieskory do współpracy... szczególnie, jeśli z natury jest bardzo uparty. Albo jeśli jest po prostu zwykłym szkrabem, będącym właśnie w fazie *buntu dwulatka* całkowicie normalnego dla dzieci w tym wieku!

Teraz jeszcze, żeby było jasne: nie twierdzę, że masz zachowywać się jak sierotka Marysia. Czasem *trzeba* przejąć kontrolę i po prostu ściągnąć dziecko z barierki albo zabrać mu ostre nożyczki. Ale miej świadomość, że wieczory to najgorszy czas na konflikty, ponieważ jesteście oboje zmęczeni, a ty musisz po prostu położyć dziecko spać... natomiast ono nie ma w zasadzie nic lepszego do roboty niż krzyczenie przez parę godzin z rzędu! Dlatego sprytni rodzice odkładają na bok rozwiązania „siłowe" i starają się wykorzystać bardziej dyplomatyczne metody.

I tutaj znowu: dużo łatwiej będzie ci uniknąć konfliktów wieczorem, jeśli popracujesz nad zachęceniem swojego malca do współpracy z tobą *w ciągu dnia*. Zrób to, wykorzystując te techniki *Najszczęśliwszego dziecka*, które już znasz: *granie głupka*, *ćwiczenie cierpliwości*, *książeczka na dobranoc* itd.

Sophia i Russel odkryli, że mogą „złamać" opór małej Tessy, stosując „granie głupka". Zaczęli więc urządzać wieczorem wyścigi, kto najszybciej umyje zęby, kto pierwszy przebierze się w piżamę i tym podobne (a zwycięzca otrzymywał stempelek księżniczki na rękę).

Oczywiście czasem, niezależnie od tego, jak bardzo będziesz się starać, konflikty będą nieuniknione. Wtedy pomocne może okazać się jeszcze inne podejście: rozwiązania, w których *obie strony czują się zwycięzcami*.

Troszkę dać, aby troszkę dostać – kompromis wygrana/wygrana (dla dzieci w wieku powyżej dwóch lat)

Najlepsze rozwiązania to takie, które sprawiają, że obie zaangażowane strony czują się jak wygrani!

Wyobraź sobie teraz sytuację, w której twój mały uparciuszek marudzi i protestuje przed pójściem spać, ponieważ zabawa samochodami, która właśnie ma miejsce, jest po prostu zbyt interesująca, żeby z niej rezygnować!

Aby posunąć rzeczy choć trochę do przodu, spróbuj poszukać rozwiązania, które sprawi, że *obydwoje* „ugracie" coś dla siebie:

1. **Daj mu do zrozumienia (używając *Dziecięcego*), że rozumiesz, jak się czuje. Powiedz: „Sammy, tak dobrze się bawisz! Tak bardzo, bardzo, b-a-r-d-z-o uwielbiasz bawić się swoimi samochodami! Tak bardzo chciałabym, żebyśmy mogli bawić się nimi całą noc!" albo „Tak dobrze to rozumiem! Chcesz się jeszcze pobawić i wcale nie czujesz się zmęczony! Mówisz mi *Nie ma mowy, mamo! Nie jestem jeszcze gotowy na pójście spać!*".**
2. **Kiedy już trochę się uspokoi, nadchodzi twoja kolej na wyrażenie tego, co *ty* chcesz: „Ale kochanie, wiesz, jakie są zasady. Teraz jest czas na spanie i wszyscy mali chłopcy muszą założyć swoje piżamki i przygotować się do pójścia spać".**
3. **Jeśli znowu zacznie protestować, zaproponuj mu kompromis dający *zwycięstwo wam obojgu*: „No dobrze, tym razem wygrywasz, naprawdę wygrywasz! Wiem, że naprawdę, naprawdę bardzo chcesz się jeszcze pobawić, a ponieważ byłeś dziś takim grzecznym chłopcem – umyłeś rączki po obiedzie i odniosłeś talerz do zlewu – to możemy wyjątkowo złamać naszą zasadę. Możesz się pobawić jeszcze przez 5 minut – do momentu, kiedy nie zadzwoni Pan Zegarek i nie oznajmi, że już czas, żebyśmy przenieśli się do łóżka i poczytali bajki. Tylko najpierw musisz przebrać się w piżamkę i migiem umyć zęby. Umowa stoi?".**
4. **Kiedy będziecie przypieczętowywać umowę, patrzcie sobie w oczy i uściśnijcie ręce. Pozwól też, żeby to Pan Zegarek był tym złym, który sprawia, że umowy trzeba dopilnować. („To nie zależy już ode mnie – tak nam mówi Pan Zegarek").**

Świetnym sposobem na znalezienie takiego *zwycięskiego rozwiązania* z udziałem trzy- lub czterolatka jest zorganizowanie spotkania rodzinnego (patrz str. 228 w rozdziale 10). Poniżej znajdziesz historię tego, jak dwójka sprytnych rodziców zastosowała tę metodę do rozwiązania swojego problemu z niesfornym malcem.

Noc w noc dwuipółletni Asher wołał swoich rodziców do pokoju po tym, jak zgasili światło. Chciał a to coś do picia, a to przytulić się, a to kolejną książeczkę. Stał się też mistrzem perswazji, który „naprawdę, naprawdę, naprawdę" potrzebował kolejnego buziaka na dobranoc od taty.

W końcu Matty i Masha zdecydowali się porozmawiać z Asherem na ten temat w ciągu dnia. Usiedli więc razem we trójkę i rozmawiali o tym, jakie fajne rzeczy robili w weekend i wymieniali wszystkie świetne rzeczy, które zrobił sam Asher. Był już teraz w końcu dużym chłopcem (a nie dzidziusiem, jak jego młodszy brat, Max). Ale wszyscy mieli jeden problem: Asher nie lubił kłaść się spać, a rodzice nie lubili tego, że tak często wołał ich do pokoju po zgaszeniu świateł.

„Ale mam pewien pomysł." — powiedziała Masha — „Będziemy dawać ci codziennie wieczorem dwa żetony. Nadal będziemy przychodzić do ciebie za każdym razem, kiedy nas zawołasz, ale nowa zasada jest taka, że każde nasze przyjście do twojego pokoju będzie oznaczało, że oddajesz nam jeden żeton - tak jakbyś płacił za coś w sklepie."

„Jeśli okaże się, że nie będziesz nas potrzebował ani wołał, możesz zatrzymać obydwa żetony albo oddać je nam, a wtedy my damy ci specjalny prezent za każdy żeton. Czy wolałbyś dostać jakąś specjalną naklejkę? Czy może wolałbyś paczkę krakersów-rybek za dwa żetony? Jaki prezent byłby według ciebie lepszym pomysłem?"

Asher stwierdził, że wolałby paczkę krakersów-rybek, po czym wszyscy potwierdzili swoją nową umowę i uścisnęli sobie dłonie. Tego wieczoru, jeszcze przed pójściem spać, Matty zastosował metodę „grania głupka" i poprosił Ashera o pomoc, udając, że nie pamięta, na czym dokładnie polegała ich umowa:

„Wydaje mi się, że nie pamiętam dokładnie naszej umowy. Wiem, że dajemy ci dwa żetony, a ty potem oddajesz nam jeden za każdym razem, kiedy musimy przyjść do twojego pokoju. Ale nie wiem, co dalej? Czy rano za każdy żeton, który udało ci się zatrzymać, dostajesz drobny pieniążek?". W odpowiedzi Asher szybko wtrącił się i powiedział: „Krakersy-rybki!". „Ach tak, no oczywiście! Przecież tak bardzo je uwielbiasz!"

Nie minęło pięć minut od zgaszenia światła po „dobranoc", kiedy Asher zawołał z pokoju: „Mamusiu, chce mi się pić!". Masha przyszła do niego od razu i powiedziała: „Kochanie, oczywiście mogę zaraz przynieść ci trochę wody, ale pamiętaj o naszej umowie – będziesz wtedy musiał oddać mi jeden ze swoich żetonów. Dlatego, jeśli nie jesteś bardzo spragniony, może uda ci się zaczekać do rana? Wtedy będziesz mógł dostać tyle wody, ile tylko chcesz bez oddawania mi żetonu."

Asher zrobił poważną minę, spojrzał na swoją rękę, w której trzymał żetony, potem na Mashę, a potem z powrotem na żetony. W końcu powiedział: „Wiesz co mamusiu, jednak nie potrzebuję wody teraz aż tak bardzo". W odpowiedzi Masha przypomniała mu, że zawsze do niego przyjdzie, kiedy tylko poczuje się jednak spragniony. Na co Asher odpowiedział: „Dobrze, mamusiu. Teraz jednak przytulę się do Reksia" [jego ulubionej przytulanki-psa]. Masha powtórzyła: „Ok, tylko pamiętaj, żeby zawołać mnie, jeśli będziesz czegoś potrzebował. Dobranocki, karaluszki pod poduszki!"

Jak mówi Masha: „Tak mocno zacisnął w dłoni swoje żetony, że wiedziałam, że tej nocy więcej już nas nie zawoła. Następnego dnia rano przy śniadaniu Asher dumnie zaprezentował nam swoje zachowane żetony, za co oczywiście dostał od nas paczkę krakersów-rybek (które odłożył sobie w swoim pokoju na później!)".

„Przez resztę tygodnia jedynie dwa razy zdecydował się wymienić po jednym żetonie w zamian za to, żebym przyszła i go przytuliła. A w kolejnym tygodniu odbyliśmy jeszcze jedno spotkanie, w trakcie którego zmieniliśmy system zachęt: Asher zdecydował, że chciałby, aby jeden żeton wymieniał się na dwie minuty noszenia na barana, a dwa tak jak do tej pory - na paczkę krakersów-rybek."

Powyższy przykład dobrze pokazuje, że nie wolno straszyć ani krytykować dzieci za nieudaną próbę zatrzymania żetonów. W takich przypadkach po prostu spokojnie przypomnij dziecku, że ma wybór. I jeśli nie uda mu się zatrzymać ich dzisiaj, to może udać się jutro.

Oczywiście, jeśli twoja pociecha nie chce zgodzić się na umowę, którą jej proponujesz lub łamie dane ci obietnice, możesz dać jej jeszcze jedną szansę („Hmm… widzę, że nie jesteś jeszcze gotowa. Czy chcesz, żeby Pan Zegarek dał ci jeszcze minutkę lub dwie na zabawę, a potem przebierzemy się w piżamę i umyjemy zęby?"). Jeżeli jednak nadal będzie się opierać, lepszym pomysłem może być pominięcie mycia zębów danego wieczoru (przeprowadzenie tej operacji z płaczącym dzieckiem i tak wydaje się być trudne do zrealizowania). Powiedz mu tylko, że nie daje ci innego wyboru, jak tylko taki, żebyś wzięła go pod pachę i zaniosła do łóżka. To konieczne, aby dać dziecku sygnał, że marudzeniem nie uzyska tego, co chce.

Łącząc *kompromisy wygrana/wygrana* ze stosowaniem *pomocników snu*, szybko rozwiążesz wiele problemów związanych z chodzeniem spać. Poniżej znajdziesz krótkie podsumowanie wszystkich trików, których możesz użyć na tym etapie rozwoju swojego brzdąca, aby łatwo i bezboleśnie zagonić go do spania:

- **Zbuduj jego poczucie bezpieczeństwa w ciągu dnia za pomocą *języka Dziecięcego, ćwiczenia cierpliwości, magicznych oddechów, plotkowania, grania głupka,* plansz z naklejkami, odgrywania scenek, wymyślania historyjek i tworzenia *książeczki na dobranoc.***
- **Upewnij się, że 30 do 60 minut przed snem budujesz odpowiednią, uspokajającą atmosferę z przygaszonymi światłami i wyłączonym telewizorem. Ciepła kąpiel i masaż również pomogą odprężyć malucha.**
- **Pozwól swojemu szkrabowi wycałować wszystkie zabawki na dobranoc!**
- **Aby pomóc swojemu dziecku odpłynąć do krainy snów, stosuj biały szum, przytulanki, książki z bajkami, kołysanki, lawendę i *słodkie słówka do poduszki.* Smoczek również może ci w tym pomóc.**
- **Oferuj kompromisy — zarówno w ciągu dnia, jak i wieczorem — tak, by obie strony mogły poczuć się zwycięzcami.**

Dobrze dobrany czas to klucz do wszystkiego, czyli jak wybrać odpowiedni moment na wieczorne spanie

Czasem zdarza się, że przy analizowaniu przyczyny, dla której nasz maluch tak bardzo opiera się pójściu spać, zapominamy o najbardziej oczywistej: wybraliśmy dla niego *złą* godzinę! Dlatego, jeśli twój brzdąc regularnie krzyczy „Nie chcę! Nie chcę! Nie chcę!", gdy próbujesz położyć go wieczorem do łóżka, zadaj sobie te pytania:

Czy wybrałam *za wczesną* godzinę? Szukaj poniższych sygnałów:

- **Twój maluch walczy z zaśnięciem przez 30 do 60 minut.**
- **W czasie przeznaczonym na spanie nie okazuje żadnych oznak zmęczenia.**
- **Budzi się w środku nocy lub bardzo wcześnie następnego dnia rano, pełen werwy i zupełnie wyspany.**

Czy wybrałam *za późną* godzinę? Szukaj poniższych sygnałów:

- **Twój maluch walczy z zaśnięciem przez 30 do 60 minut.**
- **Ma problemy z obudzeniem się rano i od razu jest nadzwyczaj marudny i humorzasty; zasypia podczas przejażdżek samochodem lub na spacerach, gdy jest w wózku.**
- **W momencie kładzenia go spać wyraźnie pokazuje, że jest zmęczony: trze oczy, często mruga, ziewa, zaczyna dostawać głupawki, jest marudny, jest podatny na wypadki.**

Jeśli uznasz, że kładziesz dziecko spać za wcześnie, spróbuj przesunąć cały proces o *kwadrans później* co dwa-trzy wieczory.

Jeśli odwrotnie – za późno – analogicznie zaczynaj wszystkie wieczorne czynności o *kwadrans wcześniej.* W obu przypadkach zmiany powinny zacząć przynosić rezultaty w ciągu tygodnia, dwóch.

Podróże i zmiany czasu

Rebecca poprosiła lekarza o jakiś preparat, który pomógłby jej dwuletniemu synkowi Lukowi przespać długi lot z Los Angeles do RPA. Lekarz zasugerował Benadryl - zapomniał tylko powiedzieć, żeby koniecznie wypróbowała dawkę testową w tygodniu przed podróżą.

A to okazało się poważnym błędem! Okazało się bowiem, że Luke jest jednym z tych dzieci, które zamiast robić się po tym leku senne, robią się nadpobudliwe i hiperaktywne.

Rebecca mówi, że po tym, jak tuż po starcie podała mu łyżkę preparatu, mały płakał przez dwie godziny non stop, aż w końcu padł z wyczerpania. Nie trzeba chyba dodawać, że cała podróż okazała się koszmarnym przeżyciem nie tylko dla niej i dla małego Luka, ale też dla wszystkich współpasażerów.

Wszystko, co zaburza rytm okołodobowy, może skutkować problemami ze snem — to obejmuje też podróżowanie (szczególnie na wschód) oraz przesuwanie na wiosnę zegarków o godzinę do przodu (na czas letni).

Kiedy więc zabierasz swojego szkraba na krótkie i niezbyt dalekie wyprawy (tzn. mniej niż 5 dni i nie dalej niż 3 strefy czasowe różnicy), postaraj się trzymać w miarę możliwości waszego ustalonego scenariusza dnia i wieczornego chodzenia spać.

Jeśli natomiast wybierasz się gdzieś dalej i na dłużej i przeskakujesz do odległej strefy czasowej, zapewnij swojemu dziecku dużo światła dziennego i ruchu, tak by przestawić jego uwalnianie się melatoniny. Zapewnij mu też doskonale znane czynności związane z chodzeniem spać (w tym najważniejszą — biały szum!) oraz zabierz ze sobą jego ukochane zabawki, a nawet ulubioną pościel. Na godzinę przed snem przyciemnij światła, wyłącz telewizor i przez dwa, trzy pierwsze wieczory unikaj dawania mu późnych kolacji.

Podróżowanie na wschód jest generalnie bardziej odczuwalne dla organizmu niż podróżowanie na zachód. Dzieje się tak dlatego, że nasz naturalny rytm okołodobowy z chęcią widziałby nas na nogach przez 25 do 26 godzin. Dlatego też nasz mózg chętnie przyjmuje godzinę lub dwie na dobę „ekstra". Ale już zabranie kilku godzin z dnia (tak jak ma to miejsce np. w przypadku podróży z Los Angeles do Nowego Jorku) powoduje ciężki *jet lag*, którego przezwyciężenie może zająć nawet kilka dni.

Dlatego, jeśli masz w planach podróż w rejony dalsze niż trzy strefy czasowe na wschód, „przesuń" godziny chodzenia spać i budzenia się jeszcze przed wyjazdem. Zacznij już tydzień przed planowaną podróżą i przesuwaj cały scenariusz kładzenia się spać o kwadrans wcześniej co jeden-dwa dni (rozpocznij od wcześniejszej pobudki, a potem zacznij przesuwać też wszystkie drzemki i posiłki).

Kluczem dobrego przygotowania się na przejście w nową strefę czasową przy podróży na wschód jest dostarczenie organizmowi dużej dawki światła dziennego i unikanie spania w ciągu dnia. Pierwszego i drugiego dnia wybudź swojego szkraba, jeśli będzie spał już dłużej niż godzinę ponad normalny czas pobudki. A jeżeli będzie bardzo zmęczony w ciągu dnia, przyspiesz też jego czas drzemki.

Zapytaj też lekarza, czy lek antyhistaminowy, taki jak difenhydramina, pomoże twojemu małemu szkrabowi lepiej znieść długi lot. Miej tylko w pamięci doświadczenie Rebeki i Luka i nie zapomnij przetestować leku jeszcze *przed* podróżą!

W przypadku zmiany czasu na letni dobrym pomysłem jest rozpocząć przestawianie dziecka jakiś czas przed tym, kiedy oficjalnie przestawiać będziemy zegarki. Na tydzień przed zmianą czasu zacznij przesuwać porę obiadu i wieczornego kładzenia się spać o kwadrans do tyłu. Po trzech dniach powtórz takie przesunięcie o kolejny kwadrans, potem wykonaj kolejne przesunięcie w dniu zmiany czasu, a na koniec jeszcze trzy dni po nim.

Nauka snu – *Metoda przerwanej piosenki*, *Wypłakanie się* i inne metody pomagające uporać się z opóźnianiem czasu kładzenia się do łóżka

Kilkulatki zazwyczaj nie znoszą chodzić spać, dlatego że – powiedzmy sobie szczerze – świat w dużym pokoju jest superciekawy, a w dziecięcej sypialni piekielnie nudny!

Niektóre dzieci będą więc niczym komandosi przeskakiwać przez poręcz łóżeczka i pojawiać się nagle z zamglonym wzrokiem tuż przed drzwiami swojego pokoju, gdzie przyciąga je feeria świateł i inne atrakcje. Inne będą z kolei przypominać się nieustannie już po zgaszeniu im światła, niczym aktor wychodzący na scenę raz po raz po dodatkowe oklaski, i prosić o coś do picia, mówić, że się boją, że muszą siusiu albo że *koniecznie* potrzebują jeszcze jednego buziaka od tatusia.

Jeśli twój mały brzdąc jest właśnie niczym taki artysta, który nie chce zejść ze sceny, najwyższa pora przywrócić twój scenariusz kładzenia szkraba spać, aby wszystko szło zgodnie z planem... i zrobić to szybko i w miły sposób. Oto, jak się do tego zabrać.

Na początek pamiętaj, że wieczorny sukces będzie możliwy tylko wtedy, jeśli w ciągu dnia odpowiednio zachęcisz do niego swojego małego szkraba. Dlatego przejrzyj jeszcze raz wszystkie kroki, które opisałem na stronach 247-252.

Następnie wypróbuj niżej opisane poniżej triki pomagające dzieciom w nauce spania. Tutaj polecam zacząć od mojego faworyta wśród wszystkich trików, czyli od *metody przerwanej piosenki.*

Jak mieć *Najszczęśliwszego śpiocha*

METODA PRZERWANEJ PIOSENKI

Kładzenie córeczki spać było dla Aarona bardzo frustrującym przeżyciem, ponieważ jego dwuletnia Emma nim zasnęła, kazała mu wyśpiewywać „Trzy kurki" w kółko i na okrągło przez godzinę.

„Mała nalega, żebym śpiewał jej to po prostu gazylion razy... i znowu, i znowu! — mówi Aaron, i dodaje — Czasem już mi się wydaje, że Emma śpi, ale kiedy wykonam tylko najmniejszy gest, ona od razu się wybudza, mamrocze „Tsy kulki" i już wiem, że będę uwiązany do jej łóżeczka przez kolejne 20 minut, zanim mocno nie zaśnie".

Aby uratować zdrowie psychiczne Aarona, nauczyłem go prostej sztuczki opartej na *ćwiczeniu cierpliwości*. Jego zadaniem przez tydzień było powtarzanie dwóch rzeczy, które miały przygotować Emmę do zmiany zachowania:

1. Stosowanie ostrego, dudniącego białego szumu w trakcie wszystkich drzemek i nocnego spania Emmy. Na mniej więcej godzinę przed czasem pójścia spać Aaron włączał płytę z odgłosami deszczu uderzającego o dach. Płyta grała od tego momentu przez czas gaszenia świateł, aż do rana, a Aaron stopniowo (co noc trochę bardziej) pogłaśniał ją, aż do uzyskania poziomu głośności prysznica.
2. Stosowanie *ćwiczenia cierpliwości* pięć razy dziennie. Wkrótce Emma była w stanie wytrzymać całą minutę bez marudzenia.

Po takim przygotowaniu Aaron mógł bez przeszkód rozpocząć stosowanie *metody przerwanej piosenki.*

Pierwszego wieczoru Aaron włączył Emmie biały szum, poprzytulał się z nią i pośpiewał przez chwilę jej ulubioną piosenkę. Po czym wystrzelił palcami w górę, tak jakby nagle coś sobie przypomniał, i zawołał: „Ojej, poczekaj chwilkę, przecież zapomniałem dać mamie buziaka! Emma, potrzymaj przez chwilkę swojego misia, a ja dosłownie ZARAZ wrócę!" i wybiegł szybko na kilka sekund.

Dzięki temu, że Emma miała okazję w poprzednich dniach poćwiczyć cierpliwość z tatą, perspektywa czekania kilku sekund nie wydawała się taka straszna. Pamiętała bowiem, że skoro tata mówi „Poczekaj chwilkę", to znaczy, że na pewno zaraz wróci.

Po chwili Aaron wrócił do pokoju i wyszeptał: „Brawo, grzeczna dziewczynka. Bardzo ładnie poczekałaś!". Szybko znowu przytulił się do swojej córeczki i zaczął jej śpiewać. Po kolejnych kilku minutach Aaron powtórzył akcję pt. „Poczekaj chwilkę", ale tym razem znikając na 15 sekund.

I tym razem Emma zniosła to bardzo dobrze, a kiedy Aaron wrócił do pokoju, ponownie pochwalił ją za grzeczne czekanie i pośpiewał jej piosenkę, aż nie zasnęła.

Następnego wieczoru Aaron powtórzył te same czynności, z tym że tym razem jego pierwsze „zniknięcie" trwało 30 sekund, a drugie już całą minutę. A kiedy wszedł na paluszkach do pokoju Emmy po drugim wyjściu, mała już smacznie spała. I tak oto przespała całą noc!

Przy okazji stosowania tej techniki będziesz się naprawdę dobrze bawić. Jest ona skuteczna w ok. 75% przypadków u dzieci powyżej 18. miesiąca życia (a miałem nawet przypadki rocznych dzieci, którym *metoda przerwanej piosenki* pomogła nauczyć się spać — i to bez jednej przelanej łzy!).

Jeśli jednak twój maluszek zacznie płakać, jak tylko wyjdziesz z pokoju, szybko wróć go utulić, ponieważ może to być spowodowane jego niepokojami, stresem czy strachem. W ciągu następnych kilku dni stosuj *ćwiczenie cierpliwości* (za dnia), puszczaj biały szum przy każdej drzemce i w nocy i upewnij się, że za każdym razem, gdy ty wychodzisz, twój malec ma koło siebie ukochaną przytulankę. Kiedy kolejny raz postanowisz zastosować *metodę przerwanej piosenki*, nie wychodź z pokoju. Po powiedzeniu „Poczekaj chwilkę!" po prostu odwróć się od dziecka i poudawaj, że coś robisz. Po kilku sekundach odwróć się z powrotem do łóżeczka i pochwal dziecko za grzeczne czekanie. Stopniowo wydłużaj czas udawania bycia zajętą czymś na drugim końcu pokoju. Jeśli twój szkrab będzie to dobrze znosił, po kilku dniach możesz znowu spróbować na kilka chwil wyjść z pokoju.

I proszę, nie myśl o tym, jak o jakiejś *przebiegłej* sztuczce czy oszukiwaniu dziecka. Pamiętajmy, że wieczorami każdy jest zmęczony i ma mały poziom tolerancji frustracji. Dlatego lepiej wtedy zastosować mały trik niż wchodzić z dzieckiem na ścieżkę wojny nerwów.

Chwilowe wstrzymywanie się ze spełnianiem życzeń (metoda dla dzieci powyżej 18. miesiąca życia)

Jest to kolejna „bezpłaczowa" metoda, która dobrze sprawdza się przy próbie ujarzmienia upartych brzdąców. Jeśli twój szkrab nie przejmuje się zasadami, które próbujesz z nim wypracować, wypróbuj tę technikę *Najszczęśliwszego dziecka* (będącej zresztą kolejną odsłoną *ćwiczenia cierpliwości*), która pozwoli ci przystopować nieco najróżniejsze życzenia twojego małego rozrabiaki.

Najpierw przez tydzień zastosuj *ćwiczenie cierpliwości* 5 razy dziennie oraz biały szum przy każdej okazji snu. Kiedy twój malec przyzwyczai się do tych dwóch rzeczy, możesz rozpocząć chwilowe wstrzymywanie się ze spełnianiem jego zachcianek. A oto, jak to zrobić.

Kiedy twój malec pojawia się nagle przy bramce w drzwiach swojego pokoju w piżamce i prosi o wodę, podejdź do niego od razu i powiedz: „Już dobrze, kochanie, mama jest z tobą, już dobrze". Wysłuchaj jego prośby i powiedz, że oczywiście dostanie to, o co prosi. A potem szybko podnieś w górę palec (tak jakbyś nagle przypomniała sobie coś ważnego) i powiedz na głos: „Ojej, poczekaj chwilkę! Zapomniałam o czymś! Zaraz wracam, naprawdę za sekundę!" i powiedz, żeby przez ten czas, kiedy cię nie będzie, przytulił swoją ukochaną przytulankę. (Takie twoje zachowanie nie będzie dla niego niczym nowym – zna to już przecież z *ćwiczenia cierpliwości*).

Następnie zniknij mu z pola widzenia na ok. 5 sekund. Potem wróć i zupełne jakby nigdy nic zapytaj „Kochanie, przepraszam, ale zupełnie zapomniałam – o co prosiłeś?". Albo: „Ech, ta zapominalska mama! Zapomniała ci przynieść wodę! Przepraszam, kochanie. Zaraz wrócę z wodą"... i wyjdź z pokoju. Tym razem na 10 sekund, ale wróć, niosąc to, o co poprosił cię twój szkrab.

Kiedy następnym razem przyjdzie do ciebie z jakąś prośbą, powtórz scenariusz „Poczekaj chwilkę", z tym że tym razem zniknij z pola widzenia na 15 sekund. Po powrocie powtórz trik z „zapominaniem", po czym zniknij na pół minuty i wróć z tym, o co zostałaś poproszona.

Przez parę następnych dni powtarzaj ten scenariusz, wydłużając czas oczekiwania do minuty, a wreszcie do dwóch. W którymś momencie twój szkrab zorientuje się, że proszenie o różne rzeczy zamieniło się w zupełnie nieciekawą czy wręcz nudną zabawę.

(Może się też zdarzyć, że twój szkrab tak się zmęczy, czekając na twój powrót, że zaśnie na podłodze. Dlatego zawczasu przygotuj mu na podłodze poduszkę i kocyk – na wypadek, gdyby zdecydował się spać właśnie tam zamiast w łóżku).

Jeśli twój niecierpliwy malec zacznie nagle krzyczeć, odczekaj 5 sekund, wróć do niego i daj mu do zrozumienia, że wiesz, jak się czuje (używając *języka dziecięcego*). A następnie powtórz swój scenariusz „Poczekaj chwilkę" i zniknij na kolejne 15 sekund.

Przechodzenie na następny poziom

Jeśli żadna z tych prostych metod nie okaże się skuteczna i twój malec będzie nadal domagał się twojej obecności przy tym, jak zasypia, być może nadszedł czas na rozważenie bardziej bezpośrednich metod nauki snu.

W rozdziale 8. wspominałem już o dwóch metodach: *podnieś/odłóż* oraz *dłużej i dłużej* (druga z nich to metoda w stylu Ferbera, czyli zakładająca pozwolenie na *wypłakanie się dziecku*). Kiedy twój malec skończy już dwa latka, możesz ubarwić nieco tę metodę – np. dodając przeglądanie w ciągu dnia waszej *książeczki na dobranoc*, stosując odgrywanie scenek oraz *ćwiczenie cierpliwości* czy *magiczne oddechy* – ale tak czy inaczej, przy podejmowaniu decyzji o stosowaniu *wypłakiwania* musisz przygotować się na dodatkowy opór ze strony swojego małego jaskiniowca.

Teraz przyjrzyjmy się jednak, jak zastosować obydwie wcześniej wymienione metody.

Podnieś/odłóż w wersji dla kilkulatków

Metoda *podnieś/odłóż* zakłada puszczenie w tle silnego białego szumu, siedzenie cicho obok łóżeczka dziecka oraz reagowanie na jego płacz w postaci brania i tulenia go na rękach – ale tylko do momentu, w którym się uspokoi.

Mówi też, żeby zostać w pokoju dziecka aż do momentu, w którym ono nie zaśnie. Później, w ciągu kilku następnych dni, kiedy malec zacznie płakać coraz mniej, trzeba odsuwać swoje krzesło coraz dalej od łóżeczka, a bliżej drzwi pokoju (aby dowiedzieć się więcej, wróć do str. 199).

Teraz, kiedy twoje dziecko jest trochę starsze, możesz dodać tu *metodę przerwanej piosenki*. Przez tydzień pięć razy dziennie *ćwiczcie cierpliwość*. Potem wieczorem, kiedy twoja pociecha będzie radzić sobie wyraźnie lepiej i zasypiać bez wielokrotnego brania na ręce, zacznij stosować scenariusz pt. „Poczekaj chwilkę!" i odejdź w drugi róg pokoju – albo w ogóle wyjdź za drzwi – na krótki moment.

Jeśli malec jest już na etapie spania we własnym łóżku, wprowadź zasadę mówiącą o tym, że ty zostaniesz w pokoju, ale tylko pod warunkiem, że on będzie grzecznie leżał w łóżku. Jeśli mimo wszystko wyjdzie z niego, następnego dnia zorganizuj naradę rodzinną i poruszcie ten temat.

W czasie rzeczonej narady możesz powiedzieć coś w stylu:

„Wiem, że czasem chcesz, żeby mama przyszła do ciebie i posiedziała w pokoju po tym, jak leżysz już w łóżeczku, ale zasada jest taka, że dzieci, zwierzątka i mamusie muszą spać w nocy po to, żeby potem w ciągu dnia mieć siłę na zabawę!

Dlatego ustalmy pewien plan: kiedy będziesz kładł się do łóżka, dostaniesz ode mnie dwa specjalne bileciki. Jeśli zawołasz mnie po zgaszeniu światła i poprosisz o wodę, jeszcze jednego buziaka, podrapanie po plecach albo będziesz jeszcze raz chciał pójść siusiu, albo cokolwiek innego, zrobimy to oczywiście, ale tym razem będziesz musiał oddać mi jeden ze swoich specjalnych bilecików.

Natomiast jeśli rano okaże się, że nadal masz obydwa bileciki, będziesz mógł wymienić je na specjalną nagrodę. Co chciałbyś jako nagrodę? Gwiazdki? Specjalne naklejki? Mały, nowy pieniążek? Czy może ciasteczko?".

Metoda „dłużej i dłużej", zwana też „pozwól się wypłakać" – wersja dla kilkulatka

13-miesięczna Arianna nadal budziła się w nocy na karmienie co kilka godzin. Jej mama, Dawn, normalnie pracowała i zaczęła się w pewnym momencie martwić, że jeśli będzie nadal tak często wstawać do małej, może w którymś momencie ze zmęczenia

zachorować, mieć wypadek samochodowy albo po prostu nie mieć siły na zabawę z córeczką. A z drugiej strony obawiała się, że Ari będzie się czuła odrzucona, jeśli mama nagle przestanie ją w nocy karmić.

W końcu jednak, po namowach swojej mamy i swojego męża, Dawn postanowiła wdrożyć metodę „pozwól się wypłakać". I jej rezultaty były zdumiewające! „Pierwszej nocy Ari płakała przez pół godziny, aż w końcu zasnęła, a na karmienie obudziła się 5 godzin później. Natomiast drugiej nocy zasnęła już po pięciu minutach płaczu i spała całe osiem godzin bez przerwy!"

Dawn powiedziała mi potem: „Teraz Ari budzi się tylko na chwilkę o 1. w nocy i zaraz zasypia. Mam wrażenie, że ta zmiana uratowała moje małżeństwo!".

Jeśli ty też jesteś już u kresu wytrzymałości i rwiesz włosy z głowy, ta metoda może okazać się zbawienna. Jednak zanim ją wypróbujesz, *koniecznie przeczytaj jej dokładny opis na stronie 194.* Powinnaś postępować zgodnie z zawartym tam opisem, ale jednocześnie musisz mieć świadomość, że dwu- i czterolatki mogą być w tym wypadku dużo bardziej oporne.

Dlaczego? Ponieważ są dużo bardziej nieustępliwe. Potrafią wydzierać się przez godzinę non stop i za każdym razem wymiotować! A poza tym, kiedy już wydostaną się z łóżeczka, popędzą prosto do drzwi. Dlatego, żeby zwiększyć swoją szansę na sukces, już na tydzień przed planowanym rozpoczęciem „nauki zasypiania" puszczaj dziecku w tle biały szum. A potem postępuj zgodnie z opisanymi poniżej czynnościami.

Po zamknięciu drzwi do pokoju dziecięcego pozwól malcowi popłakać przez 3 minuty, a potem wsuń głowę do pokoju, żeby upewnić się, że nie dzieje się mu nic strasznego oraz żeby pokazać, że nie odleciałaś gdzieś na inną planetę, i powiedz: „Kochanie, mama bardzo cię kocha, ale teraz jest czas na spanie... dlatego dobranoc, słodkich snów".

Niektórzy rodzice wierzą, że pozostanie w pokoju na dłużej daje większe szanse powodzenia. Jednak tak naprawdę takie zachowanie może dać twojemu dziecku złudną nadzieję, że uratujesz je z „opresji", i potem spowodować jeszcze większy wrzask.

Po ponownym zamknięciu drzwi odczekaj 5 minut i powtórz krok pierwszy. Potem odczekaj 10 minut i ponownie powtórz krok pierwszy. A na koniec zacznij zaglądać co kwadrans, aż twój brzdąc zaśnie. Jeśli potem dziecko obudzi się w środku nocy, możesz powtórzyć całą „zabawę”, ale wtedy też stosując metodę *dłużej i dłużej*. Jeśli usłyszysz, że twój malec zwymiotował, oczywiście wejdź do niego, ale *nie mów zbyt dużo*, po prostu upewnij się, że wszystko jest w porządku, posprzątaj bałagan, powiedz: „Kocham cię bardzo, wszystko jest w porządku. Dobranoc, pa, pa” i wyjdź z pokoju.

Bardzo uparte dzieci pierwszej nocy potrafią płakać ponad godzinę, a drugiej jeszcze dłużej (o *eskalacji wybuchów płaczu* przeczytasz więcej na str. 198). Ale nie poddawaj się. Jeśli po godzinie krzyków weźmiesz swoje dziecko na ręce, pokażesz mu dokładnie coś odwrotnego od tego, co powinnaś, czyli *jeśli będziesz wystarczająco długo płakał, dostaniesz to, czego chcesz*.

Dlatego jeśli będziesz w stanie – wytrzymaj. Zazwyczaj trzecia noc wygląda *o niebo* lepiej… a czwartą noc twój malec prześpi spokojnie całą i zaśnie bardzo szybko.

Natomiast jeżeli sprawy nie wyglądają lepiej nawet czwartej nocy, cofnij się o krok i zastanów, czy dziecko jest kładzione o odpowiedniej porze, czy może przechodzi teraz jakiś stres, a może wysyłasz mu w trakcie nauki zasypiania sprzeczne sygnały przez to, że za dużo do niego mówisz lub za długo zostajesz w pokoju, kiedy powinnaś być tam tylko przez chwilę.

Jeśli twój mały szkrab jest wyjątkowo ostrożny i wrażliwy, może też okazać się, że potrzebuje innego, bardziej łagodnego podejścia, które zakłada więcej obecności rodzica w pokoju i więcej fizycznego dotyku – albo jednej z technik *bezpłaczowych*.

Jeżeli dojdziesz do wniosku, że konieczne jest zastosowanie techniki „pozwól się wypłakać”, postaraj się podejść do tej minidrogi przez mękę z odrobiną poczucia humoru i odpowiednią perspektywą. Pamiętaj, że choć teraz wydaje ci się, że wieczory wypełnione wrzaskami nigdy się nie skończą, bardzo szybko będzie po wszystkim. Dlatego pozostań skoncentrowana na swoim celu i zrelaksuj się, wykonując parę *magicznych oddechów*. A na koniec powtarzaj sobie, że miliony innych rodziców już to przeżyło (i ukuło słynne powiedzenie „Włóż sobie zatyczki do uszu, a do żołądka dżin”), więc tobie też na pewno się uda!

Ściągawka: przegląd metody z *Najszczęśliwszego śpiocha*

- Dobre przygotowanie się do scenariusza wieczornego zaczyna się… *wcześnie rano.*
- Stosowanie sztuczek z *Najszczęśliwszego dziecka* (*Zasady Fast-Food*, *języka Dziecięcego*, *grania głupka*, *ćwiczenia cierpliwości*) w ciągu dnia pomaga wzbudzić w dziecku chęć do współpracy i tym samym zmniejsza problemy pojawiające się wieczorem.
- Komunikaty przekazywane *niebezpośrednio* (poprzez *plotkowanie*, odgrywanie scenek i wymyślanie historyjek) pomogą ci w trakcie wieczornych zmagań z dzieckiem.
- Czytanie waszej *książeczki na dobranoc* pokaże twojemu maluszkowi, że chodzenie spać jest fajne i przyjemne.
- Jeśli twój maluch do północy ma energię na zabawę, zacznij sygnalizować zbliżający się czas spania na godzinę przed planowanym położeniem go; przygaś światła, puść delikatnie w tle biały szum, nie szalejcie w czasie zabaw, nie włączaj telewizora.
- *Słodkie słówka na dobranoc* to znakomity sposób na zakończenie dnia: daje możliwość pokazania dziecku, że jest się wdzięcznym za jego miłe zachowanie w dniu, który właśnie mija, oraz zbudowania w nim nadziei i pozytywnych myśli odnośnie tego, co przyniesie jutro.
- Podczas narad rodzinnych *kompromisy wygrana/wygrana* i zachęty, takie jak plansze z gwiazdkami, przechylają szalę zwycięstwa na twoją stronę. Podejście promujące postawę „trochę dać, aby trochę dostać” nauczy twoje dziecko doceniać kompromis — i ułatwi scenariusz chodzenia spać.

- *Metoda przerwanej piosenki* to moja ulubiona „bezpłaczowa" metoda nauki snu dla dzieci. Oparta jest na *ćwiczeniu cierpliwości*, puszczeniu w tle białego szumu, przytulankach i... miłości.
- W przypadku nieustępliwych dzieci, które odmawiają współpracy i nie chcą zostawać w łóżku, zastosuj metodę „chwilowego wstrzymania" się od spełniania ich życzeń — czyli kolejną „bezpłaczową" metodę bazującą na *ćwiczeniu cierpliwości*.

ROZDZIAŁ DWUNASTY

Pomóż swojemu dziecku przespać całą noc: od pierwszego do piątego roku życia

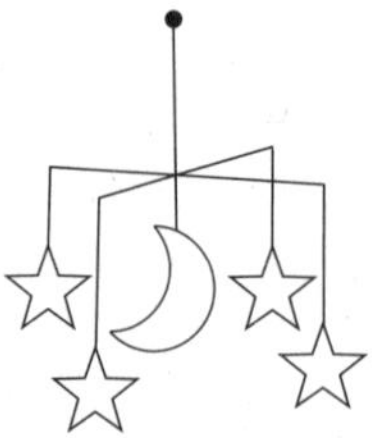

NAJWAŻNIEJSZE KWESTIE:

- Zaczynając od głodu, przez bóle wzrostowe po owsiki - jest wiele czynników, które mogą powodować przerywanie snu twojego malca.
- Czarownice i potwory! Dla małego dziecka te stworzenia są jak najbardziej prawdziwe i mogą prowadzić do nieprzespanych nocy. Na szczęście możesz pomóc odstraszyć te złe moce, stosując odgrywanie scenek, opowiadanie bajek i trochę „magii" przed snem.
- Odzwyczajenie dziecka od nocnego karmienia i spania we wspólnym łóżku może przynieść ci kilka dodatkowych godzin snu. Jedną z przydatnych sztuczek jest tu chwilowe wstrzymywanie się ze spełnianiem życzeń dziecka.
- Wybranie nieodpowiedniego czasu na kładzenie dziecka spać (zbyt późno lub zbyt wcześnie) to kolejny czynnik, który może zaburzyć jego spokojny sen.

- **Naucz swojego rannego ptaszka spać nieco dłużej... albo śpiocha wstawać nieco wcześniej!**
- **Mówienie przez sen, lunatykowanie czy lęki nocne - to wszystko może pojawić się nawet u kilkulatka. Te zjawiska nie są w tym wieku niczym dziwnym, ale jest też kilka praktycznych sposobów, dzięki którym możesz pomóc dziecku pozbyć się każdego z tych problemów.**

„Wychowywanie dzieci to po części wielka radość, a po części wojna podjazdowa."

—Ed Asner

„Obudź się, mamusiu!" – O nie, tylko nie to!

Gigi nigdy nie miała problemów ze snem. Gdy skończyła 5 miesięcy, wykształciła rytm spania niemal jak w zegarku — 12 godzin non stop, od 19. do 7. rano. „Wszyscy znajomi zazdrościli nam takiego dziecka" — wspomina z rozrzewnieniem Anita, mama Gigi.

Niespodziewanie, gdy mała skończyła 18 miesięcy, cały schemat zaczął się sypać: Gigi zaczęła budzić się dwa, trzy, cztery razy w nocy. I krzyczeć wniebogłosy!

Teraz Anita i jej mąż Paul muszą zwlekać się w nocy z łóżka, żeby ukołysać małą do snu, ale ona i tak budzi się ponownie za kilka godzin, kiedy rodzice smacznie sobie śpią. Tak więc tulą ją, Gigi zasypia, ale potem, jeśli tylko próbują odłożyć ją do łóżeczka — córeczka znowu zaczyna płakać. Zdarzają się wieczory, kiedy usypianie małej trwa od 19. do 23.!

„Ona po prostu cały czas płacze i płacze" — mówi zmęczonym głosem Anita - „a ja jestem w tej sytuacji zupełnie bezsilna".

Większości rodziców wydaje się, że największe boje i przeboje związane ze snem czekają ich w okresie niemowlęctwa ich dzieci, podczas gdy szkraby w wieku poniemowlęcym i późnodziecięcym też mają sporo problemów ze spaniem. A jeśli nie staramy się tym problemom zaradzić, to tylko pogarszamy sytuację.

Badanie przeprowadzone w Szwajcarii ujawniło, że częstotliwość budzenia się w nocy w rzeczywistości *wzrasta* u kilkulatków: co najmniej raz budzi się w nocy 22% trzylatków i aż 50% czterolatków (choć oczywiście należy pamiętać, że rodziny biorące udział w tym badaniu nie miały do dyspozycji białego szumu ani żadnych innych przydatnych sztuczek, które my już znamy).

Nocne pobudki mogą być spowodowane kwestiami, z którymi zetknęliście się już wcześniej: ząbkowaniem, fazą intensywnego wzrostu albo przyzwyczajeniem twojego szkraba do takich metod usypiania jak kołysanie czy karmienie.

Ale na horyzoncie mogą pojawić się również inne, nowe problemy – w głowie twojego malucha mogą nagle wykluć się nowe strachy i obawy, a na sen wpłynąć mogą także lęki nocne, bezdech senny, a nawet owsiki.

Czy jesteś więc gotowa, aby raz na zawsze rozprawić się z budzeniem się twojego malca w nocy? Jeśli tak, pierwszą rzeczą, którą musisz zrobić, to dowiedzieć się, gdzie tak naprawdę leży problem.

Głównymi powodami, dla których twój malec budzi się w nocy, mogą być: a) jakiś czynnik przeszkadzający mu spokojnie spać; b) brak dobrze rozwiniętej umiejętności samouspokajania się i całkowite poleganie przy tym na *tobie*; c) *źle* dobrana godzina kładzenia dziecka spać.

„Uwierający kamyk w bucie", czyli nocni przeszkadzacze

W nocy dziecko co 6 minut wchodzi w fazę lżejszego snu. I właśnie wtedy nawet najmniejsze poruszenie może całkowicie je wybudzić. Takie „przeszkadzacze" mogą pojawić się znienacka w otoczeniu śpiącego malucha, ale też w jego własnym organizmie.

Szkrab znajdujący się akurat w płytkiej fazie snu jest niczym księżniczka na ziarnku grochu i w takiej chwili potrzeba naprawdę niewiele (drapiąca pościel, tykający zegar, zapach nowych mebli, światło w przedpokoju czy przejeżdżająca nagle na sygnale karetka), żeby lekkie przebudzenie zamieniło się w płacz i krzyk.

Dlatego dobrym pomysłem jest zniwelowanie jak największej liczby zewnętrznych czynników przeszkadzających oraz zagłuszenie białym szumem tych, których nie da się wyciszyć. Jeżeli po takich działaniach nocne pobudki nie ustaną, będziesz być może musiała przyjrzeć się sprawie z innego punktu widzenia i spróbować wybadać, czy za pobudkami nie stoją jakieś *wewnętrzne* dolegliwości malucha.

Głód

Około 80% kilkulatków jest od czasu do czasu karmionych (butelką lub piersią) w ciągu dnia, dlatego potem często oczekują tego samego w nocy. Ale pamiętaj: *pragnienie* czegoś to nie to samo, co *potrzebowanie* tego!

Każdy kilkulatek potrafi tak naprawdę przespać dobre 8-10 godzin bez przerwy po tym, jak dostanie odrobinę mleka przed snem oraz wszystkie inne posiłki zgodnie z planem w ciągu dnia. Dlatego jeśli twój malec nadal budzi się o 2. w nocy z prośbą o małe co nieco, oto jak można oduczyć go tego nawyku:

- **Zwiększ dawkę kalorii dawaną dziecku w ciągu dnia. Warzywa i owoce są zdrowe, ale niezbyt energetyczne, dlatego uzupełnij jego dietę posiłkami, zawierającymi wysokokaloryczne awokado, masło orzechowe, oliwki lub siemię lniane (albo oliwę/olej) *oraz* trzema szklankami mleka lub innych produktów nabiałowych każdego dnia.**
- **Podczas posiłków wyłącz wszystkie rozpraszacze uwagi (takie jak telewizor), aby twoje dziecko skoncentrowało się na jedzeniu.**
- **Daj mu trochę mleka lub jakiś mały posiłek (np. jajko na twardo lub awokado wymieszane z odrobiną oliwy) tuż przed snem i obudź na *karmienie przez sen* ok. 23. (patrz str. 176).**
- **Zmniejsz za to dawkę kalorii dawaną dziecku w nocy. Ogranicz liczbę karmień między północą a 6. rano do karmienia tylko z jednej piersi lub, jeśli karmisz butelką, rozwodnij mleko (wymieszaj 170 g mleka z 60 g wody i co trzy dni zmniejszaj proporcję mleka o 60 g, dodając w zamian tyle samo wody). W ten sposób twoje dziecko będzie głodniejsze rano i więcej zje potem w ciągu dnia – a mniej wieczorem.**
- **Przez całą noc puść w tle donośny biały szum, który odciągnie uwagę brzdąca od pojawiającego się małego głodu.**
- **Rozważ zostawienie dziecku butelki w łóżku. Pamiętaj jednak, że zostawienie butelki z zimnym mlekiem czy sokiem niesie ze sobą pewne ryzyko: niektóre dzieci traktują ją bowiem jak czynnik kojący, co oznacza, że trzymają butelkę w buzi przez np. godzinę. To może powodować poważną próchnicę. Dlatego lepiej zostawić butelkę napełnioną jakimś naturalnie słodkim i niezawierającym cukru napojem, takim jak herbatka miętowa lub rumianek.**

Ząbkowanie

Moment, w którym dzieciom zaczynają rosnąć zęby (a szczególnie kły i trzonowce), może być naprawdę ciężki, ponieważ jest niczym lekki ból głowy – dość łatwo zignorować go w ciągu dnia, ale w nocy może być nie do zniesienia.

Jeżeli więc podejrzewasz, że to jest przyczyna nocnego wybudzania się twojego malca, najpierw spróbuj zastosować głośniejszy biały szum (poziom odkręconego prysznica), aby odciągnąć uwagę szkraba od jego spuchniętych dziąseł. (Jeśli ostatnio nie używałaś tej metody, zacznij wprowadzać ją powoli, zgodnie ze wskazówkami na str. 81). Zapytaj też swojego lekarza, czy możesz podać dziecku paracetamol albo ibuprofen na pół godziny przed snem.

Jest jeszcze jedna metoda radzenia sobie z tym problemem, znana od pokoleń: zamoczyć róg cienkiej, bawełnianej ściereczki w soku jabłkowym, zamrozić, a potem dać dziecku do ssania.

Zatwardzenia i problemy związane z niestrawnością

Zaparcia to kolejny czynnik, który może sprawić, że dziecko stanie się marudne i nieszczęśliwe. A kiedy jeszcze w nocy dostanie ono zatwardzenia, pobudka jest niemal gwarantowana.

Jeśli więc uważasz, że twój aniołek boryka się właśnie z takim problemem, zadbaj o to, żeby pił dużo wody i poradź się lekarza, co do wprowadzenia zmian w diecie maluszka. Pomocne zmiany to usunięcie z menu pokarmów powodujących zaparcia (pieczywo, produkty nabiałowe, ryż, makarony i wszelkie smażeniny), a zwiększenie ilości pokarmów bogatych w błonnik (warzywa zielone i strączkowe, suszone owoce oraz soki ze śliwki, marchewki lub aloesu).

Suche gardło i zatkany nos

Małe dzieci dość często łapią przeziębienia. Dlatego możesz być niemal pewna, że i twój szkrab co pewien czas będzie miał problem ze spaniem z powodu odczuwania drapania w gardle lub zatkanego nosa. (Obydwa te problemy są częstsze, jeśli przebywa się na wysoko położonych terenach lub obszarach pustynnych, a także w zimie, gdy w mieszkaniu włączone są kaloryfery).

Jeżeli ten problem doskwiera teraz twojemu dziecku, podłóż pod materac na wysokości głowy złożony ręcznik, aby malec spał z wyżej uniesioną głową (niestety, ten sposób nie sprawdzi się zbyt dobrze, jeśli mamy wyjątkowo wiercącego się w nocy śpiocha) i włącz na całą noc nawilżacz powietrza. Napełniaj go jedynie wodą destylowaną i czyść urządzenie codziennie, aby uniknąć pojawienia się na nim bakterii.

Uwaga: Nie używaj nawilżacza parowego z gorącą wodą, ponieważ dziecko może się nim poparzyć.

Spróbuj też zaaplikować maluchowi odrobinę roztworu soli do każdej dziurki od nosa. Możesz też uspokoić trochę kaszel za pomocą syropu przygotowanego z kilku łyżek stołowych ciepłej wody zmieszanych z odrobiną miodu i soku z cytryny (który zawiera naturalne substancje rozrzedzające). Jedno z badań, przeprowadzone na próbie ponad 100 dzieci, wykazało, że jako środek na nocny kaszel miód sprawdza się lepiej niż dekstrometorfan (kluczowy składnik syropów przeciwkaszlowych).

Jeśli kaszel będzie utrzymywał się dłużej, będzie spazmatyczny lub świszczący, skonsultuj się z lekarzem i upewnij, że nie masz do czynienia z astmą. Jeżeli natomiast dziecko śpi z głową mocno odchyloną do tyłu lub chrapie, zapytaj lekarza, czy przyczyną tego nie są przypadkiem nocne zaburzenia oddychania. W rozdziale 15. znajdziesz więcej informacji o obydwu dolegliwościach.

Babcia używała maści Vicks VapoRub... Ty też? Lepiej nie

Ten specyfik z wieloletnią tradycją, sprzedawany od zawsze bez recepty, był swego czasu używany w wielkich ilościach jako remedium na przeziębienia u dzieci. Miał otwierać drogi oddechowe i rozgrzewać klatkę piersiową. Maść ta była prawdziwym bestsellerem w czasie epidemii grypy w 1918 roku, a jej producent przez lata zachwalał ją sloganem „jedyna rzecz skuteczniejsza niż matczyny dotyk".

Jednak badanie przeprowadzone w 2009 roku wykazało, że Vicks VapoRub w rzeczywistości zwiększa wydzielanie się śluzu, pogłębia stan zapalny i może zwiększać problemy z oddychaniem u dzieci poniżej 2. roku życia. Obecnie producent maści nie zaleca jej u dzieci młodszych niż dwuletnie.

Miałem też okazję spotkać rodziców, którzy niechcący potarli sobie oczy dłońmi zaraz po użyciu Vicks VapoRub i przeżyli ogromny, piekący ból. Auć!

Owsiki, czyli swędzące, małe, białe niteczki

Ten problem najczęściej pojawia się u dzieci w wieku od 2 do 5 lat. Te około centymetrowe robaczki wyglądające jak nitki nie są groźne, ale mogą powodować pojawiające się nagle problemy ze snem.

Zazwyczaj wygląda to tak, że dziecko budzi się 30-40 minut po zaśnięciu i zaczyna płakać, a nawet krzyczeć, skarżąc się na swędzenie lub ból w okolicach pupy.

A oto, jak można sprawdzić, czy rzeczywiście jest to wina owsików (wiem, że może to brzmi dość obrzydliwie, ale cóż): gdy twój malec się obudzi, przynieś latarkę i po prostu poświeć mu na okolice odbytu. Jeśli zobaczysz tam robaczki przypominające białe nitki, posmaruj pupę dziecka maścią łagodzącą, potem dokładnie umyj ręce, a rano umów się do lekarza.

Nawet jeśli nie dostrzegasz żadnych robaczków, swędzenie w okolicach odbytu może być sygnałem, że właśnie z tym problemem mamy do czynienia. Poradź się lekarza, czy konieczne będzie zastosowanie leków u dziecka i *wszystkich pozostałych członków rodziny* poza niemowlętami. Owsiki bardzo łatwo przenoszą się z jednej osoby na drugą, a przecież nie chcesz, żeby ten problem odbijał się wśród członków waszej rodziny niczym bumerang. (Łatwe przenoszenie owsików dotyczy też żłobków i przedszkoli, dlatego koniecznie powiedz o tym problemie opiekunom twojego dziecka, żeby mogli oni poinformować o zaistniałym zagrożeniu innych rodziców).

Następnego ranka – zaraz po wzięciu lekarstwa – porządnie „wyszoruj" swojego brzdąca. Umyj mu dokładnie przede wszystkim pupę *oraz* paznokcie u rąk, ponieważ drapał się nimi, a to mogło doprowadzić do pojawienia się za paznokciami jajeczek owsików, które potem mogą zostać niechcący przeniesione na zabawki albo innych ludzi.

Bóle wzrostowe i inne dolegliwości bólowe

Miguel budził się co wieczór zaledwie godzinę po zaśnięciu, skarżąc się z płaczem na bolącą nogę. Czasem mówił, że boli go udo, innym razem, że piszczel. Jednego dnia była to lewa noga, innego prawa. Był w stanie zasnąć dopiero po tym, jak mama dała mu małą dawkę ibuprofenu i pomasowała bolące miejsce przez 10 minut.

Bóle wzrostowe to nie legenda. Dotykają ok. 25% dzieci, zazwyczaj w wieku od 3 do 12 lat. Są to dotkliwe bóle odczuwalne w udach albo łydkach mogące pojawiać się przez wiele nocy z rzędu (nawet przez parę miesięcy), zanim w końcu znikną.

Choć bóle te są zjawiskiem dość powszechnym, nadal nie do końca wiadomo, jaka jest ich przyczyna. Czy rzeczywiście biorą się z samego faktu *rośnięcia*, czy może spowodowane są skakaniem, wspinaniem się i bieganiem, które są przecież chlebem powszednim dla wszystkich rozbrykanych kilkulatków – tego po prostu nie wiadomo. (U niektórych dzieci rzeczywiście obserwuje się występowanie bólów wzrostowych po bardzo aktywnie spędzonych dniach).

Jeśli więc twoje dziecko skarży się na takie bóle, koniecznie skonsultuj się z lekarzem. W celu oceny, czy są to zwykłe bóle wzrostowe, czy może coś poważniejszego, lekarz powinien zadać ci kilka kluczowych pytań:

- **Czy ból albo utykanie występuje w ciągu dnia?**
- **Czy ból jest odczuwany w stawach?**
- **Czy zawsze boli to samo miejsce na tej samej nodze?**
- **Czy noga boli przy dotyku?**
- **Czy bolące miejsce jest spuchnięte albo zaczerwienione?**

Jeśli odpowiedź na którekolwiek z tych pytań brzmi „tak", mamy tutaj do czynienia z czymś poważniejszym niż zwykłe bóle wzrostowe. Ich kojenie jest względnie proste i obejmuje takie sposoby jak: masaż, rozciąganie, elektryczna poduszka grzejąca i ibuprofen albo inny środek przeciwbólowy.

Warto zapamiętać: innym rodzajem bólu nogi, który może pojawiać się u kilkulatków, jest skurcz mięśni. Zdarzają się skurcze stóp lub łydek we śnie (dorośli też czasem tak mają). Skurcz sprawia, że w bolesny sposób zawijają się też palce u stóp, a stwardniały mięsień łydki u dziecka może być wyczuwalny dotykiem.

Najlepszym remedium na skurcz mięśnia jest jego rozciągnięcie. Możesz to zrobić, prosząc, aby dziecko zrobiło kilka kroków albo sztywno wyprostowało palce u stóp – tak, by rozciągnęły się łydka i ścięgno Achillesa. Jeśli ta dolegliwość będzie się powtarzać, jedną z metod zapobiegawczych jest podanie dziecku na kolację lub ostatni posiłek przed snem suplementu w postaci magnezu rozpuszczonego w ciepłym mleku (to może też spowodować pojawienie się u dziecka luźnych stolców). Przed podaniem maluszkowi magnezu skonsultuj z lekarzem, jaka dawka będzie odpowiednia przy uwzględnieniu wagi dziecka.

Lęki - wielki niepokój rodzący się w głowie

Czteroletni Billy od zawsze był bardzo ostrożnym chłopcem. Potrafił obserwować inne dzieci przez wiele tygodni, zanim zebrał się w końcu na odwagę, żeby wypróbować nową huśtawkę czy zjeżdżalnię. Nie znosił też głośnych hałasów, takich jak fajerwerki.

Każdego wieczoru Billy potrzebował 90 minut, żeby zasnąć. Nigdy nie miał ulubionego pluszowego misia, ale za to uwielbiał trzymać mamę za rękę – póki nie zasnął.

Raz, pod presją ze strony rodziny, mama Billy'ego spróbowała zastosować technikę „pozwól się wypłakać". W efekcie Billy płakał przez 2 godziny i zrobił bardzo duży krok wstecz, stając się jeszcze bardziej niepewny z powodu lęku separacyjnego związanego z mamą!

W miarę upływu czasu Billy coraz lepiej znosił wieczorne zasypianie, aż w końcu czas poświęcany na wszystkie czynności na dobranoc skurczył się do 30 minut.

Lecz pewnego wieczoru, gdy Billy właśnie układał się do snu, jego tata niechcący spalił tosty i tym samym włączył alarm przeciwpożarowy. W tym momencie Billy obudził się spanikowany z płaczem. Po tym wydarzeniu jego wieczorny schemat chodzenia spać wydłużył się do 90 minut i przez kolejne 5 tygodni chłopiec znów nie był w stanie zasnąć bez trzymania swojej mamy za rękę.

Nieliczni dorośli pamiętają czasy, kiedy mieli roczek, leżeli w ciemnym pokoju, sami i przerażeni wizją zostania oddzielonym od mamy i taty. Ale z punktu widzenia malucha taka wizja musi wyglądać naprawdę strasznie.

Kiedy twój kilkulatek nieco dorasta i z lubością oddaje się eksplorowaniu otoczenia, dość oszałamiającym – i strasznym – uczuciem jest dla niego moment, kiedy odwraca się nagle i odkrywa, że jest sam. Ma to miejsce szczególnie w przypadku bardzo wrażliwych dzieci, takich jak Billy. Nic więc dziwnego, że nagle ciche „Gdzie jest mamusia?" może przerodzić się w przerażone „GDZIE MAMA?!?!".

Lęk separacyjny jest naprawdę powszechnym zjawiskiem, a objawia się zwłaszcza pomiędzy15. a 30. miesiącem życia dziecka. Występuje szczególnie często po powrotach z wyjazdów, chorobach lub wielkich zmianach, takich jak przeprowadzka, nowe przedszkole albo pojawienie się na świecie rodzeństwa.

Ale lęk separacyjny nie jest jedynym niepokojem, z którym przyjdzie się zmierzyć twojemu maluchowi. Do czasu skończenia 2-3 lat w jego życiu pojawi się dużo więcej strachów: od grzmotów na niebie, przez groźne psy, aż po potwory, dinozaury i robaki.

I na tym się nie skończy. Brzdąc w wieku 3-4 lat musi stawić czoła kolejnym rzeczom wywołującym lęk. Trzylatki coraz bardziej zaczynają zdawać sobie sprawę, że są mniejsze, słabsze i wolniejsze niż *wszyscy* wokół (poza „głupiutkim niemowlęciem"). Nic więc dziwnego, że nagle zaczynają się bać złodziei, czarownic i złych ludzi.

Nowe lęki mogą się również pojawić u dziecka w momencie odczuwania złości lub presji ze strony rodziców (np. z powodu niepowodzeń przy nauce korzystania z toalety).

Nieco starsze dzieci boją się niektórych rzeczy w związku ze zjawiskiem zwanym *projekcją*. Wiedzą, że nie powinny gryźć ani kopać innych, ale nadal mogą odczuwać *wewnętrzne* pragnienie zrobienia tego. Dlatego aby odsunąć od siebie pragnienie „zrobienia czegoś złego", *projektują* swoją chęć na cały szereg wyimaginowanych złych charakterów („Potwór zabrał moje zabawki i jeszcze próbował mnie ugryźć!").

Co wrażliwsze dzieci boją się większej liczby rzeczy, a ich lęki zazwyczaj trwają dłużej (a z drugiej strony czasem rodzice pewnych siebie i odważnych dzieci nawet chcieliby, by ich pociechy choć trochę się bały... i na przykład nie próbowały zeskakiwać ze zjeżdżalni na placu zabaw ot tak – dla zabawy).

Bez względu na przyczynę, faktem jest, że dzieci w wieku poniemowlęcym i starsze mają nowy słaby punkt, który może w nich wyzwolić nieznane do tej pory lęki i obawy. Kluczem do rozwiązania tej sytuacji i pomocy dziecku w poradzeniu sobie z nią jest postępowanie w jego tempie i wzmacnianie jego pewności siebie krok po kroku. Poniżej znajdziesz parę sprawdzonych metod, które pozwolą wam uporać się z tym problemem.

Zacznij od okazania zrozumienia dla lęku... bez oceniania go

Kiedy twój brzdąc opowiada ci o swoim lęku, nie umniejszaj od razu jego znaczenia („Kochanie, to był tylko zły sen. Wiesz, tak naprawdę w szafie nie ma żadnych złych panów"). A już na pewno nie możesz w takiej sytuacji wywracać oczami, śmiać się ani nazywać swojego dziecka strachajłą!

Dlaczego? Ponieważ zmuszanie dzieci do skonfrontowania się z ich lękami lub umniejszanie ich niepokojów może sprawić, że strachy zamienią się w regularną panikę.

Nie będzie wielkim zaskoczeniem stwierdzenie, że lęki są zazwyczaj irracjonalne. Mogą nawet nie istnieć w świecie zewnętrznym, ale w naszej wyobraźni nabierają bardzo wyraźnych kształtów. A w takiej sytuacji im bardziej się kogoś naciska, tym bardziej jest on przerażony, zestresowany i bojaźliwy.

Z tego samego powodu próba logicznego i racjonalnego podejścia do tematu zazwyczaj kończy się spektakularnym niepowodzeniem („Kochanie, na świecie tak naprawdę nie ma potworów!"). Logika działa tak samo słabo w przypadku przerażonych dzieci, jak i przerażonych dorosłych (Przypomnij sobie scenę, w której ktoś próbuje wyjaśnić dorosłej osobie bojącej się latać samolotem, żeby się nie bała, bo przecież statystycznie to wypadki samochodowe pochłaniają więcej ofiar niż lotnicze).

Dlatego najlepszym sposobem na pomoc swojemu przestraszonemu dziecku jest w pierwszej kolejności powtórzenie tego, co ono opowiada tobie. Zastosuj tutaj *Zasadę Fast-Food* i *język Dziecięcy* (patrz str. 222-223), aby pokazać swojemu małemu szkrabowi, że jesteś po jego stronie i rozumiesz, (dla)czego się boi („Ten duch wyglądał naprawdę strasznie, prawda?... Mnie nie podobał się jego przerażający głos... A dla ciebie co było w nim najstraszniejsze?").

Po kilku chwilach, kiedy dziecko już się uspokoi, zaoferuj mu wsparcie: „Mama i tata są tu z tobą i ochronią cię przed wszystkimi niebezpieczeństwami. Posadźmy też tutaj obok lalę, która także będzie cię broniła. A czy chcesz, żebym zostawiła zapalone światło w przedpokoju? Czy raczej wolisz zgaszone?".

Zwiększanie pewności siebie — w ciągu dnia

Wszystkie potwory wydają się mniej straszne, gdy za oknem jest jasno, dlatego dzień jest idealnym momentem na uczenie dziecka bycia dzielnym i stawiania czoła swoim lękom. A sposobów na robienie tego w sposób miły i przyjemny jest *mnóstwo*:

PLOTKOWANIE

Pozwól swojemu malcowi podsłuchać, jak *plotkujesz* z jego misiem o tym, jak bardzo cieszysz się, że powiedział ci o swoich niepokojach. *Poplotkuj* też o małych aktach odwagi swojego szkraba, np. o tym, jak nie bał się pogłaskać psa sąsiada albo sam wspiął się na zjeżdżalnię.

ODGRYWANIE SCENEK

Odegrajcie na zmianę rolę przestraszonych: najpierw *ty* udawaj, że jesteś małym dzieckiem, a twój brzdąc niech odegra rolę psa. Pozwól mu najpierw być dużym i strasznym i poudawaj bardzo przerażoną osobę, ale na końcu zostańcie przyjaciółmi, którzy chcą sobie nawzajem pomóc. (Możesz np. udawać, że pies boi się cieni i powiedzieć: „Ech, ty niemądry piesku! Bobby nie boi się cieni, widzisz? Bobby umie po nich przebiec!”).

Pozwól swojemu maluchowi zadecydować, czy woli być w waszej scence dzieckiem (które powie pieskowi, że nie można straszyć dzieci i że powinien nauczyć się podawać im łapę, a nie gryźć), czy też odegrać rolę psa (który może warczeć i głośno szczekać, ale dostaje też ostrzeżenie, że jeśli będzie niedobrym psem, dostanie karę i nikt nie będzie się chciał z nim bawić).

ZASTOSUJ ZABAWĘ LALKAMI

Jeśli twój szkrab boi się zostawać sam, w tym wypadku też możesz zastosować odgrywanie scenek. Niech jedna lalka będzie mamusią, a druga przestraszonym dzieckiem. Powiedz: „Tęsknię za mamą! Mama! Mama! Mama! Chcę do mamy!”. A potem lalka będąca dzieckiem niech powie: „O! Mama już przyszła! Wiedziałem mamusiu, że zawsze do mnie wrócisz!”.

Jeżeli z kolei twoje dziecko boi się grzmotów, poudawajcie odgłosy burzy za pomocą folii aluminiowej i odegrajcie scenki, w których lalki udają na przemian straszną burzę i dzielnego kilkulatka, który burz się nie boi.

OPOWIADAJ BAJKI

Wymyśl kilka historyjek, takich jak: „Dawno, dawno temu żyła sobie mała żabka, która bała się za każdym razem, kiedy jej mama zeskakiwała z ich wspólnego liścia i skakała gdzieś dalej. Ale na szczęście miała ze sobą misia, który umiał mówić i śpiewać piosenki, i dzięki któremu nie bała się już czekać na mamę. A jej mama zawsze wracała z mnóstwem buziaków i kilkoma dużymi, soczystymi muchami dla swojej córeczki".

POCZYTAJCIE KSIĄŻECZKI

Poczytaj swojemu dziecku historie, które opowiadają o rzeczach wywołujących u niego strach. Jedna z mam, Rachel, postanowiła przeczytać swojemu synkowi, Rooney'owi, książeczkę o mrówkach. „Zobacz, kochanie. Mrówki są takie malutkie, a ty jesteś taki duży! A poza tym te robaczki jedzą liście. Ludzie wcale im nie smakują, raczej mówią na nich *fuuuj!*". Po przeczytaniu historyjki mama rysowała na kartce mrówkę, a potem pozwalała synkowi pognieść ją ze słowami: „Niedobry robak! Uciekaj stąd! Uciekaj i nie strasz Rooneya!".

ZNAJDŹ KREATYWNE ROZWIĄZANIA

Tak jak dorośli czują się pewniej, gdy idąc ciemną alejką, mają w kieszeni gaz pieprzowy, tak samo dzieci czują się bezpieczniej, wiedząc, że chroni je coś namacalnego. Dlatego zapytaj swojego szkraba: „Z czym będziesz czuł się bezpieczniej: ze swoim misiem czy z latarką?". Jedna z małych dziewczynek, z którymi miałem do czynienia, bardzo bała się potworów leżących pod łóżkiem. Wspólnie ze swoim tatą zdecydowała więc, że wstawią pod łóżko skrzynki – żeby dla potworów nie było już tam miejsca!

Możesz też postawić przy dziecięcym łóżeczku zdjęcie całej waszej rodziny albo przykleić taśmą klejącą rysunek, który wspólnie zrobiliście, na którym twój szkrab wystawia język, odstraszając w ten sposób wszystkie złe stwory.

ZASTOSUJ METODĘ PRZERWANEJ PIOSENKI

Jest jeszcze oczywiście jeden znakomity sposób, czyli *metoda przerwanej piosenki* (patrz str. 268). Pamiętacie Billy'ego, o którym wspominałem na początku tej części rozdziału? Tego, który potrafił zasnąć tylko wtedy, jeśli trzymał swoją mamę za rękę? Uwierzcie mi, że ta metoda zdziałała z nim cuda.

Na samym początku mama Billy'ego wychodziła dosłownie na 2-3 sekundy, mówiąc: „Ojej, ojej! Zapomniałam powiedzieć tacie coś bardzo ważnego. Zaraz wrócę!". Później, jeszcze tego samego wieczora, wydłużyła ten czas do 10, a potem do 15 sekund. I za każdym razem, gdy wychodziła z pokoju, dawała swojemu zaniepokojonemu synkowi do potrzymania swój kaszmirowy szal.

Co wieczór wydłużała nieco swoją nieobecność. Czwartego wieczora z kolei planowała wyjść najpierw na 20 sekund, potem na 50, a w końcu na półtorej minuty... ale Billy zasnął już podczas pierwszych 20 sekund nieobecności mamy, trzymając mocno jej szal i słuchając puszczonego w tle białego szumu.

Metoda przerwanej piosenki i inne sposoby, o których wspominałem na wcześniejszych stronach tej książki, pomogą twojemu malcowi odpędzić w nocy wszystkie lęki i strachy. A żeby było to jeszcze bardziej skuteczne, możesz zastosować jeszcze jeden trick uspokajający, tym razem oparty na sile... magii!

Wypróbuj magiczną sztuczkę

Trzyletnia Marjorie bardzo bała się potworów przychodzących do domu. Aby pomóc córeczce uporać się z tym lękiem, jej mama zawsze kończyła kładzenie jej spać, spryskując cały pokój „magicznym sprayem", który zapewniał spokojną noc i piękne sny. Kładła również czosnek na oknie w pokoju Marjorie, bo przecież potwory nie lubią czosnku. Mówiła: „Marjorie, czy wiesz, co właśnie sobie przypomniałam? Dinozaury nie znoszą zapachu czosnku. Jak tylko go czują, mówią: A ja mam właśnie w lodówce piękną główkę naprawdę silnie pachnącego czosnku. Zaraz wetrzemy trochę czosnku w kawałek papieru, który zostawimy przy oknie. To na pewno odstraszy wszystkie stwory!".

Muszę przyznać, że magia to jeden z moich ulubionych sposobów na dodawanie dzieciom odwagi. A to dlatego, że *magia* i *tajemniczy* to dwa krótkie słowa, które sprawiają, że kilkulatki nagle czują prawdziwy przypływ mocy.

W końcu dla małych dzieci magia *naprawdę* istnieje! One naprawdę wierzą w świętego Mikołaja i wielkanocnego zajączka. W ich odbiorze magiczne zaklęcie albo kamyk zawierający moce nadprzyrodzone to rzeczy, które zapewniają prawdziwą ochronę.

Dlatego daj swojemu maluszkowi jakiś mały talizman, który będzie posiadał specjalne moce od mamy lub taty (np. bransoletkę, apaszkę, rękawiczkę czy też czapkę). Powiedz mu, żeby włożył ten przedmiot do swojej kieszeni i brał do ręki zawsze, gdy będzie chciał poczuć, że jesteś blisko.

Możesz jako ostatnią rzecz na dobranoc mówić brzdącowi magiczne zaklęcie („Abrakadabra, simsalabim, niech wszystkie potwory rozwieją się w dym!"), śpiewać magiczną piosenkę („Mama kocha cię, tata kocha cię, dlatego nic złego nie stanie ci się!") lub używać magicznego sprayu (może być to woda z odrobiną olejku pomarańczowego, przelane do małej buteleczki z naklejoną uśmiechniętą buźką).

I jeszcze jedno – bo w końcu nic nie chroni lepiej niż magiczny kombinezon! Powiedz swojemu malcowi: „Teraz będziemy co wieczór zakładać ci przed snem twój niewidzialny magiczny kombinezon. Dzięki niemu żaden potwór nie będzie w stanie cię zobaczyć. Chodź, przećwiczymy teraz zakładanie go". A następnie udaj, że zakładasz mu niewidzialny kombinezon od samego czubka głowy aż po stopy, bardzo dbając o to, żeby zakryć każdy wystający kawałek. Zapytaj: „Czy dobrze zakryłam ci uszy? Czy o czymś zapomniałam?"

Lęki mające prawdziwą przyczynę

Nawet najbardziej pogodne dzieci czegoś się boją. Niemniej jednak, jeśli u twojego dziecka lęk przed czymś pojawi się zupełnie niespodziewanie, postaraj się odkryć jego przyczynę. Czy powodem tego jest prześladowanie przez innych w przedszkolu? Czy może nowa opiekunka jest dla niego niemiła? A może trauma malca spowodowana jest wielką burzą albo trzęsieniem ziemi? Czy może obejrzał przypadkiem jakiś straszny film albo usłyszał, jak kłócisz się ze swoim partnerem? Czy mógł przypadkowo usłyszeć, jak opowiadasz o niedawnym włamaniu w okolicy? A może jakiś krewny wykorzystuje go seksualnie?

Możesz spróbować zapytać dziecko, czego się obawia, ale nie naciskaj zbytnio na odpowiedź, ponieważ maluchy zazwyczaj mają trudność z opowiedzeniem o swoich lękach.

Jeśli twój brzdąc chodzi już do żłobka/przedszkola, zapytaj jego opiekunów, jak zachowuje się w ciągu dnia. Jeżeli okaże się, że wyjątkowo nie radzi sobie z lękiem separacyjnym, postaraj się tak ułożyć sobie plan dnia, żeby spędzić jakiś czas z dzieckiem w jego placówce.

Postaraj się też nie poddawać malucha zbyt dużym stresom (jakie towarzyszą np. nauce korzystania z toalety). Upewnij się też, że nie chodzi on za późno spać, ponieważ niektóre dzieci robią się bardziej strachliwe i zaniepokojone, gdy są przemęczone.

Jeśli zauważysz, że lęki u twojego malca zwiększają się i zaczynają wpływać na jego zachowanie w ciągu dnia, skonsultuj się z lekarzem w celu ustalenia, czy sprawie nie powinien przyjrzeć się dokładniej psycholog dziecięcy. Oznaki, które powinny spowodować u ciebie zapalenie się czerwonej lampki, to: większy niż zwykle lęk separacyjny, nadmierne ssanie kciuka lub też nawrót moczenia się (czy też robienia kupki w majtki) po sprawnym opanowaniu załatwiania wszystkich potrzeb do nocnika. Twoją uwagę powinna również zwrócić podwyższona skłonność do kłótni i bójek u malca, a także jego nadmierny bunt czy agresja.

Odzwyczajanie od pomocników snu, którzy mogą źle wpływać na umiejętność samouspokajania się dzieci

Wszyscy lubimy swoje przyzwyczajenia – i ta zasada odnosi się też do dzieci.

Kołysanie i karmienie do snu nie są oczywiście w żadnej mierze niczym niewłaściwym... o ile tylko potem twój malec spokojnie przesypia całą noc. A jest to możliwe, bo okazuje się, że 40% dzieci w wieku od roku do pięciu lat tuli się tak ze swoimi rodzicami przed snem każdego dnia.

Istnieje jednak prawdopodobieństwo, że szkrab, który zawsze jest tulony lub karmiony przed snem, gdy nagle obudzi się w nocy – całkiem sam – będzie bardzo zdenerwowany i pomyśli sobie „Hej, dlaczego nikogo tu nie ma? Przecież ja *potrzebuję* waszej pomocy!".

Dlatego też, jeśli twój brzdąc budzi się w nocy i nie potrafi samodzielnie z powrotem zasnąć, być może nadszedł czas, żeby pomóc mu trochę bardziej się usamodzielnić.

Przeprowadzone badania pokazują, że następujące czynniki mogą w najbardziej wyraźny sposób wpływać na problemy ze snem w nocy u dzieci między 18. a 30. miesiącem życia:

- **karmienie dziecka, gdy obudzi się w środku nocy,**
- **wyjmowanie go w takich sytuacjach z łóżeczka i kołysanie,**
- **przynoszenie go do wspólnego łóżka.**

Roczne dzieci, które są nadal karmione piersią w nocy i śpią we wspólnym łóżku z rodzicami, często budzą się w nocy nawet parę razy. Dwulatki w takiej sytuacji budzą się średnio co 4,8 godziny. Te, które są karmione piersią, ale śpią w swoich łóżeczkach, budzą się co 6,9 godzin, a dzieci karmione butelką i śpiące we własnych łóżeczkach – średnio co 9,5 godziny.

Oczywiście kluczem do odzwyczajenia od złych nawyków jest unikanie ich, zanim w ogóle mają miejsce. Oznacza to lekkie wybudzanie dziecka za każdym razem przed odłożeniem go do łóżeczka (technika zwana *obudź i pozwól zasnąć*). Rodzice, którzy tak właśnie robią, są w stanie bez problemu tulić i karmić swoje dzieci do snu, a jednocześnie pomagać im rozwijać umiejętność samouspokajania się.

Przypuszczam jednak, że skoro czytasz ten rozdział, to gdzieś w ciągu pierwszych kilku miesięcy życia dziecka zgubiłaś nieco rytm i teraz starasz się ze wszystkich sił odzwyczaić swojego malca od potrzebowania ciebie do zaśnięcia za każdym razem, gdy tylko się obudzi.

Na szczęście nawet po wcześniejszych błędach nadal czeka na ciebie wiele metod, które pomogą ci w przepełniony miłością sposób zwiększyć nieco niezależność twojego dziecka, dzięki czemu oboje będziecie lepiej i dłużej spać. A oto one:

Odstawianie nocnego karmienia (piersią i butelką): chwilowe wstrzymywanie się ze spełnianiem życzeń dziecka

Karmienie dziecka raz do trzech razy w nocy jest w gruncie rzeczy całkiem normalne – tak przez wieki robili nasi przodkowie.

Sęk w tym, że oni nie mieli poumawianych na rano spotkań w biurze, a wokół było mnóstwo osób do pomocy przy samym dziecku, jak i przy pracach związanych z domem. Natomiast w dzisiejszych czasach strata nawet kawałka snu co noc może być nie tylko wyczerpująca, ale też niebezpieczna (np. kiedy następnego dnia musisz usiąść za kierownicą).

Na szczęście roczne dzieci dość łatwo jest oduczyć przyzwyczajenia do nocnego karmienia, nawet piersią. (Dość zaskakujące jest również to, jak szybko twoje piersi są w stanie „przestawić się" na produkowanie większej ilości mleka w ciągu dnia, a mniejszej w nocy).

Moment, w którym będziesz wiedziała, że twój malec jest gotowy na odzwyczajenie się od nocnego podjadania, jest prosty do zauważenia: jeżeli dziecko pije jedynie 30-60 g mleka z butelki albo ssie pierś przez minutę lub dwie, a potem znowu odpływa w sen, to właśnie nadszedł idealny czas na zmianę. To pokazuje bowiem, że ono tak naprawdę nie *potrzebuje* zjeść w nocy, tylko raczej używa ciebie jako smoczka do possania.

Dlatego, żeby bez wielkich rewolucji wycofać z menu te niewygodne dla ciebie pory karmienia, będziecie musieli popracować nad tym zarówno w ciągu dnia, jak i wieczorem.

W ciągu dnia...

Przećwicz z dzieckiem wszystkie metody, które już poznałaś, a które pomagają zwiększyć pewność siebie malca, ćwiczą jego cierpliwość i zwiększają chęć współpracy, tj.: *ćwiczenie cierpliwości*, *magiczne oddechy*, plansza z gwiazdkami, odgrywanie scenek, *książeczka na dobranoc* itp. (patrz str. 225-230).

Wieczorem i w nocy...

Ustal określony porządek czynności związanych z chodzeniem spać i korzystaj przy takiej okazji z pomocników snu: białego szumu puszczonego w tle przez całą noc, przytulanki, nocnej lampki i odrobiny olejku lawendowego, aby otulić zapachem łóżeczko dziecka. Pamiętaj też, że wychodzisz z pokoju, zanim twój malec zaśnie.

Kiedy potem mały szkrab obudzi się nagle o 2. w nocy, dobrym pomysłem jest wysłanie do niego taty, który pomoże mu się uspokoić, ale bez konieczności karmienia piersią.

Jeżeli jednak nocne pobudki na jedzenie będą zdarzać się częściej, wypróbuj chwilowe wstrzymywanie się ze spełnianiem życzeń (patrz str. 271). A oto, jak się do tego zabrać:

Najpierw poświęć tydzień na *ćwiczenie cierpliwości* w ciągu dnia oraz stosowanie białego szumu w nocy.

Następnie, jeśli twoja pociecha znowu obudzi się w środku nocy, pójdź do niej jak najszybciej, ale – o ile jest to możliwe – przez minutę, dwie wstrzymaj się z karmieniem: zacznij otwierać butelkę albo przygotowywać się do karmienia piersią, a za moment unieś rękę w górę i zawołaj: „Ojej, poczekaj chwileczkę, kochanie!"; potem szybko przejdź na drugi koniec pokoju, udając, że czegoś szukasz. Wróć do dziecka po 5 sekundach i rozpocznij karmienie.

W trakcie następnych kilku tygodni przeciągnij długość udawania, że czegoś szukasz, do kilku minut, aż w końcu twój maluch zacznie w tym czasie samodzielnie zasypiać.

Jeśli w trakcie czekania brzdąc zacznie się niepokoić i złościć, wróć do niego od razu, ale znowu, tuż przed karmieniem, zawołaj: „Ach, co za niemądra mama! Znowu zapomniałam powiedzieć coś tatusiowi! Zaraz do ciebie wrócę, kochanie!" i ponownie wyjdź na chwilkę z pokoju.

Czy to nie jest małe oszukaństwo? Jest, ale za to działa cuda! Pamiętaj, że w tym wieku twój malec nie *potrzebuje* już tak naprawdę karmienia w nocy – jego budzenie się o 1. czy 2. w nocy to po prostu wynik starego przyzwyczajenia.

Odzwyczajanie dziecka od spania we wspólnym łóżku z rodzicami

W artykule autorstwa Laury Stampler opublikowanym na stronie Huffington Post, Cindy przyznała, że ona i jej mąż śpią w jednym łóżku z ich dzieckiem. „Śpię z innym mężczyzną. A tak właściwie z dwoma. Z dwoma mężczyznami i psem. Choć pies sypia na podłodze". Cindy, która wróciła już do pracy zawodowej, dodała, że „gdybym nie spała w łóżku z synem, oznaczałoby to, że widuję go przez godzinę, dwie dziennie".

W tym samym artykule Morgan podszedł do tematu dzielenia łóżka z dziećmi nieco mniej entuzjastycznie. Opisywał, jak próbowali już odzwyczajać od tego swoje dzieci, ale za każdym razem ich próby

spotykały się z wrzaskiem i napadami złości, po których para poddawała się.

„Szczerze mówiąc, nie znoszę tego, tak samo jak moja żona" – mówi Morgan – „To naprawdę trochę dziwne, że zamiast po prostu ze sobą, śpimy też w łóżku z naszymi dziećmi. One kopią przez sen, a kiedy nasz dwuletni syn jest bardzo zmęczony, to łapie mnie za ucho i doprowadził już do tego, że krwawiło".

Dość powszechne jest przekonanie, że rodzice śpią we wspólnym łóżku z dziećmi jedynie do momentu, gdy są one karmione piersią. W rzeczywistości jednak coraz częściej zdarza się to w przypadku dzieci starszych niż dwuletnie. Może rozpocząć się podczas wakacji, od choroby albo w trakcie bardziej stresującego okresu (nowe przedszkole, przeprowadzka do nowego domu, rozwód rodziców itp.). A co najdziwniejsze, szczyt częstotliwości spania razem z rodzicami (co najmniej raz w tygodniu) przypada na czterolatki.

Wspólne spanie w jednym, dużym łóżku z dzieckiem może być naprawdę cudownym doświadczeniem, pod warunkiem jednak, że decyzja ta nie jest podyktowana złymi pobudkami (np. chęć unikania momentów intymności z partnerem) – oraz jeżeli ty i twój partner *oboje* zgadzacie się na to.

Niedawno przeprowadzone badanie, w którym udział wzięły 944 rodziny (głównie latynoskie i afroamerykańskie), wykazało, że dzielenie łóżka z rodzicami nie przynosi żadnych negatywnych rezultatów w sferze rozwoju poznawczego czy w zachowaniu dziecka.

Wspólne spanie jest także dużo, dużo bezpieczniejsze w tym wieku niż w trakcie pierwszych miesięcy życia dziecka. Należy się jednak upewnić, że cały pokój jest odpowiednio zabezpieczony – sprawdź to dokładnie, nawet w najbardziej skrytych zakamarkach. Zwróć szczególną uwagę na: kable, urządzenia elektroniczne, ostre rogi, wtyczki do kontaktu, okna, ostre kratki i osłony, śmieci w koszu ustawionym w pokoju, monety lub zszywki leżące na podłodze, plastikowe torebki w szafie itp. Nigdy też nie zostawiaj leków w (ani na) swojej nocnej szafce przy łóżku.

Aby każdemu było wygodnie, rozważ kupienie większego niż dotychczas łóżka, postawienie małego łóżeczka obok waszego większego albo... położenie na ziemi swojego materaca, a obok materaca/karimaty ze śpiworem dla swojego malucha.

No dobrze, ustawiliśmy już wszystko mniej lub bardziej przytulnie, ale w końcu i tak nadejdzie dzień, kiedy trzeba będzie odzwyczaić dziecko od spania we wspólnym łóżku (choć wielu rodziców okazjonalnie pozwala sobie na to jeszcze przez wiele kolejnych lat). Poniżej znajdziesz parę prostych, łagodnych, a jednocześnie skutecznych sposobów na pożegnanie tego nawyku.

W fazie REM sygnały z mózgu wysyłane do mięśni nie są w stanie przedrzeć się przez „blokadę" w postaci podstawy mózgu. Dlatego nawet jeśli we śnie mamy gonitwę myśli i wizji, nasze ciało pozostaje nieruchome, a nawet bezwładne (na całe szczęście!).

U dorosłych złe sny wydają się często wiązać z jakimiś wspomnieniami... ale u dzieci koszmary senne pojawiają się w związku z zagrożeniem odczuwanym tu i teraz (zdenerwowani dorośli, głośne ciężarówki, groźne psy itp.).

W ciągu dnia...

Zapewnij swojemu maluchowi dużo czułości i miłych momentów, takich jak *wyjątkowy czas*, masaż czy mleko i ciasteczka każdego popołudnia. Wzmacniaj także jego poczucie pewności siebie poprzez oferowanie wyboru („Czy dziś na śniadanie zjemy płatki czy jajka?") oraz *grając głupka* (patrz rozdział 10).

Możesz też stosować następujące techniki pomagające budować pewność siebie u dziecka:

- **Zabawa w chowanego – to pokaże mu, że nawet kiedy na chwilę znikasz – zawsze wracasz.**
- **Ćwiczenie cierpliwości i *magiczne oddechy* – to dwa sposoby pomagające dzieciom uporać się z frustracjami i radzić sobie z krótkimi momentami rozłąki (patrz str. 225-226).**
- **Zabawa na łóżku (dziecka) w ciągu dnia – to pomoże mu bardziej oswoić się z jego miejscem do spania.**
- ***Plotkowanie*. Pozwól malcowi podsłuchać, jak opowiadasz na ucho misiowi lub lalce o przyjemnościach związanych ze spaniem we własnym łóżku.**
- **Wspólne oglądanie (codziennie) waszej *książeczki na dobranoc* – dzięki temu brzdąc będzie dokładnie wiedział, czego się spodziewać po spaniu samemu.**
- **Odgrywanie z jego zabawkami scenek kładzenia się spać.**

Wieczorem i w nocy...

Dla wielu małych dzieci ciemny pokój jest niczym ponura i straszna jaskinia. Twój malec o wiele lepiej poradzi sobie w nowym otoczeniu, kiedy pokażesz mu, że tak naprawdę jest to bardzo miłe i wygodne gniazdko.

Po pierwsze, wyłącz telewizor... albo jeszcze lepiej – w ogóle usuń go z pokoju dziecięcego. Pamiętaj, że dzieci śpiące w pokoju z telewizorem są dwukrotnie bardziej narażone na koszmary nocne!

Po drugie, ułatw dziecku przejście w tryb „nocnego spania", przyciemniając światło i puszczając w tle łagodny biały szum (np. odgłosy kropel deszczu uderzających o dach) na godzinę przed planowanym pójściem spać. Dzięki temu późniejsze przejście z jasnego światła dziennego do ciemnego pokoju nie będzie tak bardzo odczuwalne. Poza tym zrób dziecku delikatny masaż, pośpiewaj kołysanki, poszepcz mu *słodkie słówka do poduszki* i daj przytulankę.

Pierwsze 3-4 cztery noce śpij cały czas obok łóżka malucha. Kiedy będzie on już bez problemu spał we własnym łóżeczku, odsuń swoje legowisko ok. pół metra od niego. Potem, kiedy przyzwyczai się do tej nowej sytuacji, odsuń się tak, żeby leżeć w połowie drogi do drzwi, następnie tuż obok drzwi... aż w końcu za nimi (poza pokojem). Kiedy to nastąpi, co 10-15 minut po zgaszeniu światła zaglądaj do pokoju, aby pokazać swojemu maluszkowi, że nadal o nim pamiętasz.

Kiedy okaże się, że twój szkrab jest już gotowy spać sam w pokoju, po położeniu go spać zostaw uchylone drzwi. Natomiast postaw w nich bramkę, żeby zapobiec wychodzeniu dziecka z pokoju. Obok bramki połóż też materacyk, poduszkę i kocyk – to na wypadek, gdyby malec postanowił jednak nie spać w łóżku, tylko na podłodze obok drzwi.

Bądź elastyczna. Może zdarzyć się, że wszystko będzie przebiegało zgodnie z planem „uczymy się spać samemu", a potem nagle nastąpi kilka dni regresu. I nie ma w tym nic złego. Dla bardzo wrażliwego dziecka zostanie samemu nawet na 5 minut może być poważnym wyzwaniem. Ale pamiętaj, że waszym celem jest doprowadzenie do sytuacji, w której jego poziom strachu obniży się na tyle, żeby poczuł się bezpiecznie i pewnie i potrafił czerpać radość ze spania we własnym łóżeczku.

Nie rób wielkiego zamieszania, jeśli uda się dopiąć celu! To może przynieść skutek odwrotny od zamierzonego, ponieważ dziecko poczuje wielką presję, widząc, że ewidentnie *tobie* tak bardzo na tym zależy. Może też sprawić, że jeśli cały proces zacznie się nieco cofać, malec poczuje się, jakby zawiódł. Dlatego reaguj na jego postępy w tej kwestii w sposób pozytywny, ale bez przesadnych emocji. W ciągu dnia *poplotkuj* o sukcesach związanych z przenosinami do własnego łóżeczka, ale nie okazuj zbytnio *swojej* radości z tego powodu.

Zostań w domu. Kiedy twój malec śpi, musi mieć świadomość, że obok jest ktoś, komu on całkowicie ufa (nie może to być np. nowa opiekunka). Jeśli w którymś momencie wybudzi się i odkryje, że w pobliżu nie ma żadnej bliskiej mu osoby, może to doprowadzić do całkowitego regresu i konieczności zaczynania całego procesu przenoszenia do własnego łóżeczka od samego początku.

Złe skutki zbyt późnego (lub wczesnego) kładzenia dziecka spać

W przypadku większości kilkulatków standardowy czas chodzenia spać to godzina 21. (plus minus 30 minut), a próby przeciągnięcia tej godziny (lub odwrotnie – przyspieszenia jej) mogą zaowocować *zwiększoną* częstotliwością pobudek w nocy.

Czy kładziemy naszego malca za późno?

Wyraźnie zmęczone dzieci bardzo często stają się *nadaktywne, a nie spokojniejsze*!

To może prowadzić do opierania się pójściu spać, a następnie do pojawienia się wspomnień o tym w trakcie snu, co z kolei może skończyć się pobudką dziecka w trakcie jednej z jego płytkich faz snu.

Sygnały mówiące o tym, że czas chodzenia spać następuje zbyt późno, to m.in.:

- **dziecko jest nadaktywne, płaczliwe i bardziej „ciamajdowate" niż zazwyczaj,**
- **sprzeciwia się pójściu spać, stosując wszelkiej maści wymówki, skargi i akty oporu,**
- **sprawia wrażenie zmęczonego przez cały dzień (ciągle ziewa i zawiesza wzrok, zasypia w samochodzie lub w trakcie posiłków).**

Jeśli wydaje ci się, że tu właśnie leży problem, kluczem jest tak postępować w ciągu dnia, żeby odkręcić sytuację na naszą korzyść.

Poświęć więc trochę czasu na wyrabianie cierpliwości i chęci do współpracy u swojego malca (możesz wykorzystać w tym celu planszę z gwiazdkami i plan zachęt związany z kładzeniem się spać – patrz str. 227) oraz zacznij *wstępne, uspokajające przygotowania do pójścia spać* na godzinę przed właściwymi czynnościami (patrz str. 254).

Powinnaś też oczywiście o pół godziny przyspieszyć porę kładzenia spać dziecka i upewnić się, że będzie to zrobione w sposób, który będzie dla niego atrakcyjny, tzn. z przytulankami, białym szumem, *słodkimi słówkami do poduszki* itp.).

Czasem jednak może się okazać, że problemem wcale nie jest zbyt późna pora chodzenia spać – tylko zbyt wczesna.

Czy kładziemy naszego malca za wcześnie?

W jaki sposób zbyt wczesne kładzenie dziecka spać przyczynia się do jego budzenia się w nocy? No cóż – od większości kilkulatków nie można po prostu wymagać, żeby przespały ciurkiem 12 godzin, od 19. do 7. rano, bo to jest więcej snu, niż potrzebują.

Sygnały mogące świadczyć o tym, że twój szkrab jest kładziony zbyt wcześnie:

- **w momencie kładzenia do łóżka nie okazuje żadnych oznak zmęczenia (nie ziewa, nie mruga, nie zawiesza wzroku),**
- **przez pół godziny do godziny woła cię, żebyś co chwilę zaglądała do jego pokoju,**
- **budzi się w środku nocy zwarty i gotowy do zabawy.**

Jeżeli masz wrażenie, że problem leży właśnie tu, stopniowo popracuj nad zmianą w systemie kładzenia dziecka spać. Opóźnij o kwadrans wszystkie posiłki i drzemki *w ciągu dnia*. Powtarzaj takie 15-minutowe przesunięcie co kolejne trzy dni.

Przed upływem tygodnia lub dwóch godzina kładzenia dziecka spać powinna przesunąć się na 20-20.30, a sam maluch powinien przestać z tobą walczyć w tej kwestii, zacząć szybko zasypiać i przestać budzić się w środku nocy.

Ranne ptaszki i śpiące królewny

Kiedy już twój mały brzdąc bez problemu zapada wieczorem w twardy sen i przesypia całe noce, na horyzoncie mogą pojawić się jeszcze dwa problemy związane z kwestią snu: zbyt wczesne pobudki lub zbyt długie spanie rano.

Obliczono, że dzieci średnio budzą się o 7.21 rano, ale w rzeczywistości godzina pobudki waha się miedzy 5.30 a 8. rano! Około jedna trzecia dzieci w wieku od roku do pięciu lat budzi się przed swoimi rodzicami przynajmniej kilka razy w tygodniu.

Jeśli twój maluch wstaje razem z pierwszym pianiem koguta, na dłuższą metę może to być męczące. Spójrzmy zatem na najczęstsze przyczyny takiego stanu rzeczy:

- **zbyt wczesna pora chodzenia spać,**
- **za dużo drzemek w ciągu dnia,**
- **pobudka spowodowana porannymi odgłosami/światłem,**
- **jest po prostu typ dzieci, które nie potrzebują dużo snu (O rany! Ale takiego przypadku nikomu nie życzę!).**

Jeżeli problemem jest zbyt wczesne kładzenie spać, rozwiąż go, postępując zgodnie ze wskazówkami podanymi wcześniej w tym rozdziale – powinny one pomóc szybko rozwiązać sprawę.

Jeśli twój mały szkrab ucina sobie popołudniami ponaddwugodzinną drzemkę, postaraj się skrócić ją, zaczynając od delikatnego wybudzania go kwadrans przed czasem. Zdaję sobie sprawę, że budzenie słodko śpiącego dziecka nigdy nie wydaje się dobrym pomysłem, ale to może być jedyny sposób na to, żeby twój malec trochę dłużej dał ci pospać rano.

Natomiast bardzo wczesne pobudki poranne mogą też świadczyć o tym, że dziecko jest gotowe na przejście z trybu dwóch drzemek dziennie na jedną albo z jednej do zera. Możesz więc spróbować zająć go czymś w ciągu dnia i zobaczyć, czy uda wam się przeskoczyć porę drzemki. Jeśli jednak stanie się potem bardziej niż zwykle marudny i nerwowy, to znak, że nie jest jeszcze na taką zmianę gotowy.

Niektóre dzieci budzą się wraz z pierwszymi przezierającymi przez zasłony promieniami słońca. W ich przypadku pobudki może opóźnić porządne zaciemnienie okien oraz głośniejszy biały szum, który odwróci ich uwagę od światła.

Oczywiście zdarzają się też dzieci, które po prostu tak już mają, że nie potrzebują dużo snu. Tak jak są dorośli, którym w zupełności wystarcza 5-6 godzin snu na dobę, tak są też i dzieci, które czują się znakomicie, śpiąc 10 godzin zamiast 12 czy 14.

W sytuacji, w której pomimo twoich najlepszych starań dziecko nadal budzi się o 5. rano, wypróbuj poniższe triki, które mogą dać ci nieco dłużej pospać:

- **zachęć malca do samodzielnej zabawy, dając mu ulubione zabawki, ciepłe mleko i puszczając płytę z kołysankami (lub nawet jakiś specjalny film na DVD) – w każdym razie coś, co dostaje tylko w tych porannych godzinach,**
- **zbuduj w pokoju wyjątkowe miejsce (np. jaskinię zrobioną z kartonu czy namiotu, wypełnioną w środku poduszkami i zabawkami), które będzie jego kryjówką, gdzie rano będzie chował się z butelką ciepłego mleka,**
- **potrenujcie ćwiczenie cierpliwości i *magiczne oddechy*, używaj także żetonów i plansz z naklejkami, aby pomóc maluchowi nauczyć się cierpliwości i zostawania w swoim pokoju (patrz str. 225-229),**
- **zmień rodzaj białego szumu: wypróbuj jakiś donośniejszy rodzaj, np. odgłos włączonej suszarki lub dźwięk kropli uderzających o dach,**
- **na ostatnią godzinę snu przenieś malucha do swojego łóżka.**

Może się też okazać, że akurat ty borykasz się z przeciwnym problemem: czy twój malec lubi pospać sobie niczym gwiazda rocka, od północy do 10. rano? Na problemy z późnym wstawaniem swoich dzieci skarży się średnio 10% rodziców dwulatków i 20% rodziców starszych szkrabów.

Najczęstsze przyczyny zbyt późnego budzenia się dzieci to:

- **za późne chodzenie spać,**
- **problemy ze snem w nocy,**
- **zbyt mała liczba drzemek,**
- **naturalna potrzeba większej ilości snu niż u innych dzieci.**

Jeśli przyczyną jest za późne chodzenie spać – czyli po 21.30 – strategia, którą nakreśliłem powyżej, pomoże ci uporać się z tym problemem (patrz str. 300).

Zadbaj też o to, żeby twój malec w ciągu dnia dostawał odpowiednią dawkę słońca i świeżego powietrza oraz by nie dostawał kofeiny. Kiedy będzie zbliżał się czas snu, wyślij dziecku sygnał w postaci przygaszonych świateł, puszczonego w tle białego szumu, spowolnienia nieco bardzo ekscytujących zabaw i wyłączenia telewizora na godzinę przed planowym rozpoczęciem czynności związanych z kładzeniem się spać.

Możesz też poradzić się lekarza odnośnie zastosowania przez tydzień lub dwa małej ilości melatoniny (patrz str. 143) po kolacji, w celu przestawienia nieco cyklu okołodobowego u dziecka.

Jeżeli problemem nie jest pora chodzenia spać, być może twój szkrab mimo wszystko budzi się zmęczony pomimo późnej pobudki, ponieważ w nocy sen przerywa mu zbyt duża liczba krótkich wybudzeń. Może to być spowodowane zewnętrznymi czynnikami przeszkadzającymi, ale też może mieć podłoże medyczne (dolegliwości takie jak astma czy zespół bezdechu śródsennego, które omówię w rozdziale 15).

A co zrobić w przypadku, kiedy ciężko jest ci zagonić małego brzdąca na drzemkę, ponieważ za dużo dzieje się dookoła albo powoli zaczyna on już wyrastać z drzemek? W takiej sytuacjimoże okazać się, że malec po prostu *potrzebuje* tej dodatkowej godziny snu rano. Jeśli tak właśnie jest, a ty możesz sobie pozwolić na zostanie w domu tę godzinę dłużej, po prostu pozwól mu pospać... i wykorzystaj ten wolny czas na ćwiczenia, nadrobienie prac domowych lub chwilę odpoczynku!

Dziwne zachowania: od koszmarów do lęków nocnych

Między 1. a 5. rokiem życia u dzieci mogą pojawić się dziwne czynniki przeszkadzające w normalnym spaniu, np. mówienie przez sen i lęki nocne. Wspominałem już o tych zaburzeniach snu – zwanych też *parasomnią* – na początku książki, w rozdziale 1 (patrz str. 20). Większość z nich występuje w fazie snu NREM, w której część mózgu twojego dziecka zapada w głęboki sen, a część przechodzi w płytką fazę snu.

Przyjrzyjmy się teraz tym budzącym zaniepokojenie, a jednocześnie całkowicie normalnym i niegroźnym wydarzeniom odbywającym się w środku nocy.

Lunatykowanie – dziwne, gdy się na to patrzy z boku

Mówienie przez sen i lunatykowanie mogą naprawdę zaniepokoić, gdy wydarzą się nagle tuż obok ciebie.

To pierwsze zazwyczaj odbywa się w taki sposób, że dziecko spokojnie podnosi się na łóżku do pozycji siedzącej – *z otwartymi oczami, ale zamglonym wzrokiem* – i zaczyna mówić krótkimi, niespójnymi zdaniami. Może się tak zdarzyć, że kiedy zawołasz coś do dziecka, ono odwróci się do ciebie i zacznie mówić coś bez ładu i składu (choć starsze dzieci wypowiadają czasem całkiem składne zdania w stylu: „Nie, nie, idź sobie!"), ale nie będzie patrzyło ci w oczy. A nawet więcej: będziesz mieć wrażenie, że ono przewierca cię wzrokiem!

O ile większość rodziców raczej nie przejmuje się mówieniem przez sen u swoich dzieci, o tyle lunatykowanie to już poważniejsza sprawa. Bo przecież oto widzisz swoje dziecko chodzące po pokoju – z otwartymi oczami – jakby czegoś szukało w szafie albo w pudełku z zabawkami... albo nagle wychodzące do przedpokoju, albo nawet próbujące wyjść z domu! A to wszystko całkowicie bezwiednie...

Lunatykowanie pojawia się u ok. 20% dzieci i może zacząć się w już tak młodym wieku, jak 3-4 lata – choć najczęściej spotykane jest u dzieci starszych, między 8. a 12. rokiem życia. Może także trwać przez miesiące, a nawet lata.

Poszczególne przypadki chodzenia we śnie trwają od 5 do15 minut i mają miejsce podczas pierwszych kilku godzin snu. Lunatyków bardzo często wręcz nie sposób wybudzić – zazwyczaj wracają oni po prostu z powrotem do łóżek, zapadają w głęboki sen, a rano zupełnie nic nie pamiętają z całego zajścia!

Na szczęście relatywnie rzadko zdarza się, aby lunatycy upadali albo w inny sposób robili sobie krzywdę. Tym niemniej znam przypadki rodziców, którzy znajdowali w nocy swoje dzieci kroczące pewnie po trawniku przed domem, kierujące się do furtki – z zupełnie otwartymi oczami, a jednak we śnie! Dlatego pamiętaj, żeby zasuwać na rygiel drzwi oraz dokładnie zamykać okna, a w drzwiach pokoju dziecięcego ustawić bramkę lub natłuścić trochę klamkę (żeby trudniej było otworzyć drzwi) – w ten sposób twój malec tak łatwo nie będzie mógł wyjść z pokoju. Możesz też zamontować na drzwiach dzwonek.

Jeśli już zobaczysz, że twoje dziecko lunatykuje, spróbuj spokojnie nakierować je z powrotem do pokoju, mówiąc niewiele i łagodnym głosem.

Okazuje się, że często bardziej pomocne niż mówienie zdaje się być śpiewanie – dlatego kiedy twój mały zombie znowu wybierze się na „nocny spacer", pogłośnij nieco biały szum i pośpiewaj parę razy jego ulubioną kołysankę, aż uda ci się „zwabić" go z powrotem do łóżka.

Chodzenie we śnie to jedna z rzeczy, które trudno jest zwalczyć, ale istnieje kilka trików pomocnych w przynajmniej częściowej redukcji tego zjawiska. Po pierwsze unikaj podawania swojemu dziecku jakichkolwiek stymulantów, w tym antyhistaminy, środków udrażniających oraz napojów zawierających kofeinę. Po drugie zastanów się, czy nie możesz jakoś wydłużyć jego czasu snu (dłuższe drzemki, wcześniejsze chodzenie spać). A po trzecie – jeśli mówienie lub chodzenie przez sen pojawiają się co noc – budź swoje dziecko godzinę po jego zaśnięciu (to może powstrzymać parasomnię przez przestawienie cyklu snu).

Zgrzytanie zębów, czyli kolejne nietypowe wydarzenie nocne

Auć! Słuchanie, jak nasz dwulatek zgrzyta zębami (przesuwając raz po raz dolną i górną szczękę) może być czasem cięższe do zniesienia niż dźwięk paznokci przesuwanych po tablicy.

Nie jest prawdą, że – jak to głosi jedna z babcinych mądrości – zgrzytanie zębami jest oznaką pasożytów jelitowych. Jest to po prostu kolejny z dziwnych problemów, które mogą mieć miejsce podczas fazy snu NREM.

Zgrzytanie zębami, zwane też bruksizmem, może występować już u rocznych dzieci i powodować zakłócenia snu, ścieranie się zębów (a nawet ich złamania) oraz bóle szczęki. Zgrzytanie może być wywoływane także przez picie i jedzenie zawierające kofeinę, takie jak czekolada, herbata czy cola. Szczególnie często występuje u dzieci ze stwierdzonymi chorobami neurologicznymi, np. mózgowym porażeniem dziecięcym.

Większość dzieci wyrasta ze zgrzytania zębami przed ukończeniem 10. roku życia. W międzyczasie problem można zredukować poprzez uspokajające czynności przed wieczornym zaśnięciem. Czasem lekarze mogą zalecić stosowanie ochraniaczy na zęby.

Dziwne pobudki i lęki nocne

Dziwne pobudki są dokładnie tym, na co wskazuje ich nazwa: twój malec budzi się nagle, mamrocząc, płacząc rzewnymi łzami albo wiercąc się niesamowicie w przypływie złości lub nawet wzburzenia. Może nawet krzyczeć i próbować cię odepchnąć ze słowami „Nie, nie! Nie lubię tego!". Te wydarzenia trwają zazwyczaj od minuty do dwóch, a kończą zapadnięciem dziecka z powrotem w głęboki sen.

Lęki nocne to szczególny przypadek takich pobudek.

Bycie świadkiem takiego napadu lęku może być nieco przerażające: dziecko może wtedy obudzić się z płaczem lub krzykiem, wyginając ciało w łuk, z paniką malującą się na twarzy. Może być także bardzo spocone, szybko oddychać, z szybciej niż zwykle bijącym sercem i wpatrywać się w ciemność – zupełnie ciebie nie widząc!

W takich sytuacjach rodzice często czują się nieswojo, ponieważ ich dzieci wyglądają, jakby miały świadomość tego, co się dzieje, ale jednocześnie zupełnie nie daje się do nich dotrzeć. A to dlatego, że w rzeczywistości są *głęboko* pogrążone we śnie.

Nazywamy to *lękami*, choć tak naprawdę naukowcy nie są wcale pewni, czy dzieci doświadczają czegoś, co my nazwaliśmy strachem. Wiemy natomiast, że żadne sposoby stosowane w takich sytuacjach przez rodziców nie pomagają. Te napady strachu trwają zazwyczaj od 5 do 15 minut (czasem mogą zdarzyć się dłuższe). Kończą się albo zapadnięciem dziecka z powrotem w sen, albo wybudzeniem się z lekkim poczuciem oszołomienia i niemożnością przypomnienia sobie nawet części tego, co działo się moment wcześniej. A dla rodziców może to czasem oznaczać niezłą traumę na kolejne godziny!

Inaczej niż w przypadku mówienia czy chodzenia we śnie, dziwne pobudki występują częściej u dzieci poniżej 5. roku życia. Lęki nocne występują u jednego na 20 dzieci, bardzo rzadko przed ukończeniem 4. roku życia, a częściej nawet w późniejszym okresie. Parasomnia często jest dziedziczna, więc jeśli ty dawałaś popalić swoim rodzicom, napędzając im stracha lękami nocnymi, teraz pewnie „dostajesz za swoje" od własnych dzieci.

Pocieszające może być to, że napady takich lęków nocnych nie stanowią dla dziecka żadnego zagrożenia. Ale zapewne dla ciebie nie są niczym przyjemnym, dlatego poniżej znajdziesz kilka sposobów, które mogą pomóc ci je ujarzmić.

Po pierwsze trzymaj dziecko z dala od jakichkolwiek stymulantów – o tym wspominałem już wcześniej. Postaraj się również zredukować dawkę stresu, którą przyjmuje twoje dziecko (w tym w postaci brutalnych obrazów w telewizji, na filmach czy w formie kreskówek).

Trzymaj się ściśle planu drzemek i punktualnego chodzenia spać wieczorem (opóźnienie tego może podwyższyć ryzyko wystąpienia lęków). Przez całą noc puszczaj donośny biały szum. W czasie *słodkich słówek do poduszki* wspomnij o tym, że mózg twojego szkraba na pewno tak się rozluźni, że malec będzie miał tylko bardzo wesołe sny i pięknie prześpi całą noc aż do rana. Możesz też wsmarować kroplę lub dwie olejku lawendowego w materac.

Jeśli danej nocy wystąpi u dziecka napad lęku, podkręć biały szum (do poziomu głośnego prysznica), zaśpiewaj znaną mu dobrze kołysankę lub po prostu powtarzaj powoli proste słowa, np. „Jesteś bezpieczny, jesteś bezpieczny. Tatuś jest z tobą, tatuś jest z tobą". Twój malec w końcu położy się i znowu zaśnie.

Pamiętaj też, żeby – jeśli twój szkrab rzeczywiście miewa w nocy takie napady – powiedzieć o nich swojej mamie lub opiekunce przed zostawieniem im dziecka pod opieką. Ale nie wspominaj o tej kwestii innym osobom, gdy malec będzie w pobliżu, ponieważ może to spowodować, że poczuje się on zakłopotany albo zawstydzony. Powiadom też swojego lekarza, jeśli problem pojawia się po północy – aby lekarz upewnił się, że nie mamy tu do czynienia z jakimś innym zjawiskiem.

Koszmary senne

O ile lunatykowanie i lęki nocne (czyli parasomnia w fazie NREM) to mieszanka ruchu i „dramatyzmu", o tyle koszmary senne (parasomnia w fazie REM) to w zasadzie sam dramatyzm z bardzo nikłą domieszką jakiejkolwiek „akcji".

W fazie REM sygnały z mózgu wysyłane do mięśni nie są w stanie przedrzeć się przez „blokadę" w postaci podstawy mózgu. Dlatego nawet jeśli we śnie mamy gonitwę myśli i wizji, nasze ciało pozostaje nieruchome, a nawet bezwładne (na całe szczęście!).

U dorosłych złe sny wydają się często wiązać z jakimiś wspomnieniami… ale u dzieci koszmary senne pojawiają się w związku z zagrożeniem odczuwanym tu i teraz (zdenerwowani dorośli, głośne ciężarówki, groźne psy itp.).

W przeciwieństwie do lęków nocnych, koszmary senne są dla dzieci bardzo nieprzyjemnym doświadczeniem. Wiemy przecież, jak bardzo sny wydają się czasem realistyczne i straszne nam, dorosłym, dlatego nietrudno wyobrazić sobie, jakim przerażającym muszą być przeżyciem dla kilkulatka! Czasem mogą doprowadzić do tego, że dziecko będzie bało się chodzić spać czy nawet przebywać w swojej sypialni.

Koszmary nocne są bardzo powszechnym zjawiskiem i mogą pojawiać się już u dzieci 2- czy 3-letnich. Zaczynają występować z tych samych powodów, dla których mamy do czynienia z lękami nocnymi:

- **dzieci zaczynają czuć się bardziej bezbronne,**
- **widzą i doświadczają coraz więcej niepokojących rzeczy (wokół siebie albo w telewizji),**
- **tłumią w sobie złość i jej przejawy, ponieważ zaczynamy coraz bardziej oczekiwać od nich, że będą kontrolować swoje agresywne odruchy, nie będą bić, gryźć ani krzyczeć; te stłumione impulsy mogą potem w nocy przybierać formę brutalnych, strasznych snów.**

Dzieci doświadczające lęków nocnych odpychają od siebie rodziców albo ich ignorują, ale przy przeżywaniu koszmarów sennych łapią ich i kurczowo się trzymają. Niektórym malcom udaje się potem spokojnie znowu zasnąć, ale większość potrzebuje porządnego utulenia. W związku z tym po takim wydarzeniu przygotuj się na spanie w łóżku z dzieckiem lub pozwól mu przyjść do waszego łóżka na przytulanie.

Jeśli twoje dziecko pamięta, jak wyglądał potwór ze strasznego snu, narysuj go, a potem pozwól mu poskakać po tym rysunku albo porządnie go pognieść. Możesz też ułożyć bajkę o króliczku Piotrusiu, który też miał zły sen, ale (i tu wymyślić zakończenie, które jest wesołe i w ogóle niestraszne). Możesz też odegrać parę scenek, w których ty będziesz wystraszonym dzieckiem, a twój maluch ogromnym potworem... a potem zamienicie się rolami i malec będzie dzielnym dzieckiem, a ty okropnym potworem, który w rzeczywistości okaże się strachajłą, który bardzo tęskni za swoją mamusią!

Ściągawka: przegląd metody z *Najszczęśliwszego śpiocha*

- Lęki to największy „złodziej” snu u dzieci w wieku od roku do 5 lat. Dlatego nie odsuwaj ich na bok, tylko rozpraw się z nimi za pomocą technik rekomendowanych przez *Najszczęśliwsze dziecko* (czyli: *język Dziecięcy*, odgrywanie scenek, bajki, magia i *metoda przerwanej piosenki*), aby dać swojemu dziecku odwagę, która pomoże mu zwalczyć swoje niepokoje.
- Możesz odzwyczaić swojego malca od złych nawyków i pomóc mu wykształcić umiejętność samouspokajania się dzięki stosowaniu techniki *obudź i pozwól zasnąć*.
- Odzwyczaj dziecko od jedzenia w nocy, *zwiększając ilość kalorii przyjmowanych za dnia*, oferując mu co pewien czas *karmienie przez sen* i stosując chwilowe wstrzymywanie się ze spełnianiem życzeń.
- Odzwyczaj malca od spania w jednym łóżku z wami, przy użyciu *książeczki na dobranoc*, *magicznych oddechów* i *ćwiczenia cierpliwości*, które pomogą zbudować pewność siebie dziecka w ciągu dnia, a wieczorem i w nocy zamienią jego pokój w przytulną oazę.

ROZDZIAŁ TRZYNASTY

Najczęściej zadawane pytania o sen dziecka w wieku od roku do pięciu lat

1. Dlaczego niektóre dzieci budzą się takie marudne?

Tak jak w przypadku dorosłych, dzieciom też zdarza się wstać z łóżka *lewą nogą*. Ma to miejsce szczególnie w przypadku dzieci, które są typem ostrożnym i wymagającym czasu, zanim się rozkręcą.

Jeśli jednak twój szkrab wykazuje oznaki zmęczenia przez cały dzień (niski poziom energii, zasypianie w samochodzie, „wory" pod oczami, częste ziewanie itp.), postaraj się zastanowić, czy:

- **nie chodzi spać za późno?**
- **w spaniu nie przeszkadza mu hałas, światło albo jakiś czynnik wewnętrzny (np. ząbkowanie)?**
- **nie przeszkadza mu jego własne chrapanie, przez które zbyt często się wybudza?**

Z drugiej strony, jeżeli maluch jest marudny tylko zaraz po przebudzeniu, a przez resztę dnia zachowuje się normalnie, może to oznaczać, że jest po prostu głodny (niektóre dzieci robią się hipermarudne, kiedy z samego rana mają bardzo niski poziom cukru).

2. Codziennie czekam z niecierpliwością na powrót do domu ok. 20, kiedy mogę się wreszcie pobawić z moim 18-miesięcznym szkrabem. Ale on już wtedy zazwyczaj ma zamazany wzrok ze zmęczenia i jest marudny. Co mogę z tym zrobić?

Jedną z fantastycznych nagród, które czekają na nas na koniec dnia, jest możliwość zabawy z naszym małym bąblem po powrocie do domu. Ale czasem wygląda to jak szansa, którą ktoś właśnie sprzątnął nam sprzed nosa.

Może dobrym pomysłem w tym przypadku byłoby przesunięcie do przodu popołudniowej drzemki – w ten sposób mały nie będzie „jechał na oparach" energii, kiedy wracasz do domu. Możesz też poprosić opiekunkę, żeby kładła go do łóżka wcześniej, kiedy robi się zmęczony, a wy pobawicie się razem rano.

3. Codzienne lulam mojego dwulatka do snu i śpiewam mu piosenki, póki nie zaśnie. Uwielbiam to, ale mój lekarz twierdzi, że uczę dziecko złych nawyków. Czy powinnam przestać?

Kołysanie dziecka do snu i śpiewanie mu piosenek to cudowna i pełna miłości tradycja. Miej tylko świadomość, że w dwóch przypadkach taki zwyczaj może rzeczywiście doprowadzić do kłopotów:

- **Jesteś jedyną osobą, która jest w stanie położyć swoje dziecko spać. Mogą zdarzyć się sytuacje, w których z niezależnych od siebie powodów nie będziesz mogła położyć go do łóżka (np. gdy się rozchorujesz albo będziesz musiała nagle pojechać do swoich rodziców/krewnych). Dlatego pomóż swojemu dziecku rozwinąć przyzwyczajenie do obiektów przejściowych (przytulanki i znajomy biały szum to dwa dobre pomysły) i pozwól, by od czasu do czasu jakaś inna osoba kładła je spać.**
- **Raz po raz twój malec budzi się *i domaga, żebyś to tylko ty lulała go z powrotem do snu*. Aby rozwiązać ten problem, upewnij się, że jest trochę rozbudzony, zanim odłożysz go do łóżeczka. W ten sposób nauczy się w pewnym stopniu sam koić do snu. Jeśli jednak zaśnie mocno, zanim zdążysz go odłożyć, po prostu zastosuj technikę *obudź i pozwól zasnąć* (patrz str. 98).**

4. Co może pomóc moim trzyletnim bliźniakom spokojnie zasnąć? Teraz zamiast spać, one śmieją się i rozmawiają (a czasem kłócą się) jeszcze godzinę po tym, jak kładę je do łóżek.

Bliźniaki (lub młodsze i starsze rodzeństwo) śpiące razem w jednym pokoju to świetny pomysł. Bo w końcu kto lubi spać w pokoju sam?

Rozmowy, zabawy i wygłupy po tym, jak rodzice zgaszą światło, to jedne z najlepszych wspólnych wspomnień – bo to jest moment, kiedy stają się królami i królowymi swojego świata.

Oczywiście jest też druga strona medalu: wszystkie te zabawy i rozmowy sprawiają, że dzieci dużo później zasypiają. Poniżej znajdziesz kilka trików, które pomogą ci obniżyć u twoich maluchów chęć do wygłupów po wieczornym zgaszeniu światła:

- **Postaraj się zapewnić swoim dzieciom dużo czasu spędzonego na zabawie na świeżym powietrzu (nawet jeśli pogoda nie jest idealna).**
- **Potrenuj z nimi *ćwiczenie cierpliwości*, *magiczne oddechy* i *granie głupka* (patrz str. 225, 226 i 229), aby zwiększyć ich umiejętność i chęć współpracy z tobą, oraz zacząć uczyć je opanowywać impulsywne zachowania.**
- **Odbądźcie naradę rodzinną w sprawie planu kładzenia się spać. W jej trakcie zapytaj dzieci o ich opinie i sugestie, tak by zaoferować im *kompromis wygrana/wygrana*. „Czy po tym, jak zgasimy światło, powinniście mieć 5 minut na ciche rozmowy, czy może wolicie 10?". Potem dojdźcie wspólnie do porozumienia, że najlepszym sposobem na dotrzymanie umowy jest ustawienie poza pokojem dziecięcym stopera, który swoim dzwonkiem oznajmi koniec czasu na zabawę i czas spania.**
- **Przy okazji wprowadzenia nowego planu współpracy nagradzaj dzieci, stosując stempelki na rękę, planszę z gwiazdkami lub żetony (patrz str. 227).**
- **Zażegnaj wieczorne walki przed pójściem spać, oglądając wspólnie z dziećmi *książeczkę na dobranoc*, *plotkując* o ich dobrych zachowaniach i bawiąc się w odgrywanie scenek z użyciem ich lalek/zabawek, tak by *niebezpośrednio* przekazać im komunikat o pożądanym przez ciebie zachowaniu.**

Wieczorem:

- Przygotuj dzieci do snu, przygaszając światła, puszczając w tle biały szum, wyłączając telewizor i unikając – na godzinę przez planowanym położeniem ich spać – szalonych zabaw z bieganiem po całym domu.
- Daj dzieciom przytulanki i puszczaj silny biały szum przez całą noc. Przebywanie w pokoju, w którym jest zupełnie cicho i ciemno jak w jaskini, zachęca dzieci do rozmów. Biały szum uspokoi je i zniechęci do rozmawiania.
- Pośpiewaj swoim dzieciom albo zaoferuj *słodkie słówka do poduszki* aż do momentu, kiedy odpłyną w objęcia Morfeusza (pozwól swojemu starszemu szkrabowi w tym samym czasie poczytać przy lampce nocnej). Potem, kiedy młodsze dziecko zacznie już zasypiać, poczytaj przez chwilę książeczkę ze starszym.
- Jeśli w międzyczasie młodszy brzdąc zacznie protestować, spróbuj zastosować *chwilowe wstrzymywanie się ze spełnianiem życzeń* (patrz str. 279). Pokaż mu, że rozumiesz jego życzenie i zacznij kierować się w stronę jego łóżeczka... a nagle przypomnij sobie, że przecież miałaś skończyć czytać swojemu starszemu dziecku. Zacznij od minuty tego triku, a potem stopniowo wydłużaj ten czas.
- Kiedy widzisz kłótnię, postaraj się nie brać niczyjej strony. Może widzisz, jak jedno dziecko bije drugie, ale nie wiesz, czy wcześniej nie zostało do tego wyraźnie sprowokowane.
- Rozważ kładzenie dzieci spać o różnych porach, nawet w przypadku bliźniaków. Pamiętaj, że jeśli ten sposób się nie sprawdzi, zawsze możesz wrócić do starego schematu.

Jeśli pomimo wszystkich twoich wysiłków dzieci nadal sprawiają ci kłopot przy chodzeniu spać, pomyśl o spaniu w ich pokoju przez jakiś czas, możesz też spróbować przenieść bardziej rozrabiające dziecko do swojej sypialni, gdzie przez tydzień, dwa będzie spało w małym namiocie albo na materacu na podłodze.

5. Kiedy kładę spać mojego dwulatka, zawsze kończy się to tak samo: zasypiam z nim na ok. pół godziny. Czy nie ma w tym nic złego?

Nie ma, jeśli twój malec spokojnie przesypia potem całą noc. Jeśli natomiast budzi się potem w nocy i domaga twojej obecności, upewnij się, że przez całą noc ma włączony w pokoju biały szum... i że pamiętasz o zastosowaniu techniki *obudź i pozwól zasnąć*: kiedy będziesz wychodzić z pokoju, obudź lekko swojego malucha, żeby nauczył się sam koić do snu przy pomocy białego szumu i swojej ukochanej przytulanki.

6. Od jakiego wieku bezpiecznie jest używać poduszek i kocyków?

Ryzyko nagłej śmierci łóżeczkowej znacznie maleje po 6. miesiącu życia, a gdy dziecko skończy rok – znika niemal całkowicie. Dlatego właśnie wtedy jest dobry (i bezpieczny) moment, żeby zacząć ich używać. Jednak warto pamiętać, że większość dzieci radzi sobie doskonale bez nich. Najlepszym pomysłem jest więc używanie jedynie kocyka w małym łóżeczku, a potem niewielkiej poduszki, kiedy dziecko przeniesie się do większego łóżka.

7. Kiedy mój synek rozchorował się na trzy dni, parę razy w nocy chodziłam do niego, gdy płakał. Teraz mały czuje się już lepiej, ale nadal budzi się w nocy... Czy popełniłam błąd?

Niczym się nie przejmuj – kiedy dziecko jest, chore bardzo ważne jest, żeby co pewien czas chodzić do niego i sprawdzać, czy wszystko jest w porządku, a tym samym „poluzować" nieco zasady obowiązujące na co dzień. Natomiast kiedy poczuje się lepiej, możesz z powrotem nauczyć go starych nawyków, stosując się do rad zawartych w sekcji „Nauka spania" na stronie 193.

8. Co mogę zrobić, żeby moja 15-miesięczna córeczka dawała się położyć spać swojemu tacie?

Okres od roku do czterech lat życia dziecka może być dla tatusiów trudnym czasem. Między pierwszym a drugim rokiem życia (czyli w czasie, kiedy lęk separacyjny jest u dzieci największy), wiele maluchów przechodzi fazę „idę spać tylko z mamą!". Sytuacja ta zmienia się całkowicie między 2. a 4. rokiem życia, kiedy to mamy często schodzą na drugi plan, a dzieci chcą bawić się przede wszystkim ze swoimi tatusiami!

Na szczęście są sposoby na to, żeby twój maluch już wcześniej dawał się położyć spać nie tylko mamie, ale też tacie, babci czy opiekunce. Generalnie najlepszym pomysłem jest rozpoczęcie przygotowań do takiej zmiany już w ciągu dnia, bo – uwierzcie mi – naprawdę nie chcecie tuż przed zaśnięciem walczyć z małym szkrabem o to, kto ma położyć go spać. A oto, co należy zrobić:

- **Odegraj scenkę z użyciem zabawek, w której Tata-Miś kładzie spać Misia-Dziecko.**
- **Kiedy twój malec pozwoli się położyć spać swojemu tacie, *poplotkuj* o tym innym, tak żeby twoje dziecko to usłyszało.**
- **Poproś swojego partnera/babcię dziecka, aby dużo bawili się z małym w ciągu dnia i stosowali *granie głupka*, aby wytworzyła się między nimi odpowiednia relacja.**
- **Upewnij się, że w waszej *książeczce na dobranoc* znajduje się dużo zdjęć tatusia bawiącego się z dzieckiem i przytulającego go.**
- **Zastosuj wszystkich swoich *pomocników snu*.**
- **I wreszcie – choć może ci się to wydać zabawne – upewnij się, że twój partner nie wydziela silnego zapachu. Małe dzieci są bardzo wrażliwe na zapachy, dlatego poproś swojego partnera, żeby przed położeniem dziecka spać umył zęby i ręce. Może nawet przerzucić sobie przez ramię jakąś część twojego ubrania – w ten sposób wasza pociecha tuż przed snem poczuje odrobinę tak dobrze sobie znanego zapachu mamy.**

CZĘŚĆ IV

Pomocne rozwiązania pomagające uporać się z kwestią drzemek i sytuacji nadzwyczajnych

Rozdział 14. pokaże ci, jak w łatwiejszy sposób przebrnąć z małym szkrabem przez etap dwóch dużych zmian: przejścia z trybu dwóch drzemek do jednej, a potem całkowitej rezygnacji ze spania w dzień. Ponadto zdradzę w nim parę sekretów dotyczących tego, jak radzić sobie z dzieckiem, które bardzo krótko śpi w ciągu dnia, nie chce spać w ogóle albo też śpi zbyt długo i potem nie daje ci spać w nocy. Na koniec odpowiem na kilka najczęściej pojawiających się pytań: o przegapione drzemki, uczenie zasypiania w ciągu dnia itp.

Rozdział 15. poświęcony jest niektórym z trudniejszych sytuacji, które mogą zaowocować nieprzespaną nocą zarówno u dziecka, jak i u rodzica. Najpierw poruszę w nim zagadnienia związane z problemami zdrowotnymi: od astmy, przez alergie, autyzm, aż po ADHD. Wyjaśnię również, jakie jest powiązanie pomiędzy oddychaniem zakłócającym sen a otyłością oraz dlaczego operacja usunięcia migdałków staje się znowu coraz bardziej popularna. Na koniec zaś podpowiem, jak radzić sobie z bezsennością, która może dopaść nas (dorosłych), nawet gdy nasze dziecko śpi głęboko i spokojnie.

ROZDZIAŁ CZTERNASTY

Jak zażegnać problemy z drzemkami, zanim uprzykrzą nam życie

NAJWAŻNIEJSZE KWESTIE:

- Z upływem czasu twój malec przestawi się na tryb jednej drzemki w ciągu dnia, a potem na zero... Koniec drzemek to dla każdego malucha oznaka, że wkracza w okres starszego dzieciństwa.
- Jeśli twoje dziecko zaśnie u ciebie na rękach, zawsze pamiętaj, by trochę je rozbudzić przed położeniem do łóżeczka (wspominana już wcześniej technika *obudź i pozwól zasnąć*).
- Pomocnicy snu, tacy jak biały szum czy przytulanki, potrafią działać cuda zarówno wieczorem, jak i przy próbach położenia dzieci spać w ciągu dnia!
- Głównymi przyczynami, dla których dzieci nie chcą drzemać, są przemęczenie albo zbytnie pobudzenie. Tym problemom można bardzo łatwo zaradzić.

- **Zbyt *długie* drzemki w ciągu dnia mogą powodować problemy ze snem w nocy – na szczęście są sposoby, które pomogą przywrócić właściwy porządek.**

„Dzień bez drzemki to jak babeczka bez lukru."

—Terri Guillemets

Drzemki, czyli słodki (i święty) czas

Drzemki to nieoceniony sojusznik w naszych staraniach o zapewnienie dziecku radości i zdrowia. Pomagają dzieciom poprawić pamięć, przywracają energię, pomagają spokojnie się zachowywać, na dłużej się skupić, wspomagają system odpornościowy i znacznie obniżają poziom hormonów stresu (kortyzolu i adrenaliny).

Jeśli twój brzdąc jest raczej z grupy tych spokojniejszych, będziesz pewnie mogła bez większego problemu radzić sobie, przesuwając drzemki na różne godziny, a nawet od czasu do czasu rezygnując z nich (kiedy na przykład będziecie na wyjeździe czy na dłuższym spacerze). Jednak co sprytniejsi rodzice nauczyli się już, żeby traktować *drzemkę jako święty czas*. Na takiej samej zasadzie, na jakiej nie wybrałabyś się do kina w środku nocy – nie powinnaś planować czasu pt. „mama i ja" w środku czasu przewidzianego na drzemkę maluszka.

Pamiętaj, że te okresy cudownej ciszy będą jeden po drugim znikać... a na dodatek (prawie) zupełnie nie do przewidzenia jest, kiedy nastąpi ostateczny koniec drzemek akurat u twojego dziecka.

3, 2, 1, 0... start! Koniec drzemek w ciągu dnia przenosi malucha na wyższy poziom dzieciństwa

Gdyby przydzielono mi zadanie zaprojektowania insygnia z wczesnych lat dzieciństwa, zdecydowanie byłoby to zdjęcie słodko drzemiącego dwulatka. Potem, w wieku 4-5 lat, cykl dnia twojego szkraba się zmieni... a właściwie zmieni się całe jego *życie*. Przejdzie przez pewną granicę – zostawi za sobą słodki czas domowego zacisza i wkroczy w wielki świat – i nie wróci za nią aż do momentu, gdy sam zostanie rodzicem (albo się zestarzeje).

Kiedy dokładnie następuje ten ważny moment? U każdego dziecka może to nastąpić w innym czasie.

Twój szkrab będzie przechodził w wiek późnodziecięcy w kilku etapach, a im będzie starszy, tym mniej będzie potrzebował dziennych drzemek. Należy jednak pamiętać, że dzieci pomiędzy 6. a 24. miesiącem mogą spać zupełnie różnie: niektóre będą spały niczym niemowlęta, inne zaś wchodziły już w tryb spania kilkulatków.

W wieku 3 miesięcy twój maluszek będzie ucinał sobie trzy regularne i możliwe do zaplanowania drzemki (w połowie poranka, po południu i wczesnym wieczorem). Rodzice zazwyczaj dają sobie przy ich planowaniu pewien margines, ale też traktują jako nieodłączną część dnia, która jednocześnie zapewnia małemu dziecku tak bardzo potrzebną mu przewidywalność.

Aby pomóc dziecku rozwinąć umiejętność samodzielnego usypiania, upewnij się, że za każdym razem, gdy kładziesz je do łóżeczka, ma otwarte oczy. Jeśli zdarzy się, że zaśnie ci w ramionach, rozbudź je odrobinę, zanim je położysz (technika *obudź i pozwól zasnąć*, więcej o niej znajdziesz na str. 98).

Twoje niemowlę będzie spało dużo spokojniej, jeśli – przez pierwsze cztery miesiące – będziesz stosować techniki spowijania, donośnego białego szumu w tle, a może nawet bujanie we *w pełni odchylonym* leżaczku-bujaczku (jednak przed tym krokiem zawsze zapytaj lekarza, czy jest to dla twojego maluszka w pełni bezpieczne); to pomoże dziecku lepiej przystosować się do regularnego rytmu drzemek.

Pamiętaj tylko, że zbyt długie drzemki w ciągu dnia też nie są twoim celem. Generalnie najlepiej jest nie przedłużać drzemek w ciągu dnia do ponad 2 godzin – zwłaszcza jeśli jesteś właśnie na etapie odzwyczajania maluszka od drzemki popołudniowej (4-5 miesięcy). Natomiast drzemki trwające ponad trzy godziny zdecydowanie wpłyną na jakość snu dziecka w nocy.

Jeśli masz taką możliwość, sama też powinnaś zdrzemnąć się w trakcie choć jednej z tych chwil snu swojego maluszka. Wiele matek twierdzi, że łatwiej jest *im* zasnąć, kiedy zagłuszają dochodzące z zewnątrz hałasy białym szumem, a także założą opaskę na oczy.

W wieku od 6 do 12 miesięcy twój malec nie będzie potrzebował więcej niż dwóch drzemek dziennie. Zazwyczaj trwają one 1-2 godziny, ale są też dzieci, które są zwarte i gotowe do zabawy po przespaniu zaledwie 30 minut. Większość rodziców twierdzi, że dwie drzemki dziennie sprawiają, że łatwiej jest im zapanować nad planem dnia (a także nad godzinami i długością tych drzemek).

W wieku 12 do 24 miesięcy liczba drzemek spadnie do jednej w ciągu całego dnia.

Uwierz mi, że im bliżej będzie twojemu malcowi do wieku kilkulatka, tym wdzięczniejsza będziesz losowi za stworzenie drzemek. Dzieci w tym wieku są jak piłeczki kauczukowe o niewyczerpalnych zapasach energii, dlatego ta godzina czy dwie względnego spokoju jest niezbędna, by rodzice czy opiekunowie mogli odpocząć po burzliwym poranku i przygotować się na równie wymagające popołudnie. Przekonasz się, że biały szum i przytulanki to nadal przydatni pomocnicy przy próbie utrzymania regularnych godzin drzemek, zwłaszcza w podróży.

A czego należy się spodziewać, jeśli dziecko jest w żłobku lub klubiku przedszkolnym? To oczywiście zależy.

Niektóre dzieci mają problem z zasypianiem w takich miejscach z powodu czynników rozpraszających i wracają do domu wykończone. Inne od razu odpływają do krainy snów, bo po prostu naśladują inne śpiące wokół dzieci. A jeszcze inne bez problemów śpią w żłobku/przedszkolu, ale potem nie chcą spać w domu w weekendy, bo interesuje jest wszystko, co dzieje się naokoło.

Jeśli twoja pociecha ma problemy z drzemkami w żłobku czy przedszkolu, tam też możesz spróbować stosować pomocników w postaci białego szumu czy ulubionych przytulanek.

Czy twój malec jest gotowy na przejście z dwóch drzemek na jedną?

Niektórzy rodzice z niecierpliwością oczekują momentu, w którym ich malec przejdzie z trybu dwóch drzemek na jedną, traktując to jako swego rodzaju osiągnięcie (niczym dostanie się na studia!) Ale po co ten pośpiech? Drzemki w ciągu dnia są cudowne, a poza tym – tak jak wspominałem wcześniej – odpowiednie drzemki pomagają dzieciom lepiej spać w nocy. Choć prawdą jest też, że *za dużo* snu w dzień może potem powodować wieczorne problemy z zasypianiem oraz nocne pobudki (więcej na ten temat znajdziesz na str. 327).

Większość dzieci przechodzi w tryb jednej drzemki dziennie pomiędzy 12. a 24. miesiącem życia. Pamiętaj jednak, że ten okres przejściowy może obfitować w niespodzianki. Niektóre dzieci rezygnują z drzemki porannej, niektóre z popołudniowej... a niektóre śpią na zmianę – raz rano, a raz po południu!

Jeśli twój szkrab pozostaje szczęśliwy i uśmiechnięty przed południem nawet w momencie, gdy odchodzicie od zwyczaju drzemki po śniadaniu, możesz uważać się za szczęściarę. Częściej zdarza się bowiem, że dzieci zaczynają rezygnować z takiej drzemki, choć *nadal jej potrzebują*. I taka właśnie sprzeczność powoduje, że stają się bardzo, bardzo zmęczone, marudne i... płaczliwe (innymi słowy – jeszcze bardziej niż zwykle przypominają małych jaskiniowców!).

Dlatego może się też zdarzyć, że twój malec będzie przez parę tygodni zmieniał zdanie co do drzemek – jednego dnia śpiąc dwa razy w ciągu dnia, drugiego raz (trochę tak, jakby potrzebował 1,5 drzemki na dzień). Wielu rodziców twierdzi, że najlepsza strategia, jaką można przyjąć w trakcie tego „okresu przejściowego", to uczynienie czasu po śniadaniu momentem relaksu (z białym szumem w tle, przytulankami i czytaniem książeczek lub delikatnym masażem). Jeśli twój malec będzie wydawał się zniecierpliwiony, możesz na 20 minut włączyć mu spokojny odcinek „Ulicy Sezamkowej" albo filmu przyrodniczego na DVD (natomiast nie włączaj żadnych głośnych kreskówek).

Jeśli twój szkrab przeskoczy w tryb jednej drzemki dziennie, ale w związku z tym zacznie budzić się zbyt wcześnie rano, a potem przez cały dzień będzie zmęczony (co poznasz po poddenerwowaniu, zawieszaniu wzroku, pocieraniu oczu rękami, zasypianiu podczas jedzenia, większej niż zwykle niezdarności itp.) na miesiąc lub dwa wróć do trybu dwóch drzemek dziennie.

Kiedy uda się wam już wdrożyć w system jednej drzemki, będzie ona pewnie trwała nieco dłużej niż wcześniej, a obiad, kolacja i wieczorne chodzenie spać będą z kolei następowały nieco wcześniej.

Czy nadszedł już czas na zrezygnowanie z drzemek w ogóle?

Niczym duże, niezdarne ptaki przewracające się na ziemię parę razy, zanim uda im się wreszcie wznieść w powietrze, niektóre kilkulatki też potrzebują dużo czasu (wiele tygodni), zanim na dobre pożegnają się z instytucją drzemki. Męczą się i starają za wszelką cenę nie zasnąć podczas zabawy, ale potem zasypiają w sekundę po usadzeniu ich w foteliku samochodowym. Po południu znowu są wulkanami energii – na wszelkie próby przerwania zabawy reagują łzawymi okrzykami „Nieee!” – ale wręcz przelewają się przez oparcie krzesełka w połowie kolacji.

Około 20% dwulatków nie śpi w ogóle w ciągu dnia – choć możemy być pewni, że gdyby ich rodzice mieli wybór, z chęcią powróciliby do tej chwili niezmąconego spokoju! W przypadku trzylatków ten odsetek zwiększa się do 43%, potem do 74% w przypadku czterolatków i 85% w przypadku dzieci pięcioletnich.

Jednym z sygnałów zbliżającego się momentu zrezygnowania z drzemek może być okres, w którym twoje dziecko śpi w żłobku/przedszkolu, ale nie ma ochoty na drzemki w weekendy spędzane w domu.

Większość dzieci przechodzi z jednego trybu w drugi w ciągu kilku tygodni, w trakcie których jednego dnia ucinają sobie drzemkę, a drugiego nie. W końcu twój maluch sam ustali sobie popołudniowy *cichy czas.*

Kiedy brzdąc zrezygnuje całkowicie z drzemek, spodziewaj się, że wcześniej niż zwykle będzie robił się zmęczony. *Dlatego przygotuj się na przesunięcie o godzinę wcześniej zarówno kolacji, jak i kładzenia dziecka spać.*

Choć może ci się to wydać dziwne, twój czterolatek będzie chodził spać wcześniej, niż gdy miał 18 miesięcy. Ale tak właśnie musi się stać, aby mógł utrzymać niezbędne 10-12 godzin snu na dobę po rezygnacji ze spania w ciągu dnia. (I niech nie zdziwi cię fakt, że w związku z tym będzie się też zapewne budzić nieco wcześniej rano).

Najczęstsze problemy związane z drzemkami i ich rozwiązania

Niektóre dzieci śpią w ciągu dnia za mało, niektóre za dużo, a jeszcze inne w złych godzinach. Jednak zdecydowanie najczęstszym z tych trzech problemów jest *zbyt mało drzemania.*

Twój mały jaskiniowiec może tak zapalczywie walczyć z instytucją drzemek, że jego pokój przypomina raczej ring do ostrych walk bokserskich niż dziecięcą krainę. Główne powody, które mogą stać za takim stanem rzeczy, to:

- **jest zbyt zmęczony,**
- **jest rozkojarzony i odbiera zbyt dużo bodźców (z powodu hałasu, światła, telewizji, szalonych zabaw w domu, kofeiny czy leków).**

Przemęczenie: „Jestem wykończony"

Najlepszym sposobem na sprawdzenie, czy twoja mała pociecha śpi tyle, ile powinna, jest prześledzenie tego, jak bardzo zmęczona robi się w ciągu dnia. Czy zasypia w samochodzie? Potyka się o własne nogi na długo przed normalnym czasem drzemki? Jest marudna i ma zamglony wzrok podczas kolacji?

Jeśli tak, spróbuj położyć ją spać w ciągu dnia 20 minut przed standardowym czasem drzemki. Wiele dzieci naprawdę lepiej się potem czuje, jeśli są kładzione spać po 2-3 godzinach zabawy – *nawet jeśli nie wydają się w danej chwili śpiące.*

Można to porównać do jedzenia lunchu, zanim ktoś zrobi się naprawdę głodny. Zdarza się przecież, że siadasz, żeby coś zjeść i dopiero wtedy myślisz sobie: „Hmm, chyba naprawdę byłem głodny". Na podobnej zasadzie przewidywanie zmęczenia u dziecka może sprawić, że będzie ono bardziej zadowolonym „drzemkowiczem".

Przestymulowany

„Ale jak to? Chcesz, żebym spał w tym momencie? Kiedy jestem taki podekscytowany?".

Czasem zdarza się, że nawet dzieci przywiązane do idei drzemek są zbyt pobudzone, żeby zasnąć. Jeśli twój maluch właśnie bawił się w łaskotanie po brzuchu ze swoim tatusiem albo dostał dawkę kofeiny (czy też czekolady) w twoim mleku, może nawet nie zauważyć, że jest zmęczony.

Może też zdarzyć się, że twój mały, żądny przygód Krzysztof Kolumb sprzeciwia się pomysłowi pójścia spać, ponieważ tak dobrze się bawi, odkrywając świat dookoła, że... nie chce stracić nawet minuty.

W jaki sposób przestawić rozbudzonego wojownika na tryb „zmęczony i śpiący"?

Parę razy w tygodniu pobawcie się spokojnie w pokoju dziecięcym. (Niektóre dzieci opierają się przed pójściem do pokoju, ponieważ wiedzą, że to oznacza koniec zabawy i spanie). A w ten sposób jego pokój nie będzie mu się kojarzył już tylko z nudnymi drzemkami.

Na pół godziny przed planowaną drzemką pobawcie się na spokojnie przy akompaniamencie białego szumu (czyli podświadomej podpowiedzi sygnalizującej zbliżanie się czasu snu).

Potem, na czas spania, zaciemnij pokój jak tylko da się najlepiej i pogłośnij nieco biały szum. Jeśli twój dom jest generalnie głośny, może okazać się, że musisz włączyć biały szum na poziomie nawet nieco głośniejszym niż odkręcony prysznic. (Pamiętaj, że dźwięki kręcących się wiatraków, filtrów do powietrza czy odgłosów fal morskich mogą czasem nie zadziałać właśnie dlatego, że są za cicho puszczone i po prostu nie zagłuszają hałasów zewnętrznych).

Jak temperament dziecka może wpływać na jego drzemki

Dzieci bezproblemowe, jak sama nazwa wskazuje, zazwyczaj bez większych emocji podchodzą do późniejszych czy krótszych drzemek, a także drzemek w podróży. Jednak nie wszystkie brzdące są tak łatwe w obsłudze.

Bardziej wrażliwe dzieci wolą, aby czas i miejsce ich drzemek były codziennie takie same. W związku z tym mogą odmówić zaśnięcia o innej porze, czy w innym miejscu (np. w domu sąsiada, w samochodzie) albo z niewłaściwymi pomocnikami snu (bez ich ulubionej pościeli, lalki czy ulubionego dźwięku w tle).

Z kolei dzieci pełne energii i angażujące się na 100% we wszystko, co robią, często nie chcą spać w ciągu dnia, ponieważ nie chcą, żeby umknęła im choć chwila zabawy. Jeśli to brzmi jak opis twojego szkraba, zaserwuj mu stopniowe przejście od zabawy do łóżka. Wcześniej powiedz mu, że nadchodzi czas snu (mówiąc np.: „Drzemka za trzy minuty!" albo „Chyba naprawdę świetnie się bawisz! Ale pamiętasz, że kiedy za 5 minut zadzwoni zegarek, to będzie czas na drzemkę? O, właśnie dzwoni! Idziemy na drzemkę".

Zbyt długie drzemki? O złych porach?

Choć najczęściej słyszę, że dzieci śpią za mało, to zdarzają się też przypadki szkrabów śpiących za długo w ciągu dnia oraz takich, które zasypiają o różnych godzinach, kompletnie niezgranych z grafikami rodziców.

Zazwyczaj każda drzemka dziecka trwa od godziny do dwóch. Jeśli twój maluch drzemie dłużej, ale nadal dobrze śpi w nocy, to brawo! Wygrałaś w rodzicielskiego totka! Jednak bardzo często dzieci, które długo śpią w ciągu dnia, chcą potem później chodzić spać albo częściej budzą się w nocy. I nie ma w tym nic złego – jeśli ci to odpowiada. Jeśli jednak chciałabyś to zmienić, nie ma nic prostszego.

Załóżmy, że twój brzdąc śpi dużo w ciągu dnia, jego pora na wieczorne pójście spać to godzina 20., ale nawet po położeniu do łóżeczka jest wtedy bardzo gadatliwy i nie zasypia przed 21:30. Spróbuj skrócić drzemki o 15 minut (żeby był bardziej zmęczony wieczorem) i rozpocznij przygotowania do wieczornego spania o godzinie 21. Potem, jeśli pierwsza próba wypadnie dobrze, ponownie skróć drzemkę i ponownie zacznij przygotowania do nocnego snu o kwadrans wcześniej. To powinno zaowocować zmianą schematu godzin chodzenia spać na taki, jaki ci odpowiada (zorientujesz się, czy nie za bardzo skracasz drzemki, kiedy twój maluch zacznie być zbyt marudny wczesnym wieczorem).

Nie zapominaj o swoich wiernych *pomocnikach snu*

To, co działa wieczorem, działa też za dnia, dlatego nie zapominaj o *żadnym* z pomocników snu, o których wspominałem we wcześniejszych rozdziałach.

Biały szum jest dla dziecka niczym ulubiony *miś przytulanka* otulający je przed snem. Zazwyczaj jednak odgłosy dnia są *głośniejsze* niż odgłosy nocy, dlatego analogicznie powinno przełożyć się to na biały szum – w czasie drzemek puść go nieco głośniej niż zazwyczaj (na poziomie włączonego prysznica); używaj też nieco cięższych dźwięków (np. włączonej suszarki), niż stosujesz zazwyczaj wieczorem.

Przydatne rozwiązania, takie jak aplikacja na urządzenia mobilne, odtwarzacz mp3 czy przenośny odtwarzacz płyt CD pomogą ci zabrać ten dźwięk wszędzie tam, gdzie będzie potrzebny. Dzięki temu twój mały Einstein, jak tylko usłyszy znajomy dźwięk, pomyśli: „O, to chyba sygnał, że zbliża się czas snu”.

Oczywiście możesz wymyślać swoje sposoby na biały szum. Jedna z mam powiedziała mi kiedyś, że jej sposobem na drzemki u maluszka było spacerowanie po okolicy z włączoną w wózku dziecka szczoteczką elektryczną!

Przytulanki i ulubione przedmioty (takie jak smoczek, ukochany kocyk i pluszowe misie) także mogą okazać się pomocne. Upewnij się jednak, że nie mają one żadnych oczu z guzików (ani z plastikowych kółeczek), ani też żadnych innych elementów, które da się łatwo oderwać, bo może to grozić zakrztuszeniem albo niebezpiecznym zatkaniem nosa u dziecka.

Nie zapominaj też o innych pomocnikach snu, takich jak: kołysanki, ciemne zasłony czy kropelka lawendy wtarta w materac czy ramę łóżka. Mogą się one okazać bardzo przydatne w czasie podróży i pobytów poza domem.

Dodatkowe sztuczki pomagające w drzemkach

Jeszcze jednym znakomitym narzędziem pomagającym w kwestii drzemek jest tzw. *metoda przerwanej piosenki* (patrz str. 268).

Kiedy twój malec próbuje przeciągnąć czas przeznaczony na drzemkę, starając się namówić cię na kolejną książeczkę, ułóż go w łóżku i powiedz: „Dobrze, przeczytajmy teraz książeczkę". Po kilku stronach książki nagle zatrzymaj się i zastosuj sztuczkę „Oj, poczekaj chwilkę, zaraz wrócę!", po czym wyjdź z pokoju. Wróć po 10 sekundach i kontynuuj czytanie. Stopniowo wydłużaj czas, kiedy cię nie ma, aż w pewnym momencie malec z pewnością po prostu zaśnie podczas jednej z takich twoich „nieobecności".

(Zanim jednak zastosujesz tę technikę, wcześniej w ciągu tygodnia przetrenujcie parę razy *ćwiczenie cierpliwości*, a w trakcie drzemki koniecznie puść w tle biały szum).

Kiedy twój maluszek będzie już leżał w łóżeczku, powiedz mu parę *słodkich słówek do poduszki*, policzcie jego pieczątki na ręku i porozmawiajcie o nich oraz o kilku miłych rzeczach, które wydarzyły się już danego dnia. Możesz też *poplotkować* z jego zabawkami o tym, jaki dzielny był twój malec i co próbował zrobić.

Kiedy rozmawiasz z nim lub z jego zabawkami, pamiętaj, żeby używać słów powiązanych z chodzeniem spać. Powiedz na przykład: „Połóżmy teraz naszego pieska *do snu*... Połóżmy naszą świnkę Peppę *do snu*... zobacz, jacy są zadowoleni, układając się *do snu*...".

A na koniec nie zapomnij o tym, żeby kłaść dziecko do łóżka nieco rozbudzone, aby mogło ćwiczyć umiejętność samouspokajania się.

Najczęściej pojawiające się pytania dotyczące drzemek

PYTANIE: Mój 4-miesięczny szkrab ucina sobie jedynie półgodzinną drzemkę. Jak mogę sprawić, aby spał dłużej?

Twój ciekawski maluszek zapewne nie chce stracić ani minuty z fascynujących wydarzeń, które dzieją się naokoło niego. Aby zachęcić go do trochę dłuższych drzemek, zmniejsz nieco temperaturę w pokoju i postaraj się usunąć czynniki rozpraszające uwagę (możesz np. wyłączyć dźwięk w telefonie). Na pewno wykorzystaj też przytulankę i biały szum (o głośności prysznica). A jeśli jest szkrabem kochającym wszelkiego rodzaju ruch i uspokaja się będąc kołysanym lub podczas bujania i tańczenia, spróbuj położyć go na czas drzemki, owiniętego w kokon i dokładnie zapiętego, we *w pełni odchylonym* leżaczku-bujaczku nastawionym na szybkie kołysanie (na str. 87-88 znajdziesz dokładny opis wszystkich kroków bezpieczeństwa związanych z kładzeniem dzieci spać w leżaczkach).

Upewnij się też, że twój maluszek nie dostaje żadnych stymulantów w postaci czekolady czy napojów zawierających kofeinę.

PYTANIE: Czy krótkie drzemki są tak samo dobre jak te regularne?

Krótkie drzemki są dobre, ale dla… kotów!

No dobrze, prawda jest taka, że zdarzają się dzieci, którym wystarczają 15-minutowe minidrzemki w samochodzie, kiedy towarzyszą rodzicom przy załatwianiu ich sprawunków. Ale dla większości dzieci to jest zwyczajnie za mało. I w ich przypadku takie krótkie drzemki mogą jedynie prowadzić do zwiększenia marudzenia.

Poza tym bardzo często nie zapewniają one małym dzieciom porządnej dawki fazy snu głębokiego, która jest niezbędna do pełnej regeneracji sił. Wyobraź sobie, że jest to niczym nakręcenie chodzącej lalki paroma przekręceniami klucza – owszem, będzie ona przez jakiś chodzić, ale dość szybko skończy się jej energia.

Na szczęście przyzwyczajenie do krótkich drzemek można dość szybko zmienić. Po prostu opóźnij nieco pierwszą, zbyt krótką drzemkę (unikając w tym czasie jazdy samochodem albo spaceru w wózku, lub też czegokolwiek, co sprawia, że twoje dziecko zasypia). Następnie upewnij się, że na czas drzemki będziecie w domu, aby – kiedy twój maluszek zrobi się śpiący – mógł spokojnie zdrzemnąć się przez godzinę lub dwie.

PYTANIE: Co zrobić, jeśli mój malec danego dnia nie miał swojej drzemki?

Przede wszystkim nie przejmuj się zbytnio, jeśli taka sytuacja zdarza się raz na jakiś czas, ponieważ każdemu dziecku zdarza się „przegapić" drzemkę. Czasem dlatego, że w domu akurat za dużo się dzieje i czas drzemki jakoś przeleci niezauważony. Może też być tak, że twój malec jest akurat w okresie przejściowym i sam będzie starał się rezygnować z drzemek co dzień czy dwa.

Dlatego jeśli twój brzdąc ominie jedną drzemkę, musisz sama zdecydować, co zrobić. Generalnie najlepiej jest w takiej sytuacji poczekać na kolejny moment „przepisowej" drzemki, ale zacząć ją pół godziny wcześniej. Ale jeżeli twoje dziecko jest tak zmęczone, że robi się marudne albo potyka się o własne nogi, to najwyższy czas na chwilę snu. W takim przypadku sensownym rozwiązaniem jest zjedzenie wcześniejszej kolacji oraz przyspieszenie czasu pójścia spać.

PYTANIE: Czy dziecko może uciąć sobie drzemkę w kojcu?

Oczywiście. Tylko w takiej sytuacji nie stosuj kojca także do uczenia dziecka dyscypliny, ponieważ istnieje niebezpieczeństwo, że twój malec zacznie kojarzyć go bardziej z „więzieniem", którego należy unikać, niż z miejscem przyjemnego odpoczynku.

PYTANIE: Mój 15-miesięczny brzdąc ze wszystkich sił walczy z pomysłem popołudniowej drzemki. Czy w związku z tym powinnam po prostu odkładać go do łóżka i stosować metodę *pozwól się wypłakać*?

Ta metoda nie sprawdza się zbytnio w przypadku drzemek, ponieważ niektóre wyjątkowo uparte dzieci są w stanie krzyczeć przez pół godziny albo nawet godzinę. Potem okazuje się, że nagle czas drzemki minął, wszyscy w domu są poddenerwowani i generalnie reszta dnia nie wygląda dobrze.

Dlatego nawet jeśli z jakichś powodów wybrałaś tę metodę przy okazji kładzenia dziecka spać wieczorem, nie decydowałbym się na nią w ciągu dnia. Kiedy twój malec nauczy się bezproblemowo zasypiać wieczorem, automatycznie powinno to też poprawić jego zasypianie przy okazji drzemek. A jeśli tak się nie stanie, polecam zastosowanie *metody przerwanej piosenki* (patrz str. 268). Będzie to na pewno łatwiejsze dla całej waszej rodziny.

PYTANIE: Czy powinnam starać się, aby w takcie dziecięcej drzemki w domu panowała absolutna cisza?

Niektórzy rodzice rzeczywiście dosłownie chodzą na palcach od momentu, kiedy ich maleństwo zaśnie, do momentu, w którym się obudzi, ponieważ boją się, że nawet najlżejszy śmiech albo hałas zniweczy całą drzemkę. A prawda jest taka, że zarówno niemowlętom, jak i nieco starszym dzieciom domowe odgłosy dają poczucie bezpieczeństwa.

Natomiast to, co powinno się robić, to np. przestawienie telefonu na wibracje, bo rzeczywiście nagły donośny dzwonek może śpiącego maluszka przestraszyć. Upewnij się też, że cały czas w tle leci biały szum, ponieważ pomoże on potem twojemu szkrabowi z powrotem zasnąć, kiedy obudzi go szczekanie psa czy dzwonek do drzwi.

Dlatego zamiast martwić się zbytnio hałasem czy też jego brakiem, raczej przyjrzyj się kwestii światła. Zazwyczaj nie ma potrzeby zaciemniania całego pokoju, ale zdarzają się dzieci bardzo wrażliwe na światło, którym trudno będzie zasnąć przy promieniach słońca wpadających przez odsłonięte okno.

Jeśli wydaje ci się, że to może powodować problem w przypadku twojego malca, zawieś w pokoju grube zasłony albo zasłoń okno dużym kawałkiem kartonu lub pomalowanym na czarno kawałkiem pleksiglasu.

PYTANIE: Nie znoszę kłaść mojego dziecka na drzemkę, kiedy muszę przerywać mu dobrą zabawę. Czy mogę przesunąć czas spania w ciągu dnia do momentu, gdy zrobi się śpiący?

Wspominałem już o tym w nawiązaniu do kładzenia dzieci spać wieczorem: czekanie na to, aż dziecko będzie bardzo zmęczone i senne, nie jest dobrym pomysłem. Dzieci śpią dłużej i są potem szczęśliwsze, jeśli położy się je spać, *zanim* będą wykończone. Jeśli zobaczysz, że twoja pociecha trze oczy i ziewa, oznacza to, że już trochę przeciągnęłaś linę.

PYTANIE: Czy pominięcie popołudniowej drzemki pomoże mojemu 18-miesięcznemu dziecku lepiej spać w nocy?

Aby przekonać się, jaki efekt wywołuje pominięcie drzemki, najlepiej samemu poobserwować w takiej sytuacji swojego malca. Najprawdopodobniej będzie on wtedy nieznośny przy jedzeniu, a potem płaczliwy i zdenerwowany w momencie kładzenia go spać.

Doradczyni rodzinna, Elizabeth Pantley, nazywa to „efektem wulkanu". Dlaczego? Bo stres narasta w twoim dziecku aż do momentu, gdy w końcu wybucha z potężną siłą. A ponieważ taka sytuacja nie jest niczym przyjemnym, to jeszcze dobitniej pokazuje, dlaczego drzemki obniżające poziom stresu są tak istotne.

Ściągawka: przegląd metody z *Najszczęśliwszego śpiocha*

- W ciągu pierwszych 4 miesięcy życia maluszkom bardzo dobrze robi stosowanie podczas wszystkich drzemek techniki spowijania i białego szumu w tle. Niektóre dzieci uwielbiające ruch potrzebują nawet spać w leżaczku-bujaczku (ale stosuj to tylko i wyłącznie po konsultacji z lekarzem).
- Aby pomóc dziecku wykształcić odruch samouspokajania się, zawsze odkładaj je do łóżka choć lekko rozbudzone. Jeśli zaśnie podczas tulenia w ramionach, obudź je delikatnie, stosując metodę *obudź i pozwól zasnąć*.
- Ponieważ odgłosy dnia są zazwyczaj głośniejsze niż te w nocy, na czas drzemki twój malec będzie zapewne potrzebował *donośniejszego* białego szumu (np. odgłos puszczonego prysznica czy włączonej suszarki) niż w nocy.
- Biały szum pomaga spać także dzieciom nieco starszym, również podczas leżakowania w przedszkolu.
- Jeśli twój malec zupełnie nie zgadza się na drzemki, pomocne mogą okazać się biały szum, *ćwiczenie cierpliwości i metoda przerwanej piosenki*.

ROZDZIAŁ PIĘTNASTY

Alarmujące zachowania i sytuacje wyjątkowe

NAJWAŻNIEJSZE KWESTIE:

- Problemy natury zdrowotnej, od astmy po napady padaczki, mogą przeszkadzać twojemu dziecku w spokojnym śnie. Na szczęście istnieją sposoby, dzięki którym można powstrzymać te objawy przed rujnowaniem coraz to kolejnych nocy.
- Chrapanie może i brzmi czasem rozkosznie, ale często jest objawem zespołu bezdechu śródsennego — dość powszechnego, czasem poważnego, ale na szczęście *dającego się wyleczyć* problemu.
- Sytuacje wyjątkowe (takie jak wyjazdy wakacyjne) mogą rozbić nocny sen twojego dziecka - ale nie martw się! Są sposoby, żeby wszystko znów wróciło na dobrą drogę.
- W przypadku rozwiązywania problemów ze snem u dzieci, leki zawsze powinny być dopiero ostatnią deską ratunku. Jeśli twój lekarz rozważa przypisanie ich, poproś w zamian o możliwość zastosowania melatoniny.

- **Istnieje też wiele sposobów, aby pomóc *rodzicom* uporać się z problemami ze snem. Zastosuj je, a szybko przejdziesz od liczenia owiec do łapania porządnej dawki snu.**

„W każdej trudnej sytuacji upatruję dla siebie szansy na dostrzeżenie czegoś nowego i otworzenie serca."

—Myla Kabat-Zinn

Kiedy dzieje się coś nieoczekiwanego…

Już kilka miesięcy przed przyjściem na świat naszego dziecka wyobrażamy sobie te wszystkie radości związane z rodzicielstwem: kołysanie cudownego niemowlaka, szalone zabawy i bieganie po całym domu z dwulatkiem i przypinanie magnesami na lodówkę jego pierwszych malarskich dzieł.

Po narodzinach dość szybko odkrywamy, że wraz z radościami „w pakiecie" pojawia się też cała masa wyzwań. I właśnie wtedy, kiedy nasze małe pociechy najbardziej nas potrzebują, przekonujemy się, jak silni jesteśmy.

Natomiast żeby dawać z siebie to, co najlepsze, nasze dzieci muszą dobrze spać… i tym samym pozwalać wyspać się nam – rodzicom.

W niniejszym rozdziale omówię szerzej problemy natury zdrowotnej, które mogą obniżać jakość snu (albo go uniemożliwiać) – od kwestii wyjazdów wakacyjnych, przez astmę, aż po chrapanie. Ponadto podpowiem, jak podejść do problemów ze snem w przypadku dzieci z autyzmem oraz ADHD (zespołem nadpobudliwości psychoruchowej z deficytem uwagi), a także co zrobić, gdy *ty* cierpisz na bezsenność.

Alarmujące kwestie zdrowotne, które mogą przeszkadzać dziecku spokojnie zasnąć

We wcześniejszych rozdziałach omówiłem już temat przeziębień, grypy i innych dość powszechnych „przeszkadzaczy" snu. Tutaj chciałbym naświetlić kilka innych problemów zdrowotnych, które mogą negatywnie wpłynąć na jakość i długość snu (a niekiedy nawet porządnie cię wystraszyć). Dobra wiadomość jest jednak taka, że wszystkie da się wyleczyć.

Nocny kaszel: alergie, astma i refluks

Kaszel ma to do siebie, że zazwyczaj pogarsza się w nocy. Wtedy właśnie krup (zwany też podgłośniowym zapaleniem krtani) powoduje u dzieci spazmy kaszlu. Przeziębienia, zapalenie zatok i alergie powodują, że śluz spływa po wewnętrznej stronie nosa i gardła, co prowadzi do jego wzmożonego odkrztuszania. Nocny kaszel może być też oznaką astmy (kaszel suchy i chrapliwy albo mocny, mokry i głośny) lub podrażnienia wywołanego chorobą refluksową przełyku. Poniżej znajdziesz omówienie każdego z tych problemów.

Alergie, przeziębienia i infekcje zatok

Wszystkie dzieci łapią przeziębienia, 40% doświadcza alergii, a niektóre co pewien czas dostają zapalenia zatok. Wsadziłem wszystkie te dolegliwości do jednego worka, ponieważ mają wspólną cechę: wywołują nocny kaszel spowodowany śluzem spływającym po tylnej ściance gardła.

W trakcie pierwszych kilku lat życia nieskomplikowane przeziębienia powodujące kapanie z nosa mogą przytrafiać się dzieciom dość często (na str. 117 znajdziesz wskazówki dotyczące radzenia sobie z takimi przeziębieniami). Natomiast infekcje zatok mogą powodować pojawienie się podkrążonych oczu, zieloną lub żółtą wydzielinę z nosa, gorączkę i spadek energii. To już są objawy, które ewidentnie wymagają konsultacji z lekarzem.

Alergie mogą również zaowocować pojawieniem się przezroczystej wydzieliny cieknącej z nosa (wraz z kichaniem, kaszlem i swędzeniem nosa), która męczy bardzo długo, i często wymaga wizyty u lekarza w celu postawienia diagnozy i rozpoczęcia leczenia. Dlatego jeśli nocny kaszel twojego dziecka ciągnie się tygodniami, weź pod uwagę scenariusz zakładający właśnie alergię.

Niektóre dzieci mają alergię na pokarmy (np. nabiał czy produkty zbożowe), ale dużo powszechniejsze są uczulenia na alergeny wziewne. Najwięksi winowajcy w tej grupie to:

- **kurz (na materacach, kocach, poduszkach czy wykładzinach),**
- **pleśń na ścianach lub w szafach,**
- **dym z papierosów, kominków, świec lub kuchenek opalanych drewnem,**
- **opary po świeżo malowanych powierzchniach, z nowych dywanów, odświeżaczy powietrza czy mebli ze sklejki,**
- **pyłki roślin.**

Kiedy porozmawiasz o kwestii alergii z lekarzem, w pierwszej kolejności doradzi on pewnie podjęcie następujących nieskomplikowanych kroków:

1. **OCZYŚĆ POWIETRZE. Codziennie otwieraj okna i wietrz pokój. Regularnie zmieniaj filtry w kratkach wentylacyjnych i klimatyzacji. Upierz dywan i dywaniki, wynieś z pokoju (lub oczyść) wszystkie przytulanki, zastąp zwykłą kołdrę czy kocyk ich hipoalergicznymi odpowiednikami i kup specjalne antyalergiczne prześcieradło oraz poszwę na poduszkę. Skonsultuj z lekarzem pomysł używania w pokoju filtru powietrza (HEPA) lub osuszacza powietrza w pomieszczeniach stęchłych i zawilgoconych.**
2. **WPROWADŹ ZAKAZ PALENIA. Palenie jest groźne dla wszystkich członków rodziny, może bowiem wywoływać przeziębienia, infekcje zatok, przewlekłą obturacyjną chorobę płuc, a nawet raka! I tak samo nie w porządku jest palenie papierosów nawet podczas nieobecności dziecka – dym osadza się na ścianach i meblach na wiele, wiele godzin.**
3. **ZATRZYMAJ SPŁYWANIE ŚLUZU. Jak już wspominałem, u leżącego dziecka śluz z zakatarzonego nosa może spływać po tylnej ściance gardła i tym samym powodować kaszel i chrapliwe odgłosy. Dlatego koniecznie poradź się lekarza w kwestii zatrzymania tego objawu alergii. Opcje, które zostaną ci pewnie zaproponowane, to: doustne leki antyhistaminowe, leczniczy spray do nosa (sterydowy, udrażniający lub stabilizator komórek tucznych) oraz zmiany w bezpośrednim otoczeniu, dieta eliminacyjna i zastrzyki antyalergiczne.**

Astma, czyli nocny kaszel, który może się jeszcze pogorszyć

Drobne włókna mięśniowe otwierają i zamykają drogi oddechowe głęboko w klatce piersiowej. U ludzi chorujących na astmę te mięśnie zbytnio się zaciskają – albo wszystkie naraz (powodując atak astmy) albo jeden po drugim.

Jeśli takie zatkanie odbywa się na poziomie 50%, zazwyczaj nie wywołuje żadnych objawów. Natomiast jeśli jest ono większe, powoduje pojawienie się suchego, nocnego kaszlu. Potem, kiedy drogi oddechowe zatykają się jeszcze ciaśniej, dzieci zaczynają odczuwać kłucie w klatce piersiowej, po czym pojawia się mokry kaszel, a na koniec zaczynają wydawać wysoki, chrapliwy dźwięk, przede wszystkim przy wydechu.

W trakcie napadów kaszlu podczas ataków astmy wydychanie powietrza staje się coraz dłuższe i wymaga większego wysiłku. Twoje dziecko może też tak bardzo starać się nabrać powietrze, że aż będzie to widoczne z każdym oddechem na mocno „ściągniętych" do środka nozdrzach.

Astma dużo częściej „objawia się" w nocy, szczególnie jeśli w pokoju dziecięcym znajduje się kurz albo pościel zawiera alergeny, takie jak pierze albo niewidoczne roztocza.

Osobiście zazwyczaj bardzo powściągliwie podchodzę do propozycji leczenia dolegliwości lekami, ale jeśli podejrzewam astmę, sprawa wygląda zupełnie inaczej i wręcz bardzo szybko zalecam stosowanie leków. W takiej sytuacji zdecydowanie polecam zduszenie problemu w zarodku – czyli w tym przypadku podczas lekkiego kaszlu – niż czekanie, aż płuca dziecka tak się zablokują, że zacznie ono wydawać świszczące odgłosy (zawsze pamiętaj też o zabraniu leków ze sobą na wakacje i wycieczki).

A tak przy okazji: choć jednym z potencjalnych skutków ubocznych leków na astmę może być zbytnie pobudzenie, w znacznej większości przypadków mają one działanie odwrotne – *zwiększają* długość i jakość snu, eliminując napady kaszlu i niepokój wywołany trudnościami z oddychaniem.

Połknięte przedmioty, czyli nocny kaszel, którego przyczyna wymaga natychmiastowego działania

Jeanette opowiadała właśnie lekarzowi o nocnym kaszlu swojej 18-miesięcznej Suri, kiedy nagle przypomniała sobie, że kilka tygodni wcześniej Suri bawiła się przy kominku, kiedy nagle dostała ataku kaszlu.

Ten szczegół skłonił zaniepokojonego lekarza do sprawdzenia, czy przypadkiem podczas tej zabawy Suri nie połknęła jakiegoś niepożądanego przedmiotu. I rzeczywiście – okazało się, że tak właśnie było: Suri połknęła mały kawałek plastiku. Do jego usunięcia niezbędna okazała się operacja.

Dlatego jeśli twoje dziecko też nagle zaczyna kaszleć i nie polepsza mu się bez względu na to, jakie działania podejmujesz, skonsultuj się z lekarzem, żeby sprawdzić czy przyczyną nie jest po prostu orzeszek, kawałek plastiku, żwir lub jakiś inny mały przedmiot, który po prostu wpadł nie do tej dziurki, co trzeba.

Palący nocny kaszel spowodowany chorobą refluksową przełyku

Wcześniej wspominałem już o refluksie, ale przypomnijmy sobie jeszcze szybko, na czym ta choroba polega.

Do pewnego stopnia refluks występuje u większości dzieci. Nazywamy go wtedy „odbijaniem". Zjawisko to nasila się najbardziej w wieku 4 miesięcy, a zanim dziecko ukończy rok, jest (zazwyczaj) już po wszystkim. Refluks relatywnie rzadko wywołuje płacze lub kolki, natomiast często jego rezultatem są problemy z oddychaniem, takie jak nocny kaszel, chrypka i świszczenie. Dzieje się to, gdy soki żołądkowe podchodzą do gardła, a potem spływają do płuc, podrażniając wszystkie narządy napotkane po drodze.

Dlatego jeśli twój malec cierpi na chroniczny kaszel, zapytaj lekarza, czy przyczyną nie jest właśnie refluks. Receptą na ten problem może być dodanie odrobiny kleiku ryżowego w celu zagęszczenia mleka w butelce, które dajesz dziecku, zmiana jego pozycji spania, wyłączenie z diety produktów z mleka krowiego lub też podanie leków.

Zespół bezdechu śródsennego: dzieci, które chrapią i krztuszą się

Uroczy trzylatek Timmy, synek Carol, łapał przeziębienie za przeziębieniem odkąd poszedł do przedszkola. Ale to jeszcze nie było najgorsze. Oprócz tego Timmy stał się opryskliwy, bardzo wybrzydzał przy jedzeniu i otwarcie okazywał bunt, urządzając sceny walki i krzyków każdego ranka, gdy mama odwoziła go do przedszkola.

Teściowa Carol oskarżała ją o rozpieszczenie synka („Coś mi się wydaje, że chłopcu dobrze zrobiłaby porządna, staromodna dyscyplina"). Lecz matczyny instynkt Carol podpowiadał jej, że problem leży gdzie indziej i postanowiła przebadać dziecko.

W czasie wizyty u lekarza, w trakcie całej litanii pytań, którymi została zasypana Carol, padło też pytanie, czy Timmy chrapie. „Oj, jak niedźwiedź!" – odpowiedziała Carol ze śmiechem. Potem doktor zapytał, czy Timmy budzi się rano ze śladami śliny na poduszce i cieniami pod oczami. Tym razem nieco zdziwiona Carol odpowiedziała, że owszem – każdego ranka.

Bingo! Potem doktor już tylko zajrzał Timmy'emu w gardło i powiedział: „Jakież on ma ogromne migdałki! Nic dziwnego, że problematycznie się zachowuje – on najprawdopodobniej krztusi się noc w noc przez cały czas!".

Lekarz stwierdził, że Timmy cierpi na bezdech senny i zapisał go od razu na operację usunięcia migdałków podniebiennych i migdałka gardłowego. Carol miała straszne wyrzuty sumienia, że jej synek musiał cierpieć tak długo, a z drugiej strony odczuła ulgę, wiedząc, że udało się dokładnie określić (uleczalny) problem Timmy'ego.

„To było jak cud!" – powiedziała tydzień po operacji. – „Timmy nie wybrzydza już przy jedzeniu, przybiera na wadze i nie ma żadnych problemów ze snem. Powiem więcej – zaczął tak cicho spać, że czasem muszę przybliżyć się do jego twarzy, żeby upewnić się, czy w ogóle oddycha".

Dziecko cierpiące na zespół bezdechu śródsennego co noc musi bardzo się wysilać, żeby nabrać we śnie odpowiednią ilość powietrza. Sytuacja pogarsza się jeszcze, gdy dziecko śpi na plecach (ponieważ grawitacja sprawia, że gardło jeszcze bardziej się zwęża). Takie dzieci bardzo często śpią w pozycji z nienaturalnie odgiętą do tyłu głową, ponieważ w ten sposób starają się nabrać możliwie najwięcej powietrza.

Zespół bezdechu śródsennego może pojawić się już u dwulatków – w okresie szybkiego wzrostu migdałków podniebiennych i migdałka gardłowego – i doskwierać dzieciom do lat nastoletnich albo nawet dłużej.

U około 7-12% małych dzieci chrapanie (częstsze niż 3 razy w tygodniu) wywołane jest łagodną blokadą dostępu do powietrza. Ale u 1-3% dzieci występuje już poważniejsza blokada (na poziomie 90-100%) i one właśnie cierpią na zespół bezdechu śródsennego.

Obturacyjny bezdech podczas snu (OBPS) to rodzaj bezdechu, który jest poważną dolegliwością prowadzącą do całkowitego „zamknięcia się" gardła i powodującą, że dziecko w ogóle nie oddycha przez nawet 10 sekund. Może się to wydawać dość przerażające, ale *nie panikuj*! Jeżeli bowiem dziecko nie będzie zbyt długo oddychało przez sen, po prostu obudzi się i normalnie nabierze powietrza.

Czym są migdałki podniebienne i migdałek gardłowy?

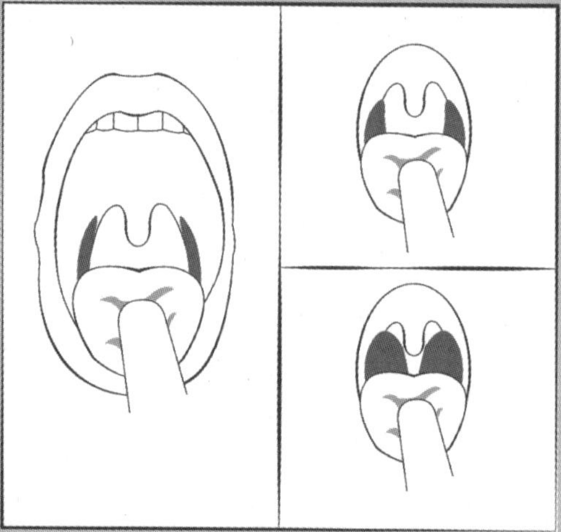

To skupiska tkanki limfatycznej, które działają jak nasz osobisty oddział bezpieczeństwa, nieustająco wydzielający przeciwciała i kierujący białe krwinki, aby przechwytywały wirusy i zarazki, zanim dostaną się one do naszego organizmu (zaznaczone na rysunku powyżej na czarno).

Te duże guzki zazwyczaj nie powodują żadnych problemów w ciągu dnia. Natomiast w nocy, kiedy mięśnie gardła rozluźniają się i nieco opadają, duże migdałki podniebienne i migdałek gardłowy mogą powodować bardzo wyraźne zwężenie się całego otworu. To powoduje reakcję podobną do tej, którą obserwujemy na przykładzie papierowej torby, z której ktoś wyssie powietrze - jej ścianki zapadają się.

Dzieci cierpiące na OBPS budzą się z donośnym chrapnięciem albo łapczywie nabierając powietrza dziesiątki, a nawet *setki* razy w ciągu nocy! Nic więc dziwnego, że potem, tak jak nasz Timmy, są cały dzień zirytowane, w buntowniczym nastroju, zbyt pobudzone, zapominalskie i podatne na różnego rodzaju wypadki. OBPS osłabia również układ odpornościowy, obniża zdolność do nauki i może prowadzić do podwyższonego ciśnienia krwi.

Wydaje ci się, że twoja pociecha może cierpieć na OBPS? Sprawdź razem z lekarzem, czy dziecko:

- śpi z otwartymi ustami,
- chrapie albo budzi z głośnym chrapnięciem,
- mówi niskim głosem (przez nos),
- ślini się na poduszkę,
- oddycha przez usta zamiast przez nos,
- ma rano bóle głowy,
- odmawia połykania jedzenia, ponieważ drapie je ono w gardle i przełyku,
- jest zbyt senne.

Otyłość i bezdech, czyli błędne koło

Podobnie jak Timmy, wiele dzieci cierpiących na OBPS jest bardzo chudych, ponieważ po prostu nie mają apetytu. Jednak jest też duża grupa dzieci mających ten problem i bardzo otyłych.

To, że otyłe dzieci mają warstwy tłuszczu zalegające tuż pod skórą, jest oczywiste. Ale to, czego nie widzimy, to że mają też cienkie fałdki tłuszczu zalegające pod śluzówką z tyłu nosa i gardła. Ten tłuszcz może powodować powstawanie zatorów, które utrudniają oddychanie dziecku leżącemu na plecach.

Ta przeszkoda — połączona jeszcze z powiększonymi migdałkami podniebiennymi i migdałkiem gardłowym — może uniemożliwiać dziecku zaznanie spokojnego snu. A to bardzo poważny problem, ponieważ może prowadzić do jeszcze większej nadwagi. W jaki sposób? Ponieważ dzieci:

- mniej się gimnastykują (bo są zmęczone),
- więcej jedzą (bo zmęczenie sprawia, że chcą jeść więcej tłuszczów i cukrów, a także osłabia ich zdolność do panowania nad impulsami, a poza tym oglądają więcej telewizji i są kuszone większą liczbą reklam śmieciowego jedzenia),
- wykształcają w sobie oporność na insulinę, powodując tym samym tycie i podwyższone ryzyko wystąpienia cukrzycy.

Kilka prostych rad, które pomogą dziecku cierpiącemu na bezdech porządniej wypocząć

Jeśli twoje dziecko chrapie lub ma inne objawy OBPS, bardzo pomocne może okazać się „otwarcie" mu nieco bardziej gardła. Dlatego w okresie, w którym czekasz na diagnozę lekarza, spróbuj wykonać parę prostych kroków zaprezentowanych poniżej:

- **Unieś nieco górną część materaca (na której leży głowa), wkładając pod nią złożony ręcznik lub kocyk.**
- **Nawilżaj powietrze w pokoju, stosując odpowiedni nawilżacz (pamiętaj tylko, aby regularnie go czyścić w celu uniknięcia powstania pleśni; patrz str. 282).**
- **Na dwa tygodnie wyeliminuj z diety dziecka produkty nabiałowe (mleko, sery itd.).**
- **Zrób dziecku testy alergiczne (jeśli wyjdą pozytywnie, postępuj zgodnie ze wskazówkami na str. 336).**
- **Poproś lekarza, żeby przepisał dziecku na próbę serię leków, które pomagają zmniejszyć migdałki (np. podawane doustnie lub za pomocą inhalatora kostykosterydy lub bloker receptora dla leukotrienów).**
- **Nie pozwalaj waszym zwierzętom spać w pokoju dziecięcym.**

Jeśli w ciągu tygodnia, dwóch chrapanie i inne problemy związane ze snem nie zmniejszą się, twój lekarz może zalecić przeprowadzenie operacji usunięcia migdałków (tylko podniebiennych albo wszystkich).

Powrót popularności operacji usuwania migdałków

Jeżeli twoje dziecko cierpi na bezdech i działania opisane powyżej nie przyniosą żadnych rezultatów, lekarz może skierować naszego małego pacjenta na operację usunięcia migdałków podniebiennych i migdałka gardłowego.

Po drugiej wojnie światowej lekarze w USA wykonywali tę operację praktycznie od razu po zdiagnozowaniu problemu. W latach 70. XX wieku liczba operacji drastycznie spadła, ale w latach 90. lekarze zaczęli sobie uświadamiać, że zabieg ten przynosi *ogromną ulgę* dzieciom mającym problem z oddychaniem.

Obecnie zabieg usunięcia migdałków jest drugą najczęściej wykonywaną operacją ambulatoryjną wśród dzieci. I na szczęście skutecznie rozwiązuje od 70 do 90% nieskomplikowanych przypadków OBPS.

Tutaj dodam tylko jedną ważną uwagę: jeśli twoje dziecko ma nadwagę lub ma więcej niż 7 lat, przed zdecydowaniem się na zabieg zasięgnij porady drugiego lekarza. U takich dzieci bowiem operacja ta zdaje się nie przynosić tak dobrych rezultatów: u nawet 50% otyłych dzieci po wycięciu migdałków obserwuje się wciąż szczątkowe objawy bezdechu.

Nocne drgawki

Drgawki (zwane też konwulsjami) występują, kiedy w naszym mózgu następuje zwarcie. Może to doprowadzić do niekontrolowanych wstrząsów ciała, oddawania moczu i chwilowej niezdolności do komunikacji.

W nocy drgawki wstrząsają nami właściwie dość często. Mózg jest bardziej podatny na spięcia, kiedy jest przemęczony i zapada w sen… albo zaczyna się budzić.

Bardzo łatwo jest pomylić krzyki i brak reakcji wywołany napadem lęku nocnego właśnie z konwulsjami. Ale, choć nocne lęki wprowadzają panikę również w *nas*, brakuje im zasadniczych objawów konwulsji, takich jak ślinienie się, drganie kończyn, przygryzanie języka i brak kontroli nad ciałem.

Nocne konwulsje może wywołać nagła fala gorączki. Tę przyczynę można dość łatwo stwierdzić, ponieważ rozbudzone dziecko jest wtedy czerwone i rozpalone.

Kiedy jednak nie ma żadnej oczywistej przyczyny napadu konwulsji, ich powodem może być *padaczka rolandyczna* (czyli *łagodna padaczka częściowa z iglicami w okolicy centralnoskroniowej*).

Problem też może się pojawić już u trzylatków, choć zazwyczaj nie dotyka dzieci przed ukończeniem 5. roku życia. Może się zdarzyć, że ten rodzaj konwulsji będzie przez długi czas przeoczony, ponieważ ma miejsce w nocy. Ale kiedy już pojawi się podejrzenie co do występowania tych objawów, rodzice często mówią, że ich dzieci mniej śpią, są bardzo zmęczone w ciągu dnia, cierpią na lęki nocne i lunatykują przez tygodnie, a nawet miesiące. Na szczęście ten rodzaj dolegliwości nie pociąga za sobą żadnych implikacji zdrowotnych u dzieci i znika, gdy wkroczą w wiek nastoletni.

Zdiagnozowanie konwulsji wymaga porządnego badania, w tym zrobienia EEG (elektroencefalografii) w celu prześledzenia bioelektrycznej czynności mózgu (choć czasem wynik tego badania może nie wykazać żadnych anomalii). Wiele dzieci nie potrzebuje w ogóle żadnego leczenia, a innym pomagają leki antykonwulsyjne.

Autyzm i inne problemy rozwojowe

Ocenia się, że w USA wśród wszystkich noworodków ok. 1% rodzi się z autyzmem. Takie dzieci bardzo często mają problemy ze snem.

Co ciekawe, dzieci ze spektrum autystycznym często same, instynktownie stosują niektóre z 5 „S", aby się uspokoić: buczą, kręcą się i wykonują powtarzalne czynności. Wielu opiekunów i rodziców zauważa też, że takie dzieci uspokajają się szybciej, kiedy są kołysane, puszcza się im biały szum oraz przykrywa cięższym kocykiem.

Jeśli twoje dziecko cierpi na autyzm i ma problemy ze snem, być może zaskoczeniem będzie dla ciebie fakt, że – wedle przeprowadzonych badań – dzieci autystyczne zazwyczaj śpią *tylko trochę mniej* niż dzieci rozwijające się typowo. Inna sprawa to oczywiście to, że zajmowanie się takim dzieckiem w ciągu dnia może być tak wyczerpujące, że potem nawet zwyczajne problemy ze snem w nocy urastają do rangi przeszkód nie do przejścia.

Poniżej znajdziesz kilka wskazówek odnośnie tego, co zrobić, żeby spokojny sen na nowo zawitał do twojego życia, nawet przy dziecku cierpiącym na autyzm i nieprzesypiającym nocy:

Utoruj sobie drogę do sukcesu. Zredukuj ilość śmieciowego jedzenia (cukierki, chipsy, smażone dania, słodzone płatki śniadaniowe i napoje – w tym nierozcieńczony sok jabłkowy – oraz wszystko, co zawiera kofeinę, w tym czekolada, herbata, zioła i suplementy). Skonsultuj z lekarzem wprowadzenie diety bezglutenowej i bezmlecznej (niektórzy rodzice dzieci autystycznych twierdzą, że taka dieta potrafi zdziałać cuda). Zadbaj także o to, żeby twój malec w ciągu dnia przebywał dużo na świeżym powietrzu i w słońcu, a także dużo się ruszał.

Potem, podczas kładzenia dziecka wieczorem spać, powinnaś zastosować *wszystkie* triki, które omawiałem wcześniej. Na godzinę przed czasem snu przyciemnij światła, wyłącz telewizję, uspokój trochę zabawę *oraz* puść w tle biały szum. Dzieci z autyzmem są szczególnie niechętne wszelkim zmianom, dlatego pamiętaj, żeby wasz schemat kładzenia się spać był codziennie co do joty taki sam.

Wypromuj dobre nawyki związane z chodzeniem spać. Jeśli nocny płacz twojego dziecka przeszkadza pozostałym członkom rodziny albo sąsiadom, będziesz pewnie w którymś momencie po prostu kładła się obok niego, aby już nie płakał. Ale pamiętaj, że jeżeli będziesz odkładać je do łóżeczka jednak choć trochę rozbudzone, będzie mu potem łatwiej nauczyć się samodzielnie uspokajać i ponownie zasypiać – nawet jeśli obudzi się w środku nocy.

Aby zwiększyć prawdopodobieństwo właśnie takiego scenariusza, przez całą noc puszczaj w tle biały szum (z płyty CD lub specjalnej aplikacji).

Jeżeli do tej pory nie stosowałaś białego szumu, pamiętaj, by wprowadzać go powoli. Na początku puść go cicho w tle tylko wieczorem (niektóre dzieci lubią, gdy gra on także w ciągu dnia). Następnie pozwól, by grał cicho przez całą noc. Stopniowo zwiększaj poziom głośności w taki sposób, żeby w ciągu 3-4 nocy dojść do poziomu głośności prysznica.

Wielu rodziców twierdzi też, że porady dotyczące komunikowania się z *Najszczęśliwszego dziecka* bazujące *na prawej półkuli mózgu* (czyli *język Dziecięcy*, *plotkowanie*, *magiczne oddechy* i *ćwiczenie cierpliwości*, wszystkie opisane na str. 223-227) są bardzo pomocne w przypadku dzieci cierpiących na opóźnienia w rozwoju zdolności werbalnych *powiązanych z lewą półkulą* (np. autyzm) oraz że działają dobrze nie tylko w latach wczesnego dzieciństwa, ale też później.

Pozostałe ćwiczenia uspokajające, które można wziąć pod uwagę w trakcie przygotowania do snu, to:

- **ubieranie dziecka w ciężką kamizelkę lub owijanie w gruby kocyk,**
- **delikatne drapanie skóry dziecka szczotką do włosów lub drapaczką do pleców,**
- **ścisłe owinięcie górnej części ciała dziecka,**
- **używanie bardzo miłego w dotyku kocyka jako przytulanki,**
- **rozpylenie odrobiny mgiełki lawendowej w powietrzu w ramach zasygnalizowania czasu na sen,**
- **przygaszenie lub zablokowanie wszystkich świateł (w tym telewizora, wyświetlaczy zegarków, światła w przedpokoju i latarni ulicznych za oknem).**
  Jedna uwaga: bardzo przyciemniona, ale jednak włączona lampka nocna może pomóc obniżyć stan zaniepokojenia u dziecka.

Dzieci bardzo opóźnione w rozwoju mogą potrzebować *wzmocnionych* łóżeczek (z siatką zabezpieczającą i wyższymi szczebelkami) lub zamontowania alarmu przy drzwiach, tak by nie opuszczały swojej sypialni i nie przeszkadzały spać pozostałym członkom rodziny.

Oprócz powyższego lekarz może też zalecić podanie dziecku suplementu w postaci magnezu lub 3 do 10 mg melatoniny sprzedawanej bez recepty, do podania na pół godziny przed snem, w ostateczności może też przepisać lek nasenny.

ADHD, czyli jak podwyższona aktywność utrudnia spanie

Zespół nadpobudliwości psychoruchowej z deficytem uwagi (ang. *Attention deficit hyperactivity disorder*, *ADHD*) to zaburzenie rozwojowe układu nerwowego, które dotyka ok. 5% dzieci (i dorosłych).

Dzieci dotknięte ADHD są często *hiper*pobudzone, zapominalskie, impulsywne i łatwo się rozpraszają. (Jednak wszystkie te cechy mogą stanowić zwyczajne dziecięce zachowania, dlatego lekarze *bardzo niechętnie* stawiają diagnozę o ADHD u dzieci, które nie ukończyły jeszcze 5. roku życia).

Niedobór snu i hiperaktywność często nawzajem się nakręcają. Dzieci cierpiące na ADHD są wyjątkowo oporne, marudne i dzikie, kiedy są zmęczone. To niestety zazwyczaj sprawia, że mniej śpią, a następnego dnia są jeszcze *bardziej* rozdrażnione… i tak w kółko.

Związek pomiędzy ADHD a niedoborem snu

Dzieci z ADHD często mają problemy ze snem. Ale czy niedobór snu może w jakiś sposób *zwiększać* hiperaktywność u niektórych z nich?

Badanie przeprowadzone z udziałem prawie 7000 dzieci w Kalifornii wykazało, że te z nich, które spały mniej, były oceniane przez rodziców jako nadmiernie aktywne i mniej zdolne do koncentracji w przedszkolu.

Główna badaczka Erika Gaylor wysunęła też tezę, że niedobór snu w dzieciństwie może u niektórych osób zaowocować bardziej impulsywnym temperamentem i mniejszą zdolnością do koncentracji.

Teza ta została później potwierdzona przez badanie przeprowadzone przez naukowców kanadyjskich. Wzięło w nim udział ponad 1000 dzieci w wieku od 2 do 6 lat. Okazało się, że *dwulatki* śpiące mniej niż 10 godzin w nocy mają dwa razy większe prawdopodobieństwo bycia hiperaktywnymi w późniejszym okresie, w wieku *4-5 lat*!

Problemy ze snem to bardzo częsta dolegliwość u osób cierpiących na ADHD. Mogą być one powiązane z samą chorobą lub z powracającymi zjawiskami niepokoju lub strachu.

Efekt w postaci niedoboru snu to także jeden wspólny mianownik przyjmowania przez małe dzieci leków na ADHD (ponieważ wiele z nich to stymulanty, chemicznie powiązane z amfetaminą).

Jeżeli w przypadku twojego dziecka zostanie postawiona diagnoza ADHD, najlepsze sposoby na zwiększenie u niego chęci snu to:

- **zadbanie o to, by codziennie dostawało dużą dawkę ruchu i słońca,**
- **regularne podawanie zdrowych posiłków, bogatych w błonnik oraz zawierających białko i warzywa,**
- **unikanie produktów spożywczych zawierających sztuczne barwniki i substancje smakowe,**

- unikanie słodzonych płatków śniadaniowych i słodzonych napojów, w tym także nierozwodnionych soków, lepiej zamiast nich zaoferować dziecku naturalnie słodką miętę albo herbatę rumiankową (co ciekawe, przez dekady napoje zawierające kofeinę stosowano jako środki mające *obniżyć* dzikie zachowania i impulsywność spowodowaną przez ADHD),
- ścisłe trzymanie się harmonogramu drzemek,
- codzienne stosowanie *magicznych oddechów* i *ćwiczenia cierpliwości*,
- stworzenie stałych i pewnych schematów przygotowywania się do snu, takich jak: spokojna zabawa, czytanie, masaż, biały szum i przygaszone światła (wyłączone ekrany telewizora, komputera i wyświetlaczy gier komputerowych)
- zabranie telewizora z pokoju dziecięcego,
- unikanie szalonych zabaw, kłótni w domu i głośnych/strasznych filmów w TV przed planowanym pójściem spać,
- kładzenie dziecka do łóżka, *zanim* będzie okazywało oznaki przemęczenia,
- wypytanie lekarza o skutki uboczne stosowanego leku i upewnienie się, że sposób jego dawkowania minimalizuje problemy ze snem (zapytaj też o możliwość zastosowania melatoniny jako środka wspomagającego sen),
- rozwiązanie problemu alergii, chrapania i innych „przeszkadzaczy" snu.

Czy są sytuacje, w których dzieci potrzebują tabletek nasennych?

Dawno temu rzeczywiście zdarzało się, że rodzice dawali swoim pociechom „co nieco" na lepszy sen – od paru kropelek opium po malutki łyk brandy. W dzisiejszych czasach raczej proszą lekarza o receptę.

Jednak w przypadku podawania leków małym dzieciom najlepsza generalna zasada mówi, że *im mniej, tym lepiej*. A już w szczególności, jeśli chodzi o leki nasenne. Mogą one bowiem okazać się zbyt mocne albo przynieść skutek odwrotny od zamierzonego i niechcący sprawić, że dziecko będzie bardziej pobudzone niż zwykle! Co więcej, amerykańska Agencja Żywności i Leków nie zatwierdziła żadnego z dostępnych na rynku w USA leków na bezsenność dla dorosłych jako odpowiedniego do stosowania u dzieci.

Istnieje jednak jeden suplement, który zdaje się pomagać dzieciom z poważnymi problemami ze snem – melatonina. Jak zapewne pamiętasz, mózg człowieka wytwarza melatoninę co wieczór, kiedy gasną światła. Ale jest ona również dostępna w formie preparatu sprzedawanego w aptekach bez recepty.

Standardowa dawka dla małego dziecka to 1 mg podawany na godzinę przez snem. Wyższe dawki (3-10 mg), których skuteczność została już potwierdzona, mogą być podawane dzieciom cierpiącym na zaburzenia snu o podłożu zdrowotnym, w przypadkach ślepoty, autyzmu czy właśnie ADHD.

Tak jak w przypadku każdego leku, melatonina także może wywoływać skutki uboczne. W tym przypadku są to poważne zmęczenie w ciągu dnia, ból głowy i bardzo realistyczne sny.

Choć specyfik ten jest dostępny praktycznie od ręki, *zawsze* przed zastosowaniem go skonsultuj się z lekarzem. Używaj tylko melatoniny znanych i pewnych producentów. Ponieważ Agencja Żywności i Leków nie reguluje kwestii suplementów, ich pewność nie zawsze może być potwierdzona w 100%. Nie stosuj także melatoniny, która została pobrana z mózgów zwierzęcych.

Bezsenność, czyli kiedy *TY* nie możesz spać

Dr Kathryn Sharkey, ekspertka w dziedzinie snu z Brown University, powiedziała w wywiadzie dla *New York Times*: „Przychodzi do mnie pacjentka skarżąca się na bezsenność. Na moje pytanie, od kiedy trapi ją ten problem, odpowiada: *Od 15 lat, czyli od momentu, kiedy urodziło się moje dziecko*".

Praktycznie każdy z nas w jakimś momencie swojego życia boryka się z problemem niedoboru snu. Jednak u niektórych rodziców maluchów problem jest na tyle poważny, że wydaje się być niczym tortury. Co gorsza, im bardziej ktoś jest wyczerpany, tym bardziej się niepokoi („Muszę zasnąć, zanim dziecko znowu się obudzi!") – a to tylko pogarsza sytuację.

Gdy masz małego szkraba, dość oczywiste jest to, że skupiasz się przede wszystkim na daniu mu jak największej dawki miłości i opieki. Ale to nie powinno następować kosztem twojego zdrowia! Gdyby twój malec umiał już mówić, zapewne powiedziałby coś w stylu: „Hej, bardzo cię potrzebuję i to na długo, więc dbaj o siebie, proszę!".

Dlatego jeżeli sen dziecka masz już opanowany, ale sama borykasz się z problemami w tym obszarze, wypróbuj te trzy sztuczki.

1. Zadbaj o swój pokój

Upewnij się, że jest w nim nie za ciepło i że jest dobrze przewietrzony.

Pamiętaj też, że biały szum to pomocnik snu nie tylko dla twojego dziecka! Nasz mózg musi dość mocno się wysilać, żeby zajmować się więcej niż jedną rzeczą naraz, a biały szum zagłusza różne rozpraszające nas dźwięki zewnętrzne, jak na przykład odgłosy sąsiadów zza ściany czy przejeżdżających za oknem samochodów czy pociągów. Dlatego wypróbuj tę metodę też na sobie (zacznij powoli od włączania go cicho na godzinę przed snem i daj swojemu mózgowi parę dni na przyzwyczajenie się do niego).

Jeszcze lepszą cechą białego szumu jest to, że zagłusza on też całą masę niepokojów, które mogą przeszkadzać ci w zaśnięciu. Dźwięki te pomagają zmęczonemu mózgowi zignorować nieprzyjemne czy obciążające myśli i ułatwiają zapadanie w sen. Mamy i tatusiowie bardzo lubią odgłos *kropli uderzających o dach*. Pamiętaj tylko, żeby na początku włączyć go cicho, a potem w ciągu kilku dni stopniowo pogłaśniać.

Uwaga: nie każdy biały szum działa tak samo. *Wysokie dźwięki będą raczej wprawiać nas w stan niepokoju niż uspokajać*. Dlatego jeśli uznasz dany biały szum za irytujący, wypróbuj coś o niższej barwie.

I jeszcze jeden pomysł: trzymaj przy swoim łóżku notes i długopis, abyś w razie czego mogła w nocy zapisać w nim swoje pomysły i nie musiała się martwić, że umkną ci do rana.

A najważniejsza rzecz, o której musisz pamiętać, to ta, że światło jest wrogiem snu. Przez setki lat to właśnie nadchodząca ciemność była dla mózgu sygnałem do tego, że należy zacząć przygotowywać się do snu (oświetlenie elektryczne służy człowiekowi dopiero od jakichś stu lat).

Światła włączone w domu wysyłają do twojego mózgu „oszukańczy" sygnał sugerujący, że jest dopiero popołudnie. W takiej sytuacji wyłącza on dopływ naturalnej melatoniny, a to skutkuje tym, że zmęczenie pojawia się u ciebie dopiero późnym wieczorem. To oczywiście sprawia, że czujesz się bardziej rozbudzona, ale też oznacza, że będziesz wykończona, gdy wcześnie rano trzeba będzie wstać do dziecka.

Dlatego dobrym pomysłem jest przygaszenie świateł na godzinę przed planowanym pójściem spać (to samo dotyczy ekranu komputera i wyświetlacza telefonu). Podczas snu miej na oczach opaskę lub przykryj ręcznikiem wszystkie źródła jasnego światła w sypialni (dekoder telewizyjny, budzik itp.).

Potem, kiedy budzisz się w środku nocy, *nie zapalaj świateł*. Użyj latarki albo lampki nocnej i nie sprawdzaj na wyświetlaczu telefonu komórkowego, czy nie dostałaś żadnych maili albo sms-ów.

2. Zadbaj o swój organizm

Codziennie zapewnij sobie solidną dawkę słońca – to pomoże lepiej nastroić twój wewnętrzny zegar. Jeżeli mieszkasz w regionie, gdzie zimy są bardzo długie, zastanów się nad kupieniem specjalnego światła pomocnego w walce z sezonową depresją.

Bez względu na to, jak napięty jest twój grafik, znajdź codziennie choć moment na ćwiczenia. Staraj się, żeby było to 20 minut – choć pół godziny będzie lepsze. Ale nawet jedno, dwa okrążenia wokół bloku też są dobrym pomysłem. Jeśli możesz, zabierz na spacer przyjaciółkę. I pamiętaj, że zaleca się ćwiczyć nie później niż 3 godziny przed snem.

Kolejna rzecz, która może okazać się pomocna, to ucięcie sobie drzemki w ciągu dnia.

I jeszcze jedno (choć wiem, że zaraz będę brzmiał niczym twoja własna matka): czy ty aby dobrze się odżywiasz? Zmęczenie może prowadzić do impulsywnego objadania się produktami zawierającymi dużo węglowodanów i tłuszczów i sprawić, że twój metabolizm wpadnie w spiralę prowadzącą do przybierania na wadze. A dodatkowe kilogramy mogą powodować problemy ze snem… i tu pojawia się błędne koło.

Możesz jednak zniszczyć to błędne koło w zarodku, jedząc dziennie trzy średnie posiłki i jedną lub dwie przekąski. Wybieraj produkty pełnoziarniste i bogate w błonnik, a w ramach przekąsek jedz owoce, warzywa, hummus i zdrowe krakersy. Nie sięgaj po słodkie batoniki i ciacha, tylko raczej po produkty zawierające dużo białka, jak na przykład orzechy, bakalie, jajka czy szklanka ciepłego mleka (może z odrobiną miodu).

Niech obiad będzie twoim największym posiłkiem, a kolację jedz koniecznie najpóźniej 3 godziny przed snem. I nie serwuj sobie na nią niczego zawierającego kofeinę (to obejmuje kawę, herbatę, colę, czekoladę i napoje energetyczne). Produkty udrażniające, suplementy diety i chińskie zioła także zawierają stymulanty, które mogą potem utrudniać sen.

Zamiast tego wypij herbatę miętową, która wprowadzi cię w senny nastrój. (Po serbsku mięta to *nana*, tak jak *babcia*, ponieważ każda babcia daje to członkom swojej rodziny, chcąc ich miło ugościć).

Jeżeli twój partner chrapie, biały szum pomoże odwrócić uwagę twojego mózgu od tych rozpraszających dźwięków. Możesz też wypróbować na nim te same metody, które zalecałem w przypadku problemu chrapania u dzieci (patrz str. 342). Poproś go również, by udał się z tą kwestią do lekarza, bo może to okazać się problemem całkowicie wyleczalnym.

3. Zadbaj o swój umysł

Śmiech to jeden z najlepszych na świecie środków na obniżenie stresu. Dlatego odnajdź swoje ulubione komedie, przeczytaj książkę, która sprawi, że będziesz chichrać, albo zadzwoń do znajomego z dużym poczuciem humoru.

A kiedy już leżysz w łóżku, zafunduj sama sobie *słodkie słówka do poduszki*. Wiem, że znowu brzmię jak twoja matka, ale kiedy tak leżysz, spróbuj też pomyśleć o tych wszystkich radościach i miłych chwilach, których doświadczyłaś. I za każdym razem, gdy o nich pomyślisz, niech serce wypełni ci szczęście.

Postaraj się również nie przejmować zbytnio małymi sprawami – wyłącz telefon, odłóż na później odkurzanie mieszkania i pisanie maili.

Nie bierz tabletek nasennych, ale skonsultuj z lekarzem pomysł przyjmowania magnezu, waleriany albo melatoniny. Te preparaty pomogą ci zasnąć, ale nie otumaniając cię na tyle, żebyś nie była w stanie wstać w nocy do dziecka. Spróbuj też oprzeć się pokusie wypicia przed snem kieliszka wina lub szklanki piwa; to może doprowadzić cię do częstszego budzenia się w nocy, a także obniżyć zdolność do odpowiedniego reagowania na potrzeby malca w nocy (a jeśli karmisz piersią, to pamiętaj: wszystko, co pijesz ty, pije też twoje dziecko).

Na koniec pamiętaj jeszcze, aby co wieczór zapewnić sobie czynności uspokajające: zrób dziecku masaż (to będzie relaksujące dla was obojga), posłuchaj cichej muzyki, wyłącz telewizor, poczytaj albo pospisuj swoje przemyślenia w pamiętniku.

Medytacja – uwolnij się od chaosu i śpij spokojnie

Zdaję sobie sprawę, że komuś, kto w ciągu chaotycznego dnia zajmuje się milionem rzeczy naraz, trudno jest wieczorem nagle zamienić się w mistrza buddyzmu Zen. Ale kiedy twoje dziecko

już zaśnie, szalenie istotne jest, żebyś po całym wymagającym dniu zdołała się wyciszyć przed pójściem spać. Jednym ze sposobów na osiągnięcie tego jest wykonanie paru ćwiczeń oddechowych/uspokajających.

Kluczowe są w nich dwa aspekty, z których jeden to całkowite rozluźnienie mięśni twarzy – pozwól opaść im niczym mokry ręcznik. Napięta twarz to czynnik utrzymujący cię w stresie, natomiast rozluźnione mięśnie albo choć zalążek uśmiechu to sygnał do relaksu dla całego organizmu. Drugim aspektem jest zwolnienie oddechu, ze szczególnym zwróceniem uwagi na moment wydychania powietrza – spraw, żeby trwał jak najdłużej i był wykonywany bardzo wolno. Głębokie oddechy działają niezwykle szybko, zalewając organizm falą spokoju.

Kiedy tak nabierasz i wypuszczasz powietrze, pozwól, żeby serce wypełniła ci radość na myśl o tych wszystkich wspaniałych rzeczach, które masz w życiu, i o kilku miłych czynnościach, które czekają na ciebie następnego dnia.

Spróbuj także zwizualizować sobie jakieś przytulne, miłe miejsce. Wyobraź sobie ciepły dzień na plaży albo po prostu siebie leżącą na bardzo miękkiej i wygodnej kanapie.

Jeśli przed rozpoczęciem medytacji chcesz o niej poczytać, wejdź na stronę *Mindfulness Awareness Research Center* (MARC) uniwersytetu kalifornijskiego: marc.ucla.edu.

Ukryte błogosławieństwo trudnych chwil

W pierwszych latach swojego życia twój brzdąc może przysporzyć ci wiele powodów do niepokoju: od pociągania nosem po bezdech senny. Ale to właśnie te małe (a czasem poważniejsze) sytuacje kryzysowe sprawiają, że zasługujesz na uznanie jako rodzic!

Co więcej, w takich cięższych sytuacjach wzmacnia się więź między tobą a dzieckiem. Tak jak budujesz u niemowlęcia zaufanie do siebie, oferując mu ciepłe mleko i swoją miłość, kiedy ich potrzebuje, tak samo wzmacniasz pewność kilkulatka, oferując mu swoje zainteresowanie i zachowanie przynoszące ulgę w trudnych dla niego chwilach.

Dlatego jeśli na waszym wspólnym niebie od czasu do czasu pojawią się ciemne chmury, bądź dla swojego dziecka, kiedy cię potrzebuje i bądź wtedy silna. Daj mu odczuć, że może zawsze liczyć na ciebie i na twoje zrozumienie, a w zamian zostaniesz obdarzona przez wiele kolejnych lat wielką miłością i zaufaniem.

Ściągawka: przegląd metody z *Najszczęśliwszego śpiocha*

- Autyzm czy ADHD mogą przeszkadzać twojemu dziecku (i tobie) w tak bardzo mu potrzebnym spokojnym śnie – na szczęście melatonina i biały szum pomogą temu zaradzić.
- Na godzinę przed planowanym czasem snu przygaś w domu światła, podkręć biały szum, wyłącz telewizor i wszystkie inne jasne ekrany czy monitory (takie jak komputer czy twój telefon).
- Zakładaj na noc przepaskę na oczy (żeby nie widzieć żadnych promieni światła wpadających przez okno) i puszczaj biały szum w postaci odgłosu *kropli deszczu uderzających o dach*.
- Jeżeli nie jesteś przyzwyczajona do białego szumu (albo wydaje ci się on denerwujący), na początek puść sobie niskie dźwięki i rozpocznij to – cicho – na godzinę przed snem. Przez tydzień stopniowo zwiększaj głośność, aż w końcu dojdziesz do poziomu odkręconego prysznica.
- Kiedy wieczorem leżysz już w łóżku, zastosuj metodę *słodkich słówek do poduszki* do siebie – po prostu poopowiadaj sobie, ile tego dnia spotkało cię radości!

Słowniczek

Kluczowe terminy i metody na rozwiązywanie problemów ze snem

Bajki

Krótkie historyjki, które opowiadasz dziecku, chcąc przekazać mu jakieś przesłanie (patrz str. 251).

Biały szum

Dudniące i świszczące odgłosy, które naśladują dźwięki słyszane wewnątrz łona matki. U niemowląt powodują włączenie się *odruchu uspokajania*, a u starszych dzieci (a nawet u niektórych dorosłych) są bardzo skutecznym pomocnikiem snu (patrz str. 81).

Boczne drzwi

Dzieci uczą się dużo szybciej, obserwując, co robią inni (lub gdy zdarzy im się coś przez przypadek podsłuchać), niż słuchając naszych kazań i poleceń. Ja nazywam tego rodzaju niebezpośrednią naukę – przez bajki, odgrywanie scenek i *plotkowanie* – nauką przez *boczne drzwi* (patrz str. 250).

Chwilowe wstrzymywanie się ze spełnianiem życzeń dziecka

Metoda wykorzystująca *ćwiczenie cierpliwości* w celu uniknięcia spełnienia żądań marudzącego dziecka lub jego niedorzecznych zachcianek (patrz str. 294).

Cykl snu

Segment snu składający się z przejścia (niczym na kolejce rollercoaster) z fazy snu płytkiego do głębokiego snu NREM, a potem z powrotem do płytkiego snu NREM, po którym następuje krótka faza REM. Takie „segmenty" snu następują po sobie raz po raz przez całą noc (patrz str. 27).

Czwarty trymestr

Pierwsze trzy miesiące życia noworodka (patrz str. 69).

Ćwiczenie cierpliwości

Sposób na przedłużanie czasu, w trakcie którego dziecko jest w stanie kontrolować swoje impulsy i cierpliwie czekać (patrz str. 225).

Długie sesje jedzeniowe

Seria karmień dziecka odbywających się wieczorem, które dają dziecku dużą dawkę kalorii i tym samym obniżają prawdopodobieństwo jego pobudek w nocy (patrz str. 176).

Dłużej i dłużej

Jedna z metod nauki snu, w trakcie której dziecku leżącemu w łóżeczku pozwala się płakać, a rodzice rzadziej i rzadziej przychodzą sprawdzić, czy wszystko jest w porządku (najpierw co 5 minut, potem co 10, co 15 itd.). (patrz str. 194)

Faza snu REM

Faza snu, w trakcie której obserwuje się szybkie ruchy gałek ocznych. W jej trakcie występują sny i marzenia senne (patrz str. 30).

Granie głupka

Szybka metoda na podbudowanie pewności u dziecka i osłabienie chęci nieposłuszeństwa poprzez zachowywanie się w sposób niezdarny i powolny, dając tym samym możliwość malcowi poczucia się silniejszym, szybszym i mądrzejszym od nas (patrz str. 229).

Karmienie przez sen

Obudzenie śpiącego dziecka na krótkie karmienie w celu obniżenia możliwości jego pobudek w nocy spowodowanych głodem (patrz str. 176).

Kontrolowanie stanów emocjonalnych

Umiejętność twojego malca do pozostawania czujnym, zasypiania czy samodzielnego uspokojenia się nawet po bardzo denerwującej sytuacji (patrz str. 42).

Książeczka na dobranoc

Specjalna książeczka zrobiona przez ciebie dla twojego szkraba, zawierająca obrazki/zdjęcia/rysunki i podpisy opowiadające o jego typowym dniu (a szczególnie o czynnościach związanych z wieczornym chodzenie spać). Przeglądanie jej codziennie ułatwi dziecku nauczenie się tego, jak wygląda schemat kładzenia się wieczorem do łóżka (patrz str. 252).

Magiczne oddechy

Głębokie oddechy, które pomagają dziecku nauczyć się panowania nad sobą i obniżają poziom stresu (patrz str. 226).

Melatonina

Naturalny hormon (oraz sprzedawany bez recepty suplement), który pomaga spać (patrz str. 144).

Metoda przerwanej piosenki

Moja ulubiona „bezpłaczowa" metoda nauki snu! Zakłada wykorzystanie białego szumu i *ćwiczenie cierpliwości* w celu nauczenia dziecka samodzielnego zasypiania (patrz str. 268).

Narady rodzinne

Krótkie spotkania w składzie rodzic-dziecko, w trakcie których omawiacie, co malec robi dobrze, a co mógłby robić lepiej. Ich celem jest ustalenie tego, jak zachęcić dziecko do dwóch, trzech dobrych zachowań przy użyciu małych nagród i czynników motywujących (patrz str. 228).

Obudź i pozwól zasnąć

Pomóż dziecku nauczyć się samodzielnie uspokajać w nocy, kładąc je zawsze do łóżeczka lekko rozbudzone. To oznacza, że jeśli maluch zaśnie ci na rękach, powinnaś nieco rozbudzić go przed położeniem, a potem pozwolić, by samodzielnie zapadł w sen (patrz str. 98).

Odgrywanie scenek

Metoda zakładająca odgrywanie przez dziecko różnych ról w wymyślonych przez ciebie historyjkach. Najlepiej jest, gdy wymyślone postaci pokazują, że dobre zachowanie jest lepsze od złego (patrz str. 289).

Odruch uspokajania

Automatyczny wyłącznik płaczu i włącznik snu, z którymi rodzą się wszystkie dzieci (patrz str. 72).

Odwrócona psychologia

Sprytny sposób na skłonienie dziecka do zrobienia czegoś poprzez pokazywanie, że *nie powinno* tego robić, np. delikatne wyciąganie smoczka z buzi dziecka zamiast wpychania go (patrz str. 93).

Pieczątki na ręku

Małe znaczki robione długopisem lub zmywalne pieczątki stawiane dziecku na wewnętrznej stronie dłoni w uznaniu i w nagrodę za dobre uczynki (patrz str. 227).

Pięć „S”

Pięć określonych kroków (spowijanie, stabilna pozycja na boku lub brzuszku, wyciSzszszanie, skokołysanie i ssanie), które włącza u dzieci *odruch uspokajania*, który działa kojąco na płaczące niemowlęta oraz wydłuża sen u maluszków i kilkulatków (patrz str. 73).

Plansze z gwiazdkami

Narzędzie pozwalające zwiększyć u dziecka chęć współpracy z rodzicem; polega na nagradzaniu określonych, promowanych przez ciebie zachowań gwiazdkami (lub naklejkami) umieszczanymi na specjalnej planszy (patrz str. 227).

Plotkowanie

Sposób na wzmocnienie siły pochwał (lub krytyki) polegający na pozwoleniu, by dziecko „podsłuchało”, jak szepczesz komuś (albo nawet pluszowemu misiowi) uwagi na temat jego zachowania (patrz str. 227).

Podnieś/odłóż

Metoda nauki snu (bez łez), polegająca na wielokrotnym wyciąganiu z łóżeczka domagającego się tego dziecka i odkładaniu go z powrotem, kiedy tylko się uspokoi (patrz str. 199).

Pomocnicy snu

Przytulanki, biały szum i inne znaki przypominające twojemu maluszkowi, że nadszedł czas na odpoczynek i sen (patrz str. 69).

Przytulanka

Przytulasty kompan dziecka – może być nim miły w dotyku kocyk albo pluszowy miś – którego twój szkrab może utulić, gdy czuje taką potrzebę; jest to również obiekt przejściowy (patrz str. 158).

Rytm okołodobowy

„Wewnętrzny zegar”, który podpowiada nam, kiedy spać i kiedy się budzić. Włącza go niejako obecność światła, ponieważ wpływa ono na wydzielanie melatoniny przez szyszynkę (patrz str. 24).

Sen NREM

Faza snu, w której następuje głęboki wypoczynek. Ma formę trzech wzmacniających organizm poziomów, od płytkiego do głębokiego (patrz str. 29).

Słodkie słówka do poduszki

Wasz czas wieczorem, już po ułożeniu dziecka w łóżeczku, w trakcie którego opowiadasz mu o jego ciekawych doświadczeniach i dobrych rzeczach, które zrobił danego dnia (licząc przy okazji pieczątki na ręku i przypominając, za co każda z nich została dana), i o fajnych wydarzeniach, które czekają go następnego dnia (str. 256).

Temperament

Rodzaj osobowości twojego dziecka – spokojny, wrażliwy, energiczny – odgrywa dużą rolę w jego zachowaniu i sposobie spania (patrz str. 40).

Wyjątkowy czas

Miła chwila w ciągu dnia, w trakcie której pokazujesz swojemu maluszkowi, jak jest ważny dla ciebie, poświęcając mu jeden lub dwa 5-10 minutowe okresy nieprzerwanej uwagi i zabawy tylko i wyłącznie z nim (patrz str. 220).

Zasada Fast-Food

Sposób rozmowy ze zdenerwowaną osobą (dorosłym lub dzieckiem) polegający na tym, że przed wypowiedzeniem słów pocieszenia, rozwiązania lub krytyki, wypowiadasz parę zwrotów pokazujących, że rozumiesz, jak czuje się ta druga osoba. To pomoże jej się uspokoić i w pełni wysłuchać tego, co masz do powiedzenia (patrz str. 222).

Zwycięski kompromis

Nikt nie lubi przegrywać. Dlatego jeśli między tobą a dzieckiem dojdzie do konfliktu, naucz je sztuki kompromisu, starając się znaleźć rozwiązanie, w wyniku którego i ty, i ono dostaniecie coś dla siebie (patrz str. 261).

Dodatek I

PRZYKŁADOWY PLAN DNIA: 3-tyg. niemowlę (karmione butelką)

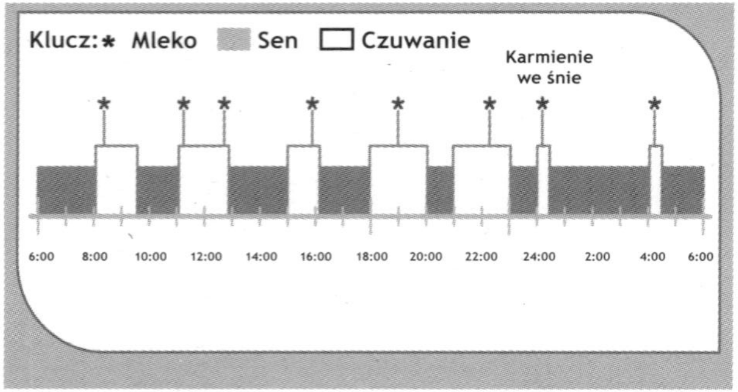

Początek dnia: 7:00

Początek snu nocnego: 22:00

Liczba karmień na dobę: 7-10

Liczba drzemek na dobę: 4-6

Długość snu dziennego: 5-8 godzin

Najdłuższy sen nocny: 4-5 godzin

Długość snu nocnego (suma): 7-8 godzin

Sen na dobę (suma): 12-16 godzin

PRZYKŁADOWY PLAN DNIA: 3-tyg. niemowlę (karmione piersią)

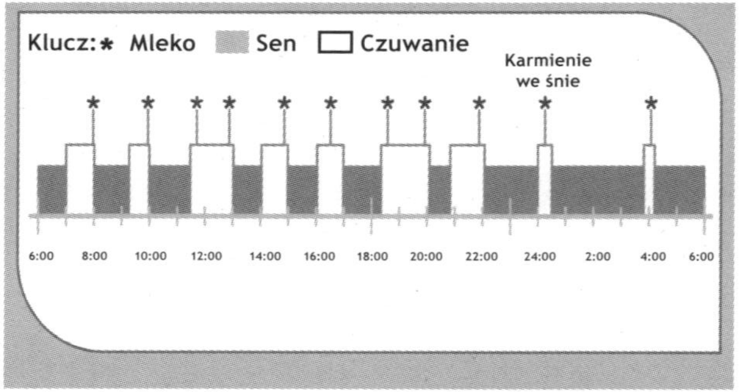

Początek dnia: 7:00

Początek snu nocnego: 22:00

Liczba karmień na dobę: 9-12

Liczba drzemek na dobę: 3-6

Długość snu dziennego: 5-8 godzin

Najdłuższy sen nocny: 3-5 godzin

Długość snu nocnego (suma): 7-8 godzin

Sen na dobę (suma): 12-16 godzin

PRZYKŁADOWY PLAN DNIA: 2-miesięczne niemowlę

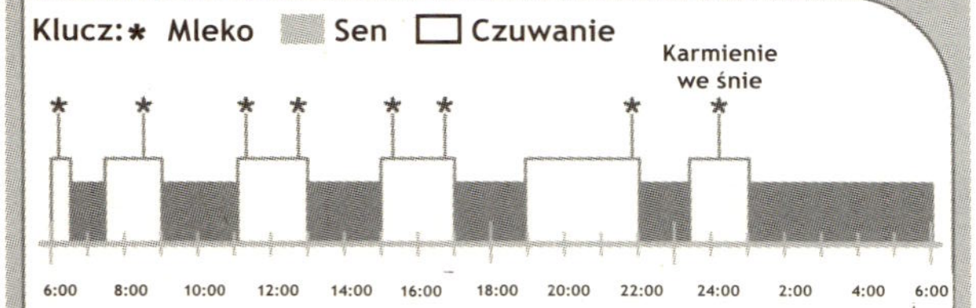

Początek dnia: 6 -8
Początek snu nocnego: 21:30
Liczba karmień na dobę: 8-9
Liczba drzemek na dobę: 3-4

Długość snu dziennego: 4-8 godzin
Najdłuższy sen nocny: 5-7 godzin
Długość snu nocnego (suma): 8-10 godzin
Sen na dobę (suma): 13-14 godzin

PRZYKŁADOWY PLAN DNIA: 4-miesięczne niemowlę

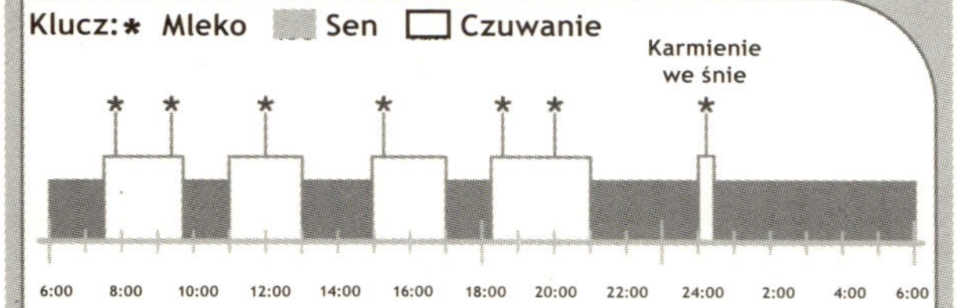

Początek dnia: 6:00 -8:00
Początek snu nocnego: 21:00
Liczba karmień na dobę: 6-7
Liczba drzemek na dobę: 3

Długość snu dziennego: 3-5 godzin
Najdłuższy sen nocny: 6-8 godzin
Długość snu nocnego (suma): 9-10 godzin
Sen na dobę (suma): 12-14 godzin

PRZYKŁADOWY PLAN DNIA: 8-miesięczne niemowlę

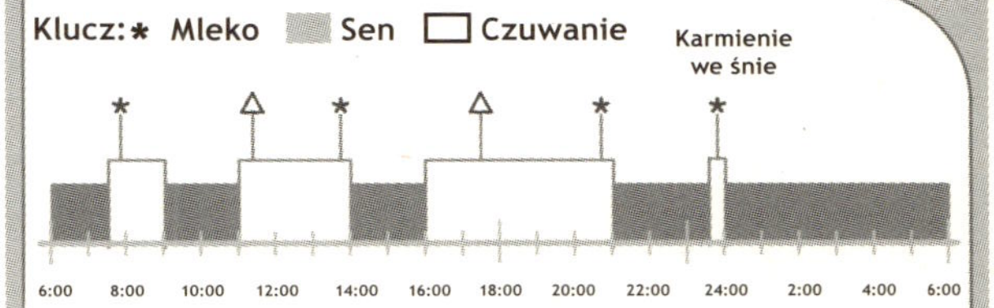

Początek dnia: 6-8
Początek snu nocnego: 20:30
Liczba karmień na dobę: 5-6
Liczba drzemek na dobę: 2-3

Długość snu dziennego: 2-5 godzin
Najdłuższy sen nocny: 7-9 godzin
Długość snu nocnego (suma): 9-11 godzin
Sen na dobę (suma): 12-14 godzin

PRZYKŁADOWY PLAN DNIA: 12-miesięczne niemowlę

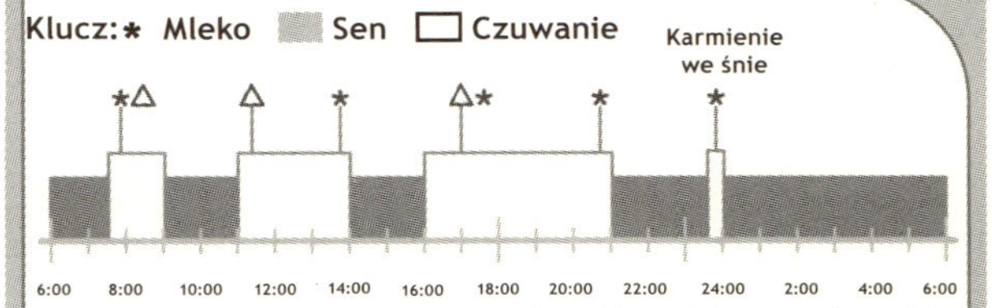

Początek dnia: 6-7:30
Początek snu nocnego: 20-21
Liczba karmień na dobę: 6-7
Liczba drzemek na dobę: 2

Długość snu dziennego: 2-4 godzin
Najdłuższy sen nocny: 7-9 godzin
Długość snu nocnego (suma): 9-11 godzin
Sen na dobę (suma): 12-14 godzin

Dodatek II

DZIENNIK POBUDKI/ZAŚNIĘCIA TWOJEGO DZIECKA

- ■ Zaznacz momenty, w których twoje dziecko śpi
- ↑ Strzałką skierowaną w górę zaznacz momenty, kiedy twoje dziecko wstaje rano i po drzemkach
- * Gwiazdką zaznacz posiłki dziecka

DZIEŃ	6:00	8:00	10:00	12:00	14:00	16:00	18:00	20:00	22:00	24:00	2:00	4:00	6:00

Bibliografia

Rozdział 1

1. Anders TF, and Keener MA. Developmental courses of night-time sleep-wake patterns in full-term and premature infants during the first year of life I. Sleep 1985; 8: 173-92.
2. Aserinsky E, and Kleitman N. Regularly occurring periods of eye mobility and concomitant phenomena during sleep. Science 1953; 18: 273-74.
3. Axelsson J, et al. Beauty sleep: experimental study on the perceived health and attractiveness of sleep deprived people. BMJ 2010; 341:6614.
4. Christensen H, et al. Cognition in pregnancy and motherhood: prospective cohort study. British Journal of Psychiatry 2010; 196: 126-32.
5. Drosopoulos S, et al. Sleep enforces the temporal order in memory. PLoSONE 2007; 2; e376.
6. Foulkes, D. Children's Dreaming and the Development of Consciousness. Cambridge, MA: Harvard University Press, 2002; ISBN 067400971.
7. Mullington IM, et al. Sleep loss and inflammation. Best Practice and Research; Clinical Endocrinology and Metabolism 2010; 24: 775-84.
8. National Sleep Foundation. 2004. 2004 Sleep in America Poll.
9. "Sleep makes your memories stronger, and helps with creativity," Science Daily, November 13, 2010. http://www.theoi.com/Daimon/Hypnos.html.
10. Van Cauter E, and Knutson KL. Sleep and the epidemic of obesity in children and adults. European Journal of Endocrinology 2008; 159: S59-S66.
11. Van Dongen HPA, et al. The cumulative cost of additional wakefulness: dose-response effects on neurobehavioral functions and sleep physiology from chronic sleep restriction and total sleep deprivation. Sleep 2003; 2: 117-26.
12. Vyazovskiy VV, et al. Local sleep in awake rat. Nature 2011; 472: 443-47.

Rozdział 2

13. Baddock SA, et al. Differences in infant and parent behaviors during routine bed sharing compared with cot sleeping in the home setting. Pediatrics 2006; 117: 1599-607.
14. Baddock SA, et al. Sleep arrangements and behavior of bed-sharing families in the home setting. Pediatrics 2007; 119: e200-207.

15. Ball H. Airway covering during bed-sharing. Child: Care, Health, and Development 2009, 35: 728-37.
16. Blabey MH, and Gessner BD. Infant bed-sharing practices and associated risk factors among births and infant deaths in Alaska. Public Health Reports 2009; 124: 527-34.
17. Franco P, et al. Influence of swaddling on sleep and arousal characteristics of healthy infants. Pediatrics 2005; 115: 1307-11.
18. Gessner BD, et al. The association between sudden infant death syndrome and sleep-related risk factors in Alaska. Pediatrics 2001; 108: 923-27.
19. Parmelee AH, Wenner WH, and Schulz I-IR. Infant sleep patterns: from birth to 16 weeks of age. Journal of Pediatrics 1964; 65: 576-82.
20. Ponsonby A, et al. Factors potentiating the risk of sudden infant death syndrome associated with the prone position. New England Journal of Medicine 1993; 329: 377-82.
21. Richardson HL, et al. Influence of swaddling experience on spontaneous arousal patterns and autonomic control in sleeping infants. Journal of Pediatrics 2010; 157: 85-91.
22. Richardson HL, et al. Minimizing the risks of sudden infant death Syndrome: to swaddle or not to swaddle? Journal of Pediatrics 20093 155: 475-81.
23. Ruys J, et al. Bed-sharing in the first four months of life: a risk factor for sudden infant death. Acta Paediatrica 2007; 96: 1399-1403.
24. Shapiro-Mendoza CK, et al. US infant mortality trends attributable to accidental suffocation and strangulation in bed from 1984 through 2004: are rates increasing. Pediatrics 2009; 123: 533-3.
25. Tappin D, Ecob R, Brook H. Bedsharing, roomsharing, and sudden infant death syndrome in Scotland: a case-control study. Journal of Pediatrics 2005; 147: 32-37.
26. Task Force on Sudden Infant Death Syndrome. The changing concept of sudden infant death syndrome. Pediatrics 2005; 116: 1245-55, http://pediatrics_aappublications.org/content/116/5/1245.full.
27. Wilson CA, et al. Clothing and bedding and its relevance to sudden infantndeath syndrome: further results from the New Zealand cot death study.Journal of Paediatrics and Child Health 1994; 30: 506-12.

Rozdział 3

28. Ball HL. Together or apart? A behavioural and physiological investigation of sleeping arrangements for twin infants. Midwifery 2007; 23: 404-12.
29. Barr RG, et al. Age-related incidence curve of hospitalized shaken baby syndrome cases: convergent evidence for crying as a trigger to shaking. Child Abuse and Neglect 2006; 30: 7-16.
30. Catherine N, et al. Should we do more to get the word out? Causes of, responses to, and consequences of crying and colic in popular parenting magazines. Journal of Developmental and Behavioral Pediatrics 2005; 26: 14-23.
31. Chang EF, et al. Environmental noise retards auditory cortical development. Science 2003; 300: 498-502.
32. Damato EG, and Burant C. Sleep patterns and fatigue in parents of twins. J Obstet Gynecol Neonatal Nurs. 2008; 37: 738-49.

33. http://summaries.cochrane.org/CD007202/
effect-of-pacifler-use-on-duration-of-breastfeeding-in-full-term-infants.
34. http://www.hipdysplasia.org/For-Physicians/Pediatricians/default.aspx.
35. http://www2.aap.org/sections/scan/practicingsafety/Toolkit_Resources/
Modulel/swaddlingpdf.
36. Pennsylvania Department of Health. Cries to Smiles. Harrisburg, PA: Pennslllvania Department of Health, Breastfeeding Awareness and Support Group, 2007.

Rozdział 4

37. Bel B, et al. Subjective perception of Sleep, but not its objective quality, is associated with immediate postpartum mood disturbances in healthy women. Sleep 2010; 33: 531-38.
38. Dennis CL, and Ross L. Relationships among infant sleep patterns, maternal fatigue, and development of depressive symptomatology. Birth 2005;32: 187-93.
39. Doan T, et al. Breastfeeding increases sleep duration of new parents. Journal of Perinatal and Neonatal Nursing 2007; 21: 200-206.
40. Dorheim SK, et al. Sleep and depression in postpartum women: a population-based study. Sleep 2009; 32: 847-55.
41. Derheim SK, et al. Subjective and objective sleep among depressed and non-depressed postnatal women. Acta Psychiatrica Scandinavica 2009; 119; 128-36.
42. Maxted AE, et al. Infant colic and maternal depression. Infant Ment Health J. 2005; 26: 56-68.
43. Montgomery-Downs HE, et al. Infant feeding methods and maternal sleep and daytime functioning. Pediatrics 2010; 126: e1562-68.
44. Pinilla T, and Birch LL. Help me make it through the night: behavioral entrainment of breast-fed infants' sleep patterns. Pediatrics 1993; 91: 436-44.

Rozdział 5

45. Adler M. Promoting maternal child health by teaching parents to calm fussy infants at the Boulder, Colorado, Department of Health. Presented: CDC City MatCH Urban MCH Leadership Conf; Aug 28, 2007; Denver, CO.
46. Barron H, et al. Proton pump inhibitor utilization patterns in infants. Pediatr Gastroenterol Nutr 2007; 45: 421-27.

Rozdział 6

47. Gaylor EE, et al. A longitudinal follow-up study of young children's sleep patterns using a developmental classification system. Behavioral Sleep Medicine 2005; 3(1): 44-61.
48. Hauck FR, et al. Infant sleeping arrangements and practices during the first year of life. Pediatrics 2008; 122 Suppl 2: S113-20,
49. Henderson JM, et al. Sleeping through the night: the Consolidation of self regulated sleep across the first year of life. Pediatrics 2010; 126: e1081-87.
50. National Sleep Foundation. 2004. 2004 Sleep in America Poll.
51. Yeh ES, et al. Injuries associated with cribs, playpens, and bassinets among young children in the US, 1990-2008. Pediatrics 2011; 127; 479-86.

Rozdział 7

52. Anders TF, et al. Sleeping through the night: a developmental perspective. Pediatrics 1992; 90: 554-60.
53. Chasens ER, and Braxter B. Effects of breastfeeding on sleep in infants and mothers. Sleep 2011; 34: Abstract Supplement 0832.
54. Ferber SG, et al. Massage therapy by mothers enfiances the adjustment circadian rhythms to the nocturnal period in full-term infants. Journal of Developmental and Behavioral Pediatrics 2002; 23: 410-15.
55. Mindel1 JA, et al. A nightly bedtime routine: impact on sleep in young childreb and maternal mood. Sleep 2009; 32: 599-606,
56. Paul IM, er al. Preventing obesity during infancy: a pilot study. Obesity 2011;19: 353-61.
57. Taveras EM, et al. Short sleep duration in infancy and risk of childhood overweight. Archives of Pediatrics and Adolescent Medicine 2008; 162: 305-11.

Rozdział 8

58. Gaylor EE, et al. A longitudinal follow-up study of young children's sleep patterns using a developmental classification system. Behavioral Sleep Medicine 2005; 3(1): 44-61.
59. Henderson IM, et al. Sleeping through the night: the consolidation of self-regulated sleep across the first year of life. Pediatrics 2010; 126: e1081-87.
60. Hiscock H, and Wake M. Randomised controlled trial of behavioural infant sleep intervention to improve infant sleep and maternal mood. British Medical Journal 2002; 324: 1062-65.
61. Mindell IA, et al. Behavioral treatment of bedtime problems and night wakings in infants and young children. Sleep 2006; 29: 1263-76.
62. National Sleep Foundation. 2004. 2004 Sleep in America Poll.
63. Rana M, et al. Etiology of obstructive sleep apnea in infants. Sleep 2011; 34: Abstract Supplement 0860.
64. Touchette E, et al. Factors associated with fragmented sleep at night across childhood. Archives of Pediatrics and Adolescent Medicine 2005; 159: 242-49.

Rozdział 10

65. Anderson SE, and Whitaker RC. Household routines and obesity in US preschool-aged children. Pediatrics 2010; 125: 420-28.
66. Bell JF, and Zimmerman FJ. Shortened nighttime sleep duration in early life and subsequent childhood obesity. Archives of Pediatrics and Adolescent Medicine 2010; 164: 840-45.
67. D'Souza AL, et al. Bunk bed-related injuries among children and adolescents treated in emergency departments in the United States, 1990-2005. Pediatrics 2008; 121: e1696-702.
68. Fan Jiang, et al. Sleep and obesity in preschool children. Journal of Pediatrics 2009; 154: 814-18.
69. Garrison MM, et al. Media use and child sleep: the impact of content, timing. and environment. Pediatrics 128; 2011: 29-35.

70. Gaylor EE, et al. A longitudinal follow-up study of young childrens sleep patterns using a developmental clasification system. Behavioral Sleep Medicine 2005: 3(1): 44-61.
71. National Sleep Foundation. 2004. 2004 Sleep in America Poll.
72. Owens J, et al. Television-viewing habits and sleep disturbance in school children. Pediatrics 1999; 104: e27.
73. Touchette E, et al. Associations between sleep duration patterns and behavioral/cognitive functioning at school entry. Sleep 2007; 30: 1213-19.
74. Touchette E, et al. Associations between sleep duration patterns and overweight/obesity at age 6. Sleep 2008; 31: 1507-14.
75. Zadnik K, et al. Myopia and ambient night-light lighting, Nature 2000; 404; 143-44.

Rozdział 12

76. Afraid and confused: understanding childhood parasomnias. American Academy of Sleep Medicine, July 10, 2007, http://yoursleep.aasmnet.org/article.aspx?id=495.
77. Elias MJ, et al. Patterns of breast-fed infants in the first 2 years of life. Pediatrics 1986; 77: 322-29.
78. Jenni OG, et al. A longitudinal study of bed sharing and sleep problems among Swiss children in the iirst 10 years of life. Pediatrics 2005; 115: 233-34.
79. Nguyen BH, et al. Sleep terrors in children: a prospective study of twins. Pediatrics 2008; 122: e1164-67.
80. Paul IM, et al. Effect of honey, dextromethorphan, and no treatment on nocturnal cough and sleep quality for coughing children and their parents. Archives of Pediatrics and Adolescent Medicine 2007; 161: 1140-46.
81. Paul IM, Beiler JS, King TS, Clapp ER, Vallati J, and Berlin CM, Ir. Vapor rub, petrolatum, and no treatment for children with nocturnal cough and cold symptoms. Pediatrics 2010; 126: 1092-99.
82. Touchette E, et al. Factors associated with fragmented sleep at night across childhood. Archives of Pediatrics and Adolescent Medicine 2005; 159: 242-49.
83. Stampler L. Co-sleeping bad for kids? These parents kept it secret. Huffington Post, August 18, 2011, http://www.hufflngtonpost_com/2011/08/16/c1oseted-co-sleepers-stig_n_928565.html.

Rozdział 14

84. Iglowstein I, et al. Sleep duration from infancy to adolescence; reference values and generational trends. Pediatrics 2003; 111; 302-7.
85. Lam JC, et al. The effects of napping on cognitive function in preschoolers, Journal of Developmental and Behavioral Pediatrics 2011; 32: 90-97.
86. National Sleep Foundation. 2004. 2004 Sleep in America Poll.
87. Weissbluth, M. Naps in children: 6 months-7 years. Sleep 1995; 18: 82-87.

Rozdział 15

88. Bhattacharjee R, et al. Adenotonsillectomy outcomes in treatment of obstructive sleep apnea in children: a multicenter retrospective study. American Journal of Respiratory and Critical Care Medicine 2010; 182: 676-83.

89. Brain basics: understanding sleep. National Institute of Neurological Disorders and Stroke, http://www.ninds.nih.gov/disorders/brain_basics/understanding_sleep.htm#Tips.
90. Goldman S, et al. Behavior and sleep-associations across childhood and adolescence in autism spectrum disorder. Presentation to the International Society for Autism Research (INSAR), May 12, 2011.
91. Jan JE, et al. Sleep hygiene for children with neurodevelopmental disabilities. Pediatrics 2008; 122: 1343-50.
92. Jan JE, et al. Use of melatonin in the treatment of paediatric sleep disorders. Journal of Pineal Research 2007; 21: 193-9.
93. Li AM, et al. Prevalence and risk factors of habitual snoring in primary school children. Chest 2010; 138: 519-27.
94. Stojanovski SD, et al. Trends in medication prescribing for pediatric sleep difficulties in US outpatient settings. Sleep 2007; 30: 1013-17.